中国非洲研究院文库·研究论丛系列

非洲国家治理与发展道路

The Governance of African States and
the Development Paths

安春英　主编

中国社会科学出版社

图书在版编目（CIP）数据

非洲国家治理与发展道路／安春英主编．—北京：中国社会科学出版社，2020.7

（中国非洲研究院文库）

ISBN 978-7-5203-6493-5

Ⅰ.①非… Ⅱ.①安… Ⅲ.①国家—行政管理—研究—非洲 Ⅳ.①D740.3

中国版本图书馆 CIP 数据核字（2020）第 082989 号

出 版 人	赵剑英
策划编辑	喻　苗
责任编辑	张冰洁
责任校对	李　剑
责任印制	王　超

出　　版	中国社会科学出版社
社　　址	北京鼓楼西大街甲 158 号
邮　　编	100720
网　　址	http://www.csspw.cn
发 行 部	010-84083685
门 市 部	010-84029450
经　　销	新华书店及其他书店
印　　刷	北京明恒达印务有限公司
装　　订	廊坊市广阳区广增装订厂
版　　次	2020 年 7 月第 1 版
印　　次	2020 年 7 月第 1 次印刷
开　　本	710×1000　1/16
印　　张	28.5
插　　页	2
字　　数	454 千字
定　　价	158.00 元

凡购买中国社会科学出版社图书，如有质量问题请与本社营销中心联系调换
电话：010-84083683
版权所有　侵权必究

《中国非洲研究院文库》编纂委员会

（按姓氏笔画排序）

主　任　蔡　昉

编委会　王　凤　　王林聪　　王灵桂　　毕健康　　朱伟东
　　　　刘鸿武　　安春英　　李安山　　李智彪　　李新烽
　　　　杨宝荣　　吴传华　　余国庆　　张永宏　　张宇燕
　　　　张宏明　　张忠祥　　张艳秋　　张振克　　林毅夫
　　　　罗建波　　周　弘　　赵剑英　　胡必亮　　洪永红
　　　　姚桂梅　　贺文萍　　莫纪宏　　党争胜　　郭建树
　　　　唐志超　　谢寿光　　詹世明　　蔡　昉

充分发挥智库作用
助力中非友好合作

——"中国非洲研究院文库"总序

当今世界正面临百年未有之大变局。世界多极化、经济全球化、社会信息化、文化多样化深入发展，和平、发展、合作、共赢成为人类社会共同的诉求，构建人类命运共同体成为各国人民共同的愿望。与此同时，大国博弈激烈，地区冲突不断，恐怖主义难除，发展失衡严重，气候变化凸显，单边主义和贸易保护主义抬头，人类面临许多共同挑战。中国是世界上最大的发展中国家，是人类和平与发展事业的建设者、贡献者和维护者。2017年10月中共十九大胜利召开，引领中国发展踏上新的伟大征程。在习近平新时代中国特色社会主义思想指引下，中国人民正在为实现"两个一百年"奋斗目标和中华民族伟大复兴的"中国梦"而奋发努力，同时继续努力为人类作出新的更大的贡献。非洲是发展中国家最集中的大陆，是维护世界和平、促进全球发展的重要力量之一。近年来，非洲在自主可持续发展、联合自强道路上取得了可喜进展，从西方眼中"没有希望的大陆"变成了"充满希望的大陆"，成为"奔跑的雄狮"。非洲各国正在积极探索适合自身国情的发展道路，非洲人民正在为实现《2063年议程》与和平繁荣的"非洲梦"而努力奋斗。

中国与非洲传统友谊源远流长，中非历来是命运共同体。中国高度重视发展中非关系，2013年3月习近平担任国家主席后首次出访就选择了非洲；2018年7月习近平连任国家主席后首次出访仍然选择了非洲；6年间，习近平主席先后4次踏上非洲大陆，访问坦桑尼亚、南非、塞内加尔等8国，向世界表明中国对中非传统友谊倍加珍惜，对非洲和中非关系高度重视。2018年中非合作论坛北京峰会成功召开。习近平主席在此次峰会上，揭示了中非团结合作的本质特征，指明了中非关系发展的前进方向，规划了中非共同发展的具体路径，极大完善并创新了中国对非政策的理论框架和思想体系，这成为习近平新时代中国特色社会主义外交思想的重要理论创新成果，为未来中非关系的发展提供了强大政治遵循和行动指南。这次峰会是中非关系发展史上又一次具有里程碑意义的盛会。

随着中非合作蓬勃发展，国际社会对中非关系的关注度不断提高，出于对中国在非洲影响力不断上升的担忧，西方国家不时泛起一些肆意抹黑、诋毁中非关系的奇谈怪论，诸如"新殖民主义论""资源争夺论""债务陷阱论"等，给中非关系发展带来一定程度的干扰。在此背景下，学术界加强对非洲和中非关系的研究，及时推出相关研究成果，提升国际话语权，展示中非务实合作的丰硕成果，客观积极地反映中非关系良好发展，向世界发出中国声音，显得日益紧迫和重要。

中国社会科学院以习近平新时代中国特色社会主义思想为指导，努力建设马克思主义理论阵地，发挥为党的国家决策服务的思想库作用，努力为构建中国特色哲学社会科学学科体系、学术体系、话语体系作出新的更大贡献，不断增强我国哲学社会科学的国际影响力。中国社会科学院西亚非洲研究所是当年根据毛泽东主席批示成立的区域性研究机构，长期致力于非洲问题和中非关系研究，基础研究和应用研究并重，出版和发表了大量学术专著和论文，在国内外的影响力不断扩大。以西亚非洲研究所为主体于2019年4月成立的中国非洲研究院，是习近平总书记在中非合作论坛北京峰会上宣布的加强中非人文交流行动的重要举措。

按照习近平总书记致中国非洲研究院成立贺信精神，中国非洲研究院的宗旨是：汇聚中非学术智库资源，深化中非文明互鉴，加强治国理政和发展经验交流，为中非和中非同其他各方的合作集思广益、建言献策，增进中非人民相互了解和友谊，为中非共同推进"一带一路"合作，共同建设面向未来的中非全面战略合作伙伴关系，共同构筑更加紧密的中非命运共同体提供智力支持和人才支撑。中国非洲研究院有四大功能：一是发挥交流平台作用，密切中非学术交往。办好"非洲讲坛"

"中国讲坛""大使讲坛",创办"中非文明对话大会",运行好"中非治国理政交流机制""中非可持续发展交流机制""中非共建'一带一路'交流机制"。二是发挥研究基地作用,聚焦共建"一带一路"。开展中非合作研究,对中非共同关注的重大问题和热点问题进行跟踪研究,定期发布研究课题及其成果。三是发挥人才高地作用,培养高端专业人才。开展学历学位教育,实施中非学者互访项目,培养青年专家、扶持青年学者和培养高端专业人才。四是发挥传播窗口作用,讲好中非友好故事。办好中国非洲研究院微信公众号,办好中英文中国非洲研究院网站,创办多语种《中国非洲学刊》。

为贯彻落实习近平总书记的贺信精神,更好地汇聚中非学术智库资源,团结非洲学者,引领中国非洲研究工作者提高学术水平和创新能力,推动相关非洲学科融合发展,推出精品力作,同时重视加强学术道德建设,中国非洲研究院面向全国非洲研究学界,坚持立足中国,放眼世界,特设"中国非洲研究院文库"。"中国非洲研究院文库"坚持精品导向,由相关部门领导与专家学者组成的编辑委员会遴选非洲研究及中非关系研究的相关成果,并统一组织出版,下设五大系列丛书:"学术著作"系列重在推动学科发展和建议,反映非洲发展问题、发展道路及中非合作等某一学科领域的系统性专题研究或国别研究成果;"经典译丛"系列主要把非洲学者以及其他方学者有关非洲问题研究的经典学术著作翻译成中文出版,特别注重全面反映非洲本土学者的学术水平、学术观点和对自身发展问题的认识;"智库报告"系列以中非关系为研究主线,中非各领域合作、国别双边关系及中国与其他国际角色在非洲的互动关系为支撑,客观、准确、翔实地反映中非合作的现状,为新时代中非关系顺利发展提供对策建议;"研究论丛"系列基于国际格局新变化、中国特色社会主义进入新时代,集结中国专家学者研究非洲政治、经济、安全、社会发展等方面的重大问题和非洲国际关系的创新性学术论文,具有学科覆盖面、基础性、系统性和标志性研究成果的特点;"年鉴"系列是连续出版的资料性文献,设有"重要文献""热点聚焦""专题特稿""研究综述""新书选介""学刊简介""学术机构""学术动态""数据统计""年度大事"等栏目,系统汇集每年度非洲研究的新观点、新动态、新成果。

期待中国的非洲研究和非洲的中国研究在中国非洲研究院成立的新的历史起点上，凝聚国内研究力量，联合非洲各国专家学者，开拓进取，勇于创新，不断推进我国的非洲研究和非洲的中国研究以及中非关系研究，从而更好地服务于中非共建"一带一路"，助力新时代中非友好合作全面深入发展。

中国社会科学院副院长
中国非洲研究院院长
蔡　昉

目 录

非洲政治与安全

论非洲的政党政治 ………………………………… 钟伟云（3）
南非的民主转型与国家治理 ……………………… 杨立华（21）
透视非洲民主化进程中的"第三任期"现象 ……… 沈晓雷（52）
非洲政治安全形势的新发展与新挑战 ……… 黎文涛 王磊（76）
尼日利亚农牧民冲突：超越民族宗教因素的解读 … 李文刚（90）

非洲经济与社会

非洲永远失去工业化的机会吗 …………………… 舒运国（119）
企业并购视角下的非洲经济内生性增长活力分析 … 杨宝荣（135）
非洲投资法律环境的变迁及应对 ………………… 朱伟东（147）
非洲的可持续城市化：挑战与因应之策 ………… 朴英姬（171）
撒哈拉以南非洲人口红利及国家政策取向 …… 梁益坚 王锦（197）
发展模式与族际关系：基于南非和卢旺达的比较研究 …… 庄晨燕（224）

非洲与外部世界

欧盟的非洲政策调整：话语、行为与身份重塑 …… 金 玲（247）
"全球英国"理念下英国对非洲政策的调整 ……… 李靖堃（271）
从戴高乐到马克龙：法国的非洲政策变化轨迹与

· 1 ·

目 录

内在逻辑 …………………………………………… 彭姝祎（302）
德国与非洲安全合作的新动向及发展趋势 …………… 周瑾艳（330）
美非关系中俄罗斯因素的历史嬗变 …………………… 刘中伟（358）
日本对非洲外交：从实用主义平衡到战略重视 ………… 张永蓬（380）
"萨加尔"战略下印非印度洋地区的海上安全
　　合作探究 ………………………………… 刘立涛　张振克（409）
南非与其他金砖国家合作的成效与前景 ……………… 徐国庆（437）

非洲政治与安全

论非洲的政党政治

钟伟云[*]

摘　要：自20世纪90年代初非洲国家全面实行多党制以来，非洲的政党政治发生了很大变化，呈现许多新的阶段性特征。从当前非洲各国政党力量、政党与民族、政党与国家权力、政党与国家发展、政党与金钱、政党与领袖等方面来看，非洲政党政治体现出其内在与外在特征的发展变化。值得注意的是，非洲国家内部各政党力量对比格局是决定该国政党政治发展的重要变量。一般来说，一个强有力的政党长期执政，有助于消除政党民族化，有助于政党从长远角度制定和实施国家发展规划，有助于保持政策的连续性，进而有助于国家的平稳发展；反之，政党力量弱小、政权更替频繁的国家则可能导致政党发育不健康，政党和政客过于注重眼前利益，从而不利于国家长远发展。

关键词：非洲政治　政党政治　多党制　国家发展

自20世纪90年代初非洲掀起多党制浪潮以来，1/4个世纪已经过去。到21世纪初，绝大多数非洲国家已接受西方式的"多党民主"体制。目前，除厄立特里亚仍然实行一党制和斯威士兰实行绝对君主制而不允许政党活动外，其他国家均以根本法的形式规定实行多党制，定期选举、政党为争取选票而进行竞争成为各国普遍接受的制度模式。与20

---

[*] 钟伟云，中共中央对外联络部当代世界研究中心研究员。

多年前相比，非洲政党政治发生了很大变化，无论是政党本身、政党力量格局，还是政党活动的方式、政党与国家权力的关系，都出现许多新的阶段性特征。

经济基础决定上层建筑是马克思主义历史唯物论的重要内容。具体到非洲大陆，它是世界上经济最不发达的地区，但是自20世纪90年代以来，西方式多党民主制度却在非洲逐渐站稳脚跟，并体现出一些非洲独具的特色，其内在机理值得学界进行深入研究。基于此，本文从政党力量格局、政党与民族、政党与国家权力、政党与国家发展、政党与金钱、政党与领袖等六个方面来解读非洲政党政治，考察非洲政党政治一些内在与外在特征的发展变化，分析影响非洲政党政治发展诸因素及其相互之间的联系，试图总结归纳其中的一些规律，为我们进一步观察非洲政党政治发展提供一面镜子。

一　政党力量格局

政党是政党政治的主角。考察一国的政党政治，首先要观察的因素就是该国政党力量的格局。政党数量的多少、各政党间的力量对比关系，都是影响一国政党政治的重要变量。非洲国家自实行多党制以来，政党数量经历了从井喷式增长到下降和相对稳定的过程。据不完全统计，当前撒哈拉以南非洲各国合法政党数量在2300个左右（不含索马里、马达加斯加和冈比亚），平均每个国家50多个政党，其中7个国家的政党数量超过100个。相比于世界上其他实行多党制的地区和国家，非洲政党的数量显然较多。

经过20多年的分化组合，非洲各国政党力量格局发生了很大变化，呈现多样化的特征，大致可划分为三种类型。

（一）一党独大型（或称一党主导型）

此类国家始终有一个政党主导国家权力，长期占据执政地位，稳定控制议会多数席位。这类国家有南非、坦桑尼亚、安哥拉、莫桑比克、纳米比亚、埃塞俄比亚、乌干达、卢旺达、布隆迪、加蓬、喀麦隆、赤道几内亚、乍得、博茨瓦纳、塞舌尔等，国家数量约占撒哈拉以南非洲的1/3。除埃塞俄比亚、乌干达、卢旺达、布隆迪四国外，其他国家的执政党均自国家独立以来就一直执政，其中坦桑尼亚革命党已连续执政55年，博茨瓦纳民主党已连续执政49年，加蓬民主党连续执政47年。上述政党在各级选举中往往能够获得超过2/3的选票，一些政党得票率甚至超过90%。这些国家的反对党力量弱小，对执政党的执政地位不构成威胁。如埃塞俄比亚虽政党数量众多（合法政党90多个），但自1991年以来，埃塞俄比亚人民革命民主阵线（简称"埃革阵"）在国家政治生活中一直占据绝对优势地位，不仅在议会保持绝对优势、掌握中央政权，而且直接控制4个主要州的政府和议会，其他5个州的执政党亦为埃革阵盟党。该党曾在2005年选举中失去首都的大部分选票，但后来该党进行了总结，在2010年和2015年选举中在全国大获全胜。2015年选举，反对党仅获得议会547个议席中的1席。

（二）朝野势均力敌型

此类国家已形成两大政党平分秋色或三大政党三足鼎立的格局。由于政党实力对比相差无几，朝野政党在选举中互有得失，一些国家实现了政权在不同政党间两次乃至三次和平轮替，一些国家则实行朝野共治。这种类型的国家数量不多，主要有加纳、佛得角、塞拉利昂、毛里求斯等。

加纳1992年恢复多党制后，政权已在全国民主大会和新爱国党间两次轮替。全国民主大会赢得1992年和1996年大选胜利，新爱国党则赢得2000年和2004年大选胜利。2008年，全国民主大会夺回政权，并再次赢得2012年选举的胜利。在1992年以来的6次大选中，朝野两党虽围绕选举结果产生争执，败方指责胜方舞弊，并诉诸法院，但总的来看权力交接顺利。

佛得角恢复多党制以来，政权亦在朝野两党间两度轮替。在1992年举行的恢复多党制后的首次大选中，新成立的佛得角争取民主运动（简称"民运"）战胜原唯一合法政党佛得角非洲独立党（简称"独立党"）上台执政，1996年该党再次赢得选举胜利继续执政。但在2000年举行的选举中，独立党夺回执政权并执政至今。在2011年举行的总统选举中，来自佛得角民运的候选人当选总统，从而在佛得角形成独立党人士出任实权总理和民运人士出任总统的"共治"局面。在 2016 年 3 月举行的大选中，民运再次战胜独立党赢得议会多数席位，取得组建政府的权利。

毛里求斯有三大政党，即工党、社会主义战斗党和毛里求斯战斗运动，三大政党各有自己的群众基础，三分天下、三足鼎立。传统上，三党中的任何一党都无法单独赢得过半选票而独自执政，三党中任何两党结盟即可获胜。因此，政权始终在三大政党中轮替，如 1995 年工党与社会主义战斗党结盟取得大选胜利，2000 年，毛里求斯战斗运动与社会主义战斗党结盟获得选举胜利。但到 2005 年，工党联合其他 5 个较小反对党在选举中战胜了战斗运动与社会主义战斗党的联盟。2010 年，工党再度与社会主义战斗党结盟，战胜毛里求斯战斗运动与其他政党的联盟。

（三）碎片化型

此类型国家政党数量众多，无一政党能在全国选举中赢得过半票数而单独组建政府，政党力量格局呈碎片化。为获得组建政府的权力，需要两个以上政党结成政治联盟，结盟各党根据事先约定分配议会席位和政府职位。在中部非洲和西部非洲一些官方语言为法语的国家，法律规定总统不能担任政党领袖，但总统会依靠某几个政党的支持当选，这些支持当选总统的政党组成松散的"总统多数派"联盟。一旦该总统下台，联盟往往很快瓦解。这种"碎片化型"国家数量较多，占撒哈拉以南非洲国家的 1/3 以上，中部和西部非洲尤为集中。如刚果（金）当前政党数量多达 230 多个，在 2011 年选举产生的国民议会 500 个议席中，最大政党争取重建与民主人民党仅获 62 席，该党被迫与众多小党结盟勉强维持在议会的简单多数。卡比拉总统 2014 年组建的民族团结政府 40 多名成员则来自十多个政党。人口仅 80 余万的印度洋小国科摩罗拥有 50 多个政党，而该国直选议席仅为 24 个，总统依靠多个政党结成的松散联盟即"总统多数派"执政。

值得注意的是，经过 20 多年分化组合而形成的上述三种形态已相对固化，三种形态之间相互转换情形较少。一党独大型国家的执政党可以挟执政优势取得选举胜利；两党势均力敌型国家则朝野互有攻防，时有得失；碎片化型国家的主要政党虽也希望朝一党独大型方向发展，但要改变现状亦非易事。只有尼日利亚、塞舌尔、博茨瓦纳、赞比亚等国可能是在不同格局中游离的少数例子。

尼日利亚原为一党独大型国家，人民民主党自1999年国家恢复文官统治后一党独大，但随着由众多反对党结盟而成的全体进步大会在2015年举行的大选中击败人民民主党，此前人民民主党一党独大的局面已经被打破，尼日利亚政党力量格局在朝着两党势均力敌型方向发展。

塞舌尔原系一党独大型国家，人民党（原人民进步阵线）自国家独立以来一直执政，但近年来该国主要反对党国民党力量和影响不断壮大，已对人民党执政地位形成挑战。在2015年大选中，人民党总统候选人、现任总统米歇尔与国民党候选人拉姆卡拉旺在首轮投票中得票均未过半，在第二轮投票中，米歇尔仅以300多票的微弱优势战胜拉姆卡拉旺而蝉联总统。

博茨瓦纳的情况与塞舌尔相似，长期执政的民主党虽继续维持执政地位，但在总统和议会选举中的得票率已降至略多于50%，如反对党能够形成统一战线，则该党执政地位难保。

赞比亚自进入21世纪以来，多党民主运动、爱国阵线与国家发展联合党三大政党相互牵制。2011年，爱国阵线战胜连续执政20年的多党民主运动取得执政地位后，在政坛的力量和影响上升，然而随着多党民主运动力量逐渐式微和国家发展联合党力量上升，赞比亚政党力量格局似乎正朝着两党势均力敌型方向发展。

二 政党与民族

过去20多年来，非洲政党政治的一个突出特征就是民族（或部族）①与政党的奇怪结合。经过20多年的发展，非洲政党政治依旧带着浓厚的民族色彩，民族因素仍然渗透到非洲政党政治的方方面面，时而以公开、时而以隐蔽的方式影响着非洲政党政治的发展。

首先，非洲多数政党仍带有深刻的民族烙印。尽管许多国家均以立

---

① "民族"与"部族"对应的英文均为"Ethnic group"，本文中"民族"与"部族"系同一个概念。

法的形式禁止政党建立在排他性的民族、区域、宗教基础之上①，但多数政党的民族色彩依然浓厚，要么建立在某一个或几个民族基础之上，要么建立在某一特定地区基础之上。当然，为避免违反法律规定，这些政党亦会吸收多个民族的人士入党。如肯尼亚有42个民族，实行多党制后成立的政党多以一个或几个民族为基础，政党的领导人多为本民族的领军人物。由于没有一个民族在人数上占绝对优势，因此，政党为了取得政权往往采取结盟的方式，某几个政党结成松散的政治联盟。但不论政党之间如何分化组合，都难以摆脱民族因素的影响。

其次，政治竞争常常以民族画线。政党为取得选民的支持，经常以民族因素作为动员工具。这在一些以人数上占优势的民族为背景的政党上尤为明显。即使像博茨瓦纳这样相对成熟的"民主国家"，政党在竞选中也打民族牌。据报道，在2014年大选期间，执政党民主党就打出了民族牌，在民众中制造民族紧张气氛。②

最后，政党内部以民族划分派系。政党内部往往派系众多，而派系往往又是以族群画线。即使像南非执政党非洲人国民大会（简称"非国大"）这样历史悠久的大党，内部也存在以民族为背景的山头派系。

为什么非洲的政党政治具有上述特征？为何不同国家表现程度不同？这可以从两个方面来理解。

一方面，非洲国家普遍刚从传统社会脱胎而来，现代意义上的民族国家构建工作尚未完成，民众的国家认同感与民族认同感同时存在，在某些国家，民族认同感甚至强于国家认同感。民族是非洲的客观存在，民族间矛盾的存在也是一个历史事实。在殖民统治时期，这种矛盾可能更多地表现在经济方面，如对土地、水源、牲畜的争夺。非洲国家取得独立后，执政者为了加快现代民族国家的构建，往往采取强力压制的办法，控制民族矛盾。这种揠苗助长式的做法虽暂时掩盖了矛盾，但并未能消除矛盾。多党制的推行就像打开了一个"潘多拉之盒"，原来被压抑

---

① 埃塞俄比亚可能是非洲唯一允许以民族为基础建立政党的国家。该国的执政党埃塞俄比亚人民革命民主阵线是由4个建立在民族基础上的政党组成。
② Amy R. Poteete, "Botswana, Democracy Derailed? Botswana's Fading Halo", http://www.allafrica.com/stories/201410211490.html, 2014-10-21.

的矛盾被释放出来，而且这种矛盾日益政治化。政党领袖一旦打出维护民族利益的旗号，很容易获得本民族民众的认同，而且这种认同很容易转化为政治支持。这是非洲政党政治民族化的根本原因。

另一方面，这与各国政党力量对比格局有关。不同的政党力量格局在一定程度上也决定了政党领袖动员群众支持的方式与手段的不同。在政党力量弱小的环境下，政客可能更趋向于利用民族因素作为政治动员工具。在他们看来，这一工具最"经济实惠"，不需要付出什么代价，而且很有效果。较之意识形态、政策主张等这些吃力不讨好的工具，运用民族因素作为政治动员的投入产出比最高。

相比之下，在执政党力量强大的国家，政治民族化的倾向就不那么明显。一般来说，强大政党推出的候选人不需要利用民族、地域等因素来进行政治动员。他们由于有强大的政党做后盾，在进行政治动员时，可能更多强调意识形态和政策主张，以国家长远发展的前景来进行政治动员，提出超越民族的主张，以期获得民众的支持。特别是在实行比例代表制选举的国家（例如南非），政党更没有必要为了选票而突出民族意识，因为政党能否获胜，或获胜的程度，取决于该党在全国范围内的得票率，而非在某个特定选区的得票率。在这类国家，政客即使需要运用民族因素来进行政治动员，方式也比较隐蔽。但这些政党党内不同派系进行斗争时，则较有可能利用民族因素作为拉票手段。

三　政党与国家权力

从理论上讲，政党成立和活动的最高目的是取得政权，以维护自己所代表的阶级、阶层、群体的利益；在不能取得政权的情况下，则通过自身活动来影响国家权力的行使，制衡执政党，确保本党所代表的阶级、阶层、群体利益不受损害或少受损害。然而，在多党制条件下的非洲，各国政党影响国家权力的方式有着很大的不同。它们有的把国家权力抓得很紧，有的则对国家权力持放任态度，有的则在国家权力背后若隐若现。非洲国家政党与国家权力的关系大致可分为以下三种类型。

(一) 紧密型

在非洲一党独大型国家中，多数执政党与国家权力之间形成一种紧密的关系。这些国家的执政党不仅决定国家（政府）的发展方向和大政方针，而且决定重要的人事任命。执政党几年一次的党代会，其重要性绝不亚于国民议会，因为党代会做出的决定往往为国民议会的讨论打基础、定调子。这些国家的执政党大都有一个强有力的中央领导集体，它们要么是中央委员会，要么是政治局（或政治委员会）。一些政党还有一位具有高度权威的领袖人物。这些政党在竞选前制定的政策纲领往往成为选举后国家的发展战略和政策。如埃革阵制定的五年发展规划就是国家的发展规划。南非非国大有召开中央工作会（Lekgotha）的制度，党的全体全国执委、下属群团组织负责人、执政联盟领导人和政府全体内阁成员出席，听取政府的施政报告，为下一阶段的政府工作定调子。厄立特里亚可以说是党国一体，执行"党统领一切"的理念。执政党人民民主与正义阵线全体中央委员（共75人）都是国民议会成员，占国民议会议员的一半。

此类国家中，执政党还决定国家政权机关的重要人事安排。出任政府各部门首长的人选，一般由党中央决策机构如中央委员会或政治局（政治委员会）讨论决定，由总统（或总理）根据法律授权进行任命。根据法律规定需要履行选举程序的职务人选，也由党中央决策机构推荐。2009年，南非非国大全国执委会决定将姆贝基总统从总统职务上"召回"，就是执政党行使人事任命权的一个比较极端的例子。"召回"实质就是解除职务，从法理上讲，只有南非议会2/3表决通过才能弹劾总统，但非国大由80多人组成的全国执委会就可以做出解除总统职务的决定，说明执政党具有最高人事决策权。一些国家规定国家总检察长、中央银行行长等公职人员的任命由议会做出，但具体人选亦由党中央确定。由于执政党控制了议会的多数席位，可以确保党中央推荐的人选能够通过议会表决。

虽然多数非洲国家的法律规定国家权力机关非党化，即不允许在国家权力机关、军队、警察、情报部门等建立党组织，或规定国家公职人员不得加入党派，但事实上，这一类型国家的执政党影响往往以各种方式渗透到国家权力机关中，它们对国家权力机关的控制十分明显。如在埃塞俄比亚，政府大部分中高级官员、高级军官、警察和情报部门高级官员大都是埃革阵成员。在莫桑比克，执政党与国家权力机构的联系也十分密切。在2014年大选中，反对党莫桑比克全国抵抗运动（简称"抵运"）打出的竞选口号就是反对执政党实行的国家机器政党化。抵运认为，执政党广泛染指国家机器的运转，利用国家机器为政党利益服务，影响了国家机器的公正性。这从一个侧面说明该国执政党对国家机器的紧密控制程度。

（二）松散型

与紧密型国家形成鲜明对比的是，非洲也有一批国家的执政党与国家权力的关系十分松散。此类执政党往往没有清晰的意识形态和方针政策，政策研究能力薄弱，制定的竞选纲领对国家发展不具有约束力。政党的活动主要围绕选举进行，选举结束后政党活动相对沉寂。政党没有强有力的中央决策机构，有些政党甚至不设中央委员会，仅设一个管理委员会来管理党的日常事务。政党或政党联盟一旦取得国家政权，国家权力的分配往往由同时担任政党领袖的总统（或总理）决定，或者根据执政联盟各党事先达成的协议分配。当然，总统（总理）在决定重要人事安排时，可能会与本党其他领导人进行协商，但这种协商往往是临时性的，并非制度性安排。非洲政党格局中的"碎片化型"国家中，政党与国家权力的关系大都属于这种类型。如在肯尼亚，政党的主要任务是为本党推出的候选人进行竞选服务，而候选人的产生方式则全赖党内初选。党内初选后，候选人的竞选纲领、竞选策略、竞选资金等均主要由候选人本人决定。选举结束后，国家权力高度集中于总统府。总统决定所有人事安排，无须政党的中央决策机构批准。又如在塞内加尔，萨勒总统领导的争取共和联盟也无强有力的领导机构，党的所有重要决策均由萨勒本人做出。

一些一党独大型或两党势均力敌型国家也属于此种情况，如尼日利亚、毛里求斯、博茨瓦纳等。尼日利亚原执政党人民民主党虽连续执政十多年，但据称这十多年间未出台过任何重要的政策文件，总统任命政府部长时无须与党的领导机构协商。博茨瓦纳自1966年独立以来一直由民主党执政，但该党组织结构松散，没有一个有权威的中央领导机构，党的日常工作甚至交由一名通过招聘而非选举产生的执行书记管理，党主席（总统）掌握党和国家的绝对权力。

（三）中间型

在上述两个极端之间，还有一种类型，我们暂且称为"中间型"，是两种类型的一种过渡形态。此类国家中政党的作用既没有紧密型大，但也没有松散型那么边缘化。总统府是国家权力的中心，但总统在一定程度上要依靠政党的支持来施政，因此在做出重要决策时也会征求党的最高决策机构的意见。一党独大型国家中的乌干达、加蓬、喀麦隆、乍得、赤道几内亚等，朝野势均力敌型国家中的加纳、塞拉利昂等，多足鼎立型国家中的布隆迪、赞比亚等，均大致可划入这种类型。

非洲政党与国家权力关系为何衍生出上述不同类型？这可能跟非洲国家不同的历史文化传统、殖民统治与民族解放斗争历史、政党的建党思想和意识形态等因素相关。非洲各国政党政治不同程度地受前宗主国政党政治的影响。因此，英语非洲国家与法语非洲国家的政党政治有着比较大的不同。许多法语非洲国家的宪法搬用了法国宪法的条文，如规定总统一旦当选便不能担任政党领袖。总统不当政党领袖，无形中拉开了政党与国家权力之间的距离。非洲国家不同的独立方式也对政党与国家权力关系产生了影响。大凡通过武装斗争取得独立或上台的政党，其对政权的掌控往往比较紧密。这在东部和南部非洲一些国家表现得尤为明显。南非、津巴布韦、莫桑比克、安哥拉、纳米比亚等国执政党在国家独立前都是从事武装斗争的民族解放运动组织，这些政党的建党思想大都比较倾向于列宁主义，实行民主集中制，它们一旦掌权后，与国家权力之间的关系自然也比较紧密。埃塞俄比亚、乌干达、卢旺达等国通过武装斗争上台的新政党，其对国家权力的掌控也比较紧。相比之下，在多党民主风潮开始后建立起来的政党，除个别外，大都与国家权力保持较大的距离。从政党的建党思想和意识形态角度看，左翼政党与右翼政党对国家权力的掌控程度也不一样。在左翼政党执政的国家，政党与国家权力的关系就比较紧密。在右翼政党执政的国家，政党与国家权力的关系则比较松散。

四　政党与国家发展

英国学者克里斯托弗·克拉汉姆认为，虽然国家、政府和执政党三者不是一回事，但有着紧密关系，处理得当就利于动员民众，达成社会共识。他认为，非洲一般通过游击战武装夺取政权的国家，只要"革命党"向"执政党"自觉主动转型，自主发展和自主开辟道路的概率就更大，推动发展的手段就相对强势。[1]

考察政党政治与国家发展的关系，一个简便的方法是考察给定时期政党政治的状况与国家发展状况之间的联系，看看两者是正相关关系还是负相关关系。根据罗莎·卢森堡基金会研究人员恩东戈·西拉对2000—2010年十年间非洲49国经济增长情况的研究，[2] 非洲经济增长率最高的10个国家分别是赤道几内亚（年均增长率14.8%，下同）、安哥拉（11.3%）、乍得（10.7%）、尼日利亚（8.9%）、埃塞俄比亚（8.4%）、卢旺达（8%）、莫桑比克（7.8%）、乌干达（7.4%）、利比里亚（7.1%）和坦桑尼亚（7%）。而增长率最低的10个国家分别为津巴布韦（-4.9%）、厄立特里亚（0.9%）、科特迪瓦（1.1%）、塞舌尔（2%）、加蓬（2%）、科摩罗（2%）、多哥（2.2%）、斯威士兰（2.3%）、几内亚比绍（2.5%）和马达加斯加（2.6%）。

通过对上述20国同一时期政党政治发展的进一步观察可以发现，增长最快的十国中，多数国家政党政治都比较稳定，有一个政党主导政治发展，其中赤道几内亚、安哥拉、乍得、尼日利亚、埃塞俄比亚、卢旺达、莫桑比克、乌干达、坦桑尼亚等国为一党独大型国家。十国中，只有利比里亚的政党格局为碎片化型国家，但由瑟利夫总统领导的团结党一直执政。增长率最低的十国政党力量格局则较为复杂，既有一党独大型国家如加蓬、津巴布韦、厄立特里亚，也有碎片化型国家如科摩罗、

---

[1] Christopher Clapham, *Africa and the International System*, Cambridge University Press, 1996, p. 56.

[2] Ndongo Samba Sylla, "From a Marginalised to an Emerging Africa? A Critical Analysis", *Review of African Political Economy*, Vol. 41, 2014, pp. 7–25.

多哥、几内亚比绍,科特迪瓦则属于朝野势均力敌型国家,而斯威士兰则属于君主制国家。

如何理解政党政治与国家发展之间的这种联系?它们之间的内在逻辑关系是什么?可以从以下几方面来考察。

首先,稳定是发展的前提,没有稳定的政治环境,发展便无从谈起,而强有力的政党有助于维持政局的稳定。上述增长最快的十国都是非洲政局比较稳定的国家,至少在所考察的10年中未发生大规模动乱。这些国家大都有一个强有力的政府,而强有力政府的背后,则有一个比较强大的执政党。这种情况印证了塞缪尔·亨廷顿在《变革社会中的政治秩序》一书所提出的观点。他指出,在快速变化的社会秩序中,发展中国家需要一个强有力的政府。政府不仅要有维持社会秩序的能力,而且要对经济进行必要的干预。"强大的政党"与"强大的组织"是形成"强政府"的重要条件。"强政府"的构建和维持必须依赖强大的政党和组织的力量。特别是公民社会力量比较弱小的发展中国家,政党往往是最有组织的社会力量,它起着联结社会和国家的作用。①这也印证了美国经济学家、首位诺贝尔经济学奖得主阿瑟·刘易斯所提出的观点,即"羸弱的政府无力维持国内秩序","越是落后的国家,政府所做的开拓性工作就越多","贫困国家比富裕国家更需要更多和更好的政府活动"。②

政局动荡必定会对国家发展带来损害。通过对上述增长率最低十国的进一步观察可发现,这些国家除厄立特里亚、塞舌尔、加蓬外,大都属于政局不稳定国家,均发生过不同程度的动乱,如内战(科特迪瓦)、政变(几内亚比绍、马达加斯加、科摩罗)、选举纠纷(津巴布韦)。津巴布韦经济形势恶化还因推行激进土地改革和其他激进经济政策而加剧。当然,稳定并不能保证带来发展,它只是发展所需要的诸多前提条件之一。因此,我们看到:一些国家虽保持政局相对稳定,但国家并未得到

---

① [美]塞缪尔·亨廷顿:《变革社会中的政治秩序》,李盛平、杨玉生等译,华夏出版社1988年版,第17页。

② [英]阿瑟·刘易斯:《经济增长理论》,郭金兴等译,机械工业出版社2015年版,第322、325、301页。

快速发展。这种情况在厄立特里亚、塞舌尔、加蓬、斯威士兰、马拉维、喀麦隆等国得到证实。

其次，强有力的政党有助于发展政策的连续性。发展需要有符合国情的正确政策的引导，正确的发展政策也需要较长时间的连续施行。一个政策朝秦暮楚的国家，其获得平稳快速发展的可能性就比较小。从2000—2010年非洲49国经济增长情况看，增长较快的国家大都是一党长期执政或两党正常轮替的国家。稳定的政权在维护国家稳定、领导国家发展方面成绩都相对突出。在一党长期执政的条件下，执政党的眼光往往比较长远，其政治动员能力也比较强，因此做出的决策更可能有利于国家的长远发展。这一类型国家的发展政策连续性也就更有保障。埃塞俄比亚、卢旺达、莫桑比克、乌干达、坦桑尼亚等均非能源资源富集国，但它们都取得超过7%的年均增长，其中一个原因就是在强有力政党领导下，各国政府实施有远见且有连续性的发展战略。20世纪90年代初，埃塞俄比亚为世界最贫穷国家之一。在梅莱斯·泽纳维总理的领导下，埃革阵致力于建设"民主发展型国家"，取得显著成就。自2003/2004年度以来的十多年间，该国经济实现平均约10%的增长，在人口从20世纪90年代初的5000多万增加到8000多万的情况下，人均国内生产总值从不足100美元增至2012年的470美元（按购买力平价计算为1380美元）。分析人士认为，该国之所以实现如此快速的发展，一个重要原因就是执政党和政府发挥了重要作用。不论从意识形态、组织结构还是领导层来看，埃革阵都属强势政党，扮演着决策中心的角色。而在党的决策体系中，党的领导人梅莱斯又起着关键作用。2012年梅莱斯去世后，其继任者全面延续了梅莱斯确定的发展方向和大政方针。卢旺达在卡加梅和卢旺达爱国阵线的领导下，重建和经济社会发展取得显著成绩，十多年间经济增速保持在5%—11%。卢旺达还在廉政建设方面取得显著成绩，被认为是非洲最廉洁的国家。

在两党正常轮替的国家，执政党虽面临来自反对党的强有力挑战，但也希望通过良好的政绩来赢得新的任期。这一类型的国家政局比较稳定，政策可能会有一定摇摆，但也不至于走极端，总体看其经济呈中速平稳增长的态势。如2000—2010年佛得角年均经济增长率为6.4%，塞拉利昂为6.3%，加纳为5.8%，赞比亚为5.6%。[①]

在政党力量碎片化型的国家，执政党或执政联盟由于任期无法得到保障，考虑问题往往趋向于短视，对国家发展缺乏长远思考，也无能力制定和实施国家发展长远规划。这类国家的当政者考虑得更多的可能是小圈子和个人利益，致力于国家发展的意愿和动力不足。因此，这类国家的增长率普遍较低。在上述增长最快的十国中，政党力量格局为碎片化型的国家仅有一个即利比里亚。据分析，该国经济之所以取得较快速增长，既与该国之前长期战乱和起点低有关，也与瑟利夫总统个人出色的领导能力有关。

从上述情况似乎可以推断出，在经济社会发展相对落后的非洲，强有力的政党和政府有利于国家发展，软弱的政党和政府不利于国家发展。当然，强大的政党和政府并不一定能保证国家能实现快速发展。在有利于国家快速发展的诸多要件中，强有力的政策制定和执行能力相当重要，而强大的执政党有助于政策的执行性和连续性。

五　政党与金钱

多党制是一桩"昂贵的事业"，贵到贫穷的国家"玩不起"，没钱的人"玩不起"。多党政治需要巨额的金钱投入才能维持运转。在多党制尚处于低级发展阶段的非洲国家，由于经济社会发展水平相对落后，加上对金钱与政治的关系缺乏明确的法律界定，金钱对塑造政党政治起着重要作用。

首先，竞争性政党政治在某种程度上可以说是一部"烧钱机器"。频繁的选举，耗费了非洲国家大量的财政资金。选举本身和选举相关的工作，如人口普查、选民登记、选举教育等，都需要耗费大量财政资源，这使本来就紧张的国家财政状况雪上加霜。不少国家的选举经费需要依靠外国提供财政援助，这又为捐助国干涉其政党政治提供了机会。据报道，布隆迪为2010年大选编制的预算为4500万美元，这相当于该国政府全年财政预算的5%。在国家一半以上财政预算靠国际援助的布隆迪，这

[①] Ndongo Samba Sylla, op. cit., pp. 7–25.

是一笔巨额的开支。2011年,刚果(金)大选耗费的资金多达5亿美元,据称是仅次于美国的花费最多的选举。①

其次,掌握财政与物质资源的多寡往往决定着政党影响力大小。政党的日常运转、竞选均需要大量物质资源。特别是,政党需要通过举办大型集会、发放大量物资来宣传本党主张,扩大党的影响。如2015年尼日利亚选举,人民民主党共花费2万亿奈拉(约合100亿美元)。人民民主党和全体进步大会都雇用了美国公关公司来为其进行宣传策划。②在科特迪瓦2015年大选中,瓦塔拉领导的执政联盟的竞选经费预算高达100亿非洲法郎(约合1.68亿美元)。③

非洲国家对政党活动经费的筹集和使用大都缺乏制度性规范,除少数国家根据各党在上一次选举中的得票比例从国家财政中拨付政党活动经费外,多数国家的政党需要靠自己去筹集活动经费。政党为筹集活动经费各显神通,"化缘"成为政党领导人的一项重要工作。

最后,竞争性政党政治在一定程度上鼓励政客的贪腐行为。政党和政客通常采取"花钱买票"进行竞选。在尼日利亚,选举资金非常关键并具有长远影响。当选公职以后可能得到的巨大好处使尼日利亚的选举变成一场高风险的竞争,许多人把竞争公职当作个人发财致富和往上攀升的最佳途径。据称尼日利亚议员的薪酬是世界上最高的,他们的薪酬相当于该国人均国内生产总值的116倍。在巨大利益的诱惑下,竞选各级政府的职务就变得代价高昂。竞选人需要花钱购买报名表,收买媒体和对手,进行竞选造势。据《非洲事务》一篇文章估计,竞选联邦议会议员平均需要花费200万美元,竞选州长职位平均需要花费500万—1000万美元。④ 为了筹款参选,许多人需要寻找"金主",即政治捐款人。"金主"既可以是企业,也可以是腰缠万贯的富人,既可以是一家企业、一个人,也可以是多个企业、多人。在非洲,法律对政党、个人筹集和使用竞选资金并无明确的规定,即使有规定,也因缺乏监管而得不到很

---

① "African Democracy: A Glass Half-full", *Economist*, March 31, 2012, pp. 53 – 54.
② Olly Owen and Zainab Usman, "Why Goodluck Jonathan Lost the Nigerian Presidential Election of 2015", *African Affairs*, Vol. 114, No. 456, July 2015, pp. 455 – 471.
③ *African Confidential*, November 6, Vol. 56, No. 22, 2015, pp. 4 – 5.
④ Olly Owen and Zainab Usman, op. cit., pp. 455 – 471.

好执行,因此,资金如何筹、如何花,都存在很大的自由空间。许多候选人和"金主"把竞选当作一档投资,目的是在当选后捞回来。因此,选举就成为激烈的角斗场,政客们及其背后的"金主们"在捞回投资欲望的驱使下不择手段地操纵选举,作弊、恐吓、暴力等现象司空见惯。输掉选举的候选人不承认败选,往往诉诸法律。这又导致竞选官司司空见惯。在尼日利亚,一些州长的任期快结束了,但围绕这些州长当选是否合法有效的官司还未打完。当选者为了回报"金主",必然要拿公共利益来做交易。一些人认为,金钱劫持了非洲政党政治,这种情况是存在的。

金钱与政治的这种奇怪结合,在一定程度上助长了非洲国家政客们的短视行为,阻碍着非洲政党政治的健康发展。在社会保障体系不健全的情况下,甚至个别最高领导人也可能出于对退休生活的担忧而行贪腐。他们可能趋向于"捞足了再走"。

六 政党与领袖

政治活动是由人构成的,人从事政治活动有特定的动机。我们可以借用经济学家在解释人从事经济活动时的两个暗含假设来分析人的政治行为,即人都是理性的,每个政治人都追求效用的最大化。在多党政治环境下,在政治中起主要或主导作用的人是政党领袖。分析和理解政党领袖从事政治活动的动机和心理活动,有助于我们更好地理解非洲政党政治的一些现象。

政治活动是围绕对国家权力的角逐展开的。执政党领袖希望带领本党继续保持执政地位,在野党领袖则希望通过从事政治活动夺取权力。一些政党领袖或许看到自己短期内无望执掌国家最高权力,但仍要进行政治活动,参加选举,进行选举动员,目的就是扩大自己和本党的知名度和影响,使自己所代表的群体利益少受负面影响,并为与其他政党结盟打基础,以便在机会来临时,可以作为讨价还价的资本。在许多中西部非洲国家,特别是前法国殖民地国家,每逢选举都会有许多人出来角逐一个位子。这些国家的总统选举,往往有数十人报名参加,以致得票率分散,无一人能在首轮胜出,而需要在得票最多的两名候选人间进行第二轮角逐。在第二轮投票前，各参选政党领导人会进行一次新的站队与结盟，从两名候选人中寻找结盟对象，以便有机会在新政权中谋得一官半职。此种情况，也反映在一些国家的政党内部派系竞争中。如尼日利亚每逢党内初选，都会有许多人出来参加角逐。他们的机会主义倾向十分明显，参选是为了显示自己的存在，以便在选后的权力分配中分得一杯羹。

对于掌握国家权力的政党领袖来说，他们最关心的，首先是自己的执政安全，即任期能否得到保证；其次是青史留名，即留下历史遗产。如果执政安全得不到保证，政党领袖的行为可能趋于短视，他们很可能做出在外人看来短视的行为，比如贪腐。如果政党领袖不能确定第二天是否会被推翻，他首先考虑的可能是使用一切手段来确保其执政安全，在这种情况下，他们的行为可能具有更大的不确定性，也就是说，他们更有可能做出反常的行动来，如为自己捞取更多的利益，甚至会通过挑起内部冲突以从中渔利。

政党领袖只有在其执政安全有保障的前提下，才有可能思考国家长远发展，并为国家长远发展出力，以便青史留名。可以肯定的是，一个强大并长期执政的政党有助于保障其领袖的执政安全。在一党独大型国家，执政党可以凭借其强大的支持网络，动员其支持者投本党候选人的票，从而确保本党推出的候选人当选。因此，一般来说，强大政党的领袖更有可能做出符合国家长远发展利益的决策。在任期得到保障的条件下，强大政党领袖更有可能通过提高执政业绩，即发展经济、维护稳定、改善人民生活来进一步巩固执政安全，巩固执政党的执政地位，从而确保其继任者也能顺利当选，进而实现"青史留名"的目标。还有一些政党领袖，凭借其威望及对执政党的绝对控制，谋求修改宪法以实现第三个或无限制任期，其理由大都是为了实现在原有任期内未能完成的发展国家的愿望。

相比之下，在政党力量格局碎片化的国家，当权者由于没有强大的政党的支撑，其执政安全感往往较低。在安全感不足的情况下，他需要花更多的精力来巩固执政安全，而花在思考国家长远发展的精力相对要少。从这个角度看，弱小执政党领袖的目光可能更加短浅，行为可能更加注重短期效应。一些政党领袖在就任之初可能有一番远大抱负，希望改变国家贫穷落后现状，希望青史留名，但由于没有强大的政党做后盾，他们的想法难以得到落实。久而久之，他们的行为也会变得短视，执政目标从青史留名转变为确保自己退休后的政治、生活待遇有保障，或者确保自己选定的接班人能够顺利当选，使自己免遭继任者的清算。

在碎片化型国家，由于政党间监督与制约机制相对薄弱，政党领袖更容易采取短视行为。他们知道，即使当事人做出违规行为，被发现的可能性也不大。再者，即使当事人被发现，由于国家权力偏软，被查处的可能性也不大，这进一步鼓励政党领袖的投机行为。

七 结语

考察非洲的政党政治，还可以有诸多其他视角。通过对上述六个方面的观察，我们似乎可以认为：在非洲多党政治环境下，一国内部各政党力量对比格局如何，是决定该国政党政治发展的重要变量。一般来说，一个强有力的政党长期执政，有助于消除政党民族化，有助于政党从长远角度制定和实施国家发展规划，有助于保持政策的连续性，进而有助于国家的平稳发展。相反，政党力量弱小、政权更替频繁的国家则可能导致政党发育不健康，政党和政客过于注重眼前利益，从而不利于国家长远发展。

（本文原刊发于《西亚非洲》2016年第5期）

南非的民主转型与国家治理

杨立华[*]

摘　要：南非废除白人种族主义统治、建立种族平等的民主制度，已经走过 21 年的发展历程。南非政治社会变革和民主转型的进程，以和解、共存为原则，避免了种族冲突和社会动荡，在多元一体国家的建设当中，构建了以宪法为核心的一整套法律体系，坚持平等、包容的理念和社会经济政策，取得了历史性的社会进步。随着 21 年来社会经济结构的演变以及国际形势的变化，南非国家发展也面临新的问题和挑战，体制的完善和执政效能的提高尤为重要。和解包容的发展方向仍将是南非绝大多数民众的选择。

关键词：非洲政治　国家治理　南非　经济社会转型

国家治理能力是国家实力的重要体现。国家治理的主体是执政党及其主导的政府。治理能力主要包括：战略规划能力、制度建构能力、法律实施能力、资源把握能力、公正保障能力、社会动员能力、创新发展能力、危机应对能力等。[①] 其中关键的两点是：制度选择与构建的合理性与可持续性，政府执政能力与社会动员能力的公正与效率。

当前，种族、民族、文化、信仰冲突是世界性的治理难题，其本质是生存空间和生存条件的竞争。所谓国家治理，已不仅是转型国家的课

---

[*] 杨立华，中国社会科学院西亚非洲研究所研究员。
[①] 沈传亮：《建立国家治理能力现代化评估体系》，《学习时报》2014 年 6 月 2 日。

题,而是世界性的挑战,发达国家面临的国家治理挑战同样严峻。在政治权力、经济利益、社会结构和文化形态方面,各国都面临排他性和包容性发展的选择。

非洲大陆在经历殖民时期的被分而治之、独立后民族国家建设中种种干扰和挫折后,普遍认同并探索包容性发展的道路,不仅体现在一国国内发展方式的选择之中,而且体现在区域一体化的进程之中,即所谓以非洲方式解决非洲问题。南非更是这一理念的倡导者和实践者。

南非废除白人种族主义统治、建立种族平等民主的新制度,已经走过21年的稳定发展历程。南非政治社会变革和民主转型的进程,以和解、共存为原则,避免了种族冲突和社会动荡,在多元一体国家的建设当中,构建了以宪法为核心的法律体系,坚持平等、包容理念和社会经济政策,取得了国际公认的社会进步。同时,随着21年来社会经济结构的演变和国际环境的变化,南非的国家发展也面临新的问题和挑战。本文力图从南非政治制度变革的历史性抉择、新制度的构建、经济过渡的利益安排、社会结构和种族关系的演变、新南非外交的调整等方面,分析南非民主转型历史进程的特点与启示,并在此基础上探讨新南非国家治理面临的挑战和发展前景。

一 平等、民主与统一政治体制的建立

(一) 废除种族隔离制度的政治抉择

南非共和国位于非洲大陆的南端,国土面积为122万平方公里,人口5180万(2011年)。南非多种族社会的形成是白人殖民入侵的结果,南非的疆界也是在殖民扩张和争夺中才得以确定的。

1. 白人种族主义统治与黑人的反抗

自欧洲殖民者17世纪中期侵入非洲南端以来,白人种族主义制度以排斥和剥夺非洲原住民族及其他"非白人"族群(混血的有色人[①]和印度裔为主的亚洲裔人)的生存和发展权利为特征,通过种族主义的法律

---

① 南非的"有色人"特指早期欧洲移民与非洲人和亚洲裔开普殖民地奴隶的混血后代。

制度和国家机器来维护欧洲移民后裔①和白人资本对南非土地和资源的控制，造成了南非种族间政治、经济、社会的割裂与对抗。在种族隔离制度下，占南非人口10%左右的白人，获取了80%以上的土地和财富，而占人口80%的非洲人被驱赶到边远分散的"黑人家园"。非洲人、"有色人"和亚洲裔人均被剥夺了平等的公民权利。但是南非与北美洲、大洋洲白人移民占统治地位的前殖民地不同，在南非人口构成中，原住民族非洲人始终占绝大多数。

为了争取在自己的土地上生存和发展的权利，南非的原住民族和"非白人"族群，进行了不懈的反抗。1910年，英属南非联邦确立白人种族主义统治后，非洲人的民族解放运动和南非各界民众反对种族隔离制度的斗争从未停止。1912年初，由南非各非洲人部族和各阶层非洲人代表组成的南非土著人大会（1923年改名为南非非洲人国民大会，简称非国大），是非洲大陆历史最长的民族解放组织。非国大包容性的民族主义传统促进了非洲人的民族团结，并在反对白人种族主义统治的运动中联合有色人和印度人。1955年，形成的人民大会运动是反对种族隔离的统一阵线，当年通过的《自由宪章》提出：南非属于所有生活在这里的黑人和白人；每个人都应有选举权和被选举权；各民族平等，共同享有南非的财富和土地②。《自由宪章》成为非国大和其他反种族隔离组织的政治纲领。

20世纪60—70年代，南非国内兴起"黑人觉醒运动"，它倡导广义的黑人团结，认为非洲人、"有色人"和印度人都是被压迫民族，应当团结起来反对白人统治。这对促进黑人之间的政治团结起到很大的作用，并推动80年代的反种族隔离斗争走向更广泛的联合，形成学生运动、工会运动和各界人民的反抗高潮。

2. 非国大的"民主南非制宪纲领"和白人的现实主义选择

20世纪80年代后期，南非对立双方的力量对比变化已基本成定局。

---

① 南非欧洲移民后裔主要分为阿非利卡人（早期荷兰语移民后裔，占白人的60%，掌握南非政权）和英语白人（以英裔为主，占白人的40%，在经济上占优势）。

② "The Freedom Charter", As adopted at the Congress of the People, Kliptown, on 26 June 1955, http://www.anc.org.za/show.php?id=72.

白人种族主义政权尽管拥有政治、经济实力和镇压手段，但是南非社会经济的发展和黑人反抗运动的壮大，已使种族隔离制度难以继续推行；在国际社会的支持下，黑人解放组织和群众民主运动使白人政权陷入政治与经济困境。

在白人当局陷入内政外交困境的时候，南非主要的民族解放组织——非国大和黑人群众民主运动在很大程度上掌握了局势发展的主动权。1989年，非国大制定了"民主南非制宪纲领"①，在国内的黑人组织和白人民主团体中讨论，为政治解决南非的种族对立做准备。非国大的制宪纲领继承了1955年人民宪章的原则，成为后来多党制宪谈判的基础。

20世纪80年代，白人当中离心和思变倾向、对前途的思考和探讨明显增加，南非白人社会出现前所未有的分化。白人知识界和青年当中出现了对种族隔离制度的批判思潮，白人经济界也要求变革，以摆脱经济困境。虽然当时南非走向政治和解之路仍受到白人右翼威胁和社会动乱的干扰，但是废除种族隔离的大趋势已定。白人国民党政府上层对当时的形势判断可以用"不适应，即灭亡"来概括。以时任南非总统德克勒克为代表的开明派认识到，"白人占人口比例不断缩小，在陷于绝境之前，如果进行谈判，可能得到一个较好的结果"。阿非利卡人的"生存决定于有秩序的变革"。②

1990年，南非政治发展出现历史性的转折。2月初，德克勒克宣布取消对非国大、泛非大和南非共产党等组织的禁令，无条件释放黑人领袖纳尔逊·曼德拉和其他被监禁的反种族隔离的"政治犯"。南非进入政治对话与谈判阶段。

3. 政治变革的制宪谈判

南非多党制宪谈判于1991年底开始。经过3年艰难的利益权衡和讨价还价，参加多党制宪谈判会议的21个政党和组织对南非的未来发展最终达成共识，形成共同接受的统一国家的政治框架，并就分享权力达成

---

① "Constitutional Guidelines for a Democratic South Africa 1989", http://www.anc.org.za/show.php?id=294.

② Hermann Giliomee, *The Afrikaners*, Tafelburg Publishers Limited, South Africa and University of Virginia, 2003, p.631.

一致。1993年11月，南非通过《过渡宪法法案》，它标志着白人种族主义统治在法律上被废除。当年，曼德拉与德克勒克共同获得诺贝尔和平奖，显示了国际社会对南非和平过渡的认可。

根据1993年过渡宪法，南非于1994年4月26—29日如期举行第一次全民大选，非国大赢得63%的选票，成为执政党。非国大主席曼德拉当选为新南非第一任总统。南非开始民主新国家的建设。

（二）新南非的政治制度建设

新南非要构建的是涵盖全体人民的国家，而保障包容与共享的是它的宪法和依据宪法建立的新体制。

1. 确立与巩固新南非平等民主的宪政体制

1994年，以非国大为主导的全国团结政府成立后，最重要的任务是在两年内制定新宪法，以取代1993年的临时宪法，为新体制的巩固奠定法律基础。[1] 经过近两年制宪谈判而制定的1996年南非新宪法，标志着政治统一、平等民主制度的确立。南非新政府成立初期，最重要的任务是改造种族隔离制度的法律体系和国家机器。1994—2014年，除了1996年的南非新宪法之外，议会共制定通过1062项法律或法律修正案，形成较为完善的新法律体系。[2]

第一，坚持国家统一原则。1994年，南非实现了真正意义上的国家统一。1910年，南非联邦成立时，虽然有疆界的统一，但没有政治的统一。1996年新宪法第1章第1条对南非共和国国体的界定指明：南非共和国是统一的、主权独立的民主国家。

1996年的南非宪法规定，建立国家所遵循的价值包括：人的尊严，实现平等和促进人权和自由；没有种族主义和性别歧视；宪法的至高无上地位和实行法制；成年人普遍选举权，全国统一的选民名册，定期选举；多党制民主政府，确保负责、应答和公开。[3]

---

[1] 参见杨立华《新南非：多元一体国家的建设》，《西亚非洲》2004年第4期，第42页。
[2] "South Africa Acts of Parliament"，http：//www.parliament.gov.za.
[3] "Constitution of the Republic of South Africa Act 108 of 1996", as adopted on 8 May 1996 and amended on 11 October 1996 by the Constitutional Assembly, http：//www.gov.za/documents/constitution/index.html.

南非实行全国统一的政府体制。实行三权分立，各级立法、执法、司法权力机构相互独立。南非宪法第3章对各级政府的运作原则规定，各级政府和国家机构必须维护国家的和平、统一，维护共和国的不可分割性；必须保障全国人民的幸福。

第二，保障公民权利。南非宪法第2章规定了基本人权，共33条。宪法法院保护这些权利，并判定政府的行为是否与相关的宪法条款相符。基本人权条款的修订须经国民议会2/3多数和省务院九省中至少六省通过。基本人权适用于一切法律，并约束立法、行政和司法机构。

南非宪法第2章规定：公民享有平等权、人格尊严权、生命权、自由与人身安全权、不受奴役与强制劳动权、隐私权、宗教信仰与观念自由权、言论自由权、集会示威请愿权、结社权、政治权利、公民权、行动及居住自由权、择业自主权、劳动权、享受无害环境权、财产权①、住房权，享受医疗、食物、水及社会保障权、儿童权益、受教育权、语言与文化自择权、社区受保护权、获取信息权、公正管理与被管理行为权、诉讼权等一系列权利。人权法案对上述各项权利的限制行为作了严格规定，特别单列实施国家紧急状态的规定，以防人权因此受到侵害。任何法律不得与该法案相抵触。②

同时，该宪法还规定，公民行使以上权利，不得有煽动暴力或种族、性别歧视行为。

第三，统一政府体制。在旧的种族隔离制度下，南非分为白人共和国的4个省与10个黑人家园，立法体系、行政管理和司法制度严格按照种族分割。

新南非把全国按照地域重新划分为9个省，实行全国统一的政府体制。

在立法方面，议会是南非的立法机构，有权根据宪法制定南非的法律。议会为两院制，即国民议会和全国省务院。国民议会的职能包括：

---

① 南非1996年宪法对公民财产权利的规定见第1章第25条：除非依据普遍适用的法律，为了公共利益的目的，并给予赔偿之外，任何人的财产不可被剥夺，任何法律不可强制剥夺财产。

② Constitution of the Republic of South Africa 1996, *Chapter 2*, Bill of Rights.

选举总统，为讨论公共事务提供全国性的论坛，通过法律，审查和监督行政行为。国民议会共400个议席，根据政党大选得票率按照比例代表制组成。全国省务院相当于参议院，由54名常务委员和36名特别代表组成，其宗旨是在全国性的政府事务中代表各省的利益。①

在行政方面，各级政府依照宪法统一整合。南非通过1994年大选在中央和省一级建立新政府之后，开始通过地方选举统一基层政权。中央政府，以及各省和地方政府，均实行比例代表制和合作执政的制度。1994年以来，非国大作为执政党，各届政府都吸收其他政党的议员参加内阁。根据南非宪法和1997年地方政府法，地方政府可以选派10名非全职代表参加全国省务院的会议，维护当地的利益。

司法方面，南非宪法第8章规定了法院和司法制度。按照宪法第165条的规定，南非的司法权力属于依照宪法成立的各级法院。实行司法独立，法院只对宪法和法律负责，遵循不偏不倚、无所畏惧、没有歧视的原则。南非的法院体系包括：宪法法院、最高上诉法院、高级法院（包括根据议会立法成立的任何上诉高级法院，审理高级法院的上诉）、地方法院，以及根据议会立法成立的任何法院。

宪法法院是解释宪法、保证和强制宪法条款执行的最高司法机构，对与宪法有关的事项做出终审。最高法院包括一个上诉法院和省、地方最高法院分院。各地方的法院负责审理当地的民事和刑事案件。各级法院必须履行宪法和宪法所规定的基本人权。②

2. 建立统一的国防军和警察力量

武装力量的重组和整合是新南非国家统一的重要组成部分，是新制度稳定和国家安全的保障。南非的做法对其他冲突后重建的国家有重要借鉴意义。

按照南非1996年宪法，南非现存的武装力量，包括过去互为仇敌的白人政府的军队和白人民兵、黑人解放组织的武装力量，以及前黑人家园的军事力量，全部被整编入新的南非国防力量，建立统一的国防军、警察力量和情报机构。南非国防军整合原则包括：以尊重和尊严来对待

---

① Constitution of the Republic of South Africa 1996, *Chapter* 4, Parliament.
② Constitution of the Republic of South Africa 1996, *Chapter* 8, Courts and Administration of Justice.

南非国防军的所有成员，在整合过程中贯彻合作的精神，不得有歧视行为。①

南非国家安全力量接受国民议会和国家行政当局的管辖，不隶属任何政治党派或族群。

南非警察部队隶属于政府安全部。为了保证对警察人员的犯罪和错误行为的投诉能够得到有效的调查，安全部设立独立投诉处，主要作用是调查警察中玩忽职守、违反警察行为准则的情况，提高警察部队的民主化、问责制和透明度。

南非警察的特种任务部队（Special Task Force）在服务本国的同时，还为邻国提供技术和行动支持，并参与国际安全行动。南非警察的空军联队多次执行境外任务。②

3. 制衡与监督权力

南非民主制度运行的一个重要方面是权力的制衡和监督。

为了巩固新生的民主制度，非国大主导的新政府把反腐败作为国家战略。南非依照宪法建立了保护公民民主权利、监督国家财政的执行、维护国家利益的机构，以及公务员行为准则、国家公共财政管理和审计法、政府采购政策和规则。

南非新政府成立后，沿用1992年的反腐败法，同时为制定更符合新政治经济体制的相关法律做准备。2004年4月，南非颁布《预防和打击腐败活动法》③。在公务人员的行为规范方面，南非议会的"道德和议员利益联合委员会"颁布了议员（包括担任行政职务的议员）《行为准则》和议员工资外收入来源的公布制度。其公布的内容包括：股票和其他金融收益、议会外有偿兼职、咨询和律师聘用费、赞助、旅行、土地和财产、礼品和款待、津贴和补助等。政府官员还要遵守"行政官员和首席执行官员守则"（Office-bearers & Members Code of Conduct）。

根据宪法制定的《公共利益保护法》和据此建立的"公共利益保护

---

① "Safety, Security & Defence", Chapter 17, *South Africa Yearbook 2003/04*, pp. 486 – 487.

② Constitution of the Republic of South Africa 1996, *Chapter* 71, Security Services.

③ Prevention and Combating of Corrupt Activities Act, 2003, http://www.dac.gov.za/acts/Prevention%20and%20Combating%20of%20Corrupt%20Activities%20Act.pdf.

部",具有宪法赋予的独立地位,有权调查政府各个部门(包括国有企业)和各个层级(中央、省、地方)的官员在履行国家公务和行政管理当中,被指称或者被怀疑有不恰当或者造成不正当或不公正的行为。为了治理政府采购环节的腐败行为,制定了2000年《政府采购优先政策框架法》①和2001年《政府采购优惠规则》对政府采购竞标过程中给予优惠的条件进一步具体化,规定了根据采购项目的投标价格计算优惠分数的公式。

公众对权力的监督受到法律保障。根据宪法第10章对行政管理基本价值和原则的规定,政府必须向公众提供及时、易于理解和准确的信息,保障公民的知情权、监督权和参与权,并建立独立的调查机构和保护检举人的制度。为此,南非制定有《促进获得信息法》(2000)和《促进行政公正法》(2000),新闻和其他媒体据此有接收和传递信息、表达思想的自由。但是根据南非宪法第2章的规定,自由表达不包括:宣传战争、暴力,鼓吹种族、性别、宗教仇恨等危害性煽动。

南非制定了系统的反腐败法规,建立了相关机制,但是在落实反腐败战略和法律时,仍然存在全国的协调机构和机制有待健全、相关专业人员缺乏,以及官员责任追究不到位等不足。

二 稳定而平衡发展的经济运行机制

南非的变革,实现了政治稳定与民族和解,为经济发展带来空前有利的国内环境和国际环境。1994年,非国大主导的新政府上台后,坚持稳定经济、平稳过渡的政策,创造有利的投资环境、加快经济增长,同时通过立法废除种族歧视性质的经济法规,对旧制度造成的种族之间资源占有和经济收入的巨大悬殊进行了一系列的改革和调整,以实现宪法所规定的建设公正社会、改善所有公民生活质量的目标。

---

① Preferential Procurement Policy Framework, Act 5 of 2000 (the Act, Regulations), http://www.pprotect.org/legislation/docs/PREFERENTIAL%20PROCUREMENT%20POLICY%20FRAMEWORK%20ACT%205%20OF%202000.pdf.

(一) 保护公民合法财产权利和土地追诉权利

南非新制度之下，各族群除拥有平等的政治权利，还有平等的生存权和发展权，其中包括宪法规定的自由迁徙和居住权利、经商和选择职业的权利、组织和加入工会和商会的权利、保护公民合法财产权利等。根据南非宪法第2章基本人权的相关规定：除非符合一般适用的法律条款（为公共目的和利益，符合赔偿规定），任何人的财产不可被剥夺，任何法律都不准强制剥夺财产。这一规定对稳定白人社会，特别是白人企业界有重要作用；同时为黑人的土地权利和经济发展诉求提供了法律保障。

种族隔离制度下土地占有的不平等，特别是旧政府强制剥夺非洲人的土地，是新政府必须解决的问题。非国大政府的土地改革方针是：土地改革必须尽快改变旧的土地所有制度，同时不能对农业生产和粮食安全有严重的干扰。政府解决土地改革的主要政策措施包括四项：土地权利追诉、土地再分配、土地制度改革以及土地开发。

土地权利追诉的范围是1913年"土著人土地法"推行后非洲人被剥夺的土地。根据1994年《土地权利追诉法》[①] 成立的土地权利追诉法院 (Land Claims Court)，负责审理相关土地权利的诉讼。截止到2013年1月，土地权利追诉委员会已经解决77979件土地权利追诉要求，占全部土地追诉要求的97%，涉及的归还土地为14.43亿公顷。[②]

土地再分配，是以政府补贴的方式，按照愿买愿卖的原则，帮助黑人获得耕地，以纠正种族隔离时期对黑人商品农业发展的打压，扶助黑人农场的发展。从1994年颁布"土地再分配计划"到2014年，土地再分配面积达到940万公顷，受益人口约25万。[③] 由于种种原因，特别是愿买愿卖原则的规定，土地再分配进程较慢。为了加快土地改革进程，2015年至2017年3个财政年度，政府用于土地改革的预算共达86.5亿

---

① Restitution of Land Rights Act, 22 of 1994, http：//www.justice.gov.za/lcc/legislation.html.
② Rural Development, *South Africa Yearbook* 2013/14, http：//www.gov.za/node/85.
③ "President Zuma's address on Releasing of 20 Year Review", http：//www.gov.za/speeches/view.php? sid =44273, 2014 - 03 - 11.

兰特。① 土地改革其他方面的工作（包括土地制度改革和土地开发），也被政府纳入其实施的总体农村和农业发展规划。②

（二）确立保持经济基本面健康、平稳发展的经济运行机制

实现经济稳定过渡和平衡发展是非国大的基本国策。1994 年以来，南非政府采取一系列维护宏观经济稳定的政策，坚持财政紧缩和货币从紧政策，抑制通货膨胀，使南非经济 20 年来稳步增长。根据南非官方年鉴数据，1994—2012 年，国内生产总值年均增长 3.2%；2012 年，国内生产总值为 3843 亿美元，相当于 1994 年的 3 倍；人均国民收入同步增长，也接近 20 年前的 3 倍（2012 年达到人均 7610 美元）。黄金和外汇储备在 1994—2012 年从 31 亿美元提高到 549.8 亿美元，增长近 18 倍。③

由于经济发展和居民收入提高，南非的财政收入随之上升。纳税人口从 1994 年的 170 万人（主要是白人），增加到 2012 年的 1370 万人，显示了该国中等收入人口的增长，特别是黑人中产阶级的扩大。④ 同时，南非的税收政策照顾到低收入者的利益，提高个人所得税起征点，65 岁以下个人所得税的起征点从 2009 年 3 月起提高到年收入 54200 兰特。尽管提高了个税起征点，个人所得税在南非总税收中比例呈上升走势。2009/2010 财政年度个税占税收比例大幅度提高到 34.7%，2014/2015 年度又上升到 35.75%，⑤ 这反映出南非居民收入的增加。

南非政府自 1994 年以来实行谨慎的财政政策，使南非经济在恢复和发展的过程中建立了稳固的税收基础，并使公共债务保持在低水平。南非政府稳健的宏观经济战略和有效的财政政策，使政府有能力实施支持黑人经济发展和全民覆盖的社会救助政策。

---

① http：//www.ruraldevelopment.gov.za/speeches/file/2742.
② http：//www.ruraldevelopment.gov.za/speeches/file/2910.
③ *South Africa 20 Year Review*，2014/03/11，http：//www.gov.za/documents/detail.php?cid=400604.
④ Mandela‐gone，‐South‐Africa‐must‐look‐to‐itself‐20131612；Colin Coleman, Goldman Sachs，"Two Decades of Freedom: What South Africa Is Doing with It, and What Now Needs to be done"，4 November, 2013，http：//www.sabc.co.za/news/a/45707180423571ea92b4fa56d5ffbd92.
⑤ "Revenue Trends and Tax Policy"，*2015 Budget Review*，Chapter 4，p.44，Table 4.3，http：//www.treasury.gov.za/documents/national%20budget/2015/review/chapter%204.pdf.

(三) 扶助黑人经济发展

为了纠正种族隔离制度对黑人在生产资料与发展机会（就业、教育）方面的剥夺，新南非政府先后颁布实施了《就业平等行动》和《基础广泛的增强黑人经济法》，以及扩大黑人就业、支持黑人兴业的多方面措施。其目的不仅是改善黑人的基本生活条件，而且要"使所有权和管理结构的种族构成实现实质性的变化"。相关的计划和措施包括：促进经济改革，以使黑人能够有实质意义地参与经济活动；使所有权和管理结构的种族构成实现实质性的变化；扩大社区、工人、合作社和其他集体企业拥有和管理现有和新办企业的程度，增加其获得经济活动、基础设施和技术培训的机会；扩大黑人妇女拥有和管理现有和新办企业的程度，以及获得经济活动、基础设施和技术培训的机会；推动投资项目以使黑人参与基础广泛和有意义的经济活动，以实现经济的可持续发展和普遍的繁荣；通过获得经济活动能力、土地、基础设施、所有权和技术，来帮助农村和基层社区；为支持黑人经济发展争取资金。[1]

黑人中产阶级的成长，是20年来南非社会结构最大的变化。黑人中产阶级人数从2004年的170万上升到2013年的400多万（年收入在5万兰特左右）。黑人中产阶级整体购买力水平超过300万白人中产阶级。[2]但是，黑人在南非经济和金融领域仍处于弱势。以南非约翰内斯堡证券市场股权控制数据为例，黑人的直接股权控制仅占2014年6月30日平均总市值的3%。[3]南非政府认为，经济长期未能达到其发展的潜力，因为占人口绝大多数的黑人收入和创造收入的水平太低；人口的多数能否有效地参与经济活动，关系到南非整个经济的稳定和繁荣。

---

[1] *Broad-Based Black Economic Empowerment Act*, No. 53 of 2003. South Africa GOVERNMENT GAZETTE, 9 JAN, 2004, No. 25899.

[2] *Sulaiman Philip*, "South Africa's Black Middle Class on the Rise", 22 November, 2013, http://www.mediaclubsouthafrica.com/economy/3565 – south – africa – s – black – middle – class – on – the – rise.

[3] President Jacob Zuma Stands by Assertion that Black Ownership Stands at Three Percent, 1 Mar, 2015, http://www.gov.za/speeches/president – zuma – stands – assertion – black – ownership – stands – three – percent – 1 – mar – 2015 – 0000.

（四） 制定覆盖全民的社会救助和公共服务政策

南非是非洲最发达的经济体，但是在种族隔离制度下，社会救助制度具有种族歧视性质。1994年南非民主变革后，着手建立新的社会保障制度。新制度具有以下的特点：以宪法和相关立法为依据，不分种族和区域的全民覆盖，社会救助在国民收入和财政预算中比例比较高。

1. 实行全民覆盖的社会救助制度

由于旧制度下的种族歧视和压迫政策，南非广大黑人缺乏基本生存手段。新南非政府掌权之初即建立对贫困人口的救助制度，以解决下层民众，特别是黑人的生存需要，也是维持社会稳定的重要手段。1994年以来，南非政府财政预算当中，社会救助拨款在国内生产总值和政府财政预算的比例不断上升。2004年，南非社会救助金额占国内生产总值比例约为4.5%。[1] 到2007/2008年度，社会救助金占国内生产总值的比例上升到7.39%，约占政府财政预算的15%。[2] 近年来，随着南非经济发展和财政收入的提高，社会救助金额占财政支出比例有所下降。2013年，社会救助款项总计1200亿兰特，占国内生产总值的3.4%，占政府财政支出的9%。[3] 值得注意的是，社会救助的绝对金额和受益人口均在上升。

南非选择的社会救助模式的特点是"普惠式"与"选择式"并存。社会救助项目包括社会养老金、困难家庭儿童抚养补助金、残疾人补助金、解放运动老战士补贴等7项。社会救助计划覆盖的人口1994年为270万人，到2013年扩大到1600万人（为1994年的5.93倍），其中290万为60岁以上的老龄人口，1130万受益人口为儿童，110万为残疾人。2014年，国家社会救助的受益人数占总人口比例为29%。[4] 南非社会发展部和联合国儿童基金的研究表明，南非政府的儿童救助计划很成功地

---

[1] South Africa Department of Social Development, Social Security Expenditure in South Africa: "Social Budget", 5 Dec, 2004.

[2] "Budget 2007 at a Glance", http://www.treasury.gov.za.

[3] "Social Transformation", *The Twenty Year Review*, Chapter 3, p. 45, http://www.thepresidency-dpme.gov.za/news/Pages/20-Year-Review.aspx 11 March 2014.

[4] Statistics South Africa on 2014 General Household Survey 27 May 2015, http://www.gov.za/speeches/2014-general-household-survey-ghs-results-points-improvement-access-various-basic-services.

减少了贫困的代际转移,使儿童的认知能力提高、儿童发病率降低、入学率和教育成绩提高。① 政府的社会救助政策,作为国民收入的再分配手段,成为缓解贫困,特别是广大黑人的贫困状况的主要措施。

2. 社会发展政策取得成效

新南非21年来在社会发展方面取得切实的进展,在推动实现联合国千年发展目标方面做出很大努力。根据南非官方数据,义务教育方面,学龄儿童入学率接近100%;成人文盲率从1995年的30%,下降到2011年的19.3%。得到清洁饮用水供应的家庭1995年占60%,2012年,全国得到自来水供应的家庭达到95%。居民供电方面,2009年,全国家庭通电户占到82.6%,2012年达到85%。②

南非政府1994年确立了让民众普遍享有基本医疗的政策,同时实行对孕妇、哺乳母亲和6岁以下儿童的免费医疗政策。这是南非社会医疗保障的基石,对南非的人口发展状况产生了巨大影响。

为贫困人口解决住房困难,是南非政府社会优先发展政策之一,1994年公布的第一项政策白皮书即是《南非住房的新政策和战略》。③ 为贫困人口(包括黑人和白人)解决住房问题的措施包括:政府补贴的新建低价住房和贫困人口廉租房。

南非社会救助制度在救助金占国内生产总值比例和受益人口占总人口比例方面,在发展中国家当中居于前列。然而,南非财政收入支持大范围社会救助,其是否具有可持续性,引起舆论和学界的讨论。祖马总统在2011年国情咨文中指出,南非"正在建设发展型国家,而不是福利型国家,因此社会救助要与经济活动和社区发展相联系,长期的目标是能够使受益者逐渐自力更生"④。

---

① "Social Transformation", op. cit.
② Jacob G. Zuma, "State of the Nation Address", 13 Feb., 2014, http://www.gov.za/speeches/view.php?sid=43621.
③ New Housing and Policy Strategy for South Africa: White Paper, 1994, https://www.gov.za/sites/default/files/gcis_document/201409/161780.pdf.
④ Jacob G. Zuma, "State of the Nation Address", Cape Town, 9 Feb, 2012, http://www.info.gov.za/speech/DynamicAction?pageid=461&sid=24980&tid=55960.

(五) 探索建设发展型国家的途径

南非的民族和解与政治转型，给经济发展带来空前有利的国内和国际环境，促进了贸易和投资的增长。当前，矿业仍然是南非经济发展的支柱产业，但是与其他资源富国一样，南非也面临改变过度依赖矿业的经济结构，需要加快产业结构调整。

2008年开始的国际金融危机和世界经济衰退，对南非经济带来沉重打击。南非经济在2003—2007年，年均实际增长率为5%，2008年降至3.6%，2009年为负增长（-1.7%）[1]。虽然南非经济很快呈现恢复性增长态势，但是2010—2013年其经济增速仅为2.7%。[2] 当前世界经济的衰退对南非经济的影响，增加了寻找新的发展道路的紧迫性。

近年来，南非政府以推动长期可持续发展为目标，制定了一系列经济发展的战略框架和具体规划。2009年9月，南非政府公布了国家计划部起草的"国家战略计划绿皮书"，提出南非到2025年的发展战略，旨在引起社会公众对国家中长期发展远景和规划的讨论和建议。发展战略议题包括：人口统计趋势、全球气候变化、人力资源开发、未来能源的发展，以及粮食安全问题。[3] 产业政策以长期工业化和产业多样化为目标，改变当前主要依靠传统大宗矿产品和非贸易型服务，投资重点是能够提高附加值和就业机会的产业，加大基础设施建设投入，提升工业化和信息化水平，把绿色经济作为新的增长点。通过长期努力加强工业化进程，并向知识型经济转变。

同时，南非政府探讨合理调整收入分配和财富分配，为经济转型提供良好的经济社会支持。2012年8月，南非政府推出《国家发展计划2030愿景》[4]，提出从2014年开始实施经济发展5年计划，其目标是分阶

---

[1] Gross Domestic Product, Third Quarter 2010. Statistics South Africa P0441, p. 5.

[2] Labour market dynamics in South Africa, 2014 Highlights, Published by Statistics South Africa, 2015. ISBN 978-0-621-42630-4.

[3] *Business Day*, 15 Sept, 2009.

[4] National Development Plan 2030: Our Future-make it Work, ISBN: 978-0-621-41180-5, http://www.npconline.co.za/MediaLib/Downloads/Downloads/Executive%20Summary-NDP%202030%20-%20Our%20future%20-%20make%20it%20work.pdf.

段消除贫困、扩大就业、提高低收入群体占国民总收入的比例；制定全国和各地区总体发展框架和基础设施发展项目，以改造种族隔离制度对南非社会发展造成的结构性破坏，使南非经济社会更平衡地发展。

三 包容性社会发展政策与种族关系的调整变化

新南非20年来在实现政治稳定、经济增长的同时，实行兼顾社会平衡发展政策，坚持平等、包容、共享原则。南非政府在社会发展方面的计划和措施，有助于解决种族隔离制度遗留的不平等和贫困问题。

（一）种族和解，尊重文化多样性

1. 促进种族和解与国家认同

清算种族隔离制度的历史罪行是南非种族和解的必要条件。新政府对种族隔离时期罪行的清算是针对旧制度的整体清算，主要不是针对个人的惩处。根据《促进民族团结与和解法》（1995年）建立的"真相与和解委员会"的宗旨，是促进民族团结与和解，以理解的精神超越过去的冲突和分裂。通过调查与听证，"真相与和解委员会"对旧制度下侵犯人权罪行的全部事实进行认定；对于彻底坦白全部相关犯罪事实的人，给予赦免和宽恕；给予受害者机会讲述自己受害的情节，以恢复他们的人格和公民尊严，并给予赔偿。"真相与和解委员会"历经7年，审理了22000多个案例，达到了清算与和解的目的，确保南非"避免了众多生命遭受涂炭的种族冲突的灾难"。[1] 这是南非谋求种族和解的创举，受到国际社会的肯定和借鉴。

种族和解与包容政策的实施、全民族文化体育运动的推动，以及南非国际地位的提高，特别是曼德拉等领袖人物的感召，促进了南非民众的国家认同感和共同文化心理的形成。

2. 尊重文化多样性和选择权利

南非是多种族、多元文化的国家，尊重多样性是新制度下社会转型

---

[1] *Truth and Reconciliation Commission of South Africa Report*, released on 21 March, 2003, http://www.info.gov.za/otherdocs/2003/trc/, South African Press Association, March 21, 2003.

发展的重要原则。南非新宪法保障民族语言、文化、宗教的自由，包括生活方式、政治取向、宗教信仰和文化归属。宪法规定现有的11种语言（9个非洲部族语言和英语、阿非利卡语）均为官方语言。考虑到历史上对原住民族的语言很少使用而造成的现状，国家要采取积极措施以提高这些语言的地位并推进其使用。南非是非洲传统宗教和基督教、伊斯兰教共存的国家。宪法保证宗教信仰和主张的自由，同时规定宗教活动必须遵循自由和自愿原则，必须符合宪法有关条款的规定。①

非洲人传统社会及其治理方式是南非社会形态的重要组成部分。南非新宪法尊重非洲部族传统领导人地位，承认非洲传统领导人依照习惯法形成的机构、地位和作用，同时明确其运行要服从宪法。② 根据《1995年传统领导人议院法》及其修正法案，全国传统领导人议院成立于1997年4月，并相继成立各省的传统领导人议院。该议院就传统领导人的作用和非洲传统社会的习惯法向中央政府和相关省政府提供咨询。③

针对白人（阿非利卡人）保守势力要求建立民族国家和自治要求，1994年，南非制定了《民族国家理事会法》，在法律上规范社会群体的自治问题。1996年南非《宪法》第14章第235款规定④：南非人民作为一个整体的自治权利，已在宪法中明确，但是并不排除在这个权利的框架内承认任何一个社会群体的自治权利的概念。南非宪法保留了有关阿非利卡人对"民族国家"问题继续探求的条款。⑤

承认族群和文化的多样性，尊重他者的选择权利，认同南非统一包容的共同价值标准，是南非国民心理的主流。虽然人们对新制度有各自的期待和不满，但是，走历史回头路或是社会陷入混乱，不是多数人的选择。

---

① Constitution of the Republic of South Africa 1996, Chapter 2, Bill of Rights; Chapter 15. Freedom of Religion, Belief and Opinion; Chapter 16. Freedom of Expression.

② Constitution of the Republic of South Africa 1996, Chapter 12, Traditional Leaders.

③ http://www.cogta.gov.za/index.php/2014-04-29-10-00-08/national-house-of-traditional-leaders-publications-1/213-complete-list-of-legislation-on-trads-updated-feb-2008-1.

④ Constitution of the Republic of South Africa 1996, Chapter 14, General Provisions.

⑤ Constitution of the Republic of South Africa 1996, Schedule 6, Transitional Arrangements.

（二）社会结构的变化

1. 人口结构和城乡结构变化加大就业压力

1994年南非结束种族隔离、建立民族平等的新制度以来，先后在1996年、2001年和2011年进行过3次人口普查，为纠正南非旧制度在资源和发展机会方面的种族歧视、实现社会的平衡发展提供了依据。

1996年人口统计结果，南非总人口为40583573人。其中非洲黑人占77.4%，为31127631人；白种人占人口的12.2%，为4434697人；有色人占人口的8%，为3600446人；亚洲裔人占人口的2.4%，为1045596人，其中除2万左右华裔人外，其余基本是印度人后裔。[①] 到2011年，南非总人口为5177万人，其中非洲黑人占77.4%，有色人占9.2%，印度人或亚洲裔人占2.5%，白种人占8.9%。[②]

20多年来，南非城市化速度加快。南非人口的城市化程度，主要体现在白人和非洲黑人城市化比例的变化，有色人和印度人群体由于基本上是外来劳工的后裔，因此绝大部分在城镇地区谋生。20世纪90年代取消限制黑人迁移的种族隔离法律之后，非洲黑人城市化速度进一步加快，南非总体城市化水平也稳步上升。根据2001年南非人口统计的数字，南非的城市化总水平为56.26%。各族群中城市化比例最高的为印度人和其他亚洲裔人，达到97.49%，其次是白人为89.87%，有色人城市化比例为86.78%，非洲人（黑人）的城市化比例最低，仅为47.47%，[③] 但是10年间非洲人城市化水平提高近10%。南非的城市化程度2010年上升到62%，10年间增长10%，增长约450万人。[④] 2011年人口城市化比例上升到63%。[⑤] 南非城市化加快、年轻人口比例大，形成长期的就业压力。

[①] "The Land & Its People", *South Africa Yearbook 2000/01*, Chapter 1, Published by the Government Communication and Information System (GCIS), ISBN 0-7970-3879-5, p.1.

[②] "Population", *Key Statistics* (*Oct. 2011*), http://beta2.statssa.gov.za.

[③] "Migration and Urbanisation in South Africa", *Statistics South Africa 2006*, ISBN 0-621-36509-2.

[④] According to the Findings Released by the SA Institute of Race Relations (SAIRR) on Monday, Jan 24, 2011, http://news 24.com.

[⑤] President Zuma, "State of the Nation Address", 17 Jun., 2014, http://www.gov.za/speeches/view.php? sid=46120.

2. 收入结构发生变化，种族间贫富差距仍悬殊

南非的人均国民收入2005年超过5000美元，2012年达到人均7610美元，但是贫富悬殊，基尼系数高达0.65（2011年）。①

就业是绝大多数人谋生的主要手段，即所谓国民收入的初次分配。种族隔离时期，政府对白人实行就业保留政策（即为白人保留工资收入高的就业机会），限制黑人从事技术性工作。因此黑人的失业率很高，与白人的工资差距很大。1994年以来，新南非政府颁布实行了一系列促进黑人就业的法规，要求雇佣单位（主要是公共部门）雇员比例要逐渐反映南非的种族构成。这使非洲人在寻找工作时处于某种优势地位。而白人中缺乏专业技能的人失去种族隔离制度的保护，处在就业竞争的弱势地位。② 总体而言，黑人在公共服务部门管理人员中的比例有明显增长，在企业事业单位，包括南非的跨国公司，都安排了有政治和专业背景的黑人进入高级管理层。但是白人在私人企业和科教机构的高层管理和专业人员中仍占控制地位。白人虽然占人口比例不到10%，但是占高级官员和经理人员的55.7%；而占人口3/4的非洲黑人，只占27%。黑人的就业机会多数仍是低收入岗位，而且黑人的失业率（30.7%）高于全国失业率（25.6%），白人失业率仅为4.7%。③

21年来，由于南非政府促进就业和财政政策的实施，社会总体贫困程度有所下降。根据南非官方的数据，无论以货币量度还是以多维贫困测度衡量，南非的贫困人口都明显下降，1993年占37%，2010年降为8%。④ 然而，种族之间贫富差距依然很明显。南非绝大多数家庭依靠工资收入为生，2011年占58.1%，2014年占65.4%⑤。南非家庭收入和支出在种族、性别、城乡和各省之间，有很大的差距。非洲人家庭的平均收入和支出最低，其次是有色人，印度人和亚洲人略高，白人最高。

---

① "Social Transformation", The Twenty Year Review, Chapter 3, p. 42, http://www.thepresidency-dpme.gov.za/news/Pages/20-Year-Review.aspx 11 March 2014.

② RDP White Paper, chapter 5, 5.6 Affirmative Action, South African Government Document, Printed by CIP Book Printer, Cape.

③ *Labour Force Survey Statistics*, South Africa P0210 xvi Figure 8, 200603.

④ "Income Poverty and Inequality", The Twenty Year Review, http://www.thepresidency-dpme.gov.za/news/Pages/20-Year-Review.aspx 20140311.

⑤ "General Household Survey", *Statistics South Africa*, P. 318, 2014, p. 57.

2012年，南非家庭平均月收入情况，非洲人家庭为3000兰特，有色人和印度人家庭为7000兰特，白人家庭为20000兰特。白人家庭平均年收入（36万兰特）仍为黑人家庭的6倍（2011年），在高收入人群中，白人占80%以上。①

（三）种族关系的演变

新南非种族关系根本性的变化是：种族平等受到宪法保证，从一个相互隔离排斥的社会，走上和解包容的轨道。白人保持了合法权利，黑人获得发展机会。20多年来，南非的种族关系有明显改善，特别是在工作场所，不同种族平等相处已经是常态。新制度下受益的不仅是非洲人，由于印度人受教育程度和技术方面的条件较好，在公共部门就业的印度人比例超过其在南非人口中的比例。白人青年专业人员在就业竞争中总体上仍有优势，但是面临正在成长的黑人青年专业人员的竞争。

在社会生活方面，种族间虽已有很大程度的融合，但是由于旧制度下不同种族居住区的隔离，目前城市郊区仍主要是白人的聚居区，基础设施完备，环境优雅。而黑人城镇大多远离中心城市，黑人上班往往需要长途跋涉。正在成长的黑人中产阶级已经进入上层生活圈子，正在打破居住区和文化生活的隔离。② 但是由于居住区的隔离，日常的社会文化生活仍保持原来的格局。由于长期的历史原因，种族之间的偏见和歧视依然存在，甚至也有排斥和憎恨情绪。

同时，黑人当中贫富分层加快。南非政府的黑人经济扶持计划在造成一批黑人中产阶级崛起的同时，在广大黑人经济地位的改善方面被认为进展缓慢。黑人当中社会阶层和贫富的分化是南非面临的新问题。

南非新体制下的社会发展与21年来的政治稳定、经济增长基本同步。健全的法律体系、公开透明的行政、广泛的公众参与，使南非总体上取得种族民族和解、社会协调发展的局面。但是，种族和解仍然具有

---

① "South Africa Income Gaps Worrying", Manuel, 30 Oct., 2012, SAPA http://allafrica.com/stories/201210301538.html? aa_source = mf - hdlns.
② Sampie Terreblanche, A History of Inequality in South Africa 1652 – 2002, University of Natal Press, Pietermaritzburg, 2002, pp. 132 – 133.

脆弱性，种族情绪很容易被煽动。近来黑人大学生掀起把种族主义者雕像移出校园的学潮，引起人们对新南非建立以来的种族和谐局面可能被打破的担心。加之种族隔阂与贫富差距仍然明显、政府提供公共服务的效率与公众需求有巨大差距，因此南非长期稳定发展仍存在挑战。

四 多边主义体系下南非外交的转型与拓展

南非废除种族隔离制度之后，结束了被制裁和孤立的处境，全面重返国际舞台，从"国际弃儿"变为"国际宠儿"。新南非的外交政策也进行了根本性的改革。新南非的外交原则包括国家间平等、主权独立、促进自由、和平、民主的国际秩序，在国际、非洲大陆和南部非洲地区事务中承担相应的义务和责任，使南非成为国际社会受尊重的合作伙伴和维护世界正义与和平的积极力量。

南非主张多边国际合作，以推动全球力量和资源的公平分配。南非坚持联合国在多边体系中的中心作用。南非倡导改革国际经济规则使其更加公平合理，主张把发展纳入全球化进程，积极促进发展中国家在建立世界经济新秩序中发挥更大作用。南非20年来的稳定发展也得益于周边和国际的有利环境。

（一）立足非洲，倡导非洲复兴

1994年以来，南非对非洲政策发生了根本性的变化，结束了白人政权时期与非洲的对立和冲突。新南非对非洲的政策是认同、融入、合作、共同发展。南非是非洲的地区性强国，其外交战略以非洲为基础，优先考虑南部非洲。南非与其他非洲国家的合作有三个支柱：加强非洲的多边机构建设，包括非洲联盟和南部非洲区域组织；支持非洲发展新伙伴计划的实施，促进非洲一体化发展；通过建立有效的对话与合作机制来加强双边政治和社会经济关系。

近20年来，南非努力融入非洲，在非洲事务中日益发挥重要的作用。南非促进非洲联合自强，积极参与非洲的维持和平、调节冲突、紧急救灾和发展援助，树立起负责任的地区大国的形象。同时，南非利用国际机构和论坛为非洲的利益积极呼吁，包括免除非洲的债务，取消发达国家的农产品补贴，争取非洲国家在国际经济中的合法权益，在联合国等多边机构中维护非洲国家的主权独立和非洲自主原则。

（二）重视南北合作

南非与西欧和北美有传统的政治、经济联系。为实现经济重建和发展计划，南非需要西方的投资和援助，同时，美欧国家政府也十分重视南非在非洲的地位和作用，因此争相向南非提供援助，国际金融组织也向南非敞开大门。新南非政府与美国、英国、法国、德国等发达国家分别建立了双边委员会和双边论坛，与欧盟谈判签订的贸易、发展合作协定（1999年），是当时欧盟与一个发展中国家签订的唯一的双边自由贸易协定。南非在保持与美国、欧洲的密切关系的同时，坚持外交政策的独立性。

在南北合作当中，南非力主改革南北关系，通过双边和多边会议，维护发展中国家，特别是非洲国家的利益。在减免债务、市场准入和公平的贸易条件等方面表达发展中国家的要求。

（三）倡导南南合作

南非积极倡导和推动发展中国家加强合作，以改变西方大国主宰一切的局面。南非政府主张，发展中国家应该发挥集体的力量，以应对北方的挑战。南南合作是南非发展战略的新依托，希望在建立国际新秩序当中加强南非与中国等新兴国家的合作。近年来，南非在加强与非洲国家合作的同时，与其他地区发展中国家的合作呈上升趋势。南非加入的南南合作组织包括：不结盟运动、七十七国集团、环印度洋区域合作组织、新亚非战略合作伙伴、印度—巴西—南非伙伴论坛。南非在2010年12月成为金砖国家的新成员，对与金砖国家的合作持积极态度。南非并不只是看好与新兴国家的贸易，而且要探讨与这些国家共同发展的途径，找到经济互补的领域和共同利益。

（四）维护世界和平与正义

1994年建立民主制度以来，南非政府奉行和平的外交政策，并承担相应的国际义务和责任。《南非参加国际和平使命白皮书》（1999年）申明，南非根据本国以往历史的经验，确信任何冲突的解决都可以通过和平的方式，因此南非愿意参与国际权威机构授权的和平使命，帮助其他国家的人民解决类似的冲突。南非支持联合国、非洲联盟和南部非洲发展共同体的相关和平使命。

对于国际安全与反对恐怖主义问题，南非有独立自主的政策。南非政府对美国的反恐战争提出了明确的原则：在采取任何军事打击行动之前必须有不可辩驳的证据；打击必须有明确的目标；军事打击不能伤及平民；反恐要在联合国的协调下进行。南非主张以和平方式解决国际冲突，因此支持维护和平的努力，而反对战争行为，包括伊拉克战争。[1] 南非主张联合国发挥更大作用，在国际法原则下通过多边努力维护世界和平。

五 南非国家治理面临的新挑战

南非1994年以来的民主转型和新制度建设，使人民获得政治解放、发展的自由与机会，国家走上稳定发展的轨道，国际地位空前提高。南非政府发布的"20年回顾"认为，20年取得的社会进步，会使所有南非人感到骄傲和鼓舞；同时需要增进共识和更加努力工作，以加快解决存在的问题。[2] 种族隔离制度造成的种族间经济地位的悬殊，以及历史遗留的经济发展的结构性问题，包括高失业率、贫富分化的难题，还远没有解决。南非国家治理需要应对的挑战，除了现有制度的进一步合理化和科学化之外，还需要解决政府的治理能力与发展需求的差距。

（一）促进经济增长和扩大就业居南非面临的挑战之首

在政治民主自由已成现实的今天，南非民众争取经济自由解放的诉求更为迫切。近年来，由于国际金融危机和世界经济衰退的影响，南非经济增长与很多新兴国家相比显得缓慢，经济结构调整压力增大。然而

---

[1] Thabo Mbeki, "State of the Nation Address", Houses of Parliament, Cape Town, 14 February, 2003.
[2] "Conclusion", *The Twenty Year Review*, p. 165, http：//www.thepresidency-dpme.gov.za/news/Pages/20-Year-Review.aspx 11 March.

正如南非财长所说，南非经济增长缓慢的原因，主要是国内因素。① 今后5年，非国大政府面临如何加快落实《国家发展计划2030年愿景》②，以实现预定的目标，即分阶段消除贫困、扩大就业、提高低收入群体占国民总收入的比例，特别是促进黑人企业家参与工业化进程；制定全国和各地区总体发展框架和基础设施发展项目，以改造种族隔离制度对南非社会发展造成的结构性破坏，使南非经济社会更平衡地发展。

20多年来，由于经济的发展和劳动力流动的自由度增加，南非就业人口从1994年的950万增加到2013年的1520万。③ 近几年，南非每年新增50万—60万个就业机会，但是失业率仍很高，2014年第四季度虽有所下降，但仍在25%左右徘徊。④ 青年失业尤为严重。根据南非统计局2014年数据，在南非830万失业人口中，15—34岁青年失业人口为440万，占总失业人口的53%。⑤ 为了促进就业增长，特别是解决大批青年失业问题，南非政府在探讨一系列干预政策，以扩大初次分配中劳动者的收入；同时颁布了一系列法律，扶助小企业和黑人城镇非正规部门经济发展，对企业增加就业实行税收优惠，并实施多项包括促进青年就业的措施。然而，要实现2030年失业率降至6%的目标还需要多方面更强有力的措施，需要适当的投资环境（包括劳资关系）和高效的治理能力。

（二）腐败治理成效是政府面临的严峻考验

1994年南非结束种族隔离制度，建立种族和解的新政治体制之后，把反腐败作为国家战略，制定了一系列法律、法规和机构，有效纠正了

---

① "Minister Nhlanhla Nene Third Commonwealth Stakeholders Conference", http：//www.gov.za/speeches/speech - minister - finance - mr - nhlanhla - nene - third - commonwealth - stakeholders' - conference - public.

② "National Development Plan：Vision for 2030", http：//www.info.gov.za/view/DynamicAction？pageid = 623&myID = 318076.

③ "Economic Transformation", *The Twenty Year Review*, Chapter 4, http：//www.thepresidency - dpme.gov.za/news/Pages/20 - Year - Review.aspx 11 March.

④ "Cosatu Too Early to Celebrate Drop in Unemployment Rate", http：//mg.co.za/article/2015 - 02 - 11 - cosatu - too - early - to - celebrate - drop - in - unemployment - rate.

⑤ "Youth Unemployment Still a Huge Challenge in South Africa", http：//www.gov.za/speeches/view.php？sid = 49249.

种族隔离后期旧政府的腐败，建立起领先水平的反腐败的法律框架、战略和机构机制，得到联合国相关机构的肯定。①"透明国际"2005年的报告认为，南非的"国家诚信体系"在民主制度建设中取得长足进展。②但是，在透明国际各国廉洁指数排名中，南非的名次逐年下降，从2001年的38名降至2005年的46名，2011年降至64名，2012年后退到69名。③根据南非反腐败机构"特别调查处"（SIU）的数据，尽管南非建立了系统的反腐败法规和相关机制，但是根据南非反腐败机构的数据，腐败行为每年使南非政府损失250亿—300亿兰特；20%的政府采购预算被腐败吞噬。④官员的寻租行为，特别是利用政府采购牟利的事件时有揭露。近年来，与祖马总统相关的腐败议题成为舆论焦点。

（三）执政联盟的政策分歧影响非国大政府治理效能

影响非国大政府治理效能的另一个重要因素是执政联盟内部的团结。非国大与南非工会大会和南非共产党在反对种族隔离制度的斗争中结成政治联盟。20多年来，三方联盟在治国方针方面基本保持一致，但是近年来对于经济社会政策的分歧日益显现，导致政策争论不休，拖累了经济发展计划的落实。1994年以来的前5次大选，以非国大为首的三方联盟均以60%以上的支持率，处于南非政治的主导地位。2019年5月大选，非国大得票率降至57.51%，但是仍以绝对多数的支持而保持执政地位。

针对一些激进的经济要求，包括矿业国有化和加速土地改革的主张，非国大坚持以宪法为准则探讨完善措施。对矿业国有化问题，非国大政府拒绝一揽子的国有化概念，主张政府应在战略性矿业领域发挥更大作用，以利于公平、可持续发展。对土地改革过慢的抱怨，非国大提出用"公正与公平的补偿"原则取代"自愿买卖"的土改方案。

---

① South Africa has checks and balances, 2011-12-09 12:13, http://www.news24.com/SouthAfrica/News/SA-has-checks-and-balances-UN-20111209.
② South Africa National Integrity System Country Study Report, 21 March, 2005.
③ http://www.transparency.org/cpi results.
④ Billions lost to corrupt state, 2012-03-31 14:40, SAPA, http://www.news24.com/SouthAfrica/Politics/Billions-lost-to-corrupt-state-ACDP-20120331.

南非工会大会是非国大的主要支持基础，也是对非国大政策的最大制约因素。工会组织对20多年来工人阶级在新南非发展中的收益感到不满，每年提高工资和补贴的劳资谈判及其所引起的罢工浪潮，虽是南非解决劳资矛盾的常态，但对经济增长的负面影响也不容否认。工人当中不同群体的利益冲突和分歧，使工会组织分裂重组的动向加剧。非国大政府面临维持劳资关系的集体谈判机制，同时避免大规模罢工对南非经济造成严重冲击的艰难平衡。南非工会大会所属的最大工会组织——南非全国金属制造业工会，2013年12月宣布脱离南非工会大会和非国大，并提出组建工人政党的动议，对南非政治形成冲击。如何维护三方联盟的团结，是巩固非国大执政基础和提高治理能力的关键。

非国大的社会支持基础也在发生变化。2015年以来，南非内阁频繁改组，出现政府治理乱象。由此导致2016年全国地方政府选举当中，非国大不仅失去1999—2009年三次大选赢得2/3选票的绝对优势地位，而且从2014年大选的62.15%得票率，大幅下降至53.9%，对执政地位发出警告。2017年12月16日开幕的非国大全国代表大会的权力交接，经过激烈的争夺，时任非国大副主席（国家副总统）拉马福萨以52%的多数选票当选非国大主席。[①] 新的非国大领导核心，能否为南非的发展带来新契机，受到南非内外的关注。

（四）社会治安难题困扰南非社会稳定

南非是犯罪率高发国家，社会治安成为治理的难题。犯罪的治理需要多方面的工作，既要治标，也要治本。近年来，造成人身安全威胁的重大犯罪有所下降，但是总体治安形势没有根本改观。

2015年1月，在约翰内斯堡郊区黑人城镇索韦托发生抢劫外国人商店的骚乱，4月中旬爆发更大规模主要针对非洲国家移民的排外骚乱，打砸抢烧从夸祖鲁-纳塔尔省首府德班市中心商业区蔓延到约翰内斯堡地区，造成7人死亡（3名南非人，4名外国人），数千名外国移民遭受攻

---

① Ramaphosa's narrow win may hamper plans to revive economy, Dec. 19, 2017 21: 09, https://www.fin24.com/Economy/ramaphosas-narrow-win-may-hamper-plans-to-revive-economy-20171219-4.

击和抢掠、流离失所。这次排外骚乱对南非的政治、经济、社会、外交造成巨大冲击，引起南非社会的恐慌、警觉和反思。[1]

1. 受经济与社会因素困扰

近年来，南非经济增长和经济结构调整缓慢，失业率居高不下，青年失业更为严重。随着城市化加快，农村家庭破裂增多，单亲母亲家庭无力为子女提供安全感和适当的教育。同时，南非义务教育的质量欠佳，特别是偏远地区合格教师缺乏，使南非入学儿童只有50%能完成高中学业，只有12%能考上大学，大量年轻人缺乏专业知识或技能，职场上缺乏竞争力，前途黯淡。[2] 因此，青年人容易被犯罪团伙拉拢。[3] 对外来非洲移民的仇视、嫉妒心理，很容易被煽动。南非的优越经济地位和政治光环与下层民众距离太远，眼前外国移民的就业竞争和商业竞争，是他们认为的直接威胁，也是他们发泄不满和沮丧的替罪羊。种族情绪和部族主义的影响，也助长了暴力文化的蔓延。

2. 治安管理不力

为了预防和管控刑事犯罪和暴力行为，南非治安司法部门（包括警察署，司法和宪法发展部，国家检察机关 以及惩教署）制定和实施了一系列战略，包括公众动员和教育活动，加强警察执法能力和行为规范。南非政府在警力投入、社区治安管理等方面都采取了不少措施，近年来恶性犯罪有所减少，2012—2014年，入户抢劫和盗窃与2011年相比下降了0.7%，同期偷窃私人财物的犯罪也略有下降。[4] 但是，南非犯罪发生率仍很高，治安情况严峻。

恶性案件频发的原因之一是枪支泛滥。南非允许私人合法拥有枪支，同时散落在社会上的非法枪支大量存在，是恶性犯罪频发的隐患，警方

---

[1] "Mob Violence Sets SA Xenophobia Apart", http://mg.co.za/article/2015-05-06-violence-sets-sa-xenophobia-apart.

[2] "South Africa The Young and the Violent", 8 MAY, 2015, Institute for Security Studies, http://ALLAFRICA.COM/STORIES/201505090305.HTML.

[3] Mob Violence sets SA Xenophobia Apart, http://mg.co.za/article/2015-05-06-violence-sets-sa-xenophobia-apart.

[4] "Crime Sstatistics Series Volume Ⅱ: Public Perceptions about Crime Prevention and the Criminal Justice System", http://www.statssa.gov.za/publications/Report-03-40-03/Report-03-40-032014.pdf.

对非法枪支的搜缴也在持续进行。① 一些境外黑社会犯罪团伙也在南非活动,从事跨界走私、贩毒、贩卖人口、雇凶杀人等犯罪活动。

一些外籍非法移民在南非的犯罪活动也是事实。据中新社报道,2015年5月5日上午,一名在约翰内斯堡经商的浙江籍女性商户被其雇用的两名马拉维籍黑工勒死在自家店内。据悉,这也是当年第九位在南非遇害的侨胞,涉案者多为遇害者雇用的其他非洲国家的非法劳工或非南非籍劫匪。据警民中心不完全统计,其中有4名侨胞被其雇用的外籍黑工杀害。②

3. 外国移民政策和管理有待改善

全球化带来的人员跨界流动增加与偷渡规模的扩大,对移民目的地国构成就业压力和社会问题,因此移民政策已经成为世界性问题,这种情况在南非尤为突出。

新南非接收外来移民的法律依据是2002年《移民法》和1995年《公民法》以及相关修正案。③ 1994年以来,南非新政府采取比较宽松的移民政策,到南非谋生的外国人日益增多,包括合法与非法移民。每年获得暂住许可证的外来移民有10万左右。目前估计数字在300万上下,其中在南非就业的外籍人数为120万,占南非总就业人数3200万的4%。④ 其中包括专业和技术人员,是南非经济社会发展需要的人才,但大量是低技术劳动力。南非有些雇主为了利用廉价劳工而雇用外籍非法移民,不但违反南非的劳动法规,也有很大安全风险或引发工人之间的冲突。

---

① "Twenty Four Firearms Recovered at Muden Twenty Eight Suspects Arrested", http://www.saps.gov.za/newsroom/selnewsdetails.php?nid=4704.

② 《南非一女侨胞遭马拉维籍雇工勒死 成今年第九位遇害侨胞》,中国新闻网,http://world.huanqiu.com/hot/2015-05/6355575.html。

③ Documented immigrants in South Africa 2011, Statistics South Africa D0351.4, http://www.statssa.gov.za/Documented+immigrants+in+South+Africa+2011%2C+Statistics+South+Africa+D0351.4.

④ "Are Foreign Nationals Stealing Jobs in South Africa, Data Shows the Opposite", http://mg.co.za/article/2015-04-17-analysis-are-foreigners-stealing-jobs-in-south-africa.

在南非，非法移民数量至少有 50 万。① 根据南非内政部的数字，2010 年以来，有 33 万滞留在南非的外国人的签证已经过期。② 还有数量不详的非法入境和偷渡的外国人。这对南非的就业和治安形成一定压力，包括跨界走私和有组织犯罪等。由于缺少全面而完善的移民制度，有些经济移民也利用避难制度寻求在南非合法居住并得到公共服务。

难民是另一类外来人口。南非对由于战乱和其他原因产生的难民问题，采取普遍接纳的政策。根据1998 年南非颁布的《难民法》③，南非接受有关难民问题的国际条约和非洲统一组织的相关规定。截至 2015 年 4 月，南非接收的难民有 6.5 万人，寻求避难者 29.5 万人，共计 36 万人。④ 联合国难民署肯定南非法律体现了保护难民的基本原则，包括行动自由、工作权利和得到基本社会服务；但也指出，由于当前南非的社会经济环境、高失业率、公共服务不足，以及经济不平等，造成难民与当地居民的关系紧张。⑤

4. 南非政府的危机应对

2015 年 4 月的南非排外骚乱震惊了非洲乃至整个世界，对南非自身来说更是震撼和警醒。很多评论在思考和分析南非的包容性发展能否持续、南非在非洲的地位、在国际上的信誉，甚至南非争取进入联合国安理会可能受到的影响。这次骚乱的恶果，足以让南非痛定思痛。

南非政府是以对待危机的态度来处理这次排外骚乱的。祖马总统取消赴印度尼西亚参加 2015 年万隆会议 60 周年活动，亲自部署警察和国防军平息骚乱，安抚和安置受害外国移民。祖马总统强调南非欢迎来自非洲的移民和难民，把他们安置在南非的社区当中，"成为我们的一部分"，

---

① "Illegal Immigration in South Africa", http：//en. wikipedia. org/wiki/Illegal_immigration_in_South_Africa.

② "South Africa Envisages Border Management Agency to Curb Illegal Immigration English. News. cn", http：//news. xinhuanet. com/english/2015 - 05/06/c_134212843. htm.

③ 1998 年《难民法》2000 年 4 月 1 日生效。

④ UNHCR Concern at Xenophobic Violence in South Africa News Stories, 17 April 2015, http://www. unhcr. org/5530cdaa9. html.

⑤ "2015 UNHCR Country Operations Profile：South Africa", http：//www. unhcr. org/cgi - bin/texis/vtx/page? page = 49e485aa6&submit = GO.

并重申南非政府将依靠非洲兄弟国家的合作寻找移民问题的解决办法。①政府成立内阁部长级"部际委员会"协调移民问题的应急和长远解决措施。南非外交部紧急向非洲国家驻南非使节通报南非政府坚决反对和打击排外骚乱的政策和措施。

当年，南非政府针对排外骚乱采取的主要措施包括：在骚乱区域增加警力，打击针对外国人的打砸抢暴力犯罪，派军队进入骚乱地区维持治安。内政部会同警察署、安全部和外交部为流离失所的外国人提供临时庇护所，并为3504名外国移民安排回国事宜。②根据南非总统部部长拉德比对第一次部际委员会的通报，宣布"南非已经恢复平静"，同时呼吁仍在临时救助所的外籍人与社会安全部联系，以顺利重新返回原来的社区，并要求南非人欢迎他们并提供帮助。③

由于排外骚乱而返回本国的非洲移民占少数，绝大多数仍留在南非谋生。南非政府承诺将对移民事宜进行全面的研究和改进，建立更加有序的移民制度，以及可持续的与当地融合的途径。这是复杂和长期的过程，需要南非政府各相关部门、南非社会各界，以及外国移民组织的合作。在有效解决现实经济问题的同时，加强南非公民包容理念的教育，使南非在非洲一体化进程当中发挥更积极的作用。

六 结语：包容发展是南非民众的共识

南非各界对排外骚乱表现出同声谴责和反对，各地各界民众举行和平游行，为受害者提供帮助，并重申南非的包容信念。可以看到公众对新的民主制度和1994年以来的和平稳定环境是珍惜的。尤为重要的是，曼德拉的精神遗产，仍是凝聚南非人心的重要因素。

不仅非国大政府反复重申维护宪法的权威，以种族和解、政治民主

---

① "President Jacob Zuma Open Lletter to Mia Couto Mozambican Writer and Poet", http://www.gov.za/speeches/president-jacob-zuma-open-letter-mia-couto-mozambican-writer-and-poet-24-apr-2015-0000.

② "The South African Government Has Thus Far 19 April 2015 Responded as Follows to this Matter", http://www.gov.za/speeches/outbreak-violence-against-foreign-nationals.

③ "Peace Restored in SA", http://www.sanews.gov.za/south-africa/peace-restored-sa.

为原则，维护和谐包容发展。以白人自由派为主导的反对党民主联盟也以平等包容发展为宗旨，该党新选出的主席迈马尼提出不能向后看，必须共同努力，建设一个不分种族、包容繁荣的国家。

南非社会中种族主义、部族主义和排他情绪仍然存在，对当政者的考验是在新的挑战面前如何引领国家继续在正确轨道上前行。南非与其他转型国家一样，需要在建设现代民主制度的过程中不断探索、创新和发展。

（本文原刊发于《西亚非洲》2015年第4期）

透视非洲民主化进程中的"第三任期"现象

沈晓雷[*]

摘 要：非洲的"第三任期"现象在近年来引起国际社会普遍关注，甚至被视为非洲民主政治发展中的所谓"民主衰退"。事实上，"第三任期"现象的盛行与非洲"强人政治"与传统政治文化的影响、民主政治发展条件不成熟、领导人现实利益的考量和国际社会的矛盾立场等因素密切相关。客观而言，"第三任期"现象凸显了非洲国家民主化进程的复杂性与长期性。"第三任期"现象是相关国家基于本国历史文化和社会政治条件对西式民主或西式民主化进程的反应，它体现出这些国家为探索符合本国国情的民主巩固方式和民主发展道路而做出的尝试。如果"第三任期"国家能够在强政府或强人的领导下提高执政能力，实现长期的政治稳定和经济发展，并进而完成统一的民族国家建构，则将会为它们巩固民主和建立符合它们自身国情的民主政治制度奠定坚实的基础。

关键词：民主化 非洲"第三任期" 国家建构 民主巩固

自20世纪80年代末开始的民主化浪潮席卷整个非洲大陆以来，时间已过去近30年。从当前来看，除实行君主制的斯威士兰和实行一党制的

---

[*] 沈晓雷，中国社会科学院西亚非洲研究所助理研究员。

厄立特里亚外，其他52个非洲国家均已实行多党制，并定期选举国家的最高领导人。就此而言，这些国家均在某种程度上实现了民主化最为基本的目标，即"选举民主"。然而，纵观非洲各国近30年来的民主化进程，可谓一路布满坎坷与荆棘，尤其是民主化初期，一些国家曾发生严重的政治与社会动荡，如塞拉利昂内战和卢旺达种族大屠杀。时至今日，各种影响非洲民主发展的因素仍然不断凸显，其中包括推迟选举、选举暴力等现象。2017年11月，津巴布韦发生的政治剧变就与大选问题密切相关，即因该国穆加贝总统长期执政而导致的派系斗争和权力更替危机问题。非洲国家近年来政治发展频繁出现的"第三任期"现象，也已引起国际学界的广泛关注。

所谓"第三任期"现象，是指国家最高领导人（主要为总统制国家中的总统）在宪法规定的任期结束后，通过修改或取消宪法中的任期条款等方式继续参加选举，以求延长自己任期的现象。本文之所以将"第三任期"现象作为研究对象，并将其与非洲民主政治的发展结合在一起加以讨论，主要基于以下几个方面的考虑。首先，"第三任期"现象虽然并非为非洲大陆所特有，而是一个世界性现象，遍布拉丁美洲、东欧、亚洲和非洲等地的"第三波"民主化国家，[①] 但该问题在非洲大陆更为突出。2002—2016年，非洲共有17个国家的领导人尝试突破任期限制以继续参加总统选举，其中11个成功，6个失败。其次，自2014年底始于布基纳法索的新一轮的"第三任期"现象呈集中爆发之势，在短短两年的时间内，便波及刚果（布）、卢旺达、布隆迪和刚果（金）等国。再次，这一轮"第三任期"现象主要发生在民族问题突出、国家间关系复杂的大湖地区，不但引起布隆迪、刚果（金）等国局势动荡，而且给地区和平与安全带来一定的挑战。最后，"第三任期"现象是在任领导人谋求修改宪法而延长自己任期的行为，这与当前世界绝大多数国家限制任职期限不同，一些学者由此认为这是现象发生国"民主衰退"的体现。

那么，如何看待非洲国家总统大选中的"第三任期"现象？目前学

---

① Boniface Dulani, "Democracy Movements as Bulwards against Presidential Usurpation of Power: Lessons from the Third term Bids in Malawi, Namibia, Uganda and Zambia", Stichproben, *Wiener Zeitschrift für kritische Afrikastudien*, Nr. 20/2011, p. 122.

界对此存在较大争议，其中持负面看法的学者居多。他们认为，"第三任期"容易导致权力与政治的去制度化（De-institutionalization），会产生违反人权、腐败和裙带关系等问题，领导人因长期执政而易陷入专制与独裁，不利于非洲民主政治的发展，以及对非盟的"非宪制更迭"议程和非洲的地区和平与安全带来了挑战。[1] 而在笔者看来，"第三任期"现象在非洲国家如此广泛，这表明它不是偶然现象，它究竟是"民主衰退"，还是在探寻更符合本国国情的民主发展道路，从而在民主化进程中做出的"特殊政治安排"？这需要我们透过现象看本质，即结合非洲国家具体国情，考察西式民主在非洲国家的适应性问题；而不能机械地套用源于发达国家发展经历而提出的西式"民主质量"标准，不能简单地贴上"民主衰退"的标签。有鉴于此，笔者拟对非洲"第三任期"现象的出现与发展、"第三任期"现象产生的原因，以及"第三任期"现象与非洲国家民主政治发展的关系等问题展开讨论。

一 非洲"第三任期"现象的出现及其发展

非洲的"第三任期"现象始于20世纪90年代末，它是非洲多党民主化浪潮开始之后的新生事物，或者更确切地说，它是非洲大多数国家在民主化进程中建立任期制所导致的直接结果。

（一）任期制在非洲的演变

所谓任期制或任期限制，是指宪法对最高领导人（主要为总统）任

---

[1] See Tukumbi Lumumba-Kasongo, "Africa's Third-Term Syndrome: A Trend Toward Authoritarianism or a Unique Form of Decmocracy?", Goergetown Journal of International Affairs, Winter/Spring 2007, pp. 125-133; Daniel Vencovsky, "Presidential Term Limits in Africa", Conflict Trends, No. 2, 2007, pp. 15-21; J. Shola Omotola, "Third-Term Politics and the De-Institutionalisation of Power in Africa", Africa Review, Vol. 3, No. 2, 2011, pp. 123-139; Alfredo Tjiurimo Hengari, "Presidential Term Limits: A New African Foreign Policy Challenge", South African Institute of International Affairs, Policy Briefing 138, June 2015; 聂文娟：《非盟地区组织的新议程：反"非宪制更迭"》，《亚非纵横》2014年第6期，第61—73页；殷悦、孙红：《非洲国家领导人谋求"第三任期"问题剖析》，《国际研究参考》2015年第12期，第11—16页；黎文涛：《非洲民主政治转型与安全局势：分析与展望》，载张宏明《非洲发展报告（2015—2016）》，社会科学文献出版社2016年版，第176—186页。

职的期限和年限进行限制，其被认为可保证以民主的方式来规范权力和领导人更替，是民主制度的重要组成部分之一。学界一般认为，任期制可追溯到公元前 4 世纪的雅典与罗马。美国首任总统乔治·华盛顿在两任之后选择不再连任为美国非正式确立了两任限制的原则，而在现代政治体制中真正纳入任期制的规定，则要迟至 19 世纪中期的拉丁美洲。①

对非洲大陆而言，在独立后相当长的一段时期内，只有少数几个国家对总统任期进行了限制。根据波尼菲斯·杜拉尼（Boniface Dulani）的统计，非洲大陆在 1990 年之前颁布的 98 部宪法中，只有 6 部宪法曾对总统任期进行了限制，分别为南非的 1961 年宪法、科摩罗的 1978 年宪法和 1989 年宪法、坦桑尼亚的 1984 年宪法、利比里亚的 1986 年宪法、突尼斯的 1988 年宪法。② 这种情况的出现是各种因素相互作用的结果，其中包括大多数英国前殖民地实行的都是议会制政体，总统只是名义上的国家元首；非洲国家独立后的第一代领导人，如科特迪瓦的博瓦尼、加纳的恩克鲁玛和坦桑尼亚的尼雷尔等，因他们在独立运动中的威望和作用而建立了"强人政治"，对总统任期不设限制；那一时期，非洲大陆军事政变频发，许多领导人是因军事政变、暗杀等暴力手段下台，而非经和平的民主方式下台。③

这种局面在 20 世纪 90 年代初的民主化之后有了彻底改变。随着民主化的推进和竞争性选举的实施，对国家最高领导人的任期进行限制开始被视为建立和巩固民主的必要条件，任期制如雨后春笋般在非洲大陆建立起来。据统计，在 1990—2010 年非洲国家出台的 64 部宪法中，有 49 部规定了总统任期的最长时限；到 2004 年的时候，已有 38 个国家确立了任期制制度。④ 截至 2017 年底，共有 44 个国家正在实行或曾经实行过任

---

① Gideon Maltz, "The Case for Presidential Term Limits", *Journal of Democracy*, Vol. 18, No. 1, 2007, p. 128.

② Boniface Dulani, op. cit., p. 120.

③ Tukumbi Lumumba - Kasongo, op. cit., p. 127; Issaka K. Souaré, "The AU and the Challenge of Unconstitutional Changes of Government in Africa", ISS Paper 197, August 2009, p. 4.

④ Boniface Dulani, op. cit., p. 120; Chima Anyaeze, "Post - Cold War Democratic Experiment and Presidential Term Limits in Africa", *International Relations and Diplomacy*, September 2016, Vol. 4, No. 9, p. 528.

期制。从目前来看，这些任期制均为两任期限，① 但单一任期的时间从 4 年到 7 年不等，其中埃及、加纳和尼日利亚为 4 年，利比里亚为 6 年，赤道几内亚为 7 年，其他均为 5 年。②

任期制与多党政治、竞争性选举等在 20 世纪 90 年代的确立曾一度让人们对非洲的民主化进程充满乐观。然而，随着时间的推移，自 20 世纪 90 年代末起，非洲各国陆续进入民主化后的第三次选举进程，民主化后上台的各国总统开始面临是遵守两任期限下台，还是违反任期制谋求"第三任期"的问题。在民主制度仍处于巩固过程中的情况下，非洲国家的"第三任期"现象开始凸显。

（二）非洲"第三任期"现象的缘起与发展

非洲最早出现"第三任期"现象的国家是纳米比亚。根据纳米比亚在 1990 年出台的宪法，总统任期为 5 年，只能连任两届。1999 年，纳米比亚国民议会以萨姆·努乔马第一次当选总统并非直接选举为由，在宪法中引入一个条款，即允许他第三次参加选举，但此次修宪只适用于努乔马一人。努乔马在 2005 年下台后，纳米比亚未再出现违反两任限制的情况。③

进入 21 世纪后，"第三任期"现象真正拉开了大幕。2001 年，赞比亚总统弗雷德里克·奇卢巴试图取消任期限制但没有成功；2002 年，苏丹和多哥成功取消任期限制，规定总统可连选连任，奥马尔·巴希尔和纳辛贝·埃亚德马成功取得连任。此后直到 2012 年，又有 5 个国家，即加蓬、乌干达、乍得、喀麦隆和吉布提先后取消任期限制。除了这些成功谋求"第三任期"的国家外，马拉维、尼日利亚、尼日尔和塞内加尔

---

① 塞舌尔最初为三任期限，但在 2016 年 4 月经议会投票决定缩减为两任期限。See Morgan Winsor, "Seychelles Cuts Presidential Term Limits, Going Against Recent Trend In Africa", May 4, 2015, http://www.ibtimes.com/seychelles-cuts-presidential-term-limits-going-against-recent-trend-africa-2348695, 2017-08-14。

② 刚果（布）、利比里亚和塞内加尔每届任期曾为 7 年，但刚果（布）在 2015 年、利比里亚和塞内加尔在 2016 年分别将总统任期改为 5 年。

③ See Paul Nantulya, "Different Recipes, One Dish: Evading Term Limits in Africa", Spotlight, Africa Center for Strategic Studies, July 28, 2016, http://africacenter.org/spotlight/different-recipes-one-dish-evading-term-limits-africa, 2017-08-16. 鉴于在努乔马之后没有再出现违反任期限制的问题，笔者在下文关于任期问题的统计中，将纳米比亚列为遵守两任期限的国家。

也试图谋求"第三任期",但没有成功。

非洲国家这一时期谋求"第三任期"现象虽引起了学界的注意,但并没有引起国际社会的广泛关注,直到2014年始于布基纳法索的新一轮"第三任期"现象集中爆发。2014年10月,布莱斯·孔波雷欲推动议会表决修宪草案以取消总统任期限制,但最终引发军事政变而被迫下台。在刚果(金),该国总统约瑟夫·卡比拉于2015年1月在国民议会力推选举法修正案,拟在下届总统选举前进行人口普查和重新划分省份,此举被反对派认为是在为修宪连任创造条件,由此导致刚果(金)选举进程陷入僵局,大规模抗议示威活动不断上演。2016年12月,在刚果(金)天主教会的斡旋下,各方达成《全国包容性政治解决方案》,规定总统选举于2017年底举行,卡比拉可留任至新总统选出,但不得修改宪法谋求"第三任期"。2017年11月5日,刚果(金)再次将选举日期推迟到2018年12月23日。在布隆迪,2015年4月,该国总统皮埃尔·恩库伦齐扎以自己在2005年当选总统是通过议会选举为由要求第三次参加总统选举,经宪法法院裁定可参选后,他在当年7月以69.41%的得票率再次当选。在卢旺达,2015年12月,卢旺达在全民公投中以98.3%的比例通过宪法修正案:设置一个为期7年的过渡期,任何人均可参选,总统任期从7年改为5年,可连任一次。根据这一条款,保罗·卡加梅可参加过渡期和此后两次总统选举。[1] 2017年8月,卡加梅以绝对优势获选过渡期总统。在刚果(布),2015年10月,政府经全民公投而成功修宪,将总统任期延长至三届,为德尼·萨苏"第三任期"铺平道路;[2] 2016年3月,萨苏以60.39%的得票率第三次当选总统。在乌干达,穆塞维尼于2005年取得"第三任期"。2017年12月20日,该国国民议会通过修改宪法,取消总统候选人不得超过75岁的年龄限制,此举意味着1944年出生的穆塞维尼获得了参加2021年总统选举的资格。经过这一轮"第三任期"现象的扩散,非洲已有17个国家的领导人试图谋求"第三任期",

---

[1] "Referendum 2015: NEC Confirms 98.3% of Voters Backed Revised Constitution", *The New Times* (Kigali), December 21, 2015.

[2] 李志伟:《刚果(布)公投以绝对多数通过修宪法案》,《人民日报》2015年10月28日。

其中11个成功，6个失败（见表1）。

表1　　　　非洲领导人的任期问题现状（截至2017年底）

宪法未规定 两任限制	宪法规定两任限制			
^	尚未满两任	两任期限已满		守两任 期限
^	^	谋求"第三任期"		^
^	^	成功	失败	^
埃塞俄比亚	阿尔及利亚	苏丹（巴希尔，2002）	赞比亚（奇卢巴，2001）	安哥拉
厄立特里亚	埃及	多哥（埃亚德马，2002）	马拉维（穆卢齐，2003）	贝宁
冈比亚	赤道几内亚	加蓬（邦戈，2003）	尼日利亚（奥巴桑乔，2006）	博茨瓦纳
几内亚比绍	科特迪瓦	乌干达（穆塞维尼，2005年）		佛得角
莱索托	几内亚	乍得（代比，2005）	尼日尔（坦贾，2009）	加纳
毛里求斯	利比里亚	喀麦隆（比亚，2008）	塞内加尔（瓦德，2012）	科摩罗
摩洛哥	利比亚	吉布提（盖莱，2010）	布基纳法索（孔波雷，2014）	肯尼亚
南苏丹	马达加斯加	卢旺达（卡加梅，2015）		马里
斯威士兰	毛里塔尼亚	布隆迪（恩库伦齐扎，2015）		莫桑比克
索马里	突尼斯	刚果（布）（萨苏，2016）		纳米比亚
	中非共和国	刚果（金）（卡比拉，2016）		南非
	塞舌尔			塞拉利昂
	津巴布韦			圣多美和普林西比
				坦桑尼亚
10个国家	13个国家	11个国家	6个国家	14个国家

注：（1）埃塞俄比亚、毛里求斯和索马里的国家行政机关由议会选举产生，无任期限制；几内亚比绍实行半总统制；（2）阿尔及利亚曾在2008年通过宪法修正案取消任期限制，但在2016年2月又通过宪法修正案规定总统只能连任一次；（3）赤道几内亚和津巴布韦分别在2011年和2013年修改宪法，设置任期限制，但没有追诉权，不适用于此前的在位者；（4）利比亚2016年的宪法草案规定为两任期限；（5）塞舌尔在2016年修改宪法，将三任期限改为两任期限；（6）刚果（金）总统约瑟夫·卡比拉第二任期应在2016年结束，但经协商延期至2018年12月。

资料来源：Africa Center for Strategic Studies, "Constitutional Term Limits for African Leaders", April 13, 2017, http://africacenter.org/spotlight/constitutional-term-limits-african-leaders, 2017-05-10. 笔者以此为基础结合2017年12月之前的最新情况整理而成。

纵观非洲自民主化以来任期制与"第三任期"现象发展的历程，可总结出以下四个特点：其一，在两任期限已满的情况下，谋求"第三任期"的国家要多于遵守任期限制的国家，二者数量分别为17个和14个，这种情况无疑会为13个仍未达到任期限制乃至此前遵守任期限制的国家具有一定的示范作用；其二，对于谋求"第三任期"的国家而言，其成功的比例高达64.7%，而且一旦突破任期限制参加第三次选举，在任总统均可继续当选；其三，谋求"第三任期"的国家主要集中在中部和西部非洲，而法语非洲国家谋求"第三任期"的比例则要远远高于其他非洲国家；其四，成功实现"第三任期"的方式主要分为两种：一是采用"硬"的方式，即彻底取消任期限制；二是采用"软"的方式，即调整或修改宪法中的任期限制条款，准许在任总统参加第三次或第四次选举。① 其中，前一类国家包括苏丹、多哥、加蓬、乌干达、乍得、喀麦隆和吉布提，后一类国家包括卢旺达和刚果（布）。丹尼斯·图尔和克劳迪亚·西蒙斯认为，法语非洲国家"第三任期"现象突出的原因，可能与这些国家从法国继承而来的总统制有关。②

二 非洲"第三任期"现象产生的原因

2015年5月，"非洲晴雨表"（Afrobarometer）发布以"非洲公众强烈支持任期限制，反对领导人延长任期的努力"为题的报告，宣称在接受调查的29个总统制或半总统制国家中，平均有75%的人支持将总统任期限制为两任，即便在那些从未实行过任期限制或已经在宪法中取消任期限制的国家也是如此，如乌干达和多哥支持任期限制的比例均超过平均水平，达到80%以上。③ 既然有如此多的人支持任期限制和反对延长任期，而且一些国家在谋求"第三任期"的过程中引发了严重的政治与社

---

① Gideon Maltz, op. cit., p. 128.
② See Denis M. Tull and Claudia Sinmons, "The Institutionalisation of Power Revisited: Presidential Term Limits in Africa", *Africa Spectrum*, Vol. 52, No. 2, 2017, p. 88.
③ Boniface Dulani, "African Publics Strongly Support Term Limits, Resist Leaders' Efforts to Extend Their Tenure", *Afrobarometer Dispatch*, May 25, No. 30, 2015, pp. 2–3.

会问题，如布基纳法索发生军事政变并导致孔波雷下台，刚果（金）自2015年初以来已爆发多次大规模游行示威并引发骚乱，布隆迪因谋求"第三任期"而引发严重危机，共导致约500人死亡和28万—35万人逃到国外，[①]那么，为何还有那么多非洲国家的领导人试图谋求"第三任期"，而且还大多取得了成功呢？

诚然，有些非洲国家的领导人在谋求"第三任期"的过程中，确实得到了一定程度的拥护，[②]但笔者认为，"第三任期"现象的盛行与非洲"强人政治"与传统政治文化的影响、西式民主政治发展条件不成熟、领导人现实利益的考量和国际社会的矛盾立场等因素密切相关。

（一）"强人政治"与传统政治文化

如前所述，有些非洲国家在独立后建立了"强人政治"，领导人长期担任领导职务，如担任肯尼亚总统15年的乔莫·肯雅塔、担任坦桑尼亚总统23年的朱利叶斯·尼雷尔，以及担任扎伊尔[③]总统32年的蒙博托等。这些领导人之所以能够长期执政，固然大多与他们在国家独立和建设进程中发挥的作用和树立的威望有关，还与非洲国家的立国基础有关，即大多非洲国家独立之初是松散之邦，需要强有力的领导人实现国家维稳的首要任务。直到现在，非洲国家仍秉持稳定为先的理念。此外，传统政治文化的影响也是其中一个重要的原因。张宏明认为，非洲传统政

[①] Joseph Siegle, "The Political and Security Crises in Burundi", Africa Center for Strategic Studies, December 10, 2015, http://africacenter.org/spotlight/the-political-and-security-crises-in-burundi, 2017-08-17.

[②] 丹尼尔·波斯纳（Daniel N. Posner）和丹尼尔·扬（Daniel J. Young）在2007年指出，所有18个经选举而上台的总统在任期快要结束时，他们的支持者都强烈要求他们设法继续执政。然而这种观点遭到了绍拉·欧莫多拉（J. Shola Omotola）的反对，他认为这种支持只是一种政治安排，是花钱购买的。然而正如《非洲华侨周报》微信公众平台编译的一篇文章所指出的那样，卡加梅在2017年6月爱国阵线的党代会上以95%的支持率成为该党的下任总统候选人，尽管可能存在各种暗箱操作，但这么高的支持率十分说明问题。See Daniel N. Posner and Daniel J. Young, "The Institutionalization of Political Power in Africa", Journal of Democracy, July 2007, Vol.18, No.3, p.124; J. Shola Omotola, "Unconstitutional Changes of Government in Africa: What Implications for the Consolidation of Democracy", Discussion Paper 70, Uppsala: Nordiska AfrikaInstitutet, 2011, pp.25-27; 沈铖贤：《卢旺达总统选举：还没开始就已经结束》，《非洲华侨周报》2017年7月12日。

[③] 即现在的刚果（金）。

治文化主要包括两个方面的内容："意见一致"或"一致同意的精神";权力的神圣化与个人化。这种传统的政治文化"是建立在群体本位价值观念基础上的集权型政治文化",与"非洲各国独立后随之而实行的中央集权、军人统治、个人崇拜"等有着密切的关系。[①]

20 世纪 80 年代末以来的民主化浪潮虽然使非洲国家纷纷开始了选举民主之路,但一方面,这种传统的政治文化使民主政治文化短期内难以在非洲落地生根,领导人谋求延长任期和建立威权政治及民众习惯于遵从权威的思想在短期内也仍然很难根除;另一方面,非洲的民主转型是西方强推而非自身政治、经济与社会发展的自然结果,"强人政治"的观念只是暂时遭到压制,一旦存在机会,必然就会出现谋求"第三任期"、寻求长期执政和建立"强人政治"的努力,一些年轻领导人更是如此。[②] 也正是因为如此,即便经历了多党民主化浪潮及任期限制成为大多数非洲国家的制度选择,但仍然有 10 个国家的领导人已经担任总统 15 年以上,6 个甚至长达 30 年以上,平均为 29.5 年(见表 2)。

表 2　在位时间超过 15 年的非洲国家总统(截至 2017 年底)

国家	总统	担任总统时段	总任职时间
安哥拉	若泽·多斯桑托斯	1979 年至今	38 年
赤道几内亚	奥比昂·恩圭马	1979 年至今	38 年
刚果(布)	德尼·萨苏	1979—1992 年,1997 年至今	33 年
喀麦隆	保罗·比亚	1982 年至今	35 年
乌干达	约韦里·穆塞维尼	1986 年至今	31 年
津巴布韦	罗伯特·穆加贝	1987 年至 2017	30 年
苏丹	奥马尔·巴希尔	1989 年至今	28 年
乍得	伊德里斯·代比	1990 年至今	27 年
吉布提	伊斯梅尔·盖莱	1999 年至今	18 年
卢旺达	保罗·卡加梅	2000 年至今	17 年
平均年限			29.5 年

注:若泽·多斯桑托斯在 2017 年 9 月卸任总统;罗伯特·穆加贝在 1980 年独立后出任总理,1987 年 12 月担任总统,2017 年 11 月 21 日辞去总统职务。

---

① 张宏明:《多维视野中的非洲政治发展》,社会科学文献出版社 2007 年版,第 84—130 页。

② Daniel N. Posner and Daniel J. Young, op cit., p.135.

资料来源：中国外交部网站：http：//www.fmprc.gov.cn/web，2017 – 08 – 05。

（二）西式民主政治发展条件不成熟

虽然非洲各国的民主化进程已经开展了20多年的时间，但毕竟他们所接受的是一种"外科手术式"移植的西式民主模式，其不但受到在观念层面发挥作用的传统政治文化的制约，更重要的是，作为更为直接和更为深层的决定因素：非洲的社会经济结构不但在民主化之初，甚至直到目前都仍然还不能适应非洲民主政治发展的要求，欠发达的商品经济与部族主义（地方民族主义）的影响仍然对非洲民主政治的发展起着严重的制约作用。① 这就决定了西式民主制度在非洲的推进与巩固需要克服传统政治文化与部族主义的不利影响，需要商品经济的不断发展和非政府组织的逐步成熟，需要在此基础之上经过时间的磨合，经历由表及里的从排斥反应到逐渐适应，再到融合与重生的过程。

当下，非洲大多数国家虽然都已具有西方民主制度赖以存在的一些关键要素，如多党制、行政、立法与司法"三权分立"等，但这些要素在许多国家仍然难言成熟，一些国家在民主政治发展中甚至出现以下三种情况：其一，虽然非洲国家都开放了党禁和建立了多党选举制度，但执政党大多一党独大，其他政党或政治反对派均比较弱小和分散，难以在大选中对执政党带来真正的挑战；② 其二，虽然非洲国家都建立了"三权分立"制度，但由于执政党大多在议会中占据绝对多数席位，因而行政机构通常都会凌驾于立法与司法机构之上，并因此而集中了过多的国家权力；其三，虽然非洲国家一直致力于实现权力的制度化和从广大民众那里谋取政治合法性，但新恩庇主义（Neo-patrimonialism）之下的政治庇护关系与公共权力的私有化导致权力系统集中于最高统治者。③

---

① 张宏明曾对非洲国家经济状况与政治发展之间的关系和部族主义与非洲国家政治发展之间的关系进行了详细的分析。参见张宏明《多维视野中的非洲政治发展》，第3—70页。

② 钟伟云将目前非洲国家的政党格局分为3种类型，分别为一党独大型、朝野势均力敌型和碎片化型，其中成功谋求"第三任期"的国家，如乌干达、布隆迪、卢旺达、加蓬、喀麦隆和乍得等均为一党独大型。参见钟伟云《非洲的政党政治：回顾与反思》，《西亚非洲》2016年第5期，第96—99页。

③ 关于新恩庇主义及其在非洲研究中的应用，可参见李鹏涛、黄金宽《非洲研究中的"新恩庇主义"》，《西亚非洲》2014年第4期，第148—160页。

如此一来，某些在任领导人很容易利用或支配其得以动用的各类资源，从而获得尽可能多的政治支持并以此在大选中获得连任。

(三) 领导人现实利益的考量

毫无疑问，权力相对集中有助于集中力量办大事，但如果权力过度集中，且得不到有效监督或缺乏制衡力量，则容易产生各种各样的问题。在一些非洲国家，总统所具有的这种不可制约的绝对权力容易导致两种结果：一是滥用手中的权力，从而出现大量压制政治反对派和非政府组织等违反人权的事件；[1] 二是视国家财产为私人财产，尤其在自然资源丰富或能够获得大量援助的国家，[2] 往往能够攫取大量财富。

为了获取政治支持，某些当权者还会通过新恩庇主义、权力寻租和政治分赃等手段，将手中的权力、资源和财富提供给被庇护者以获取他们的忠诚与支持。在这一将国家利益与个人利益、将对国家的忠诚与对个人的忠诚相混淆的过程中，许多国家都形成了以总统为首的精英集团或既得利益集团。为了长期保持这些既得利益，在任领导人肯定希望谋求"第三任期"，既得利益集团必然也会极力支持其延长任期的企图。

除此之外，非洲很少有国家会对卸任领导人的退休生活，尤其是安全问题提供保障。[3] 对于有些国家的领导人而言，一旦下台，不仅意味着他们失去权力、特权与资源，还可能会因为国内政治斗争或任期内的腐败问题等而被下一任政府所追责，不但因此失去他们此前所获得的既得利益，甚至可能面临被审判，乃至被迫害的命运。而他们所庇护的利益集团，必然也会受到相应的冲击。在这种情况之下，谋求"第三任期"继续执政无疑是他们最好的选择。

---

[1] 可参见人权观察组织 2017 年对非洲相关国家人权状况的报告，Human Rights Watch, "World Report 2017: Event of 2016", https://www.hrw.org/sites/default/files/world_report_download/wr2017-web.pdf，2017-08-15。

[2] 丹比萨·莫约在《援助的死亡》一书中认为援助导致了腐败，大量援助资金被国家领导人所窃取，参见［赞比亚］丹比萨·莫约《援助的死亡》，王涛、杨惠等译，世界知识出版社 2010 年版，第 36—38 页。

[3] Conor Caffey, "Africa's Third-Term Problem: Why Leaders Keep Clinging to Power", December 15, 2015, http://www.newsweek.com/africa-third-term-problem-cling-power-403440，2017-09-01。

(四) 国际社会的矛盾立场

布瑞特·卡特（Brett L. Carter）认为，来自国际社会尤其是来自西方的压力可以阻遏非洲的"第三任期"现象的蔓延。① 然而，从当前来看，无论西方国家，还是非盟及非洲次区域组织，都在"第三任期"现象上持有比较矛盾的立场。

从西方国家方面来看，美国和欧洲国家一度对非洲的"第三任期"现象反应强烈，美国前总统巴拉克·奥巴马曾明确反对非洲国家领导人谋求"第三任期"，表示任何人都不能成为终身总统。② 美国还与欧盟携手制裁布隆迪，大肆抨击刚果（金）、刚果（布）和布隆迪等国谋求"第三任期"的行为。但正如国内一些学者所指出的那样，美国和欧盟在对待不同国家的态度上因其利用价值的大小采取了不同的政策，例如因需要借助乍得和喀麦隆打击西非宗教极端组织"博科圣地"，在吉布提设有军事基地，因此就对这2个国家"睁只眼，闭只眼"。法国则更是因为"第三任期"大多发生在法语非洲，担心过度干预引发局势动荡而不主张采用强硬方案。③ 而从当前来看，唐纳德·特朗普自上任以来虽尚未出台明确的对非政策，但其更关注反恐与安全问题，而非像奥巴马那样关注政治意识形态和推广民主制度，而且美国在大湖地区的军事行动需要该地区国家的配合，因此，美国肯定会降低对"第三任期"问题的干涉力度。对于欧洲国家而言，一方面它们已经因经济问题、难民问题以及民粹主义的冲击等而自顾不暇，很难再以援助和减债等为手段向相关国家施压；另一方面在非洲各国经济迅速发展且新兴国家的崛起为它们的对外合作提供了更多选择的情况下，为了不失去非洲这个庞大的市场，欧洲国家也会"三思而后行"。

从非盟及非洲次区域组织来看，虽然非盟在 2007 年通过《非洲民

---

① Brett L. Carter, "The Struggle Over Term Limits in Africa: How International Pressure Can Help", *Journal of Democracy*, Vol. 27, No. 3, 2016, pp. 36 – 50.

② See "Text of President Obama's Remarks at the African Union", *VOA News*, July 28, 2015, https://www.voanews.com/a/text – of – president – obamas – remarks – at – the – african – union/2881236.html, 2017 – 08 – 19.

③ 黎文涛：前引文，第 179—180 页。

主、选举和治理宪章》，呼吁成员国要在"规律、自由、公正和透明选举的基础上巩固非洲大陆权力更替的政治文化"，反对"以非法方式获取或维持权力"，其中包括军事政变和"违反政府民主更替原则修订宪法或法律工具"等，① 但相对于在军事政变问题上采取制裁和暂时中断成员国资格等措施，非盟在"第三任期"问题上态度比较"温和"，既没有进行干预，也没有采取制裁措施。② 非洲的次区域组织，如东非共同体和西非国家经济共同体（简称"西共体"）虽也有禁止成员国违宪更换政府的条款，但它们也没有发挥应有的作用。在布隆迪总统恩库伦齐扎谋求"第三任期"的问题上，东非共同体虽多次召开峰会意图进行干预，但最终与非盟一样没有采取行动。③ 2015年5月19日，西共体在尼日利亚首都召开了第47届首脑峰会，会议讨论了将成员国总统任期限定为两任的动议，但因遭到多哥和冈比亚的强烈反对而最终没有通过。④

综上所述，非洲的"第三任期"现象是各种因素相互作用的结果。而如果我们再对这些因素作进一步分析，似可得出如下两个方面的结论：其一，尽管这些因素均是诱发非洲"第三任期"现象的原因，但商品经济等民主政治发展的社会经济条件尚不具备及由此而导致的西式民主政治条件不成熟，应是其中主要原因，其他方面的因素则需借此而发挥作用；其二，无论是"强人政治"与传统政治文化的影响，还是新恩庇主义和权力寻租等问题，乃至国际社会的矛盾立场，均凸显出西方国家强推的西式民主仍然还不适应非洲国家的社会经济现实，因而也就难以在非洲大陆真正落地生根。至于"第三任期"现象为何近几年来会在大湖地区集中爆发，除上述因素相互叠加与累积外，还与该地区错综复杂的民族关系及由此而导致的民族与政治之间的互动、政治领导人因治国理

---

① African Charter on Democracy, Elections, and Governance, Chapter 8, Article 23, pp. 1, 9 – 10.

② 聂文娟：前引文，第64—66页。

③ George Omondi, "The New Assault on Presidential Term Limits in Africa: Focus on Burundi", http://www.africanleadershipcentre.org/index.php/2014 – 10 – 22 – 15 – 44 – 06/alc – newsletters/sept – 2015 – issue/385 – the – new – assault – on – presidential – term – limits – in – africa – focus – on – burundi, 2017 – 08 – 29.

④ "West African Leaders Shelves Third – term Ban Proposal", May 20, 2015, http://www.bbc.com/news/world – africa – 32808685, 2017 – 08 – 30.

政成效显著而享有较高声望并在短期内难以找到合格的继任者,以及当前不少非洲国家所奉行的发展优先、维稳至上的执政理念有关。因本文的重点为从"第三任期"现象出发论及非洲的民主巩固问题,笔者在此不再详细展开论述。

三 "第三任期"现象与非洲国家民主政治的发展

近年来,随着民粹主义在欧美老牌资本主义国家的盛行,以及亚洲、非洲、拉丁美洲和东欧大量新兴民主国家在民主政治建设中遇到各种各样的问题,"民主衰退"论在研究民主问题的学者中间似乎成为最时髦的话题之一。2015年,具有广泛影响的美国《民主杂志》在第一期以《民主衰退了吗》为题,邀集马克·普拉特纳(Marc F. Plattner)、菲利普·施密特(Philippe C. Schmitter)、斯蒂芬·列维斯基(Steven Levitsky)和拉里·戴蒙德(Larry Diamond)等十多位研究民主问题的学者,发表了一系列有关"民主衰退"的专栏文章。就非洲而言,拉里·戴蒙德宣称"非洲大陆没有一个国家真正巩固了民主",斯蒂芬·列维斯基表示"撒哈拉以南非洲仍然是世界上非民主国家聚集的地区之一",吉马·博阿迪(E. Gyimah – Boadi)则认为非洲大陆的民主化进程在近十年来已经减缓甚至出现反转,"第三任期"现象是其中的一个重要原因。[1] 那么,"第三任期"现象是否标志着相关国家的民主出现了衰退甚或逆转?

(一)"第三任期"现象与所谓"民主衰退"

菲利普·瑞恩特简斯(Filip Reyntjens)认为,有效的任期限制与"民主质量"之间具有很强的相关性。他以自由之家的政治权力得分、贝塔斯曼转型指数和《经济学人》民主指数等的数据为基础,编制了所谓的综合民主指数(Composite Democracy Index)。根据这一指数,非洲实行

---

[1] Larry Diamond, "Facing up to the Democracy Recession", *Journal of Democracy*, Vol. 26, No. 1, 2015, p. 148; Steven Levitsky, "The Myth of Democratic Recession", *Journal of Democracy*, Vol. 26, No. 1, 2015, p. 55; E. Gyimah – Boadi, "Africa's Waning Democratic Commitment", *Journal of Democracy*, Vol. 26, No. 1, 2015, pp. 101, 108.

任期限制国家的综合民主指数至少要比没有任期限制的国家高出 1/3，如二者在 2015 年的指数分别为 6.2 和 3.9（满分为 10），而那些曾在宪法中设定任期条款但后来取消的国家，也就是那些谋求"第三任期"的国家，平均指数甚至更低，仅为 3.6。[①]

在奇马·安亚兹（Chima Anyaeze）、菲利普·瑞恩特简斯和帕西菲克·马尼拉吉扎（Pacifique Manirakiza）等学者看来，"第三任期"现象主要从"选举质量"与"民主质量"两个方面导致了"民主衰退"：就"选举质量"而言，虽然成功实现"第三任期"的国家并没有取消选举制度，但在任领导人经常会为创造有利于自己的竞选环境和保证自己当选而任意选定或推迟选举时间，而一旦取消或延长任期限制，在任总统均可成功赢得"第三任期"，且还会导致投票率下降；就"民主质量"而言，选举竞争性的降低会阻碍政党体系与多党民主制的良性发展，从本质上违反了非洲各国目前致力于实现的宪政所提倡的民主精神，导致政治权力无法通过透明、公平与公正的竞争性选举而实现更替，政治领导人可能会因此而滥用职权乃至陷入专制与独裁的泥淖。[②]

事实果真如此吗？不可否认，近年来非洲国家在民主政治发展中确实存在一些问题和不稳定因素，但西方学者或学术机构对"第三任期"现象持有如此悲观的论调，存在以西式民主的标准来测度非洲的民主化进程之嫌，而这正如王林聪在论及中东国家民主化问题时所言，"势必会贬低或忽视这些国家处于民主化初始状态下的种种努力"。[③] 领导人任期与"民主衰退"之间没有简单的因果关系，独裁、专政是民主的对立面。如果"第三任期"没有直接导致政治专制和终身制，就不能贴上"民主质量"下降或"民主衰退"的标签。而且，"第三任期"并没有触及竞争性选举这一民主的根本要件，并不能作为"民主衰退"的标志。

---

① Filip Reyntjens, "The Struggle over Term Limits in Africa: A New Look at the Evidence", *Journal of Democracy*, Vol. 27, No. 3, 2016, pp. 64–66.

② Chima Anyaeze, op. cit; Filip Reyntjens, "The Struggle Over Term Limits in Africa: A New Look at the Evidence", *Journal of Democracy*, Vol. 27, No. 3, 2016, pp. 64–66; Pacifique Manirakiza, "Insecurity implications of unconstitutional changes of government in Africa: From military to constitutional coups", *Journal of Military and Strategic Studies*, Vol. 17, Issue 2, 2016, pp. 86–106.

③ 王林聪：《中东国家民主化问题研究》，中国社会科学出版社 2007 年版，第 11 页。

（二）"第三任期"现象的性质

"第三任期"现象是非洲国家在政治民主化进程中基于政权稳定考虑的特殊政治安排，非洲国家民主政治的发展进程并未因"第三任期"现象而逆转。

首先，谋求"第三任期"的非洲国家的领导人为了获取继续执政的合法性，均是通过修改宪法的方式（或是经议会表决，或是经全民公投）进行，没有一个国家会采取超宪法的手段。更重要的是，他们所修改的只是任期限制方面的条款，并没有触及多党制和竞争性选举等对民主而言更为根本的程序性问题，就此而言，"第三任期"现象对民主的冲击要大大低于传统的军事政变或军事独裁。因此，虽然"第三任期"现象被有些学者称为"宪法政变"，但或许可将其归为弗朗西斯·伊克莫（Francis NguendiIkome）所谓的"好的政变"（Good Coup）的范畴。① 它所产生的是一种混合政体，该政体虽因权力过度集中而呈现某种集权的特性，但同时也因选举等方式的存在而具备一定的民主特征，因此或许可将其称为选举式威权主义（Electoral Authoritarianism）或竞争性威权主义（Competitive Authoritarianism）。②

其次，就成功实现"第三任期"的国家而言，虽然苏丹、多哥、加蓬、乌干达、乍得、喀麦隆和吉布提等7个国家完全取消了任期限制，但卢旺达和刚果（布）只是修改了宪法中的任期条款，其中卢旺达将在7年的过渡期后实行两任限制，且任期由7年改为5年，刚果（布）则是

---

① Francis NguendiIkome, "Good Coups and Bad Coups: The limits of the African Union's injunction on unconstitutional changes of power in Africa", Institute for Global Dialogue, *Occasional Paper*, No. 55, February 2007.

② 2002年4月，《民主杂志》以《没有民主的选举》为题发表了一组文章，专门讨论所谓"混合政体"的问题，其中安德烈斯·谢德列提出了"选举性威权主义"的概念，斯蒂芬·列维斯基和卢肯·A. 维（Lucan A. Way）提出了"竞争性威权主义"的概念。See Andreas Schedler, "Elections Without Democracy: The Menu of Manipulation", *Journal of Democracy*, Vol. 13, No. 2, 2002, pp. 36 – 50; Steven Levitsky and Lucan A. Way, "The Rise of Competitive Authoritarianism", *Journal of Democracy*, Vol. 13, No. 2, 2002, pp. 51 – 65; Steven Levitsky and Lucan A. Way, *Competitive Authoritarianism: Hybrid Regimes After the Cold War*, New York: Cambridge University Press, 2010, p. 13.

将两任期限延长为三任期限。布隆迪并没有修改宪法的任期条款，而是宪法法院以恩库伦齐扎第一次当选总统是由议会选出为由，允许其参加第三次总统选举。从法律层面而言，这3个国家仍属于实行任期限制的国家。更重要的是，如果从时间上来看，所有取消任期限制的行为都发生在2010年之前，2010年之后谋求"第三任期"的国家均是通过"软"的方式进行，这也说明随着时间的推移和民主化进程的推进，已没有国家会通过完全取消任期的方式来实现"第三任期"，这也凸显了相关国家将"第三任期"作为一种"特殊政治安排"的可能性。另外，还需要指出的是，尽管"第三任期"在近年来此起彼伏，但仍然有一些非洲国家在这股浪潮中确立了任期限制制度，这其中包括阿尔及利亚、安哥拉、赤道几内亚、津巴布韦和利比亚等（见表1）。安哥拉在2017年8月举行大选，若泽·多斯桑托斯主动宣布不再参加大选，前国防部长若昂·洛伦索当选并在同年9月宣誓就职，安哥拉由此实现权力和平交接。

最后，即便在这些成功谋取"第三任期"的国家，民主观念也已经深入人心。这可从两个方面加以说明：一方面，从"非洲晴雨表"2015年5月发布的关于任期限制与"第三任期"的报告来看，5个接受调查的"第三任期"国家——乌干达、多哥、喀麦隆、苏丹和布隆迪，在2012年支持总统任期限制的比例均超过50%，其中乌干达和多哥甚至高达85%和83%，而且它们的平均值为71.6%，与整体平均值75%相差无几；[①] 另一方面，根据"非洲晴雨表"2016年发布的名为"非洲的民主：需求与供给"的报告，在6个成功谋取"第三任期"的国家中，只有苏丹民众支持民主的比例为44%，其他5个国家均超过60%，其中布隆迪高达86%，位居所有36个受调查国家的首位。[②]

（三）"第三任期"现象与非洲国家的民主巩固

如何在新兴民主国家巩固民主，一直是研究民主问题的学者重点关

[①] 布隆迪支持总统任期限制的比例在2014年上升为62%。See Boniface Dulani, op. cit., pp. 3-4.

[②] 这6个国家分别为布隆迪、多哥、加蓬、喀麦隆、乌干达和苏丹。See Robert Mattes and Michael Bratton, "Do Africans Still Want Democracy?", *Afrobarometer Policy Paper*, No. 36, November 2016, p. 5.

注的一个问题。对于民主转型之后的新兴民主国家而言,民主巩固往往会成为它们所要面临的一大挑战,这也是塞缪尔·亨廷顿提出所谓"民主回潮"(democracy in retreat)概念的原因。① 在论及非洲国家民主巩固问题的时候,许多学者提出了相应的影响因素,如尼克·奇斯曼(Nic Cheeseman)认为应包括单一的国家认同、强大且自主的政治体制、发达且充满生机的市民社会和繁荣且运转良好的经济;安东尼·巴特勒(Anthony Butler)和布鲁斯·巴克(Bruce Baker)则从政权的合法性与国家能否整合民族和宗教分歧等方面进行了探讨。②

如果对上述影响因素做进一步归纳与分析,其实它们大多指向了同一个问题,即民族国家建构或国家治理能力的建设问题,因为无论政治的稳定与政治权力的制度化,还是商品经济的发展与市民社会的成熟,以及民族与宗教问题的妥善解决,从根本上都取决于国家的治理能力。就此而言,西方国家是在非洲"完全不具备西方社会的文化背景、物质基础、公民理性以及社会整合等条件"的情况下强推民主化进程,③ 而且忽视了非洲本土文化的独特性。也正是因为如此,迈克尔·布拉顿(Michael Bratton)和埃里克·常(Eric C. C. Chang)明确指出,"在撒哈拉以南的非洲各国中,新民主制度的确立要依赖于国家治理能力建设",而许多非洲国家的现实是缺乏"强有力的国家";④ 曾在20多年前提出"历史终结论"的美国学者弗朗西斯·福山,也在新著中由强调自由民主转而强调国家建构与国家治理能力的建设,并指出真正的政治发展在于国家建设、法制和负责制政府(民主)之间的平衡,而对于非洲而言,其发

---

① [美]塞缪尔·亨廷顿:《第三波——20世纪后期的民主化浪潮》,欧阳景根译,中国人民大学出版社2013年版,第11页。
② See Nic Cheeseman, *Democracy in Africa: Successes, Failures, and the Struggle for Political Reform*, New York: Cambridge University Press, 2015, pp. 3-4; Anthony Butler, *Democracy and Apartheid: Political Theory, Comparative Politics and the Modern South African State*, London: Palgrave Macmillan, 1998, p. 98; Bruce, "Can Democracy in Africa be Sustained", *Commonwealth & Comparative Politics*, Vol. 38, No. 3, 2010, pp. 12-13.
③ 张国军:《选举民主普世化的逻辑困境》,《求是》2015年第10期,第73页。
④ [美]迈克尔·布雷顿、埃里克·常(Michael Bratton & Eric C. C. Chang):《撒哈拉以南非洲的国家建设与民主化:谁先谁后,还是同步进行?》,《开放时代》2007年第5期,第106页。

展的关键阻碍是缺乏有效的政府。① 历史不能假设,当下非洲国家已无法回到像西方国家那样先完成民族国家构建再推进民主制度建立、民主转型与民主巩固的时代,它们需要正视的是在进行统一民族国家建构的同时,推进民主转型与民主巩固。一方面,与西方国家不同的政治发展史决定了非洲国家推进民主化进程更为艰难;另一方面,我们也必须认识到世界上没有完全相同的民主政治模式,无论是民主转型,还是民主巩固,都不能脱离一国特定的社会政治条件和历史文化传统来评判,非洲国家需要探索本土化的民主政治模式。

"第三任期"现象虽会偏离西方为非洲国家所设计的西式民主发展的轨道,但因任期延长而导致权力集中于总统、执政党和行政机构,反映的却是当前一些非洲国家发展优先、维稳至上的执政理念,即通过强政府、强政党,乃至"强人政治"来维持和促进经济发展与政治稳定,从而解决"逢选易乱"等民主选举乱象,解决民生、实现民族国家建构,并最终实现"非洲式"民主政治发展的理念。塞缪尔·亨廷顿早就认为"进行现代化的政治体系的稳定程度,决定于其政党的力量强弱",强有力的政党有利于政治稳定,② 阿瑟·刘易斯(Arthur Lewis)也指出"羸弱的政府无力维持国内经济秩序"。③ 在国家尚未完成建构与国家能力严重不足,尤其是在政府无法掌控全局、难以促进经济发展和存在严重的民族(地方民族)或宗教矛盾的情况下急于推行民主化,很容易会放大民主的阴暗面,进而导致灾难性的后果,卢旺达在 1994 年的种族大屠杀就是最为明显的例子。④

在论及非洲的任期限制问题时,凯瑟琳·纳马库拉(Catherine

---

① [美]弗朗西斯·福山:《政治秩序的起源:从前人类时代到法国大革命》,毛俊杰译,广西师范大学出版社 2012 年版;[美]弗朗西斯·福山:《政治秩序与政治衰败:从工业革命到民主全球化》,毛俊杰译,广西师范大学出版社 2015 年版,第 259—273 页。
② [美]塞缪尔·亨廷顿:《变动社会的政治秩序》,张岱云等译,上海译文出版社 1989 年版,第 340 页。
③ [英]阿瑟·刘易斯:《经济增长理论》,郭金兴等译,机械工业出版社 2015 年版,第 322 页。
④ [英]迈克尔·曼:《民主的阴暗面:解释种族清洗》,严春松译,中央编译出版社 2016 年版,第 536—594 页。

S. Namakula）曾指出，任期限制可能会导致不稳定并中断政府的规划。①而对于出现"第三任期"现象的非洲国家而言，虽然有些国家因领导人谋求连任而出现了短暂的混乱局面，但大多数还是因强有力的政治领导人的存在而实现了较为长期的稳定和保持了较为连续的发展政策。也正是因为如此，它们当中的大多数国家近年来在经济发展方面都取得了令人瞩目的成就。以2015年和2016年为例，乍得、刚果（金）、吉布提、卢旺达和多哥均取得了5%以上的经济增长率，乌干达在2015年的增长率也为5.1%，而且喀麦隆和刚果（布）也曾达到4%以上；与其他非洲国家相比，"第三任期"国家经济增长率达到5%以上的比例为54%，超过非"第三任期"国家（45%）。②尤其需要指出的是，卢旺达在保罗·卡加梅的领导下大力奉行民族和解政策，不仅在最近10多年实现了5%—10%的经济增长率，更成为非洲最为廉洁的国家之一。③

经济发展不仅有助于改善民生和提高人民的生活水平，更重要的是，它有助于提高政府的合法性和增加政府可资利用的资源、有助于社会的稳定和民族与宗教矛盾的解决、有助于中产阶级的发展和市民社会的培育乃至成熟。而这些因素相结合，无疑有助于国家建构和塑造民主巩固和民主政治发展所需的基础条件。这也符合马克思主义关于经济基础决定上层建筑的观点，且契合了一些学者关于经济发展与民主存续紧密相关的论点，即随着经济发展水平的提高，民主得以存续与巩固的可能性会随之增大，而民主政体在经济衰退期间比在经济增长期间更有可能衰退回专制政体。④亚当·普沃斯基（Adam Przeworski）等人在1996年发

---

① Catherine S. Namakula, "The Efficacy of Presidential Term Limits in Africa", *Discussion Paper*, Mandela Institute for Development Studies Youth Dialogue, Dar es Salaam, Tanzania, August 3 - 4, 2016, pp. 17 - 19.

② 参见安春英《2015年非洲国家主要经济指标》，载张宏明《非洲发展报告（2015—2016）》，社会科学文献出版社2016年版，第369—371页；安春英《2016年非洲国家主要经济指标》，载张宏明《非洲发展报告（2016—2017）》，社会科学文献出版社2017年版，第364—365页。

③ 关于卢旺达民族和解政策，可参见舒展《卢旺达民族和解探究与思考》，载《西亚非洲》2015年第4期，第114—132页。

④ See David Beetham, op. cit., pp. 164 - 167; E. Gyimah - Boadi, op. cit., p. 106; Milan Svolik, "Authoritarian Reversals and Democratic Consolidation", *American Political Science Review*, Vol. 102, No. 2, 2008, pp. 161 - 162.

表于《民主杂志》上的文章甚至直接将人均国民生产总值与民主政体的存续时间相挂钩,指出人均收入低于1000美元的民主政体平均约存续8.5年,1000—2000美元为16年,2000—4000美元为33年,4000—6000美元为100年,超过6000美元则几乎可永远存在下去。[1]

尽管民主的实际发展并非完全支持这种关联性,但经济的发展及由此而带来的一系列积极因素,无疑还是为建立并巩固民主制度提供了重要的基础。就此而言,如果"第三任期"国家能够在未来较长的一段时期内维持国内的稳定与保持较高的经济增速,那么它们不仅会在很大程度上解决当前困扰非洲大多数国家的贫困与发展问题,更会因经济发展而使中产阶级和非政府组织等逐步壮大,因政府合法性与可利用资源的增加而增强其治理能力,尤其是治理当前困扰许多非洲国家的民族与宗教矛盾的能力,从而为它们巩固民主和建立符合它们自身国情的民主政治制度奠定坚实的基础。

综合以上因素,"第三任期"现象所凸显的是非洲民主化进程的复杂性与长期性。尽管"第三任期"现象可能致使权力向总统、执政党和行政机构集中,但已经很难再会形成绝对专制或个人独裁。在非洲各国日益谋求自主性发展的大背景下,我们或许可将"第三任期"现象视为相关国家基于本国历史文化和社会政治条件对西式民主或西式民主化进程所主动做出的反应,而这种反应所凸显的则是这些国家为探索符合本国国情的民主巩固方式和民主发展道路而做出的尝试。

四 余论

通过以上分析,笔者认为在如何看待非洲的"第三任期"现象这一问题上,应采取辩证的态度。"第三任期"现象虽然凸显了非洲民主化进程的复杂性与长期性,但我们也要看到这是一个历史的产物,与非洲目前仍处于政治、经济与社会转型期,民族国家建构尚未完成,国家能力严重不足等有着密切的关系。

---

[1] Adam Przeworski, et al., "What Makes Democracy Endure?", *Journal of Democracy*, Vol. 7, No. 1, 1996, p. 41.

首先，我们应结合非洲国家的历史、政治文化、社会经济发展水平等国情，以及外部国际环境等来审视非洲的民主化进程，并在此过程中充分尊重非洲国家对于本国政治与经济发展道路的选择与主导。西方国家的民主制度是在多元主义、代议制、个人主义等因素的基础之上发展与演进而来的，具有一定历史特殊性。而在非洲，自殖民时代以来，各国的历史发展进程不仅被西方国家所割裂，更是被强行嵌入了一系列政治、经济思想与制度设计，这其中就包括政治民主化进程。人为割裂的历史和外部强行嵌入的制度给非洲国家带来了深重的灾难，并一直对它们当前的发展产生着消极的影响。近年来，非洲国家随着经济的快速发展和国际合作选择性的增多而日渐强调对本国事务的主导权，"第三任期"现象其实也在一定程度上反映了这一趋势。就此而言，如果非洲国家领导人在谋求"第三任期"时取得了民众的支持并有利于促进所在国的政治稳定与经济发展，我们就不应该如一些西方国家和西方媒体那样对其横加指责。

其次，在当前许多非洲国家仍然面临贫困、发展与社会不稳定等问题的情况下，判断一国政府的好坏，不能仅仅以是否民主或民主质量高低作为唯一的衡量标准（更不用说这种"民主"或者"民主质量"完全是西方概念）。早有学者在2009年探讨国际社会对非援助的时候，就提出意识形态先行还是民主改善优先的问题，并指出对非援助不能仅着眼于推进民主，而要更加关注改善民生。[①] 笔者认为，这一标准在当前也适用于判断非洲绝大多数国家政府的好坏。对于那些民生凋敝和民众普遍贫困的国家而言，如果其政府能够有足够的能力促进经济发展和改善民生，那么它就是一个好的政府，就能够从民众那里获得合法性。就此而言，从民生而非民主的角度考虑，我们也许会对"第三任期"国家持有完全不同的态度。

再次，要从长的历史时段来看待非洲国家的民主化进程。纵观西方民主国家的政治发展史，我们可以看到这些国家的选举政治均以现代国家为根基，也就是说，西方国家在实行选举政治之前就已经完成了国家

[①] 胡美、刘鸿武：《意识形态先行还是民主改善优先？——冷战后西方"民主援非"与中国"民生援非"政治之比较》，《世界经济与政治》2009年第10期，第17—24页。

建构的任务。以此为基础，它们又经过二三百年的发展，通过渐进地推进民主化进程，才最终实现民主巩固。同样，在"第三波"民主化进程中，非洲国家民主政治的建立与巩固也绝非一日之功，尤其是在这一过程中，它们还要同时推进国家构建进程。需要指出的是，经过近30年的民主化进程，非洲大陆在民主发展方面相较于民主化之前已经取得了较为丰硕的成果：其一，就出现"第三任期"的国家而言，仍然存在一系列有利于民主政治发展的因素；其二，就整个非洲大陆而言，总统换届已做到以选举为主，遵守任期限制下台的总统在不断增多，军事政变发生的频率和可能性在逐步降低；① 其三，民主理念在非洲已经深入人心，根据"非洲晴雨表"对36个非洲国家的调查，平均有高达67%的民众将民主政体作为第一选择；其四，非洲的"多党选举"制度正在逐步成熟，经过两轮以上的选举之后，大多数国家的选举已可平稳进行，即便出现选举纷争，也多能找到和平的解决方式，2016年的加蓬和冈比亚就是很好的例子。

最后，我们还应透过非洲的"第三任期"现象以及其所凸显的非洲民主政治发展问题来认识民主的模式问题。世界上并没有单一的民主模式，正如习近平总书记在中国共产党第十九次全国代表大会上的报告中所指出的那样，"世界上没有完全相同的政治制度模式，政治制度不能脱离特定社会政治条件和历史文化传统来抽象评判，不能定于一尊，不能生搬硬套外国政治制度模式"，协商民主是"我国社会主义民主政治的特有形式和独特优势"。② 就此而言，非洲国家也有权利和有能力基于本国的历史、文化和社会经济条件，结合传统与现代，探索出一条具有非洲特色的民主发展之路。

（本文原刊发于《西亚非洲》2018年第2期）

---

① 参见黎文涛《非洲安全形势评析和中非安全合作》，载张宏明《非洲发展报告（2016—2017）》，社会科学文献出版社2017年版，第185页。

② 习近平：《决胜全面建成小康社会夺取新时代中国特色社会主义伟大胜利——在中国共产党第十九次全国代表大会上的报告》（2017年10月18日），人民出版社2017年版，第36页。

非洲政治安全形势的新发展与新挑战

黎文涛　王　磊[*]

摘　要： 近年来，非洲政治与安全形势总体呈现向好、向稳的发展趋势，之前困扰非洲稳定与发展的痼疾有所缓解。非洲政治安全形势持续改善：选举政治趋于理性，多个非洲国家权力平稳过渡；安全形势总体改善，部分"热点"问题降温；非洲国家之间的地缘冲突有所减缓，以埃厄关系转圜为突出体现。同时，非洲抱团前进的理念与能力提升，经济一体化进程加快，自主维和维稳能力增强，非盟改革稳步推进。但非洲发展水平低和发展不平衡的问题依然突出，在国家经济社会转型中，部分国家领导体制僵化，执政党治理能力不足，内部矛盾不断积压。此外，域外大国的地缘政治博弈蔓延至非洲，对非洲政治安全稳定构成新挑战。

关键词： 政治安全　一体化进程　自主发展　新挑战

近年来，非洲政治与安全形势总体呈现向好、向稳的发展趋势，之前困扰非洲稳定和发展的痼疾有所缓解，从2017年至今这一趋势更加明显，所有选举均基本平稳过渡，部族冲突大幅减少，长期存在的地缘矛盾出现转圜。但随着非洲自身经济社会发展以及外部国际形势的变化，一些新问题、新挑战涌现，或成为非洲稳定的关键变量。为应对新挑战，

---

[*] 黎文涛，中国现代国际关系研究院非洲所副所长，副研究员；王磊，中国现代国际关系研究院世界政治所助理研究员。

突破发展瓶颈，非洲国家自主发展和抱团发展的政治理念更加凸显，这有助于非洲各国经济转型和改善国家治理能力。

一 非洲政治安全形势持续改善

（一）选举政治趋于理性，多个非洲国家权力平稳过渡

在非洲国家普遍实行多党民选制度的背景下，选举政治的成熟度是衡量非洲政治生态的核心指标之一。近年来，非洲选举政治出现了积极变化，选举政治所引发的部族冲突和社会动荡大幅下降。从2014年至今，仅从总统或议会选举来看，2014年非洲10场大选全部平稳过渡；2015年12场选举，只有布隆迪大选在欧美施压下出现骚乱；2016年16场大选，只有加蓬选举出现零星骚乱，冈比亚选举危机最终和平解决；2017年5场大选，肯尼亚大选结果几经反复，但社会秩序总体稳定。2018年至2019年4月，非洲10场选举，全部平稳渡过，其中刚果（金）选举牵动国际社会紧张神经，该国所在大湖区是非洲民族矛盾最复杂和地缘博弈最激烈的地区，历次动荡冲突都对非洲形成"牵一发而动全身"之影响，但在2019年1月的选举中，执政党与齐塞凯迪的反对派充分发挥"政治智慧"，齐塞凯迪当选总统，小卡比拉一派则在议会占据主导，这种权力分配保证了刚果（金）的总体稳定，至此，刚果（金）实现了历史上第一次国家权力的和平更迭。同时，尼日利亚作为非洲部族政治和逢选易乱的典型国家，2019年2月的总统选举也平稳过渡。2019年1月加蓬发生未遂政变，但政变受到国际社会一致谴责。

综上所述，非洲的选举政治正趋于理性，归其原因，从冷战结束后至今，非洲多数国家经历了4次到6次选举，多次的制度实践深刻影响了非洲政治生态和社会认知，非洲政客、精英、民众对选举政治的接受程度变得更为理性，而非盟、地区组织及国际社会对非洲选举政治规则已"建章立制"，同时，非洲社会在经历多次选举冲突后，也对暴力产生了集体排斥心理，人心思稳成主流。总体上看，在外来制度与本土政治的交融过程中，虽有水土不服，但非洲国家正着力减少和抑制两种政治文化融合中的冲突消极面，提升两者的互补性，寻求非洲政治良性发展路径。

（二）非洲安全形势总体有所改善，部分"热点"问题降温

首先，非洲的暴恐形势有所改观。根据美国国防部下属的"非洲战略研究中心"报告，从 2015 年后，非洲恐袭致死人数持续下降，2018 年恐袭致死人数为 9347，比 2017 年同比下降 12%，比 2015 年的峰值 18728 人下降了 50%。[①] 索马里"青年党"和尼日利亚"博科圣地"两大非洲恐怖组织活动能力下降是非洲暴恐形势改善的主要原因，尤其是尼日利亚的"博科圣地"曾是全球致死人数最多的非洲恐怖组织，曾借助尼日利亚北方穆斯林对中央政府的不满情绪"做大做强"，但 2015 年后，北方穆斯林布哈里成为尼日利亚总统后，得到了北方部族势力普遍支持，布哈里"铁腕反恐"进展顺利，"博科圣地"活动空间受到严重挤压。

其次，南苏丹和平进程出现积极发展态势。从 2013 年起，总统基尔和副总统马沙尔间的权斗使南苏丹陷入内战状态，2018 年 9 月，总统基尔与包括马沙尔在内的各反对派代表在埃塞俄比亚签署和平协议，根据协议，基尔和马沙尔分别出任总统和第一副总统，并组建过渡政府。联合国秘书长南苏丹事务特别代表希勒在 2019 年 3 月表示，之前南苏丹交战双方的协议都成"一纸空文"，但这次明显有所不同，双方和解意图明显，并且情况出现多个"积极变化"，包括在全国举行 70 多场和解对话会，政治冲突引发的暴力事件明显减少、不少难民开始返乡等。[②]

最后，索马里和平进程向前推进。近年来，在索马里政府、非盟和国际社会的共同努力下，索马里国家重建不断向前推进。2017 年，索马里成功举行了联邦政府成立后的首次总统换届选举，在国际社会的支持下，索马里军事与安全部队的建设得以加速。"青年党"作为索马里国家重建最大的安全威胁也受到多方围剿，其中美国以空袭对"青年党"据点进行全方位压制。据《纽约时报》披露，2018 年美国就发起了 47 次未公开的空袭，仅 2019 年 1 月和 2 月，美军就发起了 24 次空袭，多名"青

[①] "Progress and Setbacks in the Fight against African Militant Islamist Groups in 2018", Africa Center for Strategic Studies, January 25, 2019, https://africacenter.org/spotlight/progress – and – setbacks – in – the – fight – against – african – militant – islamist – groups – in – 2018.

[②] 《秘书长特别代表：南苏丹和平协议是实现和平唯一道路》，联合国网站，https://news.un.org/zh/story/2019/03/1029961。

年党"骨干被清除。尽管如此,"青年党"只是进入潜伏期,势力"由聚到散",并伺机搞报复性袭击,索马里的政治进程和安全形势仍有可能出现反复。此外,马里和中非共和国虽然安全局势依然脆弱,但一些好的迹象值得国际社会期待。2018 年 8 月,马里总统选举顺利完成,马里新政府与国际社会及联合国维和部队的合作意愿明显加强,这将有利于马里"和平契约"的达成。2019 年 2 月,在非盟斡旋下,中非共和国政府和该国 14 个武装组织签署和平协议,虽然围绕权力分配、武装组织人员赦免等问题仍存争议,但该协议为中非共和国和平进程注入了信心。

(三)埃塞俄比亚与厄立特里亚关系转圜是地区稳定的重大利好

2018 年非洲地区最大的地缘政治事件就是埃塞俄比亚与厄立特里亚关系转圜。1998—2000 年战争后,埃塞俄比亚与厄立特里亚的对峙成为非洲地缘政治矛盾的"死结",双方近十多年来数次爆发冲突,并且在地区各自扶持"代理人",导致非洲之角成为非洲地缘政治最复杂的地区之一。2018 年 4 月,埃塞俄比亚新总理阿比上台后,在内政和外交上大刀阔斧改革。作为政坛新秀,阿比在埃厄问题上没有历史包袱,为两国和解打开机遇之窗。2018 年 6 月,埃塞俄比亚宣布"将全面接受和执行结束与厄立特里亚战争的和平协议",这是 2000 年战争结束后埃塞俄比亚立场的根本转变,埃厄关系中的"死结"因此得以解开。7 月,埃塞俄比亚总理阿比与厄立特里亚总统伊萨亚斯实现互访,双方对外宣布两国结束敌对状态,并签署和平友好联合声明。两国迅即在对方首都重开使馆、恢复外交关系,并陆续恢复两国通航、通话,签署港口使用协议,开启了合作和伙伴关系的新篇章。埃塞俄比亚与厄立特里亚关系全面回暖向好,非洲之角地缘格局发生重大改变,不仅两国都可以享受和平红利,而且对地区和平与安全产生重大的正面影响。厄立特里亚已明确表态停止资助埃塞俄比亚反对派,埃塞俄比亚的安全压力减轻,2018 年 11 月联合国安理会也解除了对厄立特里亚的制裁,使该国发展重归正轨。埃塞俄比亚与厄立特里亚关系转好不仅深刻改变了两国发展走势,也极大地影响了非洲之角既有地缘格局,在埃厄和好带动下,2018 年,厄立特里亚与吉布提、厄立特里亚与索马里之间也分别宣布将实现双方关系正常化。

二 抱团前进的理念与能力提升

长期以来，非洲国家在发展与安全问题上过多地依赖外部世界，在涉及非洲的重要议题和热点问题上，非洲自身的"自主权"和"领导权"难以显现。非洲国家为改变这种现状，在政治实践中有意借鉴欧洲一体化的经验，想以"非洲联合"来强化内部团结，整合资源，用一个声音说话，以争取主动，强化自身在国际社会中的地位。但非洲的历史进程与经济发展程度和欧洲大相径庭，其一体化的进程更为艰辛困难。然而近年来，非洲内部政治生态和国际环境出现变化。一方面，西方国家政策内倾，对非援助全方面削减，美国在特朗普领导下奉行"美国优先"，英、法等欧洲大国自身内部政治危机重重，难以顾及非洲，在西方撤出后留下的治理赤字和安全空白，倒逼着非洲国家必须做出实质性改变。另一方面，在非洲内部有不少国家在寻求治理模式的变革，尤其是想探索出一条符合自身实际情况的发展路径，出现了以"内生性发展"为代表的政治思潮，强调从非洲内部挖掘潜力，通过抱团发展和自主发展以争取主动权，且这一趋势在近年来明显加速。

（一）非洲国家在一体化问题上提升政治决心和共识，非盟改革力度空前

长期以来，由于非洲地区发展不平衡，各国利益协调难度大，非洲的联合自强与抱团发展更多停留在语言和文件中，非洲一体化进程总是不及预期。近年来，在欧美对非减少外交投入的背景下，非洲国家的危机意识上升。2017年，非盟委员会领导层换届，各方对新领导层有了更多期待，希望非盟能通过变革发挥效用。2018年，卡加梅成为非盟轮值国主席。卡加梅是非洲领导人中励精图治、锐意改革的代表人物，其治下的卢旺达用20多年就从废墟成为非洲发展的"样板"，其个人威望和执政成效，得到其他非洲国家和国际社会的普遍认可。在卡加梅的带领下，非盟改革力度空前，并且真抓实干，仅2018年就在卢旺达首都基加利举办了至少10场涉及非盟改革的会议。

本轮非盟改革主要从提升决策效率和实现资金自主入手，将非盟委

员会高级别职位进行精简,并成立非洲发展署,其职能是推动一体化进程、加快实现非盟《2063年议程》、协调并实施非洲大陆及区域性重大项目等。资金筹措问题一直是非盟的"老大难"问题,在2016年7月的非盟基加利峰会上,曾通过了资金筹措的"路线图",即从2017年起对非盟成员国进口商品征收0.2%的特别税,用于非盟日常开支与维和,但实施一年来,仅有一半非洲国家达标,为此,非盟决定设立制裁机制以对不按规定缴纳会费的成员国予以处罚。2019年,非盟轮值主席国由卢旺达移交给埃及,外界曾普遍担心非盟改革进程可能减缓甚至停滞,因为在2011年"阿拉伯之春"后,埃及的外交重心转向中东地区,而且在2013年埃及"二次革命"后,塞西成立的临时军政权曾被非盟制裁。有鉴于此,外界认为埃及与非盟的"芥蒂"可能会拖累非盟改革进程。但从2018年底起,埃及总统塞西在多个场合都表示会继续推动改革进程,落实既有的改革举措。在当非盟轮值主席前,他还主动与埃塞俄比亚、苏丹磋商解决复兴大坝事宜,以显示出非洲内部团结的姿态,此外塞西还承诺为推动非洲内贸发展,埃及在非洲投资将达到100亿美元。

(二) 一体化建设的相关重大举措正在逐步落地

非洲大陆自由贸易区建设和非洲单一航空市场建设是当前非洲一体化进程最受关注的两大项目。非洲大陆自贸区谈判在2015年启动,2018年3月,44个非洲国家在卢旺达首都基加利签署非洲大陆自由贸易区协议,此后,南非、塞拉利昂、纳米比亚、莱索托、布隆迪等国又陆续签署该协议,使其覆盖范围扩大到绝大多数非洲国家。非洲大陆自由贸易协定旨在实现非洲内部自由贸易和人员自由流动,被认为是自世界贸易组织成立以来签署的最大单项协议,将形成覆盖12亿人口、国内生产总值达到2.5万亿美元的市场,联合国认为该协议可以让非洲的域内贸易提升33%。非洲大陆自由贸易区协定的生效需要22个缔约国,截至2019年3月已有19个缔约国,非盟贸易与工业委员会认为到2019年7月该协定有望生效。非洲开发银行副行长兼首席经济学家塞勒斯汀·孟加认为,非洲自贸区建设对于非洲这种以小而分散的经济体为主的地区而言尤为重要,商品、基础设施服务和关键生产要素的市场一体化可以推动非洲产业整合，让非洲更好参与全球市场竞争。①

非洲单一航空运输市场则是非盟《2063 年议程》的旗舰项目，其目的是消除非洲国与国之间的航空准入限制，实现民航标准化和自由化，在单一航空运输市场中，非洲航空公司可以在任意两座非洲城市开通航线，而不必经过该航空公司本国的枢纽中转。非洲的"开放天空"计划很早就曾提出，但囿于地区保护主义和航空基础设施滞后，一直难以推动。近年来，非洲航空业因为条块分割、各自封闭，导致行业危机，目前，非洲内部的航线互通率仅为43%，而欧洲为67%，东盟为79%，北美为78%。非洲航空公司2017年亏损1亿美元，2018年亏损4亿美元。预计未来20年，非洲航空交通量将以每年15%的速度增长，如不放开管制，非洲航空业将错失历史性机遇。② 2018年，非盟以及埃塞俄比亚、南非、卢旺达等多国大力推动非洲航空的互联互通建设，截至2019年1月，有28个非洲国家加入该市场，覆盖7亿人口。非盟计划到2019年底有40个非洲国家加入这一市场，到2021年，争取所有非洲国家加入。根据国际航空运输协会预测，如果12个非洲主要国家完全开放航空市场，将会给地区带来15.5万人的就业岗位和13亿美元的产值，域内机票价格也将降低35%。近年来，卢旺达放开空域后，旅游收入翻了一番。

（三）在和平与安全领域，非洲努力提升自主维稳的能力建设

这主要表现在资金筹措、资源整合和自主维和三个方面。

一是资金筹措。资金问题一直是非洲自主维稳的瓶颈，在资金上对西方过度依赖，导致非洲在涉及和平与安全领域的热点问题上只能受制于人，安全上"以非洲方式解决非洲问题"只能是句空话。近年来，欧美国家对非安全资金供给开始减少，欧盟减少对索马里非盟维和部队20%的军队薪金援助，西方对萨赫勒五国反恐部队资金承诺迟迟难以兑现，这让非洲国家的危机感上升。在非洲多国的推动下，2018年，非盟

---

① "Reaping the Benefits of African Economic Integration" Jan. 29, 2019, CÉLESTIN MONGA, https://www.project-syndicate.org/commentary/promise-of-african-economic-integration-by-c-lestin-monga-2019-01.

② "Africa: Open Skies Would Lead to Growth of Africa's Airlines", https://allafrica.com/stories/201903060003.html.

和平基金成立，力争到 2021 年从成员国筹集到 4 亿美元，以摆脱非洲维和与安全事务过度依赖外部力量的局面，到 2019 年 3 月，该基金筹措到近 1 亿美元。

二是资源整合。非洲集体安全力量机制重叠、资源浪费现象一直存在。2003 年推出的非洲"待命部队"迟迟未能搭建完成，2013 年马里危机爆发，非盟及西非国家经济共同体在集体安全上的军事快反"短板"暴露，只能求助法国平乱，随后非盟又推出非洲"快速反应部队"。"待命部队"和"快速反应部队"在功能定位上虽然有所差异，一个是用于日常维和，一个是计划作为应急性的军事干预，但二者都是属于非洲集体安全的范畴，在经费和管理上造成了重叠和交叉，甚至各国在"哪个部队更应该优先建设"的问题意见不一，导致资源浪费，最终结果是两支部队都未能顺利建设完成。2019 年 1 月，非盟决定把两支部队合二为一，统一资金配给和管理机构，根据不同的军事任务，进行有针对性的派遣与部署。

三是自主维和。目前，萨赫勒地区是非洲地区维稳的重中之重，相比索马里和尼日利亚东北地区的维稳工作，萨赫勒地区覆盖国家多，且基本都是穷国、小国和弱国，处在非洲内陆腹地，地广人稀，军事行动与后勤保障难度大。这些年来，萨赫勒地区的安全局势持续动荡，为非洲暴恐形势最严峻的地区。据统计，在 2012 年前，该地区仅有一个伊斯兰极端组织，但到 2018 年，有 10 个极端组织活跃于该地区。从 2016 年至 2018 年，萨赫勒地区的暴恐事件每年翻倍增长，从 2016 年的 90 起增至 2017 年的 194 起，再增至 2018 年的 465 起。在这一严峻形势下，马里、毛里塔尼亚、布基纳法索、尼日尔和乍得在 2017 年决定成立 5000 人的联合反恐部队，面对资金不足和基建落后的现实困难，五国并未"等、靠、要"，而是积极行动，在自身财政紧张情况下，先期共同拿出 5000 万美元，并推出信托基金以筹募资金。在国别层面，五国政府也出台配套方案，如布基纳法索制定了北萨赫勒地区 2017—2020 年的紧急发展项目，马里政府出台"中部地区综合安全方案"。截至 2018 年底，五国已开展了 6 次联合行动，并部署了 80% 的承诺兵力，初步具备了行动能力。

三 非洲政治与安全面临的新挑战

非洲政治与安全形势总体上朝着积极的方向发展，一些长期困扰非洲的政治难题有所缓解。但非洲发展水平低和发展不平衡的问题依然突出，在国家经济社会转型中，一些新问题不断涌现。与此同时，部分国家领导体制僵化、执政党治理能力不足，内部矛盾不断积压。此外，域外大国的地缘政治博弈已开始蔓延至非洲，这都对非洲政治安全稳定构成新挑战。

（一）多个非洲国家领导体制僵化，政权颠覆性风险加大

随着非洲民主化转型的持续推进，非洲的政治意识形态和社会思潮在发生转变。目前，不少非洲国家领导人长期执政，"老人政治"现象突出，社会民众出现厌倦心态，其中阿尔及利亚、赤道几内亚、苏丹、喀麦隆、乍得、布隆迪、刚果（布）、乌干达、厄立特里亚等国都十分突出。这些国家领导人多是"枪杆子里出政权"，有的形式上是文官政府，但本质仍是"军政权"；有的长期执政后利益固化、改革创新停滞、忽视国家治理、各种矛盾沉积。2019年，阿尔及利亚和苏丹局势持续动荡。阿尔及利亚总统布特弗利卡1999年执政，作为结束阿血腥内战的英雄，他在国内本拥有极高威望，但在20年执政中，阿政府只吃"石油饭"，改革迟滞，加上2011年"阿拉伯之春"冲击，国内民怨已起，近年来又经济低迷，布特弗利卡虽是强人，但中风6年，此次仍执意参选总统，点燃了国内矛盾，最终布特弗利卡迫于群众示威浪潮压力，宣布不再竞选连任，并在4月2日宣布辞职。同样，从2018年末起，苏丹政局持续动荡，总统巴希尔虽掌控强力部门，但政治经济改革停滞，在石油经济无法支撑财政后，苏丹通胀率高涨，多个城市爆发群众示威，其导火索竟是一块面包从1苏丹镑涨至3苏丹镑。随后，抗议示威从经济诉求转换成政治诉求，苏丹在2019年2月宣布全国进入紧急状态。此外，部分非洲国家的反政府武装和分离势力也利用国内社会对执政当局的不满，开始跃跃欲试。从2017年起，喀麦隆的英语区群众抗议不断，愈演愈烈，执政37年的总统比亚在2018年再次当选总

统，但随后英语区分离运动却愈演愈烈，冲突频频。2019年2月，乍得总统代比在法国空军帮助下才击退叛军进攻。目前看，这些国家领导人在"文治武功"的盛名之下，正常的权力交接难以实现，且多数人没有培养成熟的"接班人"，这加大了政权颠覆性风险，也可能成为非洲政治安全稳定最大的隐忧。

（二）非洲经济社会面临"三期叠加"风险，政府治理短板凸显

当前，很多非洲国家经历了十多年的经济增长，但在快速发展过程中，城镇化、工业化、现代化及社会结构优化等多重任务短期内交叉重叠，发展中的社会公平问题集中凸显，官民矛盾、贫富矛盾、劳资矛盾等多种矛盾积聚并发。从目前来看，非洲国家正进入一个"经济发展的转型期"，同时伴随着"社会矛盾的爆发期"，以及"民粹主义的滋长期"。这"三期叠加"对非洲国家形成一个前所未有的"新挑战"，因此相对于冲突斡旋、维和平乱等安全治理来说，社会治理是一项更加复杂和系统的工程，非洲的治理能力短板更加凸显。

一是经济发展与城市化及人口增长未能协调发展，引发社会动荡。当前，非洲是人口增长和城市化最快的地区，联合国预计到2050年，全球一半的人口增长将来自非洲，26个非洲国家的人口将翻倍，而从2015年至2045年，非洲城市人口每年将增加2400万，增速远超其他地区，相比之下印度和中国则分别增加1100万和900万人。然而，非洲人口增长与城市化速度、经济发展水平不相匹配，多数非洲国家与城市化相伴随的却是"逆工业化"，缺少产业发展支撑的城镇化无法吸引劳动力，青年就业难以解决，"城市贫困"现象日益凸显，例如内罗毕70%的人口居住在仅占城市面积5%的贫民窟中。非洲15岁到24岁的年轻人口占到人口比例的20%，失业率则高达60%，青年群体在被日益边缘化后，成为社会反叛与极端政治的主力军，在此轮阿尔及利亚和苏丹的局势动荡中，大规模抗议示威的主力皆是城市贫民和青年人。

城市贫民窟人口占比最高的十个非洲国家

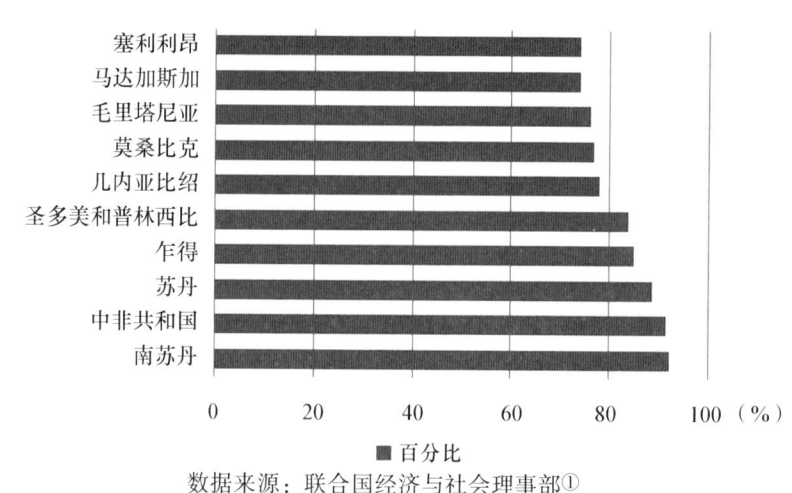

国家	百分比
塞利利昂	~75
马达加斯加	~75
毛里塔尼亚	~78
莫桑比克	~80
几内亚比绍	~80
圣多美和普林西比	~85
乍得	~85
苏丹	~88
中非共和国	~92
南苏丹	~93

数据来源：联合国经济与社会理事部①

二是在非洲经济社会转型期，政府的社会治理短板凸显。经过十多年的经济增长，非洲一大批国家人均 GDP 进入 1000—3000 美元的区间，而快速的经济增长引发剧烈的社会变迁，利益格局分化、贫富差距扩大、社会秩序混乱等问题涌现。对当前很多非洲国家来说，经济快速增长后的社会治理问题是一个前所未有的"新课题"。对冲突斡旋、维和平乱等安全治理来说，社会治理是一项更加复杂和系统的工程，非洲政府很多时候面对大规模群体性事件束手无策，甚至越处理越乱。被誉为非洲"稳定之弧"的埃塞俄比亚因拆迁征地等问题而点燃了族群矛盾，2015年至2017年屡次爆发大规模抗议，两次宣布进入"全国紧急状态"，政局出现重大变化。此外，在非洲国家经济社会转型过程中，国际上民粹主义思潮甚嚣尘上，也使非洲政治与经济民粹主义有蔓延之势，例如南非近年来屡次发生排外骚乱，出现"罢工、罢市、罢课"的运动高潮，南非民粹政党"自由经济斗士"全国支持率不断上升，同时乌干达、加纳、赞比亚、肯尼亚等国经济民粹现象有抬头趋势，针对外国资本和商品的抵制和抗议活动日渐增多。当前，许多非洲国家的政权建设并未成熟，

---

① 转引自 Stephen Commins, *From Urban Fragility to Urban Stability*, p. 1。

社会认同和国家认同度不高，这种民粹主义趋势势必妨碍非洲国家正常的政治发展进程，冲击社会稳定。

（三）域外大国地缘政治博弈给非洲稳定带来冲击

在冷战结束后的相当长一段时期内，大国在非洲的地缘政治博弈和对抗有所缓和。俄罗斯在非洲没有继承苏联的"遗产"，在非洲战略投入全方位减少；美国对非洲的主要关注点在于推行"美式民主"和反恐，从地区战略重要性看，非洲历来不是美国外交战略的优先考虑对象；中国虽然在非洲战略影响力不断上升，但同美国在非洲基本维持了一个良性的竞争与合作态势，在抗击埃博拉、亚丁湾护航以及苏丹问题上的合作也成为中美国际合作的范例。但近年来，国际形势发生重大变化，大国间的竞争和对抗升级，中东地缘政治白热化对非洲地区稳定产生了直接冲击。

一是中东地缘政治对抗向非洲之角全面蔓延。从2015年也门战争到2016年沙特与伊朗决裂，再到2017年卡塔尔被海湾国家集体"拉黑"，中东地缘政治博弈趋于白热化，并大体上形成了土耳其、卡塔尔、伊朗"三角同盟"与"阿拉伯四国"——沙特阿拉伯、阿联酋、巴林、埃及对峙的局面。在此背景下，毗邻阿拉伯半岛最近的非洲之角成为中东各方势力的主要角逐场，在短时间内，中东国家争相在该地区部署军事基地与设施，同时还在大力扶持"代理人"，要求非洲之角国家选边站队。吉布提一直不愿卷入也门内战，加上阿联酋和吉布提港口协议纠纷，沙特与阿联酋转而支持吉布提的地区对手厄立特里亚，支持厄立特里亚港口建设以打压吉布提港，还在厄立特里亚部署军事力量；索马里中央政府与土耳其合作紧密，土耳其2017年9月在索马里的军事基地正式启用，阿联酋为此切断对索马里人道主义援助，并转而支持索马里境内具有分离主义倾向的邦特兰和索马里兰，在2017年和2018年相继和两个自治政府签订港口合作协议，并进行军事力量预置。可以说，中东国家在非洲之角的较量带有浓厚的"零和博弈"色彩，非洲之角国家相互之间本就历史积怨多，埃塞俄比亚与厄立特里亚关系转圜虽是地区利好，但中东国家的强势介入恐加剧地区局势紧张。

二是俄罗斯想借非洲为"抓手"与西方周旋。苏联解体后，俄罗斯曾一度"退出非洲",在非洲政治和经济影响力严重衰退。但从 2017 年起,俄罗斯加快了"重返非洲"步伐,与非洲国家间外交互动频繁,不仅邀请多位非洲领导人访问莫斯科,俄罗斯外长拉夫罗夫还在 2018 年两次访非。同时,俄罗斯凭借其在军事与安全合作上的传统优势,深度介入中非共和国,向该国运送大批武器,建立军事训练营,帮助该国成立新的总统卫队。据媒体披露,2018 年 8 月,拉夫罗夫密会厄立特里亚领导人,考虑借用该国港口部署军事设施。俄罗斯加大在非洲的战略投入,不仅是出于其不甘人后的"焦虑感",更主要是有针对欧美的地缘博弈,俄罗斯在面对美国制裁、欧洲大国孤立的情况下,想跳到"外线",借助非洲来策应其在中东欧及中东地区与西方的战略较量。俄罗斯与西方的较量向来都带有强烈的地缘博弈色彩,以军事和安全合作先行,这给实力孱弱的非洲国家的安全稳定增添了变数。

三是美国把非洲视为中美战略博弈的新战场。在小布什政府和奥巴马政府时期,美国和中国在非洲保持了相对良性的竞合态势,双方互有竞争,但非洲也是中美两国国际合作最多的地区,从亚丁湾反海盗到共同抗击埃博拉,都是大国共同参与全球安全治理的典范。特朗普主政后,虽未加大对非洲的战略重视,但却明确把中国作为在非洲的直接战略对手,意图把中美战略博弈引向非洲。在 2018 年 12 月美国家安全事务助理博尔顿公布的美国对非新战略中,对非务实或具体合作内容基本没有,但却重点指明要"对抗中国在非洲的影响力"。同时,特朗普麾下其他高官更是屡屡在非洲问题上责难中国,其力度和频次都前所未有。美国副总统彭斯 2018 年 10 月称"中国对非贷款不透明,利益全部流向北京";美国务卿蓬佩奥污蔑中国对非贷款是"掠夺性"的,会让非洲经济陷入困境;美负责非洲事务的助理国务卿纳吉 2018 年就职不久就抨击中国大型项目不能给非洲带来就业,而美国投资则能提供大量就业机会。在经济层面,美国在 2018 年 10 月推出的《更好利用发展投资法案》对美国现有的政府投资与援助机构进行重组,新成立的美国国际发展金融公司的机构预算高达 600 亿美元,该机构功能和定位基本是仿效中国的政策性金融机构,分析认为美国想借鉴中国在非洲经济上的成功经验,以对抗中国在非洲的影响和"一带一路"建设。此外,国际货币基金组织认为,在当前中美贸易摩擦背景下,非洲会成为一个"无辜的旁观者"(innocent bystander），并预测中美贸易争端如果持续，从 2020 年到 2021 年会拖累非洲 GDP 下降 1.5%。① 目前看，特朗普的对非战略充满了"排他性"和"对抗性"，在对非合作中设置了一系列前提条件，想让非洲在中美间"选边站队"。目前，中、美两国是对非洲影响最大的域外大国，中美在非洲战略博弈如果出现冷战时期的美苏争霸局面，非洲将是最大的受害者。与此同时，在特朗普"美国优先"的外交战略下，涉及非洲发展和安全等诸多的全球治理难题会更加凸显。

总之，非洲政治安全形势总体延续了趋稳向好的态势，非洲国家的内生性治理因素作用渐强，联合自强的趋势和效果也进一步显现，但在非洲民主政治依然不成熟、大国博弈加剧、中东地区竞逐外溢等内外不利条件的影响下，非洲的政治安全还面临复杂深刻的挑战。内因是根据，外因是条件，非洲国家政治的内部普遍趋稳趋治，自主维护安全、提高治理的能力增强，观念改进，虽有外部各种风险挑战溢出干扰，但不至于逆转非洲政治安全总体改善的大趋势。同时，非洲政治安全形势的动态变化与中国外交、海外利益保护密切相关，中国应该继续助推非洲国家加强维和、维稳和改善治理的能力，推动中非命运共同体建设向更高水平发展。

（本文原刊发于《非洲发展报告（2018—2019）》）
（非洲黄皮书《非洲发展报告（2018—2019）》）

---

① "Innocent bystanders: Emerging economies struggle to contain capital outflows", https://www.reuters.com/article/us–imf–worldbank–emerging/innocent–bystanders–emerging–economies–struggle–to–contain–capital–outflows–idUSKCN1MO06E.

尼日利亚农牧民冲突：超越民族宗教因素的解读

李文刚[*]

摘　要：当前，尼日利亚国内和平安全面临多重严峻挑战，其中以中部地带农牧民暴力冲突尤为突出，其危害甚至超过"博科圣地"，且呈向南蔓延迹象。信奉伊斯兰教的富拉尼牧民与信奉基督教的农民之间的暴力冲突，既有深刻的历史、地理、民族宗教背景，又与非洲萨赫勒及萨凡纳地带自然环境不断恶化同人口迅速增长、经济社会发展变迁之间的矛盾激发有关，更与东北部地区安全形势持续恶化、小武器泛滥、传统冲突调解机制弱化等因素不无关系。冲突的本质是农牧民为了各自的生存发展争夺土地等资源导致的发展问题。农牧民暴力冲突造成大量人员伤亡和财产损失，严重危害经济社会发展，掣肘民族国家构建和民主化进程，甚或对尼日利亚的整体民族宗教关系和国家统一大局造成灾难性后果。有鉴于此，尼日利亚和国际社会亟须加强协调合作，加大对策的制定和执行力度，妥善应对。

关键词：农牧民冲突　尼日利亚　富拉尼牧民　中部地带　暴力冲突

---

[*] 李文刚，中国社会科学院西亚非洲研究所社会文化研究室主任，副研究员。

游牧业和农业都是人类社会发展进程中的基本生产方式，农民和牧民可以和谐共存，也可能发生冲突对抗。可以说，农牧民冲突是全球范围内一个比较古老的话题，如果应对不当，还会产生较为严重的后果，升级为暴力冲突。西非地区是农牧民冲突高发区域，特别是富拉尼游牧民同定居农民之间的冲突最为突出。近年来，特别是进入 2018 年以来，尼日利亚农牧民之间的暴力冲突事件频频见诸报端，折射出这个国家和平安全领域形势出现的较大变化。此前及当下，无论是尼日利亚政府，还是国际社会，抑或是学术界，均将大部分注意力投向恐怖组织"博科圣地"及其引发的人道主义危机上，各界对农牧民冲突的关注度并不高。事实上，农牧民冲突当前之所以在尼日利亚集中爆发，并呈现进一步蔓延态势，是一系列复杂因素相互作用、相互累积，并在特定时期集中释放的结果。从其影响看，农牧民冲突已成为尼日利亚当前和平安全和国家统一面临的重大挑战之一。然而，它的危险性并未被国际社会充分认识到，蔓延势头也未被有效遏制。加之，有些政客和东部民族分裂势力正在极力将它渲染为穆斯林富拉尼牧民对基督徒农民的新一轮"圣战"，使该问题正将尼日利亚引向更为危险的境地。

国外学术界对西非地区的农牧民冲突有较为深入的研究，但集中在对富拉尼牧民迁徙因素、西非过度游牧影响社会可持续发展，以及对西非农牧民冲突内涵与影响的探讨等方面，[1] 而国内学者的研究主要聚焦于富拉尼人的经济社会状况和高原州（Plateau State）首府乔斯（Jos）富拉尼牧民同基督徒农民之间的冲突。[2] 那么，尼日利亚农牧民冲突是单纯的民族宗教问题吗？它背后有哪些深层次的原因？它对国家的政治经济社会及地区形势会产生怎样的影响？有鉴于此，本文拟探讨尼日利亚农牧

---

[1] See Ducrotoy et al., "Patterns of Passage into Protected Areas: Drivers and Outcomes of Fulani Immigration, Settlement and Integration into the Kachia Grazing Reserve, Northwest Nigeria", *Pastoralism: Research, Policy and Practice*, No. 8, 2018; Mark Moritz, "Understanding Herder-Farmer Conflicts in West Africa: Outline of a Processual Approach", *Human Organization*, Vol. 69, No. 2, Summer 2010; Mark Moritz, "Pastoral Intensification in West Africa: Implications for Sustainability", *Journal of the Royal Anthropological Institute*, Vol. 18, No. 2, June 2012.

[2] 参见王正龙《富拉尼人家庭经济生活调查》，《西亚非洲》1986 年第 3 期，第 76—78 页；史静、周海金《尼日利亚乔斯地区宗教与族群冲突探析》，《国际论坛》2014 年第 4 期，第 73—78 页。

民冲突的背景、原因、影响及应对，以期能从一个更为综合的视角而不仅仅是民族宗教的范式对该问题进行深入解读。

一 尼日利亚农牧民冲突的背景

尼日利亚农牧民冲突的背景主要包括三个方面：当事方、地域和事由。农牧民冲突主要涉及信仰伊斯兰教的富拉尼（Fulani）游牧民和信奉基督教的定居农民，冲突主要发生在土地肥沃的中部地带（the Middle Belt），事由是农牧民为了各自生存和发展争夺土地等资源。厘清这些基本问题，对于我们正确认识当前的农牧民冲突大有裨益。

（一）关于富拉尼人

富拉尼人是非洲跨国界最多的一个民族，由于分布地域广，曾经有过其他多种称呼，如富拉人（Fula）、颇尔人（Peul）、富尔贝人（Fulbe）等，但使用最广泛的是"富拉尼人"这个名字。① 如今，富拉尼人也是世界上规模最大的半游牧民族，从塞内加尔一直到中非共和国，在10多个西部和中部非洲国家中都可以见到他们的身影。富拉尼族在西非已有1000多年的历史，但其起源问题学界众说纷纭。一般认为，富拉尼人有北非阿拉伯人和撒哈拉以南非洲黑人的血统，过着逐水草而居的游牧生活。② 后来，富拉尼人逐渐迁徙到了西非塞内加尔北部地区。一部分富拉尼人在那里定居，另一部分继续向东游牧。

大约在12世纪，富拉尼人迁徙到豪萨地区（Hausaland）时，已经皈依伊斯兰教。到15世纪，一些富拉尼人放弃游牧，定居了下来，成为伊斯兰学者和豪萨王国的宫廷顾问。其余的富拉尼人则保持放牧习俗，并依靠富拉尼人精英阶层来保证放牧通行无阻。③ 作为外来少数民族，富拉尼人同豪萨人和平共处长达几个世纪。但在18世纪末，由于豪萨统治者

---

① 葛公尚、于红：《世界民族：非洲》（第六卷），中国社会科学出版社2013年版，第331页。笔者这里需要指出的是，颇尔人、富尔贝人分别是法国人和德国人对富拉尼人的称呼。

② The Diagram Group, *Peoples of Africa*: *Peoples of West Africa*, Diagram Visual Information Ltd., 1997, p. 60.

③ Ducrotoy et al., op. cit., p. 2.

对富拉尼人征收重税,引发富拉尼人反抗。1804 年,富拉尼穆斯林学者乌斯曼·丹·福迪奥(Usman dan Fodio)发动"圣战",反抗豪萨君主统治,并得到同样受压迫的农村豪萨人的支持。1809 年,福迪奥最终征服"豪萨城邦"(Hausa City-States),建立以索科托为都城的索科托哈里发国(Sokoto Caliphate)。索科托帝国的范围包括尼日利亚北部以及今尼日尔、贝宁和喀麦隆的部分地区。富拉尼人的统治一直延续到英国殖民主义者入侵前,达 100 年之久。英国殖民当局推行"间接统治"(Indirect Rule),进一步强化了富拉尼人对尼日利亚北部的统治,并人为加大了南北地区之间的文化差距。

长期杂居和通婚加上豪萨文化强大的同化力,使富拉尼人逐步放弃原有的语言而采用豪萨语和豪萨人的风俗习惯,绝大部分被完全豪萨化,成为豪萨族的重要组成部分。因此,尼日利亚北部的豪萨族一般被称为"豪萨-富拉尼族"。[1] 豪萨-富拉尼族是目前尼日利亚的第一大民族。[2] 另有一部分富拉尼人仍然保留游牧习俗,被称为"养牛者富拉尼人"(Cattle Fulani);在有些文献中,也被称作博罗罗人(Bororo)[3]。目前,富拉尼人占尼日利亚人口的比重在 4% 左右。在 36 个州中,28 个州有富拉尼人分布,人数估计超过 1000 万。[4]根据生产生活方式的不同,富拉尼人大致可以分为三类:定居富拉尼人、半游牧富拉尼人和游牧富拉尼人。尼日利亚当前的农牧民冲突,主要是游牧、半游牧富拉尼人同定居的少数民族农民之间的冲突。

(二)中部地带民族宗教关系

尼日利亚农牧民冲突之所以主要发生在中部地带,除自然因素外,与该地区民族宗教构成,特别是复杂的民族宗教关系密不可分。1946—

---

[1] 参见王正龙《西非最大的民族豪萨族及其语言》,《西亚非洲》1982 年第 5 期,第 56—61 页。

[2] 尼日利亚三大主体民族及占人口比例分别为:豪萨-富拉尼族占 29%,约鲁巴族占 21%,伊博族占 18%。

[3] Toyin Falola, *Culture and Customs of Nigeria*, London: Greenwood Press, 2001, p. 150.

[4] International Crisis Group, "Herders Against Farmers: Nigeria's Expanding Deadly Conflict", *Africa Report*, No. 252, Sept. 2017, p. 1.

1963 年，尼日利亚政府将全国划分为 3 个区，即北区、西区和东区，区下设省，三大区分别与豪萨-富拉尼人、约鲁巴人和伊博人传统分布地域相吻合。这种划分强化了三大主体民族的特征，形成了一种"民族—宗教—政治"三足鼎立的局面。每一个区内的少数民族逐步形成了"少数民族身份"一级的集团，并建立了自己的一些政治组织。

中部地带占北区面积一半以上[1]，从民族成分和宗教信仰看，中部地带大致可分三种类型：一是所讲语言不同于豪萨语的族体，如比罗姆族（Birom），一般信仰基督教或非洲传统宗教；二是信仰伊斯兰教，但讲自己的民族语言的族体，如努佩人（Nupe）和伊洛林的约鲁巴人；三是既非穆斯林，又不讲豪萨语的族体，如蒂夫人（Tiv），大多信仰基督教。中部地带少数民族组织之间的凝聚力虽很弱，但少数民族运动所表现出的势头则很强劲，主要是因为得到两个较大民族蒂夫族和比罗姆族的一贯支持，他们担心豪萨-富拉尼人会凭借数量优势对少数民族实行文化霸权和政治奴役。[2] 此外，数量众多的基督教教会组织在中部地带的活动对该地区少数民族运动的兴盛也起了一定的推动作用。[3] 1967 年，尼日利亚被划分为 12 个州后，中部地带作为一个统一的地缘政治概念就不复存在了。

基于民族宗教、历史文化的背景和地缘政治的考虑，中部地带也被有些尼日利亚政治家视作黏结北部与南部的"胶水"和保持南北和平的"缓冲区"。[4] 尼日利亚乔斯大学专门研究农村问题的学者萨姆·恩古（Sam Egwu）认为，"当代尼日利亚北部豪萨-富拉尼穆斯林同非穆斯林

---

[1] 按照尼日利亚现行行政区划，中部地带包括：联邦首都区（Federal Capital Territory）、贝努埃州（Benue）、高原州（Plateau）、纳萨拉瓦州（Nassarawa）、尼日尔州（Niger）、塔拉巴州（Taraba）、阿达马瓦州（Adamawa）、夸拉州（Kwara）、卡杜纳州（Kaduna）、凯比州（Kebbi）、包奇州（Bauchi）、贡贝州（Gombe）和博尔诺州（Borno）。其中，阿达马瓦州、贝努埃州、博尔诺州、卡杜纳州、纳萨拉瓦州等州是农牧民冲突高发区。

[2] J. Isawa Elaigwu, *Topical Issues in Nigeria's Political Development*, Jos: AHA Publishing House, 2011, pp. 141-142.

[3] Richard L. Sklar, *Nigerian Political Parties: Power in an Emergent African Nation*, Princeton, New Jersey: Princeton University Press, 1963, p. 348.

[4] Toyin Falola & Ann Genova, *Historical Dictionary of Nigeria*, Plymouth, UK: The Scarecrow Press, Inc., 2009, p. 228.

少数民族之间的政治关系，基本上是由对统治和被统治的集体性历史记忆来定义的"。① 这一观点很好地概括了农牧民冲突背后深刻的历史和民族宗教背景。

（三）农牧民关系的演变

几个世纪以来，富拉尼牧民驱赶着牛羊在从西到东的整个萨赫勒地带、撒哈拉沙漠南缘半干旱地带游牧，包括在尼日利亚北部边远的地区。历史上，尼日利亚游牧民同定居农民以及自然环境之间的关系比较和谐。从总体上看，农牧民是一种和平共生的关系。牛粪可以用来给农田施肥，牧民以此来换取放牧权。20世纪初期，受北部连年干旱影响，一些牧民逐渐改变游牧路线，开始向南部地区放牧。英国殖民统治时期，富拉尼牧民为躲避殖民当局在北区征收的牛头税②，也开始向南部迁移。

一般说来，富拉尼牧民在旱季向南部迁徙，为牛群寻找合适的牧场。过去，牛群都可以自由自在地在广阔的草地上吃草，践踏农田的概率并不高。到了雨季，富拉尼人则赶着牛群回到半干旱的萨凡纳地带，以躲避传播锥虫病的采采蝇（Tsetse）的侵扰。③ 农牧民之间还存在一种互通有无的经济关系。牧民从农民那里购买粮食，农民从富拉尼妇女那儿购买鲜奶及奶制品。即使富拉尼人自己没有土地，农村居民也欢迎并希望他们的帐篷能搭建在村子周边。随着经济社会发展变迁，农牧民和谐共生的关系受到诸多因素的挑战。人口数量激增对农牧产品需求增加、牛群规模的扩大、农业耕种面积的扩展、化肥的使用、奶粉的普及等，都使农牧民关系发生了较大变化。一方面，农民对富拉尼人所提供的服务需求在减少；另一方面，富拉尼牧民还要依靠农民的善意来保证他们放牧。在农牧民互有需求、互有依赖以及土地、水源等较为充裕的时期，二者之间的冲突鲜有发生；即使双方有冲突，也仅仅发生在农民播种和

---

① Sam Egwu, *The Agrarian Question*, *Politics and Ethnicity in Rural Nigeria*, Port Harcourt: Ken-Nneys and Company NIG. Ltd., 1999, p. 108.

② 牛头税（Cattle Tax）是当时北区政府向游牧民征收的一种税，因为游牧民不缴纳人头税。通常，牛群计数的时间是每年的6月，从7月开始征税，一直延续到11月。

③ 宁骚：《非洲黑人文化》，浙江人民出版社1993年版，第32—33页。

收获的关键时期,一般情况下也不严重。① 但进入 21 世纪,农牧民之间的关系不时出现紧张。特别是近年来,北部和中部地带的农牧民冲突还引发了地区性甚至全国性的民族宗教敌意,已成为尼日利亚安全稳定的致命性危机。②

二 尼日利亚农牧民冲突的原因

历史上,游牧民主要是过着逐水草而居的生活,受自然因素影响很大。随着时间的推移,诱发和加重农牧民冲突的因素日益复杂。除气候变化因素外,民族宗教问题、人口的增长、农牧业技术的提高和经济变化、农村地区犯罪案件的发生、社会文化的变迁、法律体系不健全,助推了农民和牧民之间更多的暴力行为和犯罪。

(一) 基于民族宗教因素的矛盾

随着富拉尼人政治地位的上升和伊斯兰教③在尼日利亚北部占据主导地位,民族宗教问题日益成为搅动农牧民冲突的一双无形的手。这也是人们倾向于用民族宗教范式来理解尼日利亚的一个原因,农牧民冲突也不例外。其一,农牧民冲突,主要是富拉尼游牧民同中部地带定居的少数民族,例如蒂夫人之间的冲突;其二,富拉尼族信奉伊斯兰教,少数民族农民大多信奉基督教,中部地带本身就是北部伊斯兰教文化圈同南部基督教文化圈的分界和缓冲地带;其三,在尼日利亚,民族身份与宗教信仰二者密不可分,如提到豪萨人、富拉尼人,不可能不提到伊斯兰教;而提到伊博族,不可能不提到基督教,反之亦然。在尼日利亚,民族冲突和宗教冲突在许多情况下是交织在一起而无法分开的,绝大多数豪萨-富拉尼人是穆斯林,约鲁巴人和伊博人主要信奉基督教和传统宗教。豪萨-富拉尼人统治阶层一直利用伊斯兰教的凝聚力来巩固其在尼

---

① Ducrotoy et al., op. cit., pp. 1 – 2.
② "Nigeria: Conflict in the Middle Belt: Oge Onubogu Testimony", http://usip.org/publications/2017/09/nigeria – conflict – middle – belt – oge – onubogu – testimony, 2018 – 03 – 18.
③ 尼日利亚北部居民主要信仰伊斯兰教,东部居民主要信奉基督教,只是在约鲁巴人聚居的西南部,伊斯兰教与基督教大致势均力敌。

日利亚北部的政治势力,而北部中小民族往往借助基督教来为自己的利益而抗争;① 其四,中部地带一些农牧民冲突最初的起因就是民族宗教矛盾,这在2001年以来的乔斯冲突②中表现得非常明显。需要特别说明的是,将农牧民冲突归入民族宗教问题的范畴来讨论,并不是要特意突出冲突双方的民族宗教属性,而是因为在尼日利亚,伊斯兰教与基督教的矛盾往往是一些冲突背后的潜台词。

(二) 自然环境的持续恶化

尼日利亚北部边远地区处于干旱和半干旱区,每年10月到次年5月进入漫长旱季,6月到9月进入短暂雨季,降雨量一般在600—900毫米。随着气候变化的加剧,旱季越来越长,雨季越来越短,半个多世纪以来,尼日利亚北部不少地区已变成了沙漠或半沙漠,并以每年约0.6公里的速度向南蔓延。③

自然环境的恶化直接对农业和人类的生产活动产生影响,也迫使富拉尼牧民不断向南迁徙,以寻找草地和水源。起初,游牧有季节性,富拉尼人一般在12月至次年5月在中部地带,6月雨季来临时往北返回。但从20世纪90年代末期以来,北部边远地区的草场面积大幅萎缩,富拉尼人留在中部地带的时间不断延长,一直到了六七月份。近年来,一些富拉尼人选择在中部地带永久放牧,还建起了临时的医院和学校。这种状况引发了同中部地带少数民族的定居农民因土地和水源的使用权不断产生纠纷。

此外,尼日利亚周边地区自然生态环境的退化也加剧了农牧民冲突。例如,乍得湖面积大幅萎缩,使得乍得、喀麦隆和尼日尔的牧民放牧也陷入困境。国外游牧民涌入尼日利亚,进一步加剧了当地的农牧民冲突。这些外来游牧民不熟悉尼日利亚的情况,自由放牧极易与当地农民产生

---

① Eghosa E. Osaghae, "Managing Multiple Minority Problems in a Divided Society: the Nigerian Experiences", *Journal of Modern African Studies*, Vol. 36, No. 1, 1998, p. 9.

② J. Isawa Elaigwu, *Topical Issues in Nigeria's Political Development*, Jos: Nigeria, AHA Publishing House, 2011, p. 144.

③ International Crisis Group, op. cit., p. 3.

误解和敌意，甚至导致暴力冲突。[①] 再如，马里、尼日尔国内也面临严峻的自然环境退化问题，对本国游牧民的生存也造成很大压力，迫使他们跨境游牧。这在一定程度上也促使尼日利亚富拉尼牧民不断向南部地区游牧，从而加大了与当地农民发生冲突的概率。

（三）经济社会发展变迁的影响

1. 农牧业生产自身的发展

尼日利亚是农业国，绝大多数人口从事农业，政府也一直采取各种措施鼓励农业发展，增加粮食产量，例如政府推动的"养活国家运动"（Operation Feed the Nation）、"绿色革命"（Green Revolution）等。农民在联邦政府帮助下积极开垦荒地，增加农田面积。20世纪70年代，尼日利亚在世界银行的支持下出台了《农业发展计划》，鼓励使用水泵，向农民提供化肥和杀虫剂。此外，联邦政府还出台了一系列措施帮助农民开发湿地，如河谷和冲积平原，以便在旱季时可以发展灌溉农业。[②] 越来越多肥沃土地和水浇地的利用、城乡交通设施的改善、不断扩大的城市人口对农产品的旺盛需求，均在一定程度上增加了农民的收入，提高了他们开垦更多荒地的积极性。大规模的农田开发逐渐蚕食了此前用来放牧的区域，甚至法定的放牧区、牲畜饮水点、迁移线路都未能幸免。[③]

对富拉尼游牧民来说，耕作农业的发展则意味着不仅要失去越来越多用来放牧的水草丰美土地，牛群闯入农田踩踏庄稼同农民发生冲突的风险也在大大增加。此外，国家冲积平原开发项目鼓励农民种植价值较高的农作物，特别是西红柿和洋葱，这些农产品收获后没什么残余物可以用来喂牲畜。换句话说，就是牧民能找到的用作草料的农作物秸秆也

[①] Oge Onubogu, "Nigeria's New Threat: Guns, Cows and Clashes Over land", http://usip.org/blog/2017/04/nigerias-new-threat-guns-cows-and-clashes-over-land, 2018-03-18.

[②] O. L. Balogun et al., "Production Efficiency of Farmers under National Fadama II Project in Oyo State, Nigeria", *International Journal of Agricultural Management & Development*, Vol. 2, No. 1, 2012, p. 12.

[③] brahim Ahmadu, "Farmer-Grazier Conflict: View of a Livestock Worker on 'Official' Interpretation and Handling", in Bassey E. Ate and Bola A. Akinterinwa eds., *Cross-Border Armed Banditry in the North East*, Ibadan: Polygraphics Ventures Limited, 2011, p. 40.

在减少。在这种情况下,农牧民的关系充满了竞争和对抗,牧民为牛羊寻找草场或确定迁移路线的时候,很容易与当地农民发生冲突。如果牛群踩踏庄稼,农民就会射杀一些牛,富拉尼牧民就会进行报复,常常在夜间袭击村庄、焚烧房屋,致使冲突进一步升级。[①]

2. 传统协调机制的弱化

农牧民冲突伴随着人类社会农业和畜牧业的出现和发展已经长期存在。但传统上,农牧民冲突有一套解决机制。就尼日利亚而言,富拉尼游牧民赶着牛群迁移前,要和沿途村子的酋长就牲畜的迁徙路线等重要事项达成共识,有时地方政府官员还会出面见证。如果牛群踩踏庄稼损害农民利益时,村庄的酋长和游牧民的首领一起商讨解决。那些不服从调解的游牧民,则被移交地方政府处理。这种机制在20世纪70年代开始逐步被弱化,主要原因是警察和法庭等司法体制的引入。

客观而言,引入现代司法体系对一个国家的治理和现代化进程不可或缺,但首先要保证司法体系自身的公平公正和廉洁高效。遗憾的是,尼日利亚直到现在都是腐败问题较为严重的国家。警察代替酋长参与调解冲突,似乎挺有效,但现实中游牧民非常痛恨警察的腐败行为,因为警察不时会勒索罚款和贿赂,而拖沓冗长的法庭裁决进程中对牛群的迁徙禁令会使它们陷入觅草困境。此外,当地官员更倾向于照顾定居农民。其中的原因很简单,在选举的时候需要农民的选票,而游牧民届时很有可能已迁徙到了另外一个地方了。因此,富拉尼牧民越来越感到被边缘化,并不信任当地政府作为冲突的调停人。在传统的冲突对话、调解机制逐步被弱化的情况下,地方政府有时不能秉公处理,有时懒政行为突出,对冲突调查结果敷衍了事。久而久之,游牧民和农民均对政府出面调停和裁决失去信心,冲突当事方便容易诉诸暴力来处理争端,往往会导致更严重的暴力事件。[②] 美国和平研究所(United States Institute of Peace, USIP)2017年初在高原州和博尔诺州(Borno State)的调查发现,

---

① Christina Wilkie, "The Other Conflict That Is Costing Nigeria Billions", *Huffpost*, https://www.huffingtonpost.com/entry/the-other-conflict-that-is-costing-nigeria-billions_us_55b16289e4b0a13f9d17ed51, 2018-04-01.

② International Crisis Group, op. cit., pp. 5-6.

冲突发生时，民众首选去传统头领或社区首领那里寻求帮助和对策。① 也就是说，如何让传统领导人发挥劝和促谈的作用，是值得地方政府认真思考的一个问题。

（四）局部安全形势严峻

1. 农村地区匪患和偷牛事件高发

农村匪患和偷牛（cattle rustling）也是迫使富拉尼牧民不断南迁而与农民产生冲突的一个重要原因。20 世纪 80 年代，尼日利亚北部一些土匪团伙经常对商人和行人进行劫掠。其后，犯罪团伙的数量激增，他们实施武装抢劫、袭击村庄、掠夺集市、绑架勒索赎金和偷牛等犯罪行为。90 年代以来，北部一些州偷牛现象非常严重，特别是在卡杜纳、卡诺、赞法拉和卡奇纳州的一些森林地区。偷牛还是东北部极端组织"博科圣地"资金来源的一个重要渠道。恐怖分子通过肆无忌惮的经销商销赃，筹集资金。一些州被迫关闭了活畜交易市场，试图斩断"博科圣地"的财路。② 由于偷牛事件频发，富拉尼牧民的损失很难估计，许多偷牛事件发生在边远村庄或林区，因所在州安全部门人手不足，许多牧民也无法报案处理。牧民防卫的工具由弓箭变成了小武器，他们自发组织了治安团，逮到偷牛贼后甚至就地直接处死，但这种情况反过来往往会引发大规模的报复行动。在一些地区，自发治安团自身甚至沦为掠夺者，向牧民敲诈勒索现金和牛，美其名曰为"保护费"。不堪其扰的富拉尼牧民只得进一步南迁，寻找更为安全的地区放牧。

2. 北部安全局势持续恶化

尼日利亚北部，特别是较为边远的地区，自然条件较差，发展滞后，一直是全国最为贫困的地区。这样的环境也为宗教极端势力的发展提供了条件。"博科圣地"2002 年起就以尼日利亚东北部为大本营，已给该国及邻国造成重创。2017 年 1 月，富拉尼人的庇护组织——尼日利亚养牛

---

① "Nigeria: Conflict in the Middle Belt: Oge Onubogu Testimony", http://usip.org/publications/2017/09/nigeria - conflict - middle - belt - oge - onubogu - testimony, 2018 - 03 - 18.

② Http://nigeriamasterweb.com/Masterweb/breakingnews - 6316 - boko - haram - now - sells - stolen - cattle - fund - terror, 2018 - 03 - 10.

者协会博尔诺州的一位副主席接受采访时说，多年来，协会成员的100多万头牛和其他牲畜落到了"博科圣地"武装分子手中。① 巨大的经济损失和时局动荡迫使不少富拉尼人四处逃亡。此外，乍得湖周边严重的人道主义危机也在不断诱发新的暴力冲突。

尼日利亚是西非小武器泛滥最为严重的国家，而小武器的泛滥对农牧民暴力冲突起了推波助澜的作用。根据尼日利亚官方消息，目前西非地区非法小武器有5亿支，其中70%即3.5亿支流落在尼日利亚境内。② 非法小武器来源途径不同，有些是前军人的武器流落在当地的，有些来自西非和中北非黑市的跨境贸易，还有从北非利比亚来的。③ 由于匪患和偷牛问题严重，以前仅仅靠弓箭等传统冷兵器防身的富拉尼牧民也开始全副武装，对抗偷牛贼和其他犯罪团伙。一些农民也组建了自卫性质的民兵组织。不管农牧民纷纷武装起来的动机如何，小武器的泛滥的确造成了农牧民冲突中伤亡人数的大幅上升。

综上，从表象来看，农牧民冲突体现为信仰伊斯兰教的富拉尼牧民与信仰基督教的定居农民之间的宗教与民族冲突，但这仅仅是问题的一个方面。即使尼日利亚一些媒体和利益相关团体倾向于做这样的解读，但从上文分析可以看出，造成农牧民冲突的基本因素是自然环境的变化和尼日利亚人口、经济社会的发展变迁，而民族宗教问题、小武器的泛滥、地区安全局势的恶化以及政府治理的不足都加重了农牧民冲突。此外，学界也普遍认为，农牧民对土地和土地上的资源的竞争也可以被视作两种不同的土地使用方式或生产方式（农业和畜牧业）之间的竞争。只要两种生产方式都存在，二者的竞争就不可避免，最终导致农牧民的冲突。④ 从

---

① Http://www.onlinenigeria.com/sites/news/general/110555-boko-haram-we-lost-over-1-million-cattle-to-insurgents-%E2%80%93-macban.html, 2018-03-10.

② Oge Onubogu, "Nigeria's New Threat: Guns, Cows and Clashes Over land", http://usip.org/blog/2017/04/nigerias-new-threat-guns-cows-and-clashes-over-land, 2018-03-18.

③ I. Abdulrahman et al., "Understanding Conflict Prevention and Management between Fulbe and the Other Ethnic Groups in Adamawa State", in Oshita o. Shita, Augustine Ikelegbe et al. Eds., *Case Studies of Traditional Methods of Conflict Prevention and Resolution in Nigeria*, Ibadan: John Archers (Publishers) Ltd., 2015, p.198.

④ Mark Moritz, "Changing Context and Dynamics of Farmer-herder Conflicts in West Africa", *Canadian Journal of African Studies*, Vol.40, No.1, 2006, pp.7-8.

本质上看，农牧民冲突是游牧民和农民为了各自的生存权和发展权以及经济利益，围绕着土地、水等资源展开的冲突，是发展问题。因此，农牧民冲突也反映出游牧业在现代农业中发展的一个困境，即如何保持其可持续性，并与其他农业部门，特别是耕作农业的发展寻求一个平衡点。从这一点上来说，农牧民冲突也属于发展问题的范畴。

三　尼日利亚农牧民冲突的影响

农牧民冲突不仅造成人员伤亡和财产损失，制约着农业、畜牧业的可持续发展，使民族国家构建、民主化进程步履维艰，还威胁着西非次区域的和平与安全。

（一）威胁农牧民生命安全，恶化其生存环境

农牧民冲突的影响，用成语"流离失所"和"民不聊生"来形容是比较贴切的。2016年，尼日利亚全国死于农牧民冲突的人数估计在2500人左右[1]，比同一时期因极端组织"博科圣地"暴恐活动致死的人数还要多。贝努埃州是农牧民冲突最为严重的州之一，州长塞缪尔·奥托姆（Samuel Ortom）称，2014—2017年间，1878人因冲突而丧生。此外，成千上万的尼日利亚民众被迫逃离家园。据统计，在卡杜纳州、贝努埃州和高原州，从2015年1月到2017年2月，至少有62000人流离失所[2]。由于缺乏专门为难民设立的救济营地，他们不得不在其他贫穷的农村地区寻求庇护。此外，因担心爆发更大规模的冲突，不少难民涌入相对安全的城市和城乡接合带。无论是国家应急管理局（NEMA），还是国际援助机构、援助方，均将救援的重点放在了"博科圣地"问题造成的灾民身上，农牧民冲突问题尚未得到应有的重视。因此，不少难民生活陷入困境，尤其是妇女和儿童。

---

[1] "Clashes between Herders, Farmers Claim 2500 in 1 yr – Abdulsalami", https://dailytrust.com.ng/clashes-between-herders-farmers-claim-2-500-in-1yr--abdulsalami.html, 2018-03-01.

[2] International Crisis Group, op. cit., p. 7.

（二）破坏农业生产活动，损害经济发展

农牧民冲突造成的经济损失非常大。国际人道主义救援组织慈善队（Mercy Corps）2015 年的一项研究表明，尼日利亚联邦政府因贝努埃州、卡杜纳州、纳萨拉瓦州和高原州农牧民冲突每年损失的收入高达 137 亿美元，4 个州平均损失 47% 的州内收入。[1] 2017 年 3 月，奥托姆州长称，受来自北部州的游牧民，甚至是来自喀麦隆和尼日尔的牧民的袭击，贝努埃州 2012 年至 2014 年经济损失高达 6.34 亿美元。[2]

尼日利亚石油经济兴盛后，农业占国内生产总值的比重由 20 世纪 70 年代初期的 60% 萎缩到现在的 22% 左右，但仍在非石油类出口中占到 75% 的比重。据农业和农村发展部统计，从事农业的人口占尼日利亚劳动力人口的 70%。[3] 小型农户主要分布在中部和南部，种植块茎作物和蔬菜，北部的牧民主要从事畜牧业并种植谷类作物。90% 以上的牧民都是富拉尼人，拥有全国绝大多数的牲畜。尼日利亚一直在推进经济多元化策略，以摆脱经济过度依赖石油，振兴农业发展，解决自己的吃饭问题，农业的重要性不言而喻。此外，农业从业人口众多，农牧民冲突影响人口范围大。显然，愈演愈烈的农牧民冲突已对农业的可持续发展造成巨大负面影响。

（三）加深民族裂痕，危害民族国家构建

农牧民冲突对尼日利亚民族建构的危害是显而易见的，主要表现在以下几个方面。

其一，农牧民冲突加深了富拉尼牧民与少数民族农民的隔阂、猜忌和仇恨，导致民族宗教关系紧张甚至激化，而不是各民族正常的交往与

---

[1] "Benue Lost N 95b in Herdsmen Attacks", *The Nation*, March 22, 2017.
[2] Mercy Corps, "The Economic Costs of Conflict: Evidence on Violence, Livelihoods and Resilience in Nigeria's Middle Belt", July 2015, https://www.mercycorps.org/sites/default/files/Mercy%20Corps%20Nigeria%20State%20Costs%20of%20Conflict%20Policy%20Brief%20July%202015.pdf, 2018-04-01.
[3] https://www.cia.gov/library/publications/resources/the-world-factbook/geos/ni.html, 2018-03-20.

和平共处。这与多民族国家民族构建是格格不入的。在尼日利亚国家无力妥善应对暴力冲突时,冲突双方往往借助和强化的是本民族的民族宗教认同,而不是对尼日利亚的国家认同。这无疑与统一的多民族国家建构所追求的目标是背道而驰的。

其二,尼日利亚之所以被称为"西非巨人",在于它的经济体量和庞大人口规模和广阔的地域,更在于其"统一中的多元性"(Diversity in unity)。如果不能首先保证国家的统一,丰富的多元性只会助长各民族的分崩离析,尼日利亚只会是一盘散沙,用有的学者的话来说,就是"高度分裂的社会",而不是现代民族国家。尼日利亚农牧民冲突容易从局部蔓延至全国,最终滑向民族宗教冲突,威胁尼日利亚的统一。

其三,农牧民冲突容易被其他势力利用,对尼日利亚的统一造成威胁。农牧民冲突,特别是富拉尼游牧民对少数民族农民的袭击,还往往被一些人解读为政治宗教阴谋。比如,富拉尼人想掠夺农民的上地据为己有;尼日利亚基督徒群体则倾向于将冲突解读为富拉尼人巧妙伪装的"圣战"。在尼日利亚东南部,比夫拉分离主义分子则称游牧民对农民的袭击,是北方人的一个阴谋,他们试图压垮南方人,并强迫他们改宗伊斯兰教。还有一些人称,因为布哈里总统是富拉尼族,他本人又是富拉尼人养牛者协会组织的终身庇护人,所以布哈里有意偏袒富拉尼人。虽然这些传言都没有事实根据,但是加重了基督徒和穆斯林之间的猜忌,影响国家的团结。东部的伊博族民族分离运动组织"比夫拉原住民"(Indigenous People of Biafra,IPOB)[①] 借着2017年是尼日利亚内战(1967—1970年)[②] 爆发50周年的敏感节点,再次鼓吹要恢复"比夫拉共和国",极力将农牧民冲突渲染为富拉尼人发动的新一轮"圣战",意图是要将整个尼日利亚"伊斯兰化"。

---

① 2017年9月,"比夫拉原住民"已被尼日利亚政府宣布为恐怖主义组织。
② 比夫拉战争,即尼日利亚内战(1967年7月—1970年1月),系尼日利亚联邦政府同东部伊博人分离势力建立的比夫拉共和国(因比夫拉湾而得名)之间的战争。战争起因既有政治经济因素,也有伊博人同豪萨人之间的民族宗教文化矛盾,其中争夺对石油资源控制权是关键因素。内战以联邦一方获胜结束,最重要的意义是伊博人重新接受尼日利亚人的身份,以及重新认定尼日利亚作为自己所属国家的合法性。但时至今日,仍有一些伊博人以遭受边缘化为由谋求恢复比夫拉共和国。

(四) 冲击民主秩序，掣肘总统大选

综观非洲国家特别是尼日利亚的民主化历程，不难发现一些基本的事实，即民主化要取得进展，需要一些基本条件：一是要有和平安定的国内局势；二是要有专业化的独立选举机构；三是安保工作要到位，等等。其中，和平稳定的国内环境是重中之重。农牧民冲突如果愈演愈烈，会给即将到来的2019年总统大选添加更多变数，尼日利亚民主化进程将再次面临严峻挑战。

其一，农牧民冲突可能会使大选无法顺利举行。毋庸置疑，尼日利亚基本能够保持政局总体稳定，目前的冲突大多是局部的，但如果得不到有效控制，就无法为大选的顺利举行提供前提保障。2015年大选前夕，尼日利亚全国独立选举委员会得到通知，军方与安全部门要集中力量打击极端势力"博科圣地"，因而无法为大选提供安全保障。无奈之下，全国独立选举委员会做出了大选延期的决定。[1] 大选延期不仅大大增加了大选的人力、物力、财力成本，还令大选的严肃性和公正性受到质疑。前车之鉴，尼日利亚应当好好吸取，避免重蹈覆辙。

其二，农牧民冲突所展示出的"暴力文化"与民主精神格格不入。如前所述，因种种因素的叠加和相互作用，农牧民冲突越来越采取了"以暴易暴"的方式。处理农牧民关系的传统方式所体现出来的尊重长者和权威、协商、妥协、和平等精神内涵荡然无存。这固然与政府部门和安全机构的不作为、乱作为、腐败等因素有关，但这种"暴力文化"正在侵蚀着尼日利亚政治文化中有益于民主的成分。简言之，尼日利亚政治文化来源有三个方面：传统政治文化、伊斯兰政治文化和基督教政治文化。农牧民冲突中的"暴力文化"，实际上也背离了各自文化的渊源。

其三，农牧民冲突背后浓厚的民族宗教色彩对选民的投票模式的影响力不容低估。在尼日利亚为数不多的历次选举中，选民以民族宗教画线来投票的情形非常普遍，只是程度不尽相同，总体趋势是在弱化，但不能排除在特定情况下出现反复甚至加深。例如，在农牧民冲突的背景

---

[1] 参见李文刚《尼日利亚2015年大选观察与思考》，载李安山主编《中国非洲史研究会文集（2015）》，社会科学文献出版社2016年版，第59—70页。

下，穆斯林和基督徒更易倾向选择与自己民族宗教成分相同的总统候选人，而这无疑与民主化的实质背道而驰。

2018年1月，尼日利亚著名剧作家、诗人、激进的人道主义者、1986年诺贝尔文学奖获得者沃勒·索因卡（Wole Soyinka，1934—）发表了一份长达4页的声明，称布哈里总统应该为发生在贝努埃州、塔拉巴州等中部地带愈演愈烈的农牧民冲突负责。令人无法理解的是，屠杀自己同胞的富拉尼牧民逍遥法外，没有杀人倾向，仅仅是希望获得独立的"比夫拉原住民"却被宣布为恐怖主义组织。事实上，杀人放火的牧民才是国家的敌人。[①] 毋庸讳言，索因卡如同其早年一样，对比夫拉问题的表态反映了他本人对于伊博人的一些同情，但更多的是一种忧国忧民的心态。这也深刻地折射出尼日利亚民族国家建构的不易。一些人指责布哈里应对农牧民冲突不利、未将发动袭击的富拉尼牧民绳之以法的理由直接指向了布哈里本人（是富拉尼族）。凡此种种，反映了尼日利亚民族国家建构水平处于较低水平的一种现实状况。在此背景下，2019年大选选民的投票模式估计与以往不会有大的区别，尼日利亚大选和民主化要打破民族宗教地域的樊篱尚需时日，民主化走向成熟还有很长的路要走。

总体看来，尼日利亚民众参与政治的热情非常高，2019年总统大选在即，但对于农牧民冲突造成大量难民和国内流离失所者而言，如何保证这部分人行使自己的权利也是一个未知数，毕竟选民的参与度也是民主化评价的一个重要指标。

（五）形成溢出效应，危害地区和平与安全

如前所述，尼日利亚农牧民冲突中的富拉尼游牧民，是西非、中部非洲的跨界民族，其在不少西非国家也卷入了与当地农民的冲突。也就是说，农牧民冲突是西非的一个较为普遍的现象，其主要诱因与尼日利亚的情况有许多共同之处。尼日利亚境内发生牵扯富拉尼游牧民的冲突，

[①] Wole Soyinka, "Fulani Herdsmen Have Declared War against Nigeria", https://newsafricanow.com/2018/01/fulani-herdsmen-have-declared-war-against-nigeria-wole-soyinka, 2018-03-20.

很有可能招致富拉尼人的境外亲属入境报复。尼日利亚军方称，富拉尼人可以动员西非和中部非洲国家的富拉尼人寻求支援，甚至是招募富拉尼战士。尼日利亚穆斯林精神领袖、富拉尼人索科托素丹（Sultan of Sokoto）穆罕默德·萨阿德·阿布巴卡尔三世（Mohammed Sa'ad Abubakar Ⅲ）多次强调，手持枪支、实施杀戮的富拉尼牧民不是尼日利亚人，而是来自邻国，他们应该被作为罪犯甚至恐怖分子进行审判。①

很显然，这种情况对西非、中部非洲次区域本就十分脆弱的和平安全局势无异于火上浇油。此外，农牧民冲突还造成大量难民涌入周边国家，加重了边境地区的人道主义危机，反过来又为新的暴力冲突埋下隐患，导致边境和平安全堪忧。一些报道称，极端组织"博科圣地"的恐袭活动在2018年出现反弹，与不少恐怖分子混迹于难民营伺机作案不无关系。可见，尼日利亚农牧民冲突已成为一个区域性问题，如不及时遏制，很有可能在尼日利亚与一些国家，特别是尼日尔、乍得和喀麦隆边界地区引发连锁反应，加剧地区动荡和人道主义危机。

四　尼日利亚农牧民冲突的因应之策

为应对日益严峻的农牧民冲突，尼日利亚各级政府出台了不少政策和措施，国际社会也参与调解，但效果并不十分明显。很大一部分原因在于无法摆脱民族宗教的范式，包括地区利益之争。可以说，超越民族宗教的视野，以民族国家一体化大局为重，应该是应对农牧民冲突的正确方向。

（一）联邦政府层面

1965年，尼日利亚北区政府出台了《1965年北区放牧保护区法》（Northern Region Grazing Reserves Law of 1965）为牲畜的迁徙建立了专门通道，并划定415个放牧保护区，专门用于放牧。但随着人口的增长、城市化以及人口迁移，专门的牧区不断被蚕食。此外，由于气候变化和疏

---

① Rakiya A. Muhammad, "Treat Killer Herders as Terrorists – Sultan", https://www.dailytrust.com.ng/news/162282.html, 2018 – 04 – 02.

于维护，游牧民即使在保护区内也常常找不到草场和水源。此外，长时间将牛群固定在一个场所也增加了牛染病和被偷盗的风险。[①] 在行政区划的调整中，北区逐步被划分为了 19 个州，一些放牧区横跨两个或更多的州，集体管理无法实现，最终结果就是划定的放牧区日益缩小，富拉尼牧民也被迫到别处寻找牧场。1989 年，根据政府第 41 号法令，联邦政府建立游牧民教育全国委员会（National Commission for Nomadic Education），宗旨是通过实施一系列基本的生计技能教育项目让游牧民从经济上和社会上融入现代生活。此外，一些项目还计划帮助游牧民改进养牛技术来实现经济收益最大化，如牛奶加工和销售、动物免疫和现代饲养技术。目前，该项目因基础设施年久失修、人员和资金不足，事实上几乎处于停滞状态。

2014 年，乔纳森政府组建了一个包括环境、工程、科技、内政和水资源等部门的部际专家委员会，研究通过设立放牧保护区来结束冲突。该专家委员会呼吁恢复和改善所有被农田蚕食的放牧路线，央行向全国 36 个州拨款用于建设大牧场。尼日利亚联邦执行委员会（FEC，相当于内阁）批准了这些建议，甚至央行的款项已经下拨，但因乔纳森在 2015 年大选中落败，上述政策执行中断，而央行拨款去向也成谜。

2015 年，布哈里就任总统伊始，即指示联邦农业和农村发展部制定畜牧业综合发展规划，核心的一条就是研究如何抑制农牧民冲突。此后不久，农业农村部的专家小组就出台了畜牧业短、中、长期的规划。2016 年，联邦政府宣布向尼日利亚州长论坛提交计划，要求在各州为牧民划定放牧区作为临时应对，最终目的是要说服游牧民从事大牧场畜牧业。然而，这一建议遭到绝大多数中部和南部州的反对，理由是这一计划明显偏向富拉尼族。此后，农业农村部长宣布政府已向国民大会提交议案，要求立法禁止在城市和村庄放牧，又宣布政府从巴西订购速生草准备建设大规模的牧场，但这些均未见后续行动。

从法律层面看，尼日利亚执法部门和司法部门应对农牧民冲突也存在不少缺陷，不少犯罪嫌疑人逍遥法外，没能得到应有的惩处，助长了

[①] Chris Kwaja, et al., "Responses to Conflicts between Farmers and Herders in the Middle Belt of Nigeria", *Search for Common Ground*, January 2018, p. 7.

犯罪不受惩罚的不良环境。其主要原因是，尼日利亚当局习惯于从政治的角度看问题，担心制裁冲突中的犯罪嫌疑人容易引发更为严重的暴力冲突，因此倾向于息事宁人，而不是伸张正义。例如，2016年2月，贝努埃州一地方政府10个村庄发生富拉尼牧民杀害许多农民的恶性事件。虽然布哈里打破沉默立即指示进行调查，但未见后续行动。同样的情况还发生在恩努古州，虽然布哈里总统命令警察和军队采用一切措施制止暴力，保证将阻止牧民对农民的袭击作为头等大事，但农牧民冲突仍在上演。此外，军方在冲突多发州实施的"和谐行动"（Operation Accord）效果也并不明显。

在立法方面，从2015年到2016年，尼日利亚国民大会收到3个议案，要求通过立法形式在全国设立游牧区、划定牲畜迁徙路线和建设大牧场。经过多轮辩论，2016年12月，3个议案均未获通过，理由是：土地使用权问题是州政府专属特权，在全国立法划定放牧区与《1978年土地使用法》[①]（Land Use Act of 1978）相违背，属违宪行为。为了表示对农牧民冲突问题的关切，国民大会也举行了不少听证会，通过了一些决议。例如，2016年3月，参议院通过决议，宣布"博科圣地"武装分子是贝努埃、塔拉巴和高原州等地农牧民冲突背后的凶手。但尼日利亚民众对此并不认同，因为富拉尼牧民组织的一位发言人已经承认，富拉尼人出于报复发动了一些袭击。故此，尼日利亚民众认为，参议院的决议是在转移视线。同年5月，参议院农业、情报和国家安全委员会也就农牧民冲突举行了听证会，但并未出台任何行动建议。

综上所述，从联邦政府层面看，解决农牧民冲突的一些政策要么缺乏连续性，要么与现有的法律相抵触，还有执法方面存在一些问题。这些都在很大程度上制约了联邦一级应对农牧民冲突的有效性。当然，有些问题涉及联邦制本身，各州利益之争、民族问题的考量等，实际上很难在短期内理顺或调整。对联邦政府来说，当务之急是要部署警力，阻止农牧民之间的暴力冲突，对冲突的影响进行全面评估，为难民提供援助。从长远看，对已有的农牧业发展计划进行修订完善，提高其可操作

[①] 《1978年土地使用法》规定，尼日利亚土地的所有权、转让、购置、管理和经营的权力都归州长所有。议会立法设立放牧区违反该法，被视作剥夺州长的权力。

性，保证二者的可持续发展。当然，与周边及国际社会合作应对共同的气候变化等问题也应落到实处。

（二）地方政府层面

1. 禁牧和驱离牧民

在应对农牧民冲突问题上，各州态度不一，做法也不尽相同，但大体上能看出在一些方面也是出于民族宗教的考量。有的州建立了州和地方政府和平委员会，推动农牧民对话以解决冲突，南部的埃基提州和阿布贾联邦首都区（FCT）通过法律管理游牧行为。2016年，埃基提州通过一项法律，禁止放牧和牛群在夜间迁移，并规定一旦发现游牧民携带武器，将以恐怖主义罪名起诉。在贝努埃州和塔拉巴州，政府立法禁止一切公开放牧。在埃多州，政府计划建立有围栏的放牧区，要求牧民入内放牧并交付一定费用。但许多牧民经常不遵守这些规定。在联邦首都区，富拉尼牧民依旧自由放牧。塔拉巴州的牛饲养者组织不仅抵制禁止放牧的法律，还准备和政府打官司讨说法。在高原州、博尔诺州和尼日尔州，当局迫于当地民众的压力，不时会在一些场所驱赶富拉尼牧民和牛群。相比于驱赶游牧民，有些州表现更为激烈。2016年，阿比亚州州长恢复了地方治安组织"巴卡西男孩"（Bakassi Boys），要求所有村社酋长派出10名青年，经过两年集训后派往农村地区。十字河流州政府则宣布建立"乡土安全部队"，虽然不携带武器，但可监控牧民的行踪，向政府提供情报。

2. 打击偷牛和匪患

2015年7月，尼日尔州、卡杜纳州、卡诺州、索科托州、凯比州、卡齐纳州、赞法拉州的州长共同资助了打击偷牛的专项行动，包括尼日利亚军队、警察、国家安全部等部门参加。2016年，尼日利亚军方又在西北区、东北区和中北区的森林地带对偷牛贼和土匪进行了打击。一些州政府还同匪徒进行了和平谈判，希望他们放下武器，归还偷走的牛，政府则表示为他们修路、建医院和学校，并给个人赠送一些现金和土地。上述措施在一些州取得了较为明显的效果。例如，2016年10月，赞法拉州政府发起"武器换发展"和平对话。2017年4月，警方通报称，约

1000名匪徒放下武器，2734头牛被追回。① 这些措施虽然取得了一些积极效果，但基本上缺乏可持续性，更为严重的是还有可能助长一种"暴力文化"，匪徒和偷牛贼因常常得不到法律的严惩，有时还会肆无忌惮地加大犯罪的力度，迫使政府做出更多让步。从长远看，这对于从根本上改善北部的安全局势并不利。州政府应加强农村地区的警力建设，加大对犯罪行为的打击力度而不是姑息迁就，同时改善农村基础设施，关注民生问题，加大对农牧民冲突中受害者的援助，尤其是那些没有直接参与暴力冲突的受害者。

3. 鼓励游牧转型

虽然联邦政府提出建立大牧场的建议遭到一些州的反对而不了了之，但从长远看，自由放牧越来越不利于自然环境的保护和生态的修复，因而也缺乏可持续性，还容易引发与农民的冲突。在合适的区域划定放牧区建立大农场，联邦政府应和州政府密切沟通，根据各州的具体情况制定规划，避免"一刀切"，可以在条件成熟的州先试点，再逐步推广到其他州。布哈里政府出台的《农业促进计划（2016—2020年）》，已经认识到游牧已日益成为农牧民冲突的一个诱因，所以该计划倡导牧民把牛群留在大牧场里，改变放牧方式。2017年，尼日利亚农业和农村发展部与联合国粮农组织（FAO）召开了政策对话会，建议联邦政府制定全国牧场发展十年规划，帮助传统牧民建立合作社，并同相关金融机构建立联系。尼日利亚全国养牛者协会基本认可了这些建议，可以说，此举有助于抑制乃至消除农牧民冲突。

农牧民冲突由来已久，原因复杂，影响深远。解决农牧民冲突不可能毕其功于一役。从州政府层面看，简单粗暴驱离牧民和利用当地治安团体打压牧民的做法或许可以暂时缓解局部冲突，但会使牧民同农民矛盾更加尖锐。南方州排斥牧民的行为，也会在北方州招致排斥打击南方人的不法行为，陷入南北民族宗教矛盾之争的恶性循环，并不能从根本上解决问题。而立法禁牧也基本上难以奏效：其一，游牧民基本并不遵守这些法令；其二，这些立法有的可能还与联邦宪法规定的公民的一些基本权利相抵触；其三，禁止公开放牧，但又未能给游牧民提供生存的

---

① International Crisis Group, op. cit., p. 15.

保障，事实上也是于事无补。州政府首先应加大对犯罪行为的打击力度，维护地方的和平与安全。其次应加强农牧民之间的对话，尽可能地通过和平方式解决争端。最后，从长远看，发展现代化的畜牧业，分阶段而不是"一刀切"地代替游牧业应该是解决问题的关键。如前所述，尼日利亚各级政府应该进一步充实和完善游牧民教育或培训项目，帮助他们逐步适应现代畜牧业。此外，在制定政策的时候，应摒弃厚此薄彼的做法和陷入民族宗教的范式。

（三）非政府组织层面

非政府组织在尼日利亚非常发达，影响深入社会的方方面面。但尼日利亚非政府组织有一个非常明显的局限性，就是不少组织是基于民族、宗教或社区认同基础建立的，主要维护的是本族、本派或本地区较为狭隘的利益，很少能从整个国家和社会的利益去考虑。在农牧民冲突中，许多非政府组织的表现也没能摆脱民族宗教范式的羁绊。维护农民利益的非政府组织通常会组织新闻发布会和抗议，以吸引全国上下甚至国际社会对农牧民冲突中农民遭遇的关注，一些组织则会诉诸法律行为。例如，贝努埃州的"反对富拉尼侵占运动"（Movement Against Fulani Occupation）就曾向设在首都阿布贾的西共体法庭提交诉状，要求联邦政府支付约16亿美元的赔偿金，理由是联邦政府未能保护公民。[①] 此外，约鲁巴人也组织起来采取措施，专门监控牧民和偷牛贼。富拉尼人的组织全国养牛者协会也不甘示弱，一方面指责媒体对农牧民冲突报道充满政治动机，另一方面却对富拉尼牧民卷入的暴力事件轻描淡写。

由此可见，无论是富拉尼牧民的组织，还是农民的组织，都是以先入为主的方式来评判对方，很少顾及事件本身的是非曲直，其结果是二者不可能找到对话的共同点；冲突双方唇枪舌剑之后，矛盾只会更加尖锐。一般而言，人们对非政府组织介入处理冲突寄予厚望，认为其更能发挥调解和建设性作用，但从尼日利亚农牧民双方的组织看，由于浓厚的派系特征，特别是不能摆脱民族宗教因素的影响，事实上并不能达到

---

① "ECOWAS Court Adjourns MAFO N500bn Suit Against FG", http://www.channelstv.com/2016/10/10/214493, 2018 - 03 - 30.

人们的预期目标。尽管如此，一些打破民族、宗教和地域界限的非政府组织的作用也不能被低估，例如"宗教间调解中心"（Interfaith Mediation Centre，IMC）、"尼日利亚和解与稳定计划"（Nigeria Reconciliation and Stability Project）、"多元力量发展中心"（Strength in Diversity Development Center）等。这类非政府组织可以在调解农牧民冲突等问题中发挥更大的建设性作用。

（四）地区和国际社会层面

尼日利亚农牧民冲突被爆出有外国牧民卷入对农民的袭击事件后，农业和农村发展部长奥杜·奥贝赫（Audu Ogbeh）称政府向非盟委员会递交提案，要求成员国采取措施阻止本国的游牧民到邻国去放牧，如果成员国政府对跨界放牧置之不理，很有可能引发国际危机。因此，尼日利亚应同邻国（特别是尼日尔、乍得和喀麦隆）政府、西共体一起加强协商，采取有效的集体行动来监控和管理跨界放牧。当前，乍得湖周边和平安全局势比较脆弱，边界管控松散，导致非法小武器大肆流向民间。这一问题如不能很好解决，农牧民冲突的暴力程度恐有增无减。在应对农牧民冲突问题上，尼日利亚必须加强区域合作，这是由农牧民冲突在西非国家所表现出的共性所决定的。合作内容应重点包括三个方面：其一，应对气候变化；其二，管控跨界游牧；其三，打击非法武器走私。事实上，气候变化的影响不分国界，本身就是需要全球来积极应对。

从长远看，尼日利亚联邦政府和州政府应加大"撒哈拉与萨赫勒绿色长城倡议"（Great Green Wall for the Sahara and Sahel Initiative）的执行力度。该计划最初由尼日利亚前总统奥巴桑乔在 2005 年提出。2007 年，非盟委员会采纳并扩展了"撒哈拉与萨赫勒绿色长城倡议"。该倡议起初只是计划在西起塞内加尔、东至吉布提长达 7775 公里的 9 个非洲国家建设 15 公里宽的林带，以阻挡沙漠化的蔓延。后来，"撒哈拉与萨赫勒绿色长城倡议"得到了扩展，包括建设集水池塘等其他基本基础设施，建立农业生产体系、促进其他增收生产活动。尼日利亚"绿色长城全国办公室"则计划到 2020 年养护面积为 22500 平方公里的退化土地。[①] 但直

---

① International Crisis Group, op. cit., p. 19.

到现在，该倡议在尼日利亚的进展收效甚微。2011年，尼日利亚联邦政府起草了《国家应对战略及气候变化行动计划》，一年后，又出台了《气候变化国家政策》。而在尼日利亚的官方发展规划①中，同样也包含着应对气候变化的内容。可以说，气候变化和自然环境的恶化对非洲国家的危害已迫在眉睫，亟须各方积极行动，而不是让应对措施仅仅停留在文件上。

从国际层面看，一方面，欧美各国纷纷表示支持尼日利亚政府打击各类违法犯罪行为。例如，欧盟委员会发表声明称，尼日利亚政府将农牧民冲突中的不法分子绳之以法，这是解决农牧民暴力冲突的第一步。②另一方面，欧美国家的一些机构或团体也推动农牧民之间进行对话，通过做"民心"工作，让冲突双方首先摒弃暴力，然后再寻求问题解决之道。2016年6月，英国文化协会（British Council）发起"尼日利亚和解与稳定计划"，支持巴耶尔萨州的和平与冲突管控联盟在农民与牧民间开展对话。2016年11月，在德国驻尼日利亚使馆的支持下，人道主义对话中心（Centre for Humanitarian Dialogue）在高原州举办对话论坛，与会的农牧民代表均表示要致力于实现和平。2017年4月，美国国际开发署（USAID）发起并主办了一场农牧民对话会，尼日利亚农民总会、尼日利亚养牛者协会以及"不同宗教信仰对话中心"等非政府组织参加。虽然这类对话因为没有形成机制，且覆盖的范围有限，其长远效果还有待观察，但农牧民的对话有助于增强双方的理解和沟通，有助于用和平的方式解决面临的问题。因此，国际社会应尽可能地为尼日利亚农牧民提供对话的平台和机会，为生计受到影响的农牧民提供人道主义援助，帮助他们重建家园。此外，在应对气候变化方面，国际社会应该责无旁贷，帮助非洲国家积极应对。

---

① 《愿景20：2020》（Vision 20：2020）系尼日利亚的国家发展蓝图，主要目标包括：到2020年，经济进入世界前20强；巩固在非洲的领导地位；能够在国际经济政治舞台发挥重要作用。

② "Europe Alarmed Over Persistent Farmer – Herder Conflict in Nigeria", Daily Trust, 13 March, 2018, http：//allafrica.com/stories/201803140058.html, 2018 – 03 – 20.

五 结论

　　尼日利亚农牧民冲突由来已久,究其原因,"天灾"与"人祸"二者皆有,加之经济社会发展变迁,致多重矛盾叠加交织,冲突频现。游牧业是一种风险较高、不确定性颇大的行业,在全球气候变化日益加剧的情况下尤为如此。当游牧民在"天灾"面前孤立无援,不得不四处迁徙寻找新出路的时候,就不可避免地会与其他生态圈和地域的人发生矛盾和冲突。自然生态的脆弱与气候变化对非洲国家的影响通过尼日利亚农牧民冲突的案例清楚地展现在世人面前,值得警醒和反思。说到底,农牧民冲突的实质还是发展问题。因"天灾"引发的"人祸"也是全球性的问题,应当引起各国高度重视,并采取有力措施加以应对,尽最大努力将引发人类暴力冲突的危险性降到最低。"人祸"也折射出尼日利亚现代国家治理所面临的多重危机以及治理能力的欠缺。极端势力、恐怖主义、匪帮与偷牛行为、小武器泛滥等"人祸"盘根错节,织成了束缚"西非巨人"的一张张大网,对这个国家经济社会发展的严重危害恐怕没有人会否认。更令人担忧的是,如果愈演愈烈的农牧民冲突未能得到及时有效的管控,其危害性较之于在东北部肆虐多年的"博科圣地"有过之而无不及,因为它正在将尼日利亚引向一条"国将不国"的危险境地。居心叵测的政客和民族宗教分裂分子正在大肆渲染穆斯林富拉尼牧民对基督徒农民的屠杀,甚至将之称为富拉尼人发动的新一轮"圣战",目的是要将整个尼日利亚"伊斯兰化"。凡此种种,不禁令人联想起50年前爆发的惨烈的比夫拉战争。我们要正确理解农牧民冲突,应该超越民族宗教范式,根据事件本身的是非曲直来进行评判,民族宗教因素既不能忽视,也不能夸大。

　　人类社会之所以能够攻坚克难不断前行,在于不断探索和创造物质财富和精神财富,更在于传承历史经验和汲取历史教训,想方设法避免历史悲剧重演。尼日利亚也一直在做着这方面的努力。无论是尼日利亚联邦政府还是地方政府,无论是立法机关还是司法机关,均出台了一系列应对农牧民冲突的措施,但效果有限,悲剧还在上演。何以至此,值得反思。不仅仅是尼日利亚,许多非洲国家在应对危机和挑战时,缺的不是计划和智慧，缺的是执行力。在2019年尼日利亚大选即将来临之际，各种不安全因素相互叠加，该国再次面临大考。全体进步大会党（The All Progressives Congress，APC）要想保住执政党地位，布哈里总统要想谋求连任，就要在应对包括农牧民冲突的各类危机和挑战中有所作为，以便争取更多选民的支持。当然，解决农牧民冲突，单靠尼日利亚一国之力是不够的，因为富拉尼族本身就是西非的跨界民族，农牧民冲突已经是一个区域性的问题。如同应对"博科圣地"宗教极端组织一样，至少尼日利亚的邻国喀麦隆、乍得、尼日尔等都应携手共渡难关。只要当事国、非政府组织、区域组织以及国际社会密切合作，加强应对措施的执行力度，包括农牧民暴力冲突在内的各类危机最终得到妥善解决的可能性还是存在的。

（本文原刊发于《西亚非洲》2018年第3期）

非洲经济与社会

非洲永远失去工业化的机会吗

舒运国[*]

摘　要：实现非洲大陆的工业化，始终是非洲国家独立后追求的目标，这个目标贯穿于非洲国家发展的全过程，这是非洲大陆实现工业化的根本动力和基础。非洲的工业化进程已经具有近百年的历史，尤其是非洲国家在独立后，对于工业化进行了坚持不懈的探索，这不但为非洲工业化积累了宝贵的历史经验，也为非洲工业化奠定了必要的物质基础，这是非洲大陆工业化的历史积淀。进入21世纪，非洲国家在总结历史经验教训的基础上，利用有利的国际、国内形势，制定了较为合理的工业化发展政策，扎实启动了非洲大陆的"再工业化"进程。21世纪成为非洲大陆工业化的最佳时期，这是非洲大陆工业化的现实希望。鉴于上述因素，非洲大陆未来不但不会失去工业化的机会，而是大有希望。

关键词：工业化　非洲经济发展　《2063年议程》

所谓工业化，通常是指工业在一国经济中的比重不断提高以至取代农业、成为经济主体的过程。换言之，就是传统的农业社会向现代化工

---

[*] 舒运国，上海师范大学非洲研究中心教授。

业社会转变的过程。从世界历史发展看，工业化也是人类社会通往现代化进程中不可或缺的重要阶段。在非洲大陆，对于工业化问题，见仁见智。非洲民族主义者一直为工业化摇旗呐喊，视工业化为发展非洲经济的最有效途径。非洲国家独立后，各国也一直坚持重视发展工业，并且尝试实施进口替代工业化战略。然而，由于非洲工业化进程进展缓慢，屡遭挫折，于是一些持悲观态度的人对非洲能否实现工业化产生了怀疑。

那么，非洲大陆究竟能不能实现工业化？

一 非洲工业化：目标与发展战略

实现非洲大陆的工业化，始终是非洲国家独立后追求的目标，这个目标贯穿于非洲国家发展的全过程。这是非洲大陆实现工业化的根本动力和基础。

非洲国家早在独立之初，就认为工业化能给经济发展带来诸多益处，体现在以下四个方面：其一，通过发展制造业，可以改变非洲国家对于农矿业产品的过度依赖状况，从而有利于推进国内经济结构的多元化；其二，通过溢出效应，推动与工业相关的商品农业的发展；其三，通过工业发展，带动国民经济的整体进步，满足日益增加的适龄人口的就业需求；其四，通过乡村工业的发展，缓解日益严重的贫困问题。[①] 因此，1960年1月第二届全非人民大会通过的决议就已经明确指出：独立的非洲国家应该"促进工业化，努力搞好土地改革和农业现代化，以便使非洲经济获得独立"。[②]

1963年5月22—25日，在亚的斯亚贝巴召开的非洲独立国家首脑会议通过决议，再次强调非洲工业化的重要性："相信非洲各国经济与社会发展速度的加快在于这些国家的工业化和它们产品的多样化。"与会代表还客观分析了非洲国家工业化将面临的困难："受过训练的有技术的人员

---

① See V. Seshamani, *Issues on Poverty and Industrialization in Developing Countries: Lessons for Zambia*, Zambia, UNZA Press, 1987, pp. 20 – 35.

② 《第二届全非人民大会决议》，唐大盾《泛非主义与非洲统一组织文选（1900—1990）》，华东师范大学出版社1995年版，第69页。

不足、合格工作人员缺乏、资金短缺、基础设施极其落后、工业产品的种类有限,以及投身于本国经济建设的非洲人屈指可数。"①

非洲国家独立后,大多实施了进口替代工业化战略。但是由于内、外部一些不利因素的制约,这个战略没有获得成功。

20 世纪 70 年代末,进口替代工业化战略无法继续推进,经济发展面临危机。在这样的形势下,非洲国家领导人制定了《拉各斯计划》。该计划在指出工业化重要性的同时,首次强调独立自主思想,并且制订了工业化的短、中、长期发展计划:"为确保经济和社会现代化,必须考虑工业在其中的作用;也为使非洲在世界工业产量中占有更多的份额,以及在集体自力更生中达到充分的程度,成员国宣布 1980—1990 年为'非洲工业发展的十年'(第 52 款)。""在制定工业发展战略时,非洲国家应该牢记选择既适合本地的工业技术,又能减少对发达国家依赖的原则(第 65 款)";非洲的工业发展按时段可分为三个时期,即短期、中期和长期。具体说来,短期为 1980—1985 年,这一阶段工业化目标是达到世界工业产量的 1%,这一时期主要建立和发展食品加工、农产品加工、建筑、金属加工、机械加工、电气与电子、化工、能源和林业;中期为 1980—1990 年,其工业产量应为世界总产量的 1.4%,在这一时期,食品、建筑材料、服装和能源业的产品应达到自足;长期为 1980—2000 年,非洲工业产量达到世界总量的 2%(第 62、66 款和第 67 款)。②

遗憾的是,《拉各斯计划》并没有付诸实践,因为在 20 世纪 80 年代,大部分非洲国家正处于经济危机的重压之下,为获得急需的外部资金支持,不得不接受世界银行和国际货币基金组织提出的"经济结构调整"方案,进行经济结构改革。结构调整的实质是经济全盘西化,因此效果不佳,甚至被称为非洲"失去的十年"。即便在结构调整时期,非洲国家仍然没有放弃工业化的目标。非统组织先后制定了《非洲工业发展十年》(*Industrial Development Decade for Africa*, 1980 – 1990),以及《第二个非洲工业发展十年》(*The Second Industrial Development Decade for Afri-*

---

① 《亚的斯亚贝巴非洲独立国家首脑会议决议》,载唐大盾:前引书,第 156—157 页。

② "Lagos Plan of the Economic Development of Africa, 1980 – 2000", Reprinted by the OAU, Addis Ababa, http://www.uncea.org/itca/ariportal/docs/Lagos – plan. PDF, 2004 – 02 – 01.

ca, 1993-2002)。后者"强调工业对于非洲国家经济结构转型和经济增长,对于解决经济危机以及外部债务中的重要作用"。1989 年的非统组织首脑会议还宣布每年 11 月 20 日为"非洲工业化日"。①

1991 年,为了适应经济全球化日益高涨的形势,非洲国家制定和实施了《关于建立非洲经济共同体条约》,条约力图通过非洲经济一体化来推动非洲工业化的发展。条约明确指出:"为促进成员国的工业发展,成员国应在共同体内协调其工业化政策。"条约对于"为实现工业化奠定坚实基础"的基础工业作了明确界定:食品和农产品加工业、建筑工业、冶金工业、机械工业、电力和电子工业、化学和石化工业、森林工业、能源工业、纺织和皮革工业、交通运输工业和生物技术工业。②

1996 年,非统组织又提出了《非洲工业化联盟计划》(*The Alliance for Africa's Industrialization*),旨在为非洲国家提供一个法律框架,支撑以私营部门为主导的国家产业,从而推进非洲国家的工业化进程。

如果说 20 世纪非洲国家的工业化计划实际效果不能令人满意,那么进入 21 世纪后,随着非洲大陆政治、经济形势的好转,非洲国家在总结历史经验的基础上,加快了工业化步伐。2001 年,非洲联盟颁布了非洲国家独立自主制订的发展计划——《非洲发展新伙伴计划》(*The New Partnership for Africa's Development*,NEPAD)。该计划旨在摆脱贫困落后状态,加快经济发展。其最大特点就是明确提出:"非洲全体人民宣布:我们不能再受外部环境和条件的束缚,我们要决定自己的命运。"该计划的内容十分全面,不仅提出了奋斗目标,而且制定了具体的落实措施。它也涉及非洲国家工业化领域,包括强调非洲国家必须重视基础设施建设、重视人才培养,并且指出:"必须发展新型工业,或者对于非洲优势工业进行升级,这包括农产品加工业、能源和采矿业。"③

随着非洲工业化进程的加快,非洲国家对工业化提出了更加完善的发展计划。2007 年 9 月,非洲工业部长会议在南非召开。这次会议的突

---

① AHG/Res. 180 (XXV), see http: //www.au.int/en/dicisions/assemble, 2015-12-06.
② 《非洲经济共同体条约》,载葛佶《简明非洲百科全书(撒哈拉以南)》,中国社会科学出版社 2000 年版,第 808—809 页。
③ 杨敬、曹利华:《非洲发展新伙伴计划》,载舒运国、张忠祥《非洲经济评论》(2013 年),上海三联书店 2013 年版,第 221、247 页。

出成效是讨论并通过了《非洲加速工业发展行动计划》(*The Action Plan for Accelerated Industrial Development of Africa*),2008 年的非洲联盟首脑会议予以正式公布。这是一份全面规划非洲工业化进程的文件,它具有以下特点:其一,对于工业发展有了十分明确的认识:"工业化是经济增长和发展的关键动力,是社会发展的基础";其二,强调了与发展工业有关的措施,包括制定生产和出口多元化的政策、制定自然资源的管理与开发政策、发展基础设施、开发人力资本,以及坚持可持续发展、创新、科学技术等;其三,提出自然资源与工业化的关系:"非洲面临的挑战是把依赖于资源的经济转型为有活力的、多样化的工业经济。自然资源出口的收入应该实现最大化,这样可以增加工业化所需的投资";其四,第一次提出了多层面的合作。《非洲加速工业发展行动计划》强调,非洲国家需要在四个不同的层面(即国家、次区域、大陆和国际社会)加强合作,以此加快非洲工业化进程。该计划确定了加速非洲工业化的 7 个优先发展领域:工业政策与制度方向、提高生产和贸易能力、促进基础设施和能源发展、提高技能促进工业发展、工业创新体系,研究和技术开发、融资和资源分配工业的可持续发展。在此基础上,该计划设计了非洲国家今后的工业产业发展集群、方案和项目,总共包含 21 个近期项目、17 个中期项目和 11 个长期项目。《非洲加速工业发展行动计划》坚持强调非洲工业化以联合自强为基础,尊重各国根据本国国情参与工业发展项目;强调吸取历史教训;强调不仅要注重工业项目的设计,更要注重机制和能力建设。由此可见,非洲国家在 21 世纪对于工业化的理解和实践,已经更加符合非洲国家的实际情况,因此,可行性也更加强了。[①]

2015 年,非洲联盟首脑会议制定并且颁布了《2063 年议程》(Agenda 2063),《2063 年议程》实质上是以后 50 年非洲社会经济转型的战略框架。《2063 年议程》宣布:"我们决心在履行《2063 年议程》时,吸取过去各类计划的经验教训。"为此,《2063 年议程》对过去 50 年重要的发展计划和规划及其实践做出认真总结。这些规划包括《拉各斯计划》、

[①] "Action Plan for the Accelerated Industrial Development of Africa", Addis Ababa, P. O. Box, pp. 2 – 4.

《关于建立非洲经济共同体条约》、《非洲基础设施发展规划》（The Programme for Infrastructure Development in Africa, PIDA）、《非洲农业发展综合规划》（The Comprehensive Africa Agriculture Development Programme, CAADP）、《非洲发展新伙伴计划》等。《2063愿景》指出："非洲国家可以通过自然资源的选择、增加附加值，推动经济转型、经济增长和实现工业化"，政府制定的宏观政策"必须有利于经济增长、创造就业机会、扩大投资和实现工业化"。《2063年议程》强调了自身的特点：其一，制订计划过程通过自下而上的方法，反映了非洲人民的心声；其二，除了制订具体的计划，还建立了监测和评估机制，这样可以保证计划的执行；其三，把大陆层面和次区域层面的发展计划结合起来，更加具有针对性和长远性。[①]

非洲国家独立后，在其各类发展战略中，工业化一直是优先发展的核心领域。非洲国家对工业化的共识，对工业化持之以恒的坚持和追求，保证了非洲大陆工业化进程的延续性。因此，尽管非洲大陆工业化面临的困难很多，工业化进程也十分缓慢，但是它从来没有中断。可以预见，非洲大陆在今后依然将继续推进工业化进程。

二 非洲工业化：发展历程与成效

非洲的工业化进程已经具有近百年的历史。在近一个世纪的时间里，非洲大陆对工业化进行了探索，这不但为非洲工业化积累了宝贵的历史经验，也为非洲工业化奠定了必要的物质基础。这是非洲大陆工业化的历史积淀。

20世纪20年代，非洲开始了工业化进程。当时促发工业化的因素有两个。其一，非洲沦为西方国家殖民地以后，西方国家就采取各种措施，把非洲殖民地改造成西方的原料产地和工业品销售市场。为此，西方殖民当局引入了一些现代工业生产因素，如西方为了掠夺非洲的原料，投资采矿业，使非洲采矿业得到迅速发展。至1930年，尼日利亚的锡产量

[①] "Agenda 2063", http://www.au.int/en/sites/default/files/Agenda 2063_popular_vision_English.PDF, 2015-12-08.

达到 1.2 万吨，成为世界第四大产锡国，①而北罗得西亚（今赞比亚）的产铜业已经可能满足英国 1/4 的需求和德国 1/5 的需求。②又如，为了使宗主国与殖民地的商品交流更为便利，西方国家在非洲殖民地建设现代化的交通运输系统（铁路、公路、港口等），引入大量交通运输工具（汽车、火车、轮船等）。其二，西方资本主义生产方式客观上刺激了非洲本土经济，推动了加工业的诞生和发展。尤其在两次世界大战期间，宗主国放松了对殖民地经济的控制，使非洲本土工业得到发展的机遇。在 20 世纪 20 年代，非洲加工业普遍得到一定程度的发展，塞内加尔的花生加工业、尼日利亚的棕榈加工业、乌干达的轧棉业等都纷纷建立。此外，非洲各地还出现了食品加工（如磨面）、日用品生产（制皂等）。经济基础较好的埃及和南非，制造业的发展更加明显。至 20 世纪 20 年代初，埃及食品加工、服装和纺织业的就业人数已经达 32 万人。③这里需要指出的是，非洲在工业化的初始阶段，尚处于殖民地时期，虽然在西方资本主义因素的刺激下，非洲本土也出现了一些工业化的生产萌芽，但是它毕竟是殖民统治的副产品，因此难以茁壮成长。

20 世纪 60 年代，大多数非洲国家的独立为非洲大陆的工业化提供了真正的历史机遇。在拉美国家经济发展经验的启示下，非洲国家采取了进口替代工业化战略。进口替代战略是 20 世纪五六十年代依据两位来自发展中国家的经济学家普雷维什和辛格提出的，它针对亚非拉发展中国家经济结构单一、制造品依赖西方发达国家的情况，提出由本国生产原先需要进口的制造品，以此逐步培育、发展本国工业的经济发展战略。"二战"结束后，拉美国家，如巴西、墨西哥和阿根廷等，首先采用这种工业化战略。60 年代，大部分非洲国家独立后，坦桑尼亚、赞比亚和尼日利亚等国首先大规模推行进口替代工业化战略，之后其他国家，如加纳、马达加斯加等也走上了这条发展道路。

进口替代工业化战略对非洲国家的工业化产生了一定的推动作用。

---

① P. Wickins, *Africa 1880–1980: An Economic History*, Cape Town, Oxford University Press, 1986, p. 134.

② A. D. Roberts ed, *The Cambridge History of Africa*, Vol. 7, London, Cambridge University Press, 1986, p. 94.

③ P. Wickins, op. cit., p. 111.

第一，在进口替代战略的推动下，20世纪60年代到70年代中期的十多年，非洲国家的经济普遍增长较快，制造业在国内生产总值（GDP）中的比重也大幅提高。据统计，1961—1979年，非洲大陆的国内生产总值年均增长4.9%，而其中工业增长率更是高达6.1%（相比之下，农业年均增长率为3.3%，服务业为4.5%）；① 非洲制造业在国内生产总值中所占的比重从1960年的7.6%增加到9.8%。② 发展最快的工业部门是消费品制造业，如纺织、服装、制鞋、火柴、肥皂等。钢铁和水泥进口替代工业的发展也较为显著，有些油气国，如阿尔及利亚、埃及和利比亚，建立起了初具规模的石化工业。

第二，通过进口替代工业化战略的实施，非洲国家建立了一批国有工业企业，这些企业成为非洲国家工业发展的基础。坦桑尼亚在1967—1981年，国有工业企业从80家增加到400家；肯尼亚在1963—1969年，从20家增加为60家，增加了3倍；加纳1959年独立时尚没有国有工业企业，在20世纪60年代初，达到100家。其他国家的情况也大致如此。上述国有企业成为非洲国家工业化的基础。以肯尼亚为例，纺织业被指定为进口替代工业，经过几十年的发展，至80年代，肯尼亚全国已经有47家大中型纺织厂和15家具有完整生产能力的纺织企业（含纺织和制衣），年设计生产能力达8300万米；纺织业产值占全国制造业产值的12%，从业人数占制造业的17%—18%。③ 肯尼亚的纺织业已经成为该国国民经济中一个不可或缺的重要部门。至70年代末80年代初，在尼日利亚不仅建立了食品加工、服装、制糖等轻工业，而且建立了炼油、汽车制造和化工等重化工业。

第三，通过进口替代工业化战略的实施，非洲国家培养了第一批自己的技术专家和管理专家。以肯尼亚为例，该国原先以棉花为生产原料，产品的精加工程度低。在引进外资和建立外企过程中，肯尼亚吸收和学

---

① UNECA, "Economic Report on Africa 2015: Industrializing through Trade", see http://www.uneca.org/publications/economic-report-on-africa-2015, 2016-05-02.
② 中国非洲问题研究会、时事出版社编辑部：《非洲经济发展战略》，时事出版社1986年版，第60页。
③ S. Langdom, "Industrial Dependence and Export Manufacturing in Kenya", in Ravenhill ed., *Africa in Economic Crisis*, New York, 1986, p.183.

习外国先进的生产技术和管理经验,从而提高了自身的水平。肯尼亚纺织厂逐步使用人造纤维作为生产原料,并且开始采用印花工艺。

当然,非洲国家推行的进口替代工业化战略在实施过程中也出现了许多问题:第一,对国内制造业实施了过多的行政保护,诸如税收和价格等,导致其产品价高质低,因而普遍缺乏国际竞争力;第二,进口替代工业部门多为消费品企业,产品主要面对国内市场,并不创造外汇,而生产所需的机械设备等中间产品却依赖进口,进而导致外汇短缺日益严重;第三,在建设进口替代工业时,非洲国家建立的企业往往是"小而全"型,即企业的生产规模小,但是生产的产品品种十分齐全,这种"小而全"的企业缺少规模效益,往往造成产品质量低下而成本又十分昂贵;第四,非洲国家在实施进口替代工业化战略时,普遍因为重视工业而忽视并制约了农业的发展。农业生产的萎缩,不但影响了国民经济的整体发展,也使工业发展缺乏支撑。至20世纪70年代末,这个工业化战略已经难以为继了。

由上可见,非洲大陆在殖民地时期已经开启了工业化进程,在独立之后,又采取"进口替代"作为推动工业化的发展战略。然而,由于过度的行政保护和干预、不引入市场竞争机制、缺乏资金与技术等原因,非洲国家的进口替代工业化战略虽然也取得一定成绩,但是没有达到预期的目标。不容忽视的是,进口替代工业化战略的实施,是非洲国家工业化进程中重要的经历,它不但为非洲国家工业化创造了一定的物质基础,而且为非洲国家提供了宝贵的实践经验。

三 非洲"再工业化":机遇与条件

进入21世纪,非洲国家利用有史以来最好的经济发展环境,在总结历史经验教训的基础上,制定了较为合理的工业化发展政策,扎实推动了非洲大陆的"再工业化"进程。21世纪成为非洲大陆工业化的最佳时期,这是非洲大陆工业化的现实希望。

进入21世纪,国内外环境对非洲的经济发展十分有利。在非洲国家内部,民主化的逐步展开和政局的稳定提供了和平建设的良好基础,经济发展进入快车道。在国际上,非洲国家丰富的自然资源和人力资源、巨大的市场和发展潜力吸引了各国投资者，非洲成为世界投资的热土。毫无疑问，现在是非洲国家经济发展的黄金时期。利用国内外十分有利的条件，非洲国家制定和实施了一系列新的举措。

第一，非洲国家根据本国国情，制订工业化计划。联合国非洲经济委员会和非洲联盟联合发布了《2014年非洲经济报告》。该报告明确指出：工业化是促进非洲经济结构转型与进一步改善和提高人们生活水平的关键所在；为此，非洲各国需要通过构建和实施有效的工业化政策，并把重构工业化置于非洲经济发展战略核心位置。报告强调：今天的非洲政府不会再犯过去的错误。政府可以运用政策工具，诸如税收信贷、出口补贴和出口加工区等。[1]

实际上，实现工业化是非洲国家的共识，为此不少国家制定了工业化发展战略。科特迪瓦制定了《经济崛起战略》(The Economic Emergence Strategy)，希望在2020年迈入工业经济；乌干达颁布了《2040愿景》，工业化是其中重要内容；莱索托在《2020愿景》中，把工业发展置于优先考虑的地位。其他国家，如埃及、肯尼亚、卢旺达、塞拉利昂、南非和津巴布韦也都制定了发展计划和战略，加快发展制造业和农产品加工业，推动工业化进程。[2]

为了有效推进工业化，不少非洲国家还提出并制定了专门的工业化目标和计划。乌干达颁布了《国家工业政策计划》(The National Industrial Policy Plan)，提出建立一个现代化、具有竞争力的工业部门，制造业将占国内生产总值的25%，制造业产品出口占总出口的30%；尼日利亚近期也将力争成为撒哈拉以南非洲地区投资和制造业中心作为工业化的最新目标。为了吸引更多的投资资金和提振国内制造业，该国政府制定并颁布了《2010—2020年制造业发展规划》。为此，政府拿出12.9亿美元作为该规划的干预基金，并将国家确定的"先锋产业"列入享受优惠政策的名单之中。另外，喀麦隆政府提出预计到2035年努力建立有竞争力的工业体系。值得注意的是，埃塞俄比亚近年经济发展态势较好，基于

---

[1] Uneca & Au, *Economic Report on Africa* 2014: *Dynamic Industrial Policy in Africa*, Addis Ababa, Ethiopia, first printing, March 2014, p. x.

[2] 苑基荣、丛薇：《非洲经济崛起势头强劲》，《人民日报》2014年5月7日。

此，政府则提出成为"新的世界工厂"的动议。①

为了加快工业化进程，非洲国家制定了一系列有利于本国工业发展的法规和政策。其内容包括给予各种优惠条件，以吸引外资；鼓励私人资本进入工业领域等。例如，加纳政府制定了《新一轮工业改革和经济增长方案》，坦桑尼亚政府出台了新的《投资法》和《出口加工区法案》，等等。

此外，非洲国家还积极探索本国经济实现工业化的方法与符合本国国情的具体路径。其中，工业园区模式被认为是推行工业化的有效手段之一。工业园区是一国或区域的政府基于自身经济发展态势的研判和内在要求，通过自上而下的行政手段划出一块区域，各种生产要素在此聚集，并通过先行规划与科学整合，如产业布局、功能划分等，提高工业化的集约强度，使之成为适应市场竞争和产业升级的现代化产业分工协作生产区。当下，南非已建有4个工业园区，肯尼亚、埃塞俄比亚、马里等国也都在积极建设工业园区或特别经济区。

事实上，非洲岛国毛里求斯在推进工业化方面的经验值得其他非洲国家借鉴。独立以来很长时间，毛里求斯一直困扰于单一经济结构对经济发展的负面效应，这是因为该国主要经济支柱——蔗糖出口价格易受国际市场波动的影响。为改变这种状况，毛里求斯政府自20世纪90年代以来，着力打造多元化经济产业，现已形成以服装、手表和珠宝加工为主的出口加工业产业优势，由此实现了从劳动密集型向技术密集型产业结构的转变，有效推进了国家工业化进程。

据统计，目前撒哈拉以南非洲地区制造业产值占国内生产总值的比重稳定在10%—14%，工业产值正在迅速增长。另据英国《经济学家》杂志称，非洲的制造业发展前景乐观，甚至有望赶上或超越亚洲。②

第二，农业是工业化的基础。落后的农业原来一直是工业化的拖累，当前非洲国家正加大对农业的投资，采用先进农业技术，推动农业发展。非洲是个农业大陆，农业生产在非洲国家经济发展中具有十分重要的地

---

① Uneca & Au, *Economic Report on Africa 2014*: *Dynamic Industrial Policy in Africa*, Addis Ababa, 2014, p. 58.
② 苑基荣、丛薇：前引文。

位和作用。由于殖民地经济遗留下来的单一经济结构的遗毒，加之不合理国际经济秩序的作用，非洲农业生产水平低下，严重影响了非洲国家的经济发展和工业化进程。2003年，非洲启动了《非洲农业综合发展计划》，要求非洲国家每年对于农业的投资占政府支出的10%。迄今为止，已经有32个国家制定了《国家农业投资计划》（The National Agriculture Investment Plan），以满足《非洲农业综合发展计划》的要求。布基纳法索、埃塞俄比亚、加纳、几内亚、马拉维、尼日尔和塞内加尔等国已经达到或者超过10%的要求，加纳达到16%，就非洲大陆平均水平而言，也达到了7%的水平。[1]此外，对于农业生产的重视和政策的倾斜——包括政府采取措施推广良种和化肥的使用、向广大农户提供贷款等，也促进了农业生产的发展。以粮食生产为例，非洲每公顷产量由2000年的1270公斤，增加到2011年的1546公斤。另据世界银行对48个非洲国家粮食生产指数的统计显示，2011年以来，粮食生产增产的国家有37个，持平的1个（博茨瓦纳）。这组数字说明，近年来，大多数非洲国家的农业生产有了程度不同的发展。[2]世界银行公布的非洲大陆农业国内生产总值也呈现不断增长的趋势：2000年农业国内生产总值增长率为0.1%，2002年为1.5%，2004年为3.3%，2006年为5.0%，2008年为3.9%，2010年为3.2%，2011年达3.3%。[3]

经济学家们普遍认为，近年来非洲农业生产的进步，为非洲经济发展和增长，及非洲工业化奠定了必要的基础。

第三，非洲大陆工业化的瓶颈之一是落后的基础设施。当前非洲国家高度重视基础设施建设，情况得到了很大改善。众所周知，基础设施是工业化的重要基础之一。非洲国家的基础设施十分落后，严重制约了非洲的工业化进程。近年来，非洲国家采取各种措施，加大投资、加快建设。根据非洲基础设施发展指数（African Infrastructural Development Index），近年来非洲国家基础设施方面取得了不少进步，在撒哈拉以南非

---

[1] "Increasing Public Investment in African Agriculture", http://www.worldbank.org/en/news/feature/2013/10/13, 2015-10-13.

[2] World Bank, "Food Production Index", http://data.worldbank.org/indicator/AG.PRD.food.XD, 2014-04-14.

[3] Ibid..

洲的低收入国家尤其如此。基础设施得到改善的标志有三点。其一，信息技术在非洲大陆经历了革命性变革。在过去十年里，移动电话每年增长40%，在撒哈拉以南非洲，2000年平均每百户拥有电话1部，而十年后已经达到50部。① 其二，电力供应能力大大提高。在过去十年里，由于电力生产的改善，一些国家逐步走出困境。安哥拉、佛得角和刚果民主共和国，人均使用电力从6千瓦时提高到18千瓦时，埃塞俄比亚从25千瓦时提高到57千瓦时，莫桑比克和卢旺达从13千瓦时上升到77千瓦时。② 其三，交通运输条件不断改善。2012年7月，非盟首脑会议通过了《非洲基础设施发展计划》，这是非洲国家对于非洲基础设施中长期建设的蓝图。目前，非洲国家研究安排了16个项目作为地区基础设施的领头羊。③ 基础设施的改善对非洲工业化进程将发挥积极的推动作用。

第四，缺乏资金和技术是非洲工业化另一瓶颈。非洲加大与国际社会，尤其是金砖国家的联系，大力引进国外资金与技术。历史证明，想改变非洲国家在世界经济中的弱势地位，无法依靠西方国家。对非洲国家来说，进一步加强与南方国家的合作，尤其是强化与新兴经济体国家（包括金砖国家）的经济联系，现已成为非洲国家经济发展的重要趋势。

金砖国家是由世界上最大的发展中国家组成的发展中国家集团，尽管近几年有些国家经济增速不甚如意，但它们具有巨大的市场容量和经济增长潜力。这里需要指出的是，非洲是世界上发展中国家数量最多、最集中的大陆，属南方国家，与金砖国家都具有发展中国家属性。这种共同属性使金砖国家与非洲国家在利益诉求方面具有诸多共通之处，诸

---

① IMF, Regional Outlook, *Sub - Saharan Africa: Staging the Course*, IMF Publication Services, Washington, 2014, pp. 42 – 43.
② Ibid., p. 43.
③ 这16项基础设施分别是：鲁济济河水力发电、达累斯萨拉姆港口扩建、赞比亚的塞伦杰至纳空德公路、尼日利亚至阿尔及利亚的天然气管线、塞内加尔的达喀尔至马里的巴马科铁路现代化、桑班加卢（Sambangalo）水力发电、科特迪瓦的阿比让至尼日利亚的拉各斯的沿海走廊、赞比亚的卢萨卡至马拉维的利隆圭的信息地面光纤、赞比亚—坦桑尼亚—肯尼亚的传输线、北非输电走廊、科特迪瓦的阿比让至布基纳法索的瓦加杜古铁路、喀麦隆的杜阿拉—赤道几内亚的班吉—乍得的恩贾梅纳铁路、乌干达的坎帕拉至金贾铁路升级工程、南苏丹的朱巴—苏丹的托里特—苏丹的卡波埃塔—肯尼亚的埃尔多雷特铁路、巴托卡峡水电站、布拉柴维尔至金沙萨铁路及桥梁、金沙萨至伊勒博铁路。See: IMF, *Regional Economic Outlook: Sub - Saharan Africa*, pp. 42 – 58.

如维护和发展独立的民族国家的经济利益，要求改善不利的国际经济环境与改变不合理的国际经济秩序。值得注意的是，南非既属于金砖国家，又是非洲国家，可为金砖国家加强与非洲的合作发挥最有效的联系纽带作用。

根据最近的贸易统计数据，金砖五国同非洲的商业关系愈加充满活力且稳健。根据南非标准银行估计，在过去十年间，金砖五国同非洲的贸易额增长了10倍以上，2012年贸易额达到3400亿美元。[1]

必须指出的是，中非经贸关系对非洲大陆工业化发挥了尤其重要的作用。从贸易规模看，中国对非洲的贸易占金砖五国同非洲之间贸易总额的近60%。2015年，在中非合作论坛约翰内斯堡峰会上，中国提出了未来三年与非洲国家重点实施的"十大合作计划"，旨在支持非洲加快工业化和农业现代化进程，提升非洲国家的自主可持续发展能力。该计划中最为令人瞩目的就是中非产能合作计划。实际上，中国经过30多年的改革开放，已步入工业化中后期发展阶段，产生了大量的优质富余产能；而大多数非洲国家从工业化发展阶段看，仍处在工业化起步期，希望能引进与分享这些产能，以期加快工业化步伐。另外，从生产要素的互补性来看，非洲拥有丰富的自然资源和人力资源，中国则在资金、设备、技术、管理经验等方面具有优势。因此，中非产能合作历史性对接的条件已经成熟。例如，东非国家坦桑尼亚自2009年起，就开始建设出口加工区，希望通过发展出口导向型工业，加大吸引外资的力度，扩大出口能力，增加就业机会，并进一步提高生产技术和经济管理水平。目前，已有12家中资企业入驻其出口加工区。值得注意的是，中国政府已提出中非产能合作的重要国别，其中坦桑尼亚就成为第一批加入中国国际产能合作进程的国家之一，两国政府已于2015年4月28日草签了关于产能合作的框架协议。坦桑尼亚为此将实现工业化列为正在制定的五年发展规划的核心，以便与双方议定的产能合作计划相对接。

积极引进外部的技术、资金和管理，使非洲国家在工业化道路上实现跳跃式发展，从而加快工业化进程。

---

[1] Ruchita Beri, *Evolving India – Africa Relations: Continuity and Change*, Occasional Paper, No. 76, Feb. 2011, p. 7.

第五，大工业需要大市场。非洲大陆不断加快的经济一体化的进程为工业化创造良好环境。近年来，在非洲国家的共同努力下，非洲大陆经济一体化进程明显加快，主要体现在：在全非大陆层面，2012年召开的两届非盟首脑会议都采用了同一个主题，即"促进非洲区内贸易"，由此可见，经济一体化已经成为非盟首脑会议的关注重心。第18届非盟首脑会议通过了两个重要决议：一是《关于非洲发展基础设施的计划的决议》，旨在打破区内贸易的瓶颈国；二是《关于鼓励非洲区内贸易和建立非洲自由贸易区的决议》，旨在促进区内贸易、深化市场一体化，更好地融入全球经济。第19届非盟首脑会议又重申了上届会议通过的第二个决议。在这次会议上，非洲国家确立了在2017年前建成非洲自由贸易区的目标，并提出了可根据实际进展加以调整的"四步走"的路线图和时间表：第一步：2014年，完成由东南非共同市场（简称"东共体"）、南部非洲发展共同体（简称"南共体"）和东南非共同市场组成的三位一体的自由贸易区协议；第二步：通过与上述三位一体自由贸易区类似的途径，其余的次区域经济合作组织在2012—2014年完成自由贸易区协议；第三步：在2015—2016年，把三位一体自由贸易区与其他自由贸易区合二为一；第四步：2017年，非洲自由贸易区正式运作。[①] 建立非洲自由贸易区的计划，使非洲大陆层面经济一体化的目标更加明确和具体，这将大大推动非洲经济一体化的进程。目前，由东共体、南共体和东南非共同市场组成的三方自贸区（覆盖6.25亿人口，相关国家国内生产总值总额达到1.2万亿美元，占整个非洲生产总值的58%）已经开始运作。经济一体化对营造非洲大市场，促进非洲工业化进程，无疑是个积极因素。

当下，非洲大陆进入了工业化进程的黄金发展期。一方面，非洲大陆整体和各个非洲国家都在总结历史经验的基础上，制定了推进经济转型和工业化的规划和政策。另一方面，发展农业、重视基础设施建设、积极引进国外资金与技术、加快经济一体化，都成为非洲大陆和国家积极推动并且取得卓有成效的领域。毫无疑问，今天非洲工业化所取得的

---

① Assembly/Au/Dec.1（XVIII），"Declaration on Boosting Intra-African Trade and the Establishment of A Continent Free Trade Area（CFTA）"，http：//www.au.int/resources，2016-02-02.

成绩，超过了以往历史上任何一个时期，它已经站在历史的高峰。

四 结论

综上所述，本文的结论是：第一，工业化既是人类社会通往现代化进程中的必由之路，也是非洲国家和人民始终追求的目标，这是非洲大陆工业化进程的根本动力；第二，为了实现非洲大陆的工业化，非洲国家在独立后进行了不懈的尝试与探索，这为日后工业化进程积累了宝贵的物质基础与思想遗产；第三，经过多年的探索，进入21世纪，非洲经济发展进入快车道，工业化进程随之加速。毫无疑问，今天的非洲工业化正处于历史上的黄金发展期。当然，由于非洲大陆经济落后，工业化基础十分薄弱，加之非洲大陆特殊的国情，决定了非洲实现工业化将是漫长而又曲折的历史过程。尽管今后还可能出现反复，但是工业化进程必定是一个不可逆转的历史进程，同时也是一个必然能够到达目的地的进程。

（本文原刊发于《西亚非洲》2016年第4期）

企业并购视角下的非洲经济内生性增长活力分析

杨宝荣[*]

摘　要：非洲已经成为全球并购充满活力的地区。在金融危机影响持续发酵的背景下，非洲并购的特点表明，非洲参与全球经济的活力正在得到进一步释放。一方面，在全球经济多地区普遍投资缺乏活力的背景下，对非投资并购增加，表明国际投资银行对未来非洲发展的进一步重视。另一方面，随着持续多年的高增长，非洲本土企业成为并购的积极参与方，内生性增长充满活力。在地区、国家、产业并购驱动下，非洲企业的国际竞争力在逐步提高。

关键词：非洲　企业并购　内生性增长　三级驱动

金融危机之前多数非洲国家的快速增长使世界出现了诸如"21世纪是非洲的世界"的看法。但金融危机的持续发酵，国际大宗商品价格的持续走低，已直接影响到非洲的发展，由此对非洲持续增长的担忧重新出现。非洲能否成为21世纪世界经济活力地区，一个重要的衡量指标即国际对非投资趋势及非洲内生性增长能力的变化。企业并购作为产业链的完善和扩展，是重要的行业合作方式，也是衡量这种趋势的重要参考指标。

---

[*] 杨宝荣，中国社会科学院西亚非洲研究所研究员。

一　非洲市场企业并购趋势及特点

非洲市场的企业并购持续多年保持增长。其并购规模在金融危机发生初期出现短暂下滑后，仍保持了强劲增长态势。

（一）非洲市场企业并购趋势

1. 非洲市场成为国际并购热点地区

首先，非洲市场企业并购多年保持活力，并购金额大幅提高。从20世纪90年代以来，非洲市场并购一直保持活力，即使在2008年金融危机后，这一趋势仍较为强劲。早在2012年12月，非洲开发银行就非洲市场的企业并购专门报道指出，过去20年，非洲的跨国并购从1990年的4.85亿美元飙升到了2010年的440亿美元。非洲正在变成全球重要的并购地区而备受国际投资银行关注。通过并购参与非洲市场经营已经成为国际对非投资的重要途径。（AfDB，2012）其次，非洲市场企业并购数量呈较快增长。研究非洲市场并购的文献表明，除受2008年金融危机影响，非洲市场企业并购数量短期回调后，2008年到2015年，非洲市场企业并购数量基本保持了较快增长。其间并购数量累计达到1897项，其中2015年达到年度最高的290项（见表1）。从全球范围来看，2008年到2014年，非洲市场并购额年均增幅13%，增速在全球地区排名第三。前两位分别是拉美和欧洲（见表2）。最后，非洲市场并购额占全球份额比重有大幅提升。2008年非洲市场并购额占全球比重仅约1.5%，但在2010年上升到14.6%，2012年飙升到创纪录的19.2%。

表1　　　　　2008—2015年非洲并购规模及数量　　　　单位：项

类别年份	未披露交易额并购数量	并购额小于1500万美元并购数量	并购额1500万—1亿美元并购数量	并购额1.01亿—2.5亿美元并购数量	并购额2.51亿—5亿美元并购数量	并购额大于5亿美元并购数量	并购总量
2008	64	51	97	37	16	14	279
2009	41	39	61	23	7	6	177

续表

类别\年份	未披露交易额并购数量	并购额小于1500万美元并购数量	并购额1500万—1亿美元并购数量	并购额1.01亿—2.5亿美元并购数量	并购额2.51亿—5亿美元并购数量	并购额大于5亿美元并购数量	并购总量
2010	47	36	53	20	9	13	178
2011	52	41	58	29	9	21	210
2012	63	37	60	27	12	15	214
2013	94	54	65	29	7	13	262
2014	103	51	66	33	20	14	287
2015	128	50	70	23	14	5	290
2008—2015	592	359	530	221	94	101	1897

资料来源：Mergermarket, the fourth edition of Deal Drivers Africa.

2. 非洲市场企业并购被国际投资银行长期看好

首先，促进非洲市场企业并购增长的动力仍将长期存在。人口超过11亿，且经济活动人口占42.5%的非洲拥有全球尚未商业开发的巨大自然资源。经历多年的高速增长使非洲的资源潜力正变成现实的增长力。随着金融危机的发酵，发达国家经济复苏疲软，但国际金融机构如世界银行、非洲开发银行等机构都预测非洲的增长潜力正在释放，未来有望保持持续增长。通过跨国并购布局具有巨大市场潜力的非洲市场符合跨国公司的发展需要。其次，开放的市场及并购条件进一步改善。很多非洲国家日益重视打造开放的对外合作平台，在吸引外资、改善投资环境方面较为积极，这为企业并购创造了条件。如在埃塞俄比亚，政府一直努力实施私有化战略。埃塞俄比亚并购2006年之前几乎不存在，但之后发展较快。三家国有酿酒企业breweries随后被国际企业并购，并购方分别来自Heineken, Diageo and Duet Group，总并购额高达5亿美元。最后，持续多年的高增长为非洲的消费市场繁荣和投资热奠定了基础。据非洲开发银行2011年报告数据，过去30年的经济增长，使非洲的中产阶级人数超过3.1亿。到2015年，非洲已经连续15年实现5%的年均增长率，不断增加的需求成为经济增长的动力。

表 2　　2008—2014 年并购目标地区及交易额　　（单位：百万美元）

目标地区	2008	2009	2010	2011	2012	2013	2014	年增长率（%）
北美	14520	15420	22200	54187	13306	26923	13364	-50
拉美	16924	12139	23957	22084	13872	2792	11911	327
亚太	29611	20506	38955	38297	41055	25365	8520	-66
欧洲	26432	4608	6613	3564	10424	3863	5820	51
非洲	1844	3285	16657	20282	19940	2927	3294	13
俄罗斯	3553	3836	3718	23894	5418	17939	1687	-91
中东	—	-1605	1605	131	—	7500	39	-99
总额	92884	58189	113705	162439	104015	87309	44635	-49

资料来源：Mergers, Acquisitions and Capital Raising in Mining and Metals 2014 Trends 2015 Outlook, Buy, Build or Return? p. 47.

（二）非洲市场企业并购特点

1. 并购热点地区和国家差异较大

其一，热点地区仍较为集中。根据国际机构近年来非洲市场并购的研究统计，43% 的并购集中在南部非洲，而西非、北非、东非占比均为 17%。相比较，中部非洲仅占 6%。相应地，并购主体的投资方公司基地 47% 来自南非、17% 来自北非、16% 来自西非、15% 来自东非、5% 来自中部非洲。被并购企业 74% 来自私营企业、6% 来自国营企业。其二，热点国家较为突出。基于市场规模和工业化条件，近年来非洲并购热点国家仍集中在南非、尼日利亚、肯尼亚等国。2015 年，尼日利亚是非洲最大并最有活力的并购市场之一。其中 25 项并购交易额达 32 亿美元。虽然同比并购数量下降了 22%，相比于 2014 年的 32 项并购，但交易额仍高达 95 亿美元。尼日利亚政府收入的约 70% 来自石油，而油价的下跌导致尼日利亚货币波动较大。在并购领域，能源、矿业和公共设施领域是并购热点领域。2015 年，这些领域的并购占并购总数的 28%，并购额占比为 54%。

2. 行业多元化特征显著

其一，资源行业仍是并购的重要领域。有研究人员（Thomson Reuters）跟踪的非洲 2011 年 9 月到 2012 年 2 月间 236 项并购活动中，能源、矿业及市政公共设施这三个领域占有绝对高比重。由于撒哈拉以南非洲多国资源尚未进行大规模商业开发，由此资源行业成为重要的领域。在该行业的相关并购额由2009年的47亿美元增加到2010年的113亿美元。其中规模最大的项目包括2012年第一季度"欧亚资源集团"（Eurasian Natural Resources Corporation）在刚果金的高达12.5亿美元的项目并购。另外，相比于对非投资长期主要集中在能矿领域，2008年到2013年，非洲市场并购行业特征趋于扁平化。就其公布的并购项目而言（见图1），2008年到2013年非洲市场并购行业占比相对稳定，特别是金融服务业、消费业、电信传媒科技、商业服务业、建筑业、生物制药、休闲娱乐等领域的项目占比达到80%。随着2014年国际大宗商品价格走低，对非能矿领域的并购投资出现了进一步的下降，而金融、消费、商业服务、生物制药、休闲娱乐等行业的投资有所上升（见图2）。在整体并购数量上升而这些行业的并购没有随着能矿业的不景气而下降的现实表明，国际并购方对并购市场发展前景的足够信心。

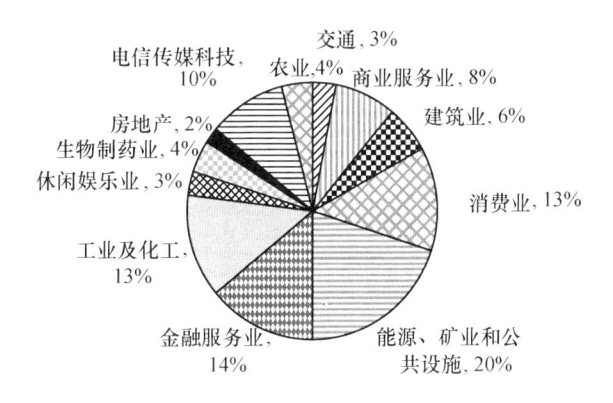

图1 2008—2013年非洲并购市场行业占比

资料来源：Mergermarket, the fourth edition of Deal Drivers Africa。

3. 并购投资正成为绿地投资的重要补充

其一，绿地投资规模较大。以2013年、2014年为例，当年宣布的对非绿地投资金额分别为551.2亿美元、883.0亿美元，而对非企业并购额仅为38.3亿美元、50.6亿美元。并购投资占绿地投资的比重低于8%。绿地投资规模之大，表明非洲市场开放度提高的同时体现出非洲产业发

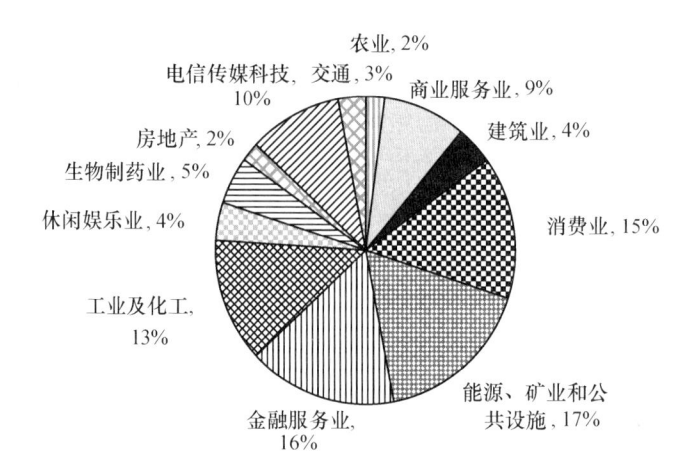

图 2　2014—2015 非洲并购市场行业占比

数据来源：Mergermarket, the fourth edition of Deal Drivers Africa。

展水平较低及当前国际投资机构对非投资处于市场布局阶段。其二，并购领域初级行业占有较高比重，而绿地投资领域制造业、服务业占比较高。根据世界投资报告数据，2010年到2014年，对非绿地投资初级产业占比20.4%，制造业占比37.2%，服务业占比42.4。相比，对非并购额不考虑2012年的大幅下滑外（该年度对非并购除制造业领域外，初级产业和服务业并购均为逆流入），其间初级产业占比30.1%，制造业占比29.4%，服务业占比40.5%。

综上，在当前金融危机持续发酵及国际经济调整背景下，非洲仍是国际投行和企业参与并购的重要地区。相比于长期以来非洲存在的经济活力不足，当前的并购充分表明非洲仍是全球充满活力的市场。

二　非洲经济内生性增长活力分析

尽管以国际并购为代表的世界对非投资持续关注，但非洲经济能否可持续发展，仍将受制于多种因素的影响。正如国际货币基金组织2015年10月经济展望报告所指，尽管近年来非洲经济保持了强劲的增长，但是撒哈拉以南非洲的贸易额同全球贸易额的增幅并不同步，随着贸易量的增加，非洲的贸易不平衡问题也在扩大。而20世纪90年代以来，驱动非洲经济增长的重要因素，包括改善政策、提高援助、债务减免、强劲的全球资本流动性、不断提高的大宗商品价格等有利因素都开始消退。因此，从长远来看，非洲经济要实现持续的快速增长需要提高非洲经济的竞争力。这主要表现在三个方面：产业多元化摆脱对大宗商品经济的依赖、提高出口水平、产业融入全球价值链。

因此，分析经历多年对非并购热是否促进了非洲产业结构的变化、是否释放了非洲经济内生性动力的活力，对研究非洲经济未来发展走向将有重要意义。从当前来看，持续的并购对非洲的内生性增长正起到积极的作用。这主要集中体现在以下几个方面。

（一）经济内生性增长的激发动力多元化

受历史原因和自身投资环境差等因素影响，长期以来促进非洲经济增长的国际资本流入严重不足，但近年来这一形势发生了根本变化。

1. 欧美重新重视非洲市场并积极扩大在非投资业务

长期以来，来自欧洲的投资方是非洲市场并购的主角，其参与力度远远高于其他地区。安永2015年报告表明，10年前，北美国家，特别是美国企业是欧洲企业在非并购的主要挑战。按照投资国家划分，则美国企业在对非并购中处于第一位。近年来，随着非洲经济活力的恢复，欧洲企业再次大举投资非洲。欧盟在寻求通过经济伙伴协议（EPAs）谈判促进和加强在非洲的投资。2005年，来自西欧、亚太、北美、中东、欧洲其他地区、拉美和加勒比地区的直接投资数量占投资总额的比重分别为39.0%、17.5%、24.6%、8.8%、1.3%、0.9%。2007年到2010年，西欧对非投资数量占比超过40%。2013年7月9日《青年非洲》刊登的英国富而德律师事务所（Freshfields）研究报告指出，过去十年间，法国和英国的企业共计参与了578项非洲企业并购活动，投资总额达610亿欧元（两国分别为305亿欧元）。

2. 并购是来自发展中国家对非投资的重要方式

世界投资报告2015年就非洲地区投资形势指出，尽管发达国家企业在对非直接投资仍占较大比重，但发展中国家的投资在增加，包括绿地投资和并购，其中并购资产主要是来自发达国家跨国公司放弃的企业资产。随着金融危机的发生，一些西方公司出让在非洲的业务股权为发展中国家并购提供了条件。研究发现，尽管近年来就发展中国家对非并购的统计数据存在差异，但毫无疑问，印度、阿联酋、中国等国的对非并购备受国际关注。如2010年，中国和印度在非洲并购额占总额的36%。2013年《青年非洲》指出，过去十年间，中国企业在非洲参与了49项并购活动，投资额为208亿欧元。《经济学人》2013年也刊文指出，迄今为止，在非洲进行最多的入境并购交易的亚洲国家是印度。2016年1月19日迪拜《宣言报》报道，美国是对非洲最大投资国，法国、中国、阿联酋、葡萄牙都在加大对非投资，而阿联酋已成为对非直接投资第四大来源国。其中重要的并购包括2010年印度巴帝电信（Bharti Airtel）公司以107亿美元收购科威特"赞恩"（Zain）公司在非洲除摩洛哥和苏丹外的全部资产，而"赞恩"在非洲约有4200万用户，涵盖15个非洲国家。2013年，印度石油天然气公司（ONGC）麾下的海外作业公司（ONGC Videsh）和印度石油勘探公司共同出资24.75亿美元，收购Videocon集团在莫桑比克鲁伍马区块-1的10%股份。2014年，印度国有控股公司组成的财团"国际煤炭风险投资有限公司"（ICVL）提出以2亿美元的出价收购力拓集团持有的莫桑比克的三个煤炭项目。2014年5月，阿联酋电信（Etisalat）同法国维旺迪集团（Vivendi SA）旗下公司摩洛哥电信（maroc Telecom）达成并购协议，在摩洛哥电信收购前者在加蓬、贝宁、尼日尔、科特迪瓦、中非共和国和多哥的六家分公司后，由阿联酋电信集团购买摩洛哥电信集团53%的股份成为摩洛哥电信集团的控股公司，据称该笔并购将耗资42亿欧元。

3. 非洲本土企业参与市场并购充满活力

近年来，来自非洲地区国家的内部并购较为活跃，充分表明非洲内生性增长的市场动力正在提升。"波士顿咨询公司"（BCG）在研究近年来非洲本土企业发展的基础上认为（BCG，2010），"过去十年中，非洲在全球的发展被新兴市场国家的快速发展光芒所遮盖，但无疑非洲企业的表现是不俗的。非洲企业正成为快速扩张和不断提高竞争力的全球经济参与方"。尽管非洲企业整体规模较小，但作为一个新兴参与体，其集体力量正在得到体现。来自阿尔及利亚、摩洛哥、埃及、尼日利亚、南非等国的公司在非洲大陆的并购交易中非常活跃。安永2015年报告表明，

2014年，来自非洲地区内的直接投资数量占投资总额的比重为19.2%，2005年该数值为7.9%。相应地，非洲企业的内部并购也充满活力。2014年，外部对非洲并购额为110亿美元，而非洲内部并购额约40亿美元。2015年，受全球经济不景气影响，非洲以外地区在非洲的并购连续第三年下滑，同比下降了16%，达到2004年以来的最低点，但非洲本土主导的并购却在2015年以153亿美元接近1998年的历史高点（1998年并购额为161亿美元），2015年，外部对非并购约90亿美元。2015年，非洲内部发生的很多大型项目并购主要集中在电信和金融领域。如尼日利亚第二大移动通信公司以6亿美元并购科特迪瓦无线通信公司，乌干达金融机构（Atlas Mara）并购卢旺达人民银行45%的股份。2014年，该金融机构还收购卢旺达开发银行75%的股份。此外，非洲企业对外并购也在2015年达到了新高，并购额是2014年的3倍。其中最大的并购是南非投资署金刚石项目对英国零售商高达30亿美元的并购。

4. 非洲海外侨民也通过并购方式投资非洲

据世界银行估计，生活在境外的非洲人超过3000万，侨汇是很多非洲国家的重要外汇收入来源，每年汇入非洲的侨汇超过400亿美元。一些国家侨汇甚至超过外国直接投资和官方开发援助，如摩洛哥、埃及、佛得角等国。随着近年来非洲经济的持续增长及投资环境的逐步改善，越来越多的非洲侨民开始重视回国创业，并购成为重要的参与方式。2012年非洲开发银行的研究就指出，推动近年来非洲持续增加的私募股权投资来源主要包括三部分：开发性金融机构（主要来自欧美，特别是欧洲的DFIs）、非洲海外侨民（主要是在欧美接受过良好教育的商业精英以设立风险投资基金或私募回投非洲，这些非洲商界精英投资非洲除认识到非洲发展机遇外，更重要的是希望以实业促进非洲的发展）、非洲政府及企业设立的投资基金。非洲本土投资方正成为一个快速上升参与者，特别是非洲国家的非国营企业。尽管目前尚未有专门研究非洲海外侨民并购的数据公布，但迹象表明，海外侨民对非投资正出现前所未有的热情，如一些非洲侨民成立多个私募网站，积极鼓励海外侨民回国创业。非盟也将海外侨民回流投资作为工作重点。

（二）经济内生性增长的结构性驱动逐步形成

并购案例表明，近年来对非并购活跃国家主要集中在传统的工业化水平较高国家，以及资金流动性较好的资源型国家和人口大国。相关因素已经成为促进非洲内生性增长的三级驱动：地区驱动、国家驱动和产业驱动。并购地区和国家的集中，不仅体现出相关地区或国家的产业基础优势，同时也是投资环境较好的体现。

1. 地区驱动

上文并购数据表明，受相关地区一体化进程、区域市场特点、产业规模效应等综合因素影响，地区驱动已经成为非洲经济内生性增长活力的重要因素。除北非、西非和南部非洲外，近年来东非地区受益于大量油气资源的商业开发及政局的稳定，该地区已经成为新的地区增长驱动。并购数据表明，近年来非洲并购吸引力排名首先是南部非洲、其次是东部非洲，但东非地区的排名是上升最快的。2014年东非地区并购数量排名第四，2015年排名上升到第二，年内并购交易32宗，交易额11.4亿美元。该地区2015年GDP增长预计5.6%，高于撒哈拉以南非洲的4.6%的增长率。根据非洲开发银行预计，东非地区2016年GDP增速有望上升到6.7%。

2. 国家驱动

在各地区，一些国家作为经济增长的火车头作用较为突出。如南部非洲的南非、西部非洲的尼日利亚、北非的埃及、东非的肯尼亚、莫桑比克等国。拥有1.7亿多人口及丰富油气资源的尼日利亚对外资的吸引力较大。而作为非洲制造业强国的南非，不仅是吸引外资并购的重量级国家，同时也是对非洲其他国家并购最为活跃的国家。如2012年，非洲前十位并购的一半多项目集中在南非。2015年，非洲并购排名前三位的是尼日利亚、南非和肯尼亚。而尼日利亚本地投资者活跃，也成为多数并购的主体。

3. 产业驱动

根据内生性增长理论，内生的技术进步是保证经济持续增长的决定因素。在非洲，以网络通信技术为代表的产业发展正成为经济增长的驱动。一方面，网络通信技术的快速发展正成为推动商业模式的现代化的重要动力。2015年，撒哈拉以南非洲有7个非洲国家互联网用户超过千万，13个国家互联网用户占总人口比重超过40%，其中网络使用人数占人口总数的比重排名前三位的分别为肯尼亚、尼日利亚、南非，占比分别达到69.6%、51.1%、49%。网络通信技术的普及使电子商务、移动支付平台等充满活力。据麦肯锡报告，到2025年，网络服务将覆盖非洲50%的人群，非洲电子商务有望达到零售业10%的份额，或750亿美元。另一方面，通信技术研发有助于提升非洲的产业技术水平，为产业驱动注入持久动力。据《今日美国》2016年6月17日报道，随着全球资本的流入和本地业务的发展，非洲在经历一场前所未有的科技浪潮，不仅出现了近200个的技术创新中心，也吸引了大批在美国硅谷从事软件研发的非洲人返乡创业。

（三）非洲企业国际竞争力逐步提高

1. 产业多元化发展形势显著

改变产业单一、促进产业结构多元化发展是非洲提升自主发展能力的重要内容，长期以来受到非洲国家的重视。研究表明（张忠祥，2016），自主发展已成为当前非洲经济转型的指导思想，强调经济转型应该由非洲人自己主导。而经济结构的多元化，无疑是实现自主发展的重要内容。近年来的并购数据表明，对非投资的热点已经不仅是来自传统的增长点——采掘业，而是呈现较多行业的广泛兴起，而不同国家在高增长点行业有着显著的不同。农业、银行、食品消费、基础设施、矿业、油气和电信等领域，成为关注重点。这有助于改变非洲长期存在的产业结构单一和失衡问题。根据非洲开发银行数据，非洲矿业产值占GDP的比重由2005年的38.8%下降到2012年的35.1%，而服务业则由46.1%上升到49.3%（AFDB，2015）。产业多元化有助于非洲国家促进产业结构的合理。

2. 劳动生产率逐步提高

受教育水平低下等因素影响，非洲产业技术工人短缺及劳动生产率低下是长期以来制约非洲产业发展的重要因素。并购行业数据显示，工业领域的并购排名第三位。而国际产业对非参与度的提升，对非洲劳动生产率的提高有着显著作用。研究表明（"波士顿咨询公司" BCG，

2010），20世纪50年代到20世纪末期，非洲的劳动生产率整体处于下降态势。1980年到2000年，非洲年均劳动生产率提高比例为-0.4%。但2005年到2008年，企业并购地区的非洲国家劳动生产率都有不同程度的提高。如阿尔及利亚的劳动力成本每小时提高了80%，尼日利亚提高了50%，埃及提高了30%。其间非洲综合劳动生产率年均提高幅度为2.8%，尽管低于巴西、中国、印度的7.7%的年增幅，但高于美国提高幅度的1.5%，及西欧提高幅度的1%。

3. 社会治理和经济增长进入良性互动

几乎在所有的对非并购研究风险评估中，非洲国家的政局稳定都被列为重要风险指标。安永2015年数据表明，投资者对该项风险的顾虑占总风险的比重排名第一，达55%。非洲国家的政治生态脆弱性对外国投资的负面影响是显而易见的。但是，从历史唯物主义视角看，造成这种现象的存在是多种因素长期作用下形成的。就近年来发展态势而言，非洲市场环境却在发生明显的改善。其一，研究表明，相比于长期存在的地区冲突及政局非正常更迭，2000年以来非洲国家在政局稳定和社会治理方面处于独立以来的最好时期（The World Bank and the OECD，2015）。其二，投资环境自主修复能力增强。如2011年北非动荡后，大量外资流出该地区。但在相关国家的努力下，局势很快得到控制，政局重回稳定。由此，外资流入迅速恢复活力。2014年北非地区吸引的外国直接投资数量同比上升了22%，投资额占非洲的比重达到51%。

综上，尽管许多非洲国家面临大宗商品价格周期回落、货币风险严重的困境，但非洲并购市场的活跃不仅充分折射出国际社会对非洲市场长期增长潜力的看好，同时也反映出非洲产业发展所取得的积极变化。内生性增长活力对促进非洲经济持续增长将发挥更加积极的作用。

（本文原刊发于《国际经济合作》2016年第10期）

非洲投资法律环境的变迁及应对

朱伟东[*]

摘　要：非洲投资法律环境主要由非洲各国国内投资法律环境和国际投资法律环境组成。其中，非洲国际投资法律环境主要由非洲国家缔结的双边投资保护条约以及非洲国家加入的地区性和国际性多边投资条约组成。2000年以来，非洲国内投资法律环境出现四个明显特点或趋势：国内投资环境宽松化、本土成分扩大化、争议解决国内化以及国内仲裁体制现代化。双边投资法律环境的特点主要表现为双边投资条约数量激增、投资条约分布失衡以及投资条约内容的转向。非洲地区性投资法律环境呈现两大特点：一是共同体内投资法律一体化，二是共同体内投资争议解决区域化。非洲国际投资法律环境的特点则主要表现为多边投资担保机制完善，投资争议解决专门化，涉及非洲国家的投资争议案件大量增加。非洲投资法律环境的变迁必然会对我国对非投资带来相应的影响，为此，中国政府相关部门以及对非投资企业应针对非洲投资法律环境的变迁采取相应的措施。

关键词：非洲　投资法律环境　投资法　中国对非投资

进入21世纪以来，非洲的投资法律环境发生了巨大变化。在对投资法律环境进行评价时，一般会考虑投资东道国的法律制度是否完备、法

---

[*] 朱伟东，中国社会科学院西亚非洲研究所研究员。

律设施是否完善、司法活动是否公正以及当地人们的法律意识是否强烈等方面的因素。世界银行每年的营商环境报告都把一国的法律制度、法律制度的实施和执行水平作为衡量该国营商环境的重要指标。因此，本文将主要从法律制度和法律设施方面对非洲 2000 年以来特别是过去十年来的投资法律环境的变迁进行分析。一国的投资法律制度既包括国内法律制度，也包括该国缔结的双边条约以及该国加入的地区性和国际性多边条约组成的国际法律制度。影响投资的法律制度包含许多方面，为了便于分析，本文仅限于分析与投资密切相关的法律制度，如国内专门的投资立法或对外国投资影响较深的法律制度、双边投资保护条约以及专门调整投资活动的国际条约等。对于法律设施的分析也主要集中于专门解决投资争议的相关司法和仲裁机构。本文试图通过对 2000 年后非洲投资法律环境变迁的分析，揭示非洲投资法律环境的可能发展趋势以及它可能对中国对非投资带来的影响，并在此基础上提出中国政府、企业和个人如何应对非洲投资法律环境的变迁，以更加有效地推动中非经贸关系的可持续发展。

一 非洲国内投资法律环境的发展

进入 21 世纪以来，非洲国家为了引进外来投资，促进经济发展，改善民生，纷纷制定和修改相关投资立法，为外资创造良好的投资法律环境。为了使本地的自然资源更好地造福本地人民，非洲国家近年来还纷纷修改矿产、油气方面的投资法律规定，扩大这些领域的本土成分。为了应对因扩大本土成分而产生的或可能产生的各类投资争议，一些非洲国家近年来还修改法律，禁止外国投资者将投资争议提交国际仲裁机构解决，但同时对国内仲裁环境进行完善。

（一）投资环境宽松化

通过投资立法吸引外资，对非洲大陆来说已是司空见惯。有许多非洲国家曾在不同时期制定过不同的投资立法。"实际上，投资立法在非洲是一种常态而不是例外。"① 进入 2000 年后，面对新的经济发展形势和难得的历史机遇，非洲国家更是掀起了投资立法的高潮。根据笔者的统计，自 2000 年来，共有 33 个非洲国家制定或修改了单行的投资立法。其中 2000 年至 2009 年制定和修改了单行投资法的非洲国家有 13 个，它们是中非共和国（2001）、毛里求斯（2001）、喀麦隆（2002）、刚果（金）（2002）、刚果共和国（2003）、塞舌尔（2004）、塞内加尔（2004）、塞拉利昂（2004）、赞比亚（2006）、布隆迪（2008）、马达加斯加（2008）、乍得（2008）、南苏丹（2009）。2010 年至今制定或修改单行投资立法的非洲国家有 20 个，它们是冈比亚（2010）、利比里亚（2010）、利比亚（2010）、毛里塔尼亚（2012）、埃塞俄比亚（2012）、科特迪瓦（2012）、多哥（2012）、加纳（2013）、苏丹（2013）、肯尼亚（2014）、尼日尔（2014）、卢旺达（2015）、南非（2015）、索马里（2015）、安哥拉（2015）、几内亚（2015）、纳米比亚（2016）、阿尔及利亚（2016）、突尼斯（2016）、埃及（2017）。②

之所以分成两个时期说明 2000 年以来非洲国家的投资立法情况，是因为 2008 年前后爆发的国际金融危机以及 2011 年发生的北非政治动荡局势给非洲经济发展带来一定的影响，通过不同时期投资立法的对比，可以看出非洲国家为应对金融危机、减少政治动荡局势对外资带来的消极影响所采取的态度，例如，北非的阿尔及利亚、埃及、突尼斯都在动荡局势发生后修改了本国的投资法。

上述投资立法大都规定了各类不同的投资激励措施，或设立了一站式投资法律服务中心。例如，埃及投资法针对不同类型的外资规定了不同的投资激励措施，包括一般激励措施、专项激励措施和附加便利措施。根据不同的投资项目或针对不同地区的投资，投资者可以享受免除印花税、公证费、关税减免、应税净利润中核减相应投资成本等各种优惠待遇。该法第 21 条还决定在埃及投资和自由区总局及其分支机构设立"投

---

① Kojo Yepaala, In Search of a Model Investment Law for Africa, African Development Bank Law for Development Review, available at SSRN: https://ssrn.com/abstract=1011166.
② 上述数据是笔者根据联合国贸发会投资政策中心网站的信息整理而成，http://investmentpolicyhub.unctad.org/InvestmentLaws。

资服务中心",为投资者提供与投资相关的各类服务工作。阿尔及利亚新投资法取消了对投资者施加的保持外汇平衡的义务,同时为投资者提供了三类投资激励措施:适用于所有适格投资者的共同优惠措施,如税收减免、费用抵扣或减免等;适用于工业、农业和旅游业领域投资的附加优惠措施;以及适用于对阿尔及利亚发展具有特殊利益的投资的特殊优惠措施。该法第四节还规定,阿尔及利亚国家开发和投资局(ANDI)以及该局下设的四个中心负责各类投资管理和服务事宜,以简化投资程序,加快投资审批进程。其他的一些非洲国家如尼日利亚、埃塞俄比亚、津巴布韦、南苏丹、坦桑尼亚、南非、博茨瓦纳、纳米比亚等也大都在2000年后先后建立了一站式投资服务中心。

非洲国家上述立法规定和一站式投资服务中心的建立,为外国投资提供了宽松的投资环境,也在一定程度上改善了所在国整体的营商环境。根据世界银行的报告,2005年至2014年,全球营商环境改革进步最快的50个经济体中有19个来自非洲,如卢旺达、毛里求斯、加纳、尼日利亚、安哥拉、塞内加尔和摩洛哥等。根据世界银行《2015年营商环境报告》,营商环境改善最大的10个经济体中,有5个位于撒哈拉以南非洲。[1] 在世界银行《2018年营商环境报告》中,南亚和撒哈拉以南非洲地区营商环境有所改善的经济体所占比重仅次于欧洲和中亚地区。[2]

(二)本土成分扩大化

过去十年来,本土成分(local content)在资源丰富的发展中国家受到越来越多的关注。"本土成分"一般是指外国投资者在东道国进行投资活动时,要采购一定数量的本地产品和服务、雇用一定比例的当地人员并进行技能培训、增加当地股份或股权参与等。[3] 通过立法或制定政策实施本土成分要求,一般都是出于一定的社会、政治和经济考虑。在非洲,实施本土成分立法或政策被视为解决年轻人失业率、减少社会动荡和促

---

[1] 世界银行《2015年营商环境报告》。
[2] 世界银行《2018年营商环境报告》。
[3] Michael W. Hansen, Lars Buur, Ole Therkildsen and Mette Kjar, The Political Economy of Local Content in African Extractives: Lessons from Three African Countries, paper presented at.

进工业化的一种可能手段。① 为此，许多非洲国家纷纷制定或实施了本土成分的立法和政策，特别是在矿业、石油和天然气领域，有的国家还成立了专门机构以负责本土化立法和政策的实施。例如，尼日利亚在 2010 年制定了《尼日利亚油气行业成分发展法》，并设立了尼日利亚本土成分监管局，以负责监督该法所设定的本土化目标的实施；肯尼亚在 2016 年《矿业法》规定了许多本土成分要求，还设立了国家矿业公司以实施本土化规定；坦桑尼亚国民议会在 2017 年 6 月通过的《自然财富和资源合同（不合理条款审查和重新谈判）法》《自然财富和资源（永久主权）法》以及《杂项修正法》等三部立法对本土成分提出更高要求。其他许多非洲国家近年来有关矿业和油气领域的立法和政策也都对本土成分作出明确规定，如喀麦隆、加蓬、刚果（金）、纳米比亚、安哥拉、乌干达、莫桑比克、肯尼亚等。

还有一些非洲国家已经制定或正考虑制定全面的本土成分立法，如南非早在 2003 年就制定了《广义黑人经济赋权法》，津巴布韦在 2007 年制定了《本土化与经济赋权法》并在 2010 年颁布了《本土化与经济赋权条例》，② 赞比亚在 2008 年制定了《公民经济赋权法》。莫桑比克在 2014 年启动制定全面的本土成分立法，目前草案正在审议中，乌干达在 2017 年向议会提交了《本土成分法案》，肯尼亚的《本土成分法案》在 2018 年 4 月已经议会三读通过，有望很快成为正式法律，该法计划设立一个国家本土成分发展委员会，推动本土化的实施。

在上述实施本土化的非洲国家中，南非和尼日利亚的做法相对成功，例如，尼日利亚通过实施本土成分规定有望为该国创造 30 万个就业岗位，③ 同时本地商品和服务的采购比例从 2010 年的 35% 提高到 2015 年的 70%。④

---

① Ovadia J. S., Local Content and Natural Resource Governance: the Cases of Angola and Nigeria, Extr. Ind. Soc., 2014, p. 139.

② 不过，在姆南加古瓦就任津巴布韦总统后，津巴布韦政府已宣布修改本土化政策，仅在钻石和铂金行业保留津巴布韦本地人必须持股 51% 以上的规定。

③ Samson Gabriel, "300000 Jobs Expected from Nigeria's Local Content", *Financial Watch*, 27 September, 2017.

④ ACET, Comparative Study on Local Content in Mineral, Oil and Gas Sectors: Policies, Legal and Institutional Frameworks – Trends and Responses in Selected African Countries, Synthesis Report, July 2017, p. 13.

其他一些国家由于本土成分的规定过于模糊，或由于当地缺乏必需的专业技术人才或相应的商品和服务，本土化没有取得预期的效果，如乌干达、赞比亚、埃塞俄比亚、安哥拉等。还有些非洲国家在实施本土化要求时，由于操之过急或缺乏与利益相关者的有效沟通，导致外国投资者人心惶惶，甚至撤走投资，[1] 有的还引发了投资者与投资东道国政府之间的投资争议。[2]

（三）争议解决国内化

对于投资争议，投资东道国通常要求在国内法院或仲裁机构解决，而投资者则希望在一个中立的第三方或国际机构解决此类争议。为了增强投资者的投资信心，非洲国家大都在投资法中对投资争议解决做了明确规定，而且大部分国家的投资法都规定可以通过国际性仲裁机构如解决投资争端国际中心（ICSID）、国际商会仲裁院（ICC）等解决投资争议，以消除外国投资者的后顾之忧。但近年来非洲国家投资立法出现的一个新情况是，开始有越来越多的非洲国家立法限制外国投资者将投资争议提交国际仲裁机构解决，而要求他们必须在投资东道国的相关机构解决此类争议。

例如，埃及新投资法规定，外国投资者与埃及政府之间发生的投资争议根据不同类型应选择在申诉委员会、投资争议解决委员会以及投资合同争议解决委员会或埃及仲裁中心通过调解或仲裁方式解决；纳米比亚2016年《投资法》规定，对投资设立后发生的投资争议，外国投资者可在纳米比亚通过调解、诉讼或仲裁方式解决；南非2015年《投资保护法》虽然保留了通过国际性仲裁机构解决投资争议的可能性，但却规定

---

[1] 如津巴布韦在穆加贝总统执政时期实施本土化法的情况。姆南加古瓦总统上任后，津巴布韦新政府为吸引外资，不得不修改本土化法的相关规定，其中"本地人占股需超过51%"的规定将只适用于铂金和钻石矿开采企业，其他类型的企业不再需要满足这一要求。

[2] 如南非在实施《矿产和石油资源开采法》中有关本土成分的规定时，就与意大利和卢森堡的一些投资者发生投资争议，该争议还被提交给解决投资争端国际中心，后双方和解解决了争议；坦桑尼亚在2017年通过三部有关本土化的立法后，在该国投资黄金开采活动的英国Acacia黄金公司和南非Anglo黄金公司已针对坦桑尼亚政府的上述立法向国际仲裁机构提起了投资争议仲裁请求。http://www.miningmx.com/news/gold/30016-anglogold-turns-un-arbitration-law-changes-threaten-geita/。

只有外国投资者在南非用尽当地救济且取得南非政府的同意后，才可将此类争议提交国际仲裁解决。坦桑尼亚2017年的《自然财富与资源合同（不合理条款审查与重新谈判）法》排除了外国投资者通过国际仲裁或国际诉讼解决争议的可能性。根据该法，外国投资者与坦桑尼亚政府之间就矿业开采所产生的投资争议不得在坦桑尼亚以外通过仲裁或诉讼方式解决。

上述非洲国家的做法与世界上其他一些发展中国家近年来对待投资争议解决的做法是一样的。这些国家认为，将投资争议提交国际仲裁解决会干涉国内有关部门对本国经济发展进行规制的权力，而且让某些外国的仲裁员来判断本国政府为了公共利益而采取的相关政策或措施是否合法，也很难令人接受。这也是国际投资仲裁合法性危机的一种反映。[①]随着非洲国家在矿业、石油和天然气等行业本土化的进一步推进，以及在环境保护、公共健康等领域采取的措施进一步增强，非洲国家可能会面临更多的投资争议。将投资争议解决国内化，可以在一定程度上使非洲国家的国内政策避免受到过多的外部干扰，但另一方面这种做法会动摇投资者的投资信心，会让投资者担心投资争议在投资东道国能否得到合法、公正、合理的解决。

（四）仲裁体制现代化

为了消除投资者的担心，让投资者乐意选择在非洲国家的仲裁机构进行仲裁，许多非洲国家近年来不断完善国内商事仲裁体制，努力营造仲裁友好型的国内环境，致力于实现国内商事仲裁体制的现代化。具体而言，非洲国家主要从三个方面实现国内商事仲裁体制的现代化：一是积极加入1958年《承认与执行外国仲裁裁决的纽约公约》（以下简称《纽约公约》），为本国仲裁裁决的国际执行铺平道路。截至本文写作时

---

① 相关分析参见 Charles N. Brower and Stephan W. Schill, Is Arbitration a Threat or Boon to the Legitimacy of International Investment Law? *Chicago Journal of International Law*, No. 2, 2009, pp. 471 – 498; Ruth Teitelbaum, A Look at the Public Interest in Investment Arbitration: Is it Unique? What Should We Do about It? Berkeley J. Int' l. L. Publicist, Vol. 5, 2010, pp. 54 – 62; Barnali Choudhury, Recapturing Public Power: Is Investment Arbitration's Engagement of the Public Interest Contributing to the Democratic Deficit? *Vanderbilt Journal of Transnational Law*, Vol. 41, 2008, pp. 775 – 832。

(2018年4月6日)，在《纽约公约》的159个成员国中，有37个成员国来自非洲。① 其中2000年后批准该公约的非洲国家有11个，分别是布隆迪（2014）、科摩罗（2015）、刚果（金）（2014）、加蓬（2006）、利比里亚（2005）、卢旺达（2008）、赞比亚（2002）、圣多美和普林西比（2012）、安哥拉（2017）、佛得角（2018）和苏丹（2018）。还有一些非洲国家最近表达了加入该公约的愿望。例如，索马里在经过多年战乱后，为了吸引外资，已在着手制定首部仲裁法并考虑加入《纽约公约》。②

二是许多非洲国家以联合国国际贸易法委员会的《国际商事仲裁示范法》（以下简称《示范法》）为版本制定或修改了本国仲裁法。《示范法》旨在对各国的国际商事仲裁立法进行协调，它规定了非常先进的制度，如充分尊重当事人意思自治、确保程序公正、减少法院干预、便利裁决的执行等。至今，已有78个国家的109个法域以《示范法》为版本制定了自己的仲裁法。非洲目前已有11个国家根据《示范法》制定了本国仲裁法，分别是尼日利亚（1990）、埃及（1994）、肯尼亚（1995）、津巴布韦（1996）、马达加斯加（1998）、赞比亚（2000）、突尼斯（2006）、毛里求斯（2008）、卢旺达（2008）、乌干达（2016）、南非（2017）。③ 其中卢旺达、毛里求斯和南非还直接采纳了2006年的《示范法》修正版本。④ 可以明显看出，这些仲裁立法时间主要集中在20世纪90年代中后期以及2000年以后，表明了这些非洲国家在这一时期为完善

---

① 这37个国家分别是：阿尔及利亚、贝宁、博茨瓦纳、布基纳法索、布隆迪、喀麦隆、中非共和国、科摩罗、刚果（金）、科特迪瓦、吉布提、埃及、加蓬、加纳、几内亚、肯尼亚、莱索托、利比里亚、马里、毛里塔尼亚、马达加斯加、毛里求斯、摩洛哥、莫桑比克、尼日尔、尼日利亚、卢旺达、塞内加尔、南非、突尼斯、乌干达、赞比亚、津巴布韦、圣多美和普林西比、安哥拉、佛得角和苏丹。笔者根据《纽约公约》网站上的信息整理而成，http://www.newyorkconvention.org/countries。

② https://www.iarbafrica.com/en/news-list/178-somalia-on-the-road-to-ratifying-the-new-york-convention%20（last%20accessed%203%20March%202017）.

③ 以上信息整理自《示范法》网站，http://www.uncitral.org/uncitral/en/uncitral_texts/arbitration/1985Model_arbitration_status.html。

④ 南非2017年通过的《国际仲裁法》尤其值得关注。该法直接将联合国国际贸易法委员会的《示范法》和《调解规则》以及1958年的《纽约公约》作为三个附件纳入其中，这表明了南非希望将自己打造成非洲国际商事仲裁中心的强烈决心。

本国商事仲裁环境而付出的努力。

三是许多非洲国家努力建设高水平的仲裁机构,以期成为当事人解决投资争议的首选。为了便于解决有关商事争议,亚非法律协商组织早在 20 世纪 80 年代前后与埃及和尼日利亚签署协议,分别在开罗和拉各斯成立了开罗地区国际商事仲裁中心和拉各斯地区国际商事仲裁中心。① 拉各斯仲裁中心和开罗仲裁中心还分别在 2013 年和 2014 年与解决投资争端国际中心签署合作协议,在解决投资争议方面开展合作。最近几年,非洲国家的仲裁机构大量涌现,如南非、莫桑比克、毛里求斯和刚果的一些仲裁机构在 2007 年联合设立了非洲 ADR 中心,② 肯尼亚在 2013 年成立了内罗毕国际仲裁中心,毛里求斯政府与伦敦国际仲裁院在 2012 年联合成立了毛里求斯国际仲裁中心,卢旺达在 2012 年成立了基加利国际仲裁中心。其中毛里求斯国际仲裁中心和基加利国际仲裁中心的发展已取得令人瞩目的成绩。③ 值得注意的是,为了应对日益增多的中非争议,在中国法学会的推动下,开罗仲裁中心、拉各斯仲裁中心、南部非洲仲裁基金会④还与中国的一些仲裁机构实施了中非仲裁员互聘计划,上海国际仲裁中心、深圳国际仲裁中心、北京仲裁委员会等还与南部非洲仲裁基金和内罗毕国际仲裁中心分别在 2015 年 11 月和 2017 年 3 月成立了中非联合仲裁中心约翰内斯堡中心和中非联合仲裁中心北京中心、深圳中心,2018 年 6 月,中非联合仲裁中心内罗毕中心也宣布正式成立。

---

① 对开罗地区国际商事仲裁中心的介绍,参见朱伟东、Mohamed Rouf《开罗地区国际商事仲裁中心主持下的仲裁及其他 ADR 程序》,载《仲裁与法律》第 120 辑;对拉各斯地区国际商事仲裁中心的介绍,参见朱伟东《非洲涉外民商事纠纷的多元化解决机制研究》,湘潭大学出版社 2013 年版,第 201—224 页。

② 对该中心的介绍,参见朱伟东、周婷《非洲 ADR 中心争议解决规则概述》,《非洲法评论》2015 年第 9 期。

③ 对非洲仲裁机构的介绍,参见 Paula Hodges QC, Peter Leon, Craig Tevendale and Chris Parker, Commercial Arbitration in Africa: Present and Future, Inside Arbitration, Issue 3, Feb. 2017, pp. 8 - 9; Dr. Fidele Masengo, A Regional Success Story: The Development of Arbitration in Rwanda, Inside Arbitration, Issue 3, Feb. 2017, pp. 11 - 13.

④ 对该仲裁机构的介绍,参见朱伟东《南部非洲仲裁基金的仲裁程序》,载《仲裁研究》2013 年第 34 辑。

二 非洲双边投资法律环境的发展

双边投资条约是目前调整国际投资的一种主要法律手段。对非洲国家而言，双边投资保护条约具有更加重要的意义。一方面，在许多外国投资者看来，非洲国家法治意识淡薄，贪污腐败现象严重，司法程序拖沓冗长，对投资会带来诸多危机和挑战，他们希望本国政府能够和非洲国家签订双边投资保护条约，以便对他们的投资进行保护;[①] 另一方面，许多非洲国家也希望通过签署双边投资保护条约，增强投资者的信心，增加外来投资。在这些因素的推动下，非洲双边投资条约发展呈现如下几个特点。

（一）双边投资条约数量激增

自德国在1959年与巴基斯坦签署世界上第一个双边投资保护条约以来，双边投资保护条约数量迅猛发展，截至本文写作时，世界上签署的双边投资保护条约的数量已达3228个。在非洲，自1961年5月多哥与德国签署了非洲大陆上的第一个双边投资保护条约，至今非洲国家双边投资保护条约的数量已达911个。根据来自联合国贸发会投资政策中心网站的信息，在1960—1989年，非洲国家签署双边投资保护条约142个，在1990—1999年数量为303个，在2000—2018年数量为466个。可以明显看出，2000年后，非洲双边投资保护条约的数量有显著增长。

（二）双边投资条约分布失衡

非洲双边投资条约分布的不均衡主要体现在两个方面：一是非洲内部不同国家缔结的双边投资条约分布不均衡；二是非洲国家之间缔结的双边投资条约与非洲国家和非洲以外其他国家缔结的双边条约的分布存

[①] Magalie Masamba, Africa and the Bilateral Investment Treaties: To "BIT or Not?", available at http://www.polity.org.za/article/africa-and-bilateral-investment-treaties-to-bit-or-not-2014-07-23; Stuart Bruce and Juliette Huard-Bourgois, Maximising Investment Protection in Africa: the Role of Investment Treaties and Investment Arbitration, available at https://www.lexology.com/library/detail.aspx?g=1e540917-3888-460f-9b0c-298c52ad864e.

在不均衡。就前者而言，截至本文写作时，签订双边投资条约数量超过30个的非洲国家只有9个，它们分别是（按数量高低）：埃及（100个）、摩洛哥（68个）、突尼斯（54个）、阿尔及利亚（46个）、毛里求斯（46个）、南非（40个）、利比亚（37个）、津巴布韦（33个）、埃塞俄比亚（31个）。① 就后者而言，根据从贸发会投资政策中心网站收集的数据，非洲国家似乎更乐于与非洲以外的国家签订双边投资保护条约，而非洲国家之间却不太热衷于此类条约。例如，至今非洲国家之间签订的双边投资保护条约只有170个，而非洲国家与非洲以外国家之间签订的双边投资保护条约有743个。② 根据联合国非洲经济委员会2016年的一份报告，除布基纳法索、喀麦隆、几内亚、马里和尼日尔外，其他所有非洲国家与非洲以外国家签订的双边投资保护条约的数量都高于它们与其他非洲国家签订的条约的数量。③ 这种状况不利于非洲内部投资的发展，会影响一体化进程的实现。不过，该报告也指出，随着非洲一体化步伐的加快，这种条约分布不均衡的状况也许会改变。④

（三）双边投资条约内容转向

在国际投资往来中，非洲国家主要是作为资本输入国出现的。为了吸引其他国家特别是发达国家的投资，非洲国家在签订双边投资保护条约时没有讨价还价的能力，不得不接受发达国家提供的投资保护条约的范本。从内容上看，这些双边投资保护条约偏向于保护投资者的利益，更加重视投资者的权利而不强调它们应承担的义务。例如，这些条约大都为投资者规定了国民待遇、最惠国待遇、公平和公正待遇以及给予它们充分的安全与保障，投资东道国负有不得对它们的投资进行征收或国有化的义务，在对投资进行征收或国有化情况下，投资东道国必须给予投资者以充分、及时有效的赔偿。这些投资条约还规定，在发生投资争议时，外国投资者还可直接针对投资东道国提起相应请求，特别是在解

---

① 这些数据是笔者根据联合国贸发会投资政策中心网站上的信息整理而成。
② 考虑到一些条约的废除或修改，该网站提供的数据稍有出入。
③ Economic Commissions for Africa, UN, Investment Policies and Bilateral Investment Treaties in Africa: Implications for Regional Integration, 2016, pp. 17 – 19.
④ Ibid..

决投资争端国际中心提起相应的仲裁请求。现在很多国家包括非洲国家都认识到，这种只重视投资者权利而不强调投资者义务的条约规定，对投资东道国的经济发展极为不利，它们会束缚投资东道国为提高公众福利、劳工待遇或保护环境而采取监管措施的权力。当投资东道国采取的监管措施触及投资者的利益时，它们就会动辄以违反了公平、公正待遇为由将投资东道国诉至解决投资争端国际中心等机构。

为了改变旧的双边投资保护条约所带来的消极影响，更好地平衡投资者和投资东道国之间的权利和义务，非洲国家双边投资条约的内容开始转向，即在签署双边投资保护条约时，更加重视投资者和投资东道国之间权利和义务的平衡。非洲国家在作出这种转向时，出现了两种趋势：一是通过谈判重新签订内容更加平衡的"新一代"双边投资保护条约；二是终止双边投资保护条约，通过制定国内法对外资待遇和保护作出规定。喀麦隆、贝宁、尼日利亚、马里、塞内加尔、科特迪瓦在2014年前后与加拿大签署的双边投资保护条约就属于"新一代"类型。例如，贝宁—加拿大双边投资保护条约在兼顾双方权利义务平衡的同时，特别强调鼓励投资者履行企业社会责任，同时该条约还对投资争议解决做了非常详细的规定，有利于缓解投资东道国对解决投资争端国际中心仲裁程序的不满。[1] 为了帮助成员国能够更好地谈判和签署更加平衡的双边投资保护条约，南部非洲发展共同体（SADC）还在2012年颁布了《双边投资保护条约示范版本》，供成员国采纳。

南非的做法则代表了非洲国家针对旧的双边投资保护条约的第二种趋势。1994年新南非政府成立后，为吸引外资，与其他国家签订了许多双边投资保护条约。这些偏重保护投资者利益的条约为日后南非新政府推行黑人经济振兴政策带来障碍。2007年，意大利和卢森堡的投资者根据南非与意大利和卢森堡之间的双边投资保护条约将南非诉至解决投资争端国际中心，理由是南非根据《矿业与石油资源开发法》要求他们把

---

[1] Magalie Masamba, Africa and the Bilateral Investment Treaties: To "BIT or Not?", available at http://www.polity.org.za/article/africa-and-bilateral-investment-treaties-to-bit-or-not-2014-07-23; Stuart Bruce and Juliette Huard-Bourgois, Maximising Investment Protection in Africa: the Role of Investment Treaties and Investment Arbitration, available at https://www.lexology.com/library/detail.aspx?g=1e540917-3888-460f-9b0c-298c52ad864e.

其矿业公司26%的股权转让给"历史上受到不公正待遇的南非人"的做法，违反了投资保护条约的规定，构成间接征收，因此要求南非政府赔偿他们的损失。该案最终和解解决。但该案后南非贸工部即对以往签订的双边投资保护条约进行审查，决定终止到期的双边投资保护条约，不再续签新的此类条约，而是通过制定国内法来对投资作出规范。[①] 经过多年酝酿和讨论后，南非最终在2015年通过了《投资保护法》，该法的目的是根据南非法律给外资提供保护，平衡公共利益与投资者权利和义务之间的平衡，确认南非为公共利益对投资进行规制的主权权力。[②] 该法还规定只在有限的条件下才接受投资争议的国际仲裁解决。[③] 肯尼亚2016年《矿业法》以及坦桑尼亚2017年《自然财富与资源合同（不合理条款审查与重新谈判）法》也不接受矿业领域的投资争议通过国际仲裁方式解决，这也是对以往双边投资保护条约规定的一种明显转向。

三 非洲地区性投资法律环境的发展

为了推动非洲地区一体化的实现，非洲国家建立了许多地区性经济共同体。它们希望这些地区性经济共同体能够逐步从自由贸易区、关税同盟、共同市场向经济联邦乃至政治联邦过渡，最终实现非洲经济共同体（AEC）。为实现这一目标，非盟已认可八个非洲地区性经济共同体，并授权它们逐步向此目标挺进，最终合并成非洲经济共同体。[④] 目前，这些地区性经济共同体发展进程不一，但它们都对本区域内贸易和投资问题给予了很大关注。从过去十年来的发展来看，非洲地区性投资法律环境呈现两大特点：一是共同体内投资法律的一体化；二是共同体内投资

---

① 参见朱伟东《南非投资促进与保护法案评析》，《西亚非洲》2014年第2期。南非迄今为止签署了49项双边投资保护条约，但它已终止了与英国、瑞士、西班牙、荷兰、德国、法国、丹麦、比利时—卢森堡经济联盟、奥地利等国签署的9项双边投资保护条约。

② 南非《投资保护法》第4条。

③ 南非《投资保护法》第13条。

④ Richard Oppong, Legal Aspects of Economic Integration in Africa, Cambridge University Press, 2011, p.1. 非盟认可的这八个非洲地区性经济共同体是南部非洲发展共同体、东非共同体、东南非共同市场、西非国家经济共同体、政府间发展组织、阿拉伯马格里布联盟、中非国家经济共同体、萨赫勒—撒哈拉国家共同体。

争议解决的区域化。

（一）共同体内投资法律的一体化

早在20世纪70年代，就有非洲学者呼吁对非洲的投资法律进行一体化和协调化，因为在各国各自制定投资法时，它们就会为吸引投资者而竞相降低有关环保、劳工等公共领域的法律标准和要求，这会造成一种恶性竞争，最终对非洲发展带来不利影响。[1] 还有学者认为，非洲国家各自谈判和签署双边投资保护条约，也会造成恶性竞争的后果，而且对非洲地区一体化带来严重挑战。[2] 为此，非洲一些地区性经济共同体在过去十年来采取了许多措施，促进各自共同体内投资法律的一体化。

一些非洲地区性共同体直接制定在成员国内统一适用的投资法律，实现了共同体内投资法律的一体化。采取这种做法的有南部非洲发展共同体（以下简称"南共体"）、西非国家经济共同体（以下简称"西共体"）和东南非共同市场。南共体在2006年8月制定了《金融和投资议定书》，该法已于2010年4月生效。西共体在2008年12月通过了《共同体共同投资规则补充法案》，该法案已在2009年1月生效。东南非共同市场在2007年5月通过了《东南非共同市场共同投资区域投资协议》，由于批准该协议的国家没有达到法定数量，该协议还没有生效。这几部共同体的地区性投资法律对投资事项作了非常明确的规定，特别是它们都非常注重投资者权利和义务的平衡。例如，西非国家经济共同体的《共同体共同投资规则补充法案》专门有一章规定了投资者的义务和责任。

另外，一些非洲地区性共同体采用示范法（model law）的方式实现本区域内投资法的一体化。2000年生效的《东非共同体条约》第80条规定，成员国应努力"对包括涉及税收以及利用当地材料和雇员在内的投资激励措施进行协调化和合理化，以推动共同体成为单一的投资区域"。

---

[1] Akiwumi, A. M., "A Plea for Harmonization of African Investment Laws", *Journal of African Law*, Vol. 19, 1975.

[2] Yao Graham, BITs a Challenge to Regional Integration to Africa, Third World Resurgence No. 290/291, October/November 2014, pp. 5–7.

为了帮助成员国实现投资法律的一体化,东非共同体在2006年通过了《东非投资示范法》。这一示范法并不具有法律约束力,它可以供成员国在制定本国的投资立法时直接采纳该法或作为参考。通过这种方式,可以对成员国的投资法律进行协调化和一体化。

为了配合更大范围内非洲自贸区的实现,非洲国家还在推动更大范围内投资法律一体化。例如,2015年6月,26个非洲国家政府首脑在出席非洲经济峰会时签署协议,决定将东非共同体、东南非共同市场和南部非洲发展共同体这三大地区性组织整合成三方自由贸易区。根据三方协议,三方自贸区将努力推动三方成员国形成单一的投资区域,并制定政策和战略以促进跨境投资,减少本地区的营商费用,创建有利于私有行业发展的投资环境。此外,根据2012年1月在亚的斯亚贝巴第九次非盟—地区性经济共同体—东非共同体—非洲发展银行委员会会议的建议,非盟委员会已着手进行制定《泛非投资法》(*Pan-African Investment Code*)的调研工作。[①]

(二) 共同体内投资争议解决的区域化

为了确保共同体条约以及共同体通过的各类法律文件得到统一的解释和适用,并妥善处理各类争议,非洲一些地区性经济共同体还成立了各自的共同体法院,如2000年后成立的西共体法院、东共体法院、南共体法院等。这些共同体法院都允许成员国、共同体机构、法人和自然人在共同体法院内提起诉讼。这样,对于因共同体通过的投资法律而产生的投资争议,外国投资者在符合相应的条件后,就可在共同体法院提起诉讼。这在一定程度上使投资争议解决得以区域化。2007年10月,津巴布韦的一些白人农场主针对津巴布韦政府实施的土地征收活动把津巴布韦政府起诉到南共体法院。南共体法院受理了该案并作出了判决。[②]

另外,非洲地区性经济共同体通过的投资法律大都规定,因这些法

---

① Economic Commissions for Africa, UN, Investment Policies and Bilateral Investment Treaties in Africa: Implications for Regional Integration, 2016, p. 36.

② Mike Campbell (Pvt) Ltd. and Others v Republic of Zimbabwe (2/2007) [2008] SADCT 2 (28 November 2008). 对该案的评析,参见朱伟东《津巴布韦"土地征收案"述评》,《西亚非洲》2011年第3期。

律所产生的争议可以提交给共同体法院解决。如南共体《金融和投资议定书》、西共体《共同体共同投资规则补充法案》以及《东南非共同市场共同投资区域投资协议》都规定，投资者与成员国之间的投资争议可以提交给南共体法院、西共体法院或东南非共同市场法院解决。非洲商法协调组织（OHADA）在2017年修订的《仲裁统一法》以及《司法与仲裁共同法院仲裁规则》也规定，投资者与成员国之间的投资争议可以提交给该组织设立的司法与仲裁共同法院通过仲裁方式解决。①

不过，应该注意的一种新情况是，虽然很多非洲地区性经济共同体都授权共同体法院可以受理投资者针对成员国提起的投资争议，但成员国是否执行共同体法院的判决，以及在涉及成员国利益时地区性经济共同体能否坚守原则和规定还令人怀疑。例如，在南共体法院受理的津巴布韦土地征收案中，津巴布韦法院拒不执行该法院作出的判决。由于这一案件，2012年8月18日召开的南共体元首大会决定无限期中断南共体法院的工作，要求对《南共体法院议定书》的规定进行重新审议，将今后该法院的管辖权仅限于国家之间的争端。南共体元首大会的这一决定使运行还不到10年的南共体法院陷于瘫痪。②

四　非洲国际性投资法律环境的发展

非洲国家在完善国内立法、积极缔结双边投资条约的同时，还通过参加与投资相关的国际多边公约来完善本地区的投资法律环境。国际上对外资密切相关的国际多边公约主要有1985年的《多边投资担保机构公约》（以下简称《担保公约》）、1965年的《解决国家与他国国民间投资争端的华盛顿公约》（以下简称《华盛顿公约》）以及1958年的《纽约公约》。许多非洲国家在其立法中明确规定要加入或遵守这些与投资相关的国际多边公约，例如，乍得2008年《投资法》第8条规定，为了创造有利于投资的安全的立法和司法环境，国家要遵守双边投资保护条约以

---

① 朱伟东：《仲裁新规改革重点》，《中国投资（非洲版）》2018年第4期，第84—85页。
② 朱伟东：《津巴布韦土地征收案的最新发展及影响》，http://iwaas.cssn.cn/xslt/fzlt/201508/t20150831_2609373.shtml。

及多边条约的规定，特别是《担保公约》和《华盛顿公约》的规定。喀麦隆 2002 年《投资法》第 11 条规定，国家应成为有关投资的双边投资保护条约和多边投资保护条约的成员国，它还特别提到喀麦隆是《纽约公约》《华盛顿公约》和《担保公约》的成员国。非洲的一些地区性组织也通过有关投资的地区性立法文件鼓励成员国加入上述多边公约，例如南共体《金融与投资协定》第 21 条规定，成员国应考虑加入旨在促进或保护投资的多边公约，如 1958 年《纽约公约》、1965 年《华盛顿公约》以及 1985 年《担保公约》。由于前面已分析过非洲国家加入《纽约公约》的情况，现对非洲国家参与《担保公约》和《华盛顿公约》的情况做一分析。

（一）《担保公约》

《担保公约》是在世界银行 1985 年汉城年会上通过的，它在 1988 年 4 月 12 日生效，并在 2010 年 9 月进行过修订。该公约设立了多边投资担保机构（MIGA）。签署该公约及设立该机构的目的是鼓励成员国向发展中国家投资，并为私人投资者向发展中国家的投资提供担保，以促进和保护投资。针对发展中国家的普遍情况，多边投资担保机构承保的投资风险包括货币汇兑和转移险，战争、恐怖活动和内乱险，征收险，违约险以及主权金融债务不能兑付险。截至 2018 年，在该公约的 181 个成员国中有 53 个非洲国家。[①] 多边投资担保机构已为很多非洲国家的基础设施、电力、矿业等项目的投资提供了担保。[②] 因此，可以说在一定程度上，非洲国家加入《担保公约》增强了投资者的投资信心，改善了当地的投资法律环境，促进了非洲国家经济的发展。

（二）《华盛顿公约》

1965 年《华盛顿公约》是南北双方既斗争又妥协的产物，它为解决

---

① 根据多边投资担保机构官方网站上的信息，除尼日尔和西撒哈拉外，其他 53 个非洲国家都已加入了《担保公约》。

② 多边投资担保机构为非洲投资项目提供担保的情况，可以参见 Migabrief, "MIGA in Sub-Saharan Africa", available at https：//www.miga.org/documents/SubSaharanAfrica.pdf。

投资者和国家之间的投资争议设立了解决投资争端国际中心（ICSID）。在《华盛顿公约》起草时，大部分非洲国家已经独立。作为发展中国家，它们积极参与公约的起草过程并给予公约草案以极大支持。在《华盛顿公约》草案正式通过后，非洲国家对该公约的签署和批准表现出十分踊跃的态度，这是因为它们希望通过签署和批准该公约来吸引大量的外国投资。截至1979年在该公约通过后不到15年的时间里，就有38个非洲国家批准了该公约。① 实际上，在2000年以前大部分非洲国家就已成为《华盛顿公约》的成员国。截至2018年，有45个非洲国家是该公约的成员国，在2000年后加入该公约的非洲国家只有佛得角、南苏丹与圣多美和普林西比三国。②

非洲国家批准《华盛顿公约》的目的是吸引外资，但对于一些非洲国家来说，在批准该公约后不但没有获得急需的外资，反而让它们官司缠身。根据解决投资争端国际中心的统计，截至2017年5月31日，在该中心登记的613起投资争议案件中，有135个案件涉及非洲当事方，占全部案件的22%。③ 这135起投资争议案件共涉及38个非洲国家，除南非和利比亚外，其他36个非洲国家都是《华盛顿公约》成员国。从这些案件的时间分布来看，2000年后提起的案件有105起，其中2000年至2009年的案件有39起，2010年至2017年5月31日的案件有66起。这一数量分布与非洲国家2000年后双边投资条约的大量增长是一致的；从案件的地域分布来看，这些案件分布不均衡。主要表现在两个方面。一是非洲大陆内部不同国家涉及的投资争议案件分布不均衡。例如，涉及投资争议前5名的非洲国家分别是埃及（29起）、刚果（金）（9起）、几内亚（7起）、喀麦隆和坦桑尼亚（各5起）、布隆迪、刚果（布）、加蓬、塞

---

① 关于非洲国家签署和批准《华盛顿公约》的情况，参见朱伟东《外国投资者与非洲国家之间的投资争议分析——基于解决投资争端国际中心案例的考察》，《西亚非洲》2016年第3期，第139—141页。

② 既没有签署也没有批准该公约的非洲国家有安哥拉、吉布提、赤道几内亚、厄立特里亚、利比亚、南非、西撒哈拉；已签署而没有批准该公约的非洲国家有埃塞俄比亚、纳米比亚和几内亚比绍。

③ ICSID, The ICSID Caseload – Statistics: Special Focus – Africa（May 2017）, available at https://icsid.worldbank.org/en/Documents/resources/ICSID%20Web%20Stats%20Africa%20(English)%20June%202017.pdf.

内加尔、突尼斯（各4起），这前5名非洲国家所涉投资争议案件数量就达75起。二是非洲投资者针对非洲国家提起的投资争议案件与非洲以外的投资者针对非洲国家提起的投资争议案件分布不均衡。例如，在上述135个投资争议案件中，非洲投资者针对非洲国家提起的投资争议案件仅占21%，而非洲大陆以外的投资者针对非洲国家提起的投资争议案件占了79%；从这些案件涉及的行业来看，石油、天然气和矿业领域的投资争议案件最多（33%），其次是建筑业（10%），列在第三位的是交通运输业和旅游业（各占7%）；从案件提起的依据来看，依据双边投资保护条约提起的投资争议案件最多（45%），其次是依据投资者与投资东道国之间的投资合同提起的投资争议案件（39%），最后是根据投资东道国的投资法提起的投资争议案件（16%）。

从上述数据可以明显看出非洲投资争议的一些特点。一是2000年后投资者针对非洲国家提起的投资争议案件显著上升，特别是在过去十年内，而且投资争议针对非洲国家的数量越来越多。截至2017年5月31日，只有安哥拉、博茨瓦纳、乍得、科摩罗、吉布提、厄立特里亚、埃塞俄比亚、几内亚比绍、莱索托、马拉维、纳米比亚、圣多美和普林西比、塞拉利昂、索马里、斯威士兰、西撒哈拉和赞比亚等17个非洲国家还没有涉及投资争议案件，但这17个非洲国家要么是吸收外资较少的国家，要么是没有批准《华盛顿公约》的国家，如安哥拉、吉布提、厄立特里亚、埃塞俄比亚、几内亚比绍、纳米比亚、西撒哈拉等。二是吸收投资较多的非洲国家特别是自然资源丰富的非洲国家所涉及的投资争议也较多。三是石油、天然气、矿业和建筑业是非洲吸收外资较多的行业，也是最易引起投资争议的行业。四是双边投资保护条约在投资争议的解决中发挥着重要作用。

五 非洲投资法律环境变迁的影响及中国的应对

从上述分析来看，非洲投资法律环境在2000年后呈现明显的新特点、新情况和新趋势，它们会对中国对非投资带来相应的影响。中国方面应评估这些影响并做好应对措施。

（一）非洲投资法律环境变迁的影响

就非洲国内投资法律环境而言，非洲国家投资法律环境的宽松化有利于促进中国对非投资，但本土成分的扩大化趋势会对中国在非洲国家的石油、天然气、矿业等领域的投资带来人力、税收等成本的提高，会在一定程度上影响到中国投资者在这些领域的投资利润。肯尼亚《本土成分条例》还将一些本土化要求适用于建筑等行业，这会对中国在该国的建筑领域的投资带来影响。不排除非洲国家今后将本土化要求适用于其他领域的可能性。从中国商务部 2017 年发布的《中国对外投资合作发展报告（2017）》来看，2016 年中国对非投资存量主要分布在五个行业，依次是建筑业（28.3%）、采矿业（26.1%）、制造业（12.8%）、金融业（11.4%），以及科学研究和技术服务业（4.8%）。其中建筑业和采矿业仍继续保持在前两名的位置。[1] 而非洲本土成分立法主要针对的就是上述两个行业，因此，对于非洲本土成分的立法动态中国投资者必须给予高度关注。从解决投资争端国际中心受理的投资争议案件来看，发生争议比较多的领域也集中在采矿业和建筑业。非洲国家投资立法中争议解决的国内化将会在一定程度上限制中国投资者将发生在采矿业和建筑业领域的投资争议提交给非洲国家以外的机构进行解决。但令人欣慰的是，一些非洲国家正在改善国内的商事仲裁环境，这也为中国投资者解决对非投资争议提供了另外一种选择。

从非洲国家的国际投资法律环境来看，为吸引外资，非洲国家在 2000 年后签订的双边投资保护条约的数量不断增加，而投资者依据双边投资保护条约提起的投资争议案件是最多的，这说明双边投资保护条约在保护外国投资者利益方面仍然具有十分重要的地位。非洲国家双边投资保护条约的增多为中国投资者在非洲投资提供了相应的保障。但需要注意的是，非洲国家的双边投资保护条约分布不均衡，很多非洲国家还没有签署大量的双边投资保护条约，尤其还包括一些吸收外资包括中国投资较多的非洲国家。根据《中国对外投资合作发展报告（2017）》的信

---

[1] 中华人民共和国商务部：《中国对外投资合作发展报告（2017）》，第 101 页，http://fec.mofcom.gov.cn/article/tzhzcj/tzhz/upload/zgdwtzhzfzbg2017.pdf。

息，截至2017年末，中国在非洲地区的投资已遍布52个国家，设立境外企业3200多家，主要分布在南非、刚果（金）、赞比亚、阿尔及利亚、尼日利亚、埃塞俄比亚、加纳、津巴布韦、安哥拉、坦桑尼亚等。例如，中国和安哥拉还没有签署双边投资保护条约，中国和刚果（金）、赞比亚虽已签署双边投资保护条约但尚未生效。需要注意的一种新情况是，一些非洲国家如南非已决定废除或终止与其他国家签署的双边投资保护条约，同时通过国内立法禁止或限制外国投资者利用国际仲裁机构解决投资争议，如埃及、坦桑尼亚、肯尼亚等国的相关立法。非洲国家在今后商谈签署或续签双边投资保护条约时可能会更加注重投资者权利和义务的平衡，这也需要中国有关部门提早筹划，早作应对。

从非洲国家加入的有关投资的地区性和国际性多边条约来看，地区性投资法律的一体化有利于促进中国对相关地区的投资。如果相关地区的所有成员国都适用相同的投资法律制度，这有利于减少相应的法律成本。而地区性争端解决机构的设立可以为中国投资者解决投资争议提供一种区域化的争端解决方式。例如，在2012年就有南非投资者利用南共体的《金融和投资协定》相关规定在国际常设仲裁法院针对莱索托政府的非法征收行为提起仲裁请求。[①] 此前已有津巴布韦的白人农场主根据《南共体条约》的相关规定把津巴布韦政府起诉到南共体法院。

（二）中国方面的应对措施

针对非洲投资法律环境变迁带来的可能影响，在非洲投资的中国企业和个人以及中国政府相关部门可以做出针对性的应对措施。

1. 中国企业和个人层面

对于在非洲投资的中国企业或个人而言，首先要了解非洲国家的相关投资立法，熟悉非洲国家鼓励投资的行业和地区，通过在这些行业或地区进行投资，可以获得相应的优惠待遇。针对非洲国家的本土成分扩大化的

[①] Gerhard Eramus, The First International Arbitration Case under the SADC Finance and Investment Protocol: Lesotho v. Swissbourgh Diamond Mine Case, available at https://www.tralac.org/discussions/article/12350 - the - first - international - arbitration - case - under - the - sadc - finance - and - investment - protocol - lesotho - v - swissbourgh - diamond - mines - case.html.

趋势，中国投资者应在遵守这些法律规定的前提下，做好各类本土化措施，实现本土化经营。对非洲国家过分的或不合理的本土成分要求，中国投资者可以请求中国政府相关部门与非洲国家政府进行交涉，或利用国内法、双边投资保护条约或地区性和国际性多边条约中有关争议解决的规定，提起相应的投资争议解决程序，以切实保护自己的合法投资权益。

其次，在提起投资争议解决程序时，中国投资者应尽量选择通过仲裁方式。考虑到中非经贸投资的现实情况，笔者曾提出，仲裁是解决中非经贸投资争议的最佳选择。① 在选择仲裁时，尽量选择在非洲国家以外的常设仲裁机构。如果不得不选择在非洲进行仲裁，可以选择与中国仲裁机构有中非仲裁员互聘计划或设立有中非联合仲裁中心的非洲仲裁机构，如开罗地区国际商事仲裁中心、拉各斯地区国际商事仲裁中心、南非仲裁基金、内罗毕国际仲裁中心等。另外，要尽量考虑选择采纳了联合国国际贸易法委员会《国际商事仲裁示范法》以及批准了《纽约公约》的非洲国家进行仲裁。② 在投资争议无法通过国内诉讼或仲裁的方式解决时，可以考虑利用非洲的地区性争端解决机构解决此类争议。③

最后，考虑到非洲国家相关投资立法由于政府更迭而经常发生变更的情况，中国投资者在与非洲国家政府签订投资合同时，尽量在合同中纳入稳定条款或冻结条款，以防止立法变化而可能遭致的损失。当在一些同中国还没有签署双边投资保护条约的非洲国家进行投资时，中国投资者还应考虑尽量在合同的争端解决条款中选择在解决投资争端国际中心解决争议。从前面的分析中可以看出，在外国投资者针对非洲国家提起的投资争议中，有大量的投资争议案件是投资者根据与投资东道国的投资合同中的相关条款提起的。当然，争议解决只是一种事后救济手段，争议发生前的各种防范措施更为重要。由于大多数非洲国家都加入了

---

① Zhu Weidong, "Arbitration as the Best Option for the Settlement of China – Africa Trade and Investment Disputes", *Journal of African Law*, Vol. 57, 2013.

② 朱伟东：《非洲涉外民商事纠纷的多元化解决机制研究》，湘潭大学出版社2013年版，第391—392页；朱伟东：《在非洲选择仲裁应注意的问题》，《中国投资（非洲版）》2016年第20期。

③ 朱伟东：《要善于利用非洲的地区性争端解决机构维权》，《中国投资（非洲版）》2016年第16期。

《担保公约》，中国投资者在非洲国家投资时，可以考虑投保多边投资担保机构承保的风险，减少相关投资损失。考虑到非洲国家面临较多的战争、内乱、恐怖主义、政府违约等情况，投保多边投资担保机构的险种十分重要。中国投资者在非洲投资较大的电力、基础设施项目时，尽量选择在多边投资担保机构进行投保。

2. 中国相关政府部门层面

首先，针对非洲国家相关投资立法经常变更的情况，特别是本土成分立法中有关税收、雇员、当地股份等事项的规定，中国政府有关部门应同非洲国家相关部门积极沟通协调，表达自己的关切，争取为中国投资者获得相关规定的豁免适用待遇或宽松适用。一些非洲国家在实施本土化立法时，为了避免引起投资者的过度反应，往往规定某些行业或区域可以豁免适用本土化立法的相关规定，或可以根据投资者的具体情况给予一定变通适用。例如，2018年3月津巴布韦通过的修改后的《本土化和经济赋权法》规定，只有在钻石、铂金开采行业和政府为本国人保留的一些行业实行本土化要求，但外国投资者在获得津巴布韦政府相关部门的特殊批准后，也可涉足政府保留行业。

其次，考虑到双边投资保护条约在保护投资方面的重要作用，应积极推动同非洲国家商签更多的双边投资保护条约或将已签署的此类条约落实生效。至今，中国已同非洲国家签署34项双边投资保护条约，但生效的只有18个，一些中国投资较多的非洲国家如安哥拉、赞比亚、刚果（金）还没有同中国签署此类条约，或虽已签署此类条约但尚未生效。此外，中国与非洲国家签署的双边投资保护条约在内容上还有很多需要改进的地方。[①] 在同非洲国家谈判签署新的双边投资保护条约时，还应注意投资者权利和义务平衡问题，并可参照国际可持续发展研究院的《投资条约范本》，在此类条约中增加劳工标准、环境保护、反腐败等相关内容，以减少非洲国家的顾虑。[②]

[①] 朱伟东：《中非双边投资条约存在的问题及其完善》，《国际经济法学刊》2015年第22卷第1期；Won Kidane, Weidong Zhu, "China – African Investment Treaties: Old Rules, New Challenges", *Fordham International Law Journal*, Vol. 37, 2014。

[②] ［美］翁·基达尼：《中非争议解决：仲裁的法律、经济和文化分析》，朱伟东译，中国社会科学出版社2017年版，第261—262页。

再次，中国有关部门可考虑与非洲的地区性组织商谈签署自由贸易协定。签署此类协定有利于促进非洲一体化的实现，有利于扩大非洲市场，推动中非贸易和投资再上新台阶。在此类自贸协定中，可以将投资事项纳入其中，包括设立相应的投资争端解决机制等。这样，就有利于中国投资者在非洲地区更大范围内进行投资，并为投资提供相应的法律保障。

最后，考虑到近年来一些非洲国家对解决投资争端国际中心的疑虑，如投资争端解决国际中心的仲裁员主要来自欧美等发达国家、仲裁主要在欧美等发达国家的城市进行、仲裁员对非洲法律文化缺乏了解等，一些非洲国家开始有意抵制在该中心解决投资争议，如南非、埃及、坦桑尼亚等。为此，中国有关部门可在中非合作论坛框架下，积极与非洲国家进行沟通和协调，在条件成熟时，可以考虑设立符合中非双方实际情况的中非投资争端解决中心（China – Africa Center for the Settlement of Investment Disputes，CACSID）。[1] 这既可以为中非投资争端的解决提供专属于自己的平台，也可为"一带一路"争议解决机制和机构的建立提供一种思路。

（本文原刊发于《非洲发展报告（2017—2018）》）

---

[1] 朱伟东：《外国投资者与非洲国家之间的投资争议分析——基于解决投资争端国际中心案例的考察》，《西亚非洲》2016年第3期，第159页。

非洲的可持续城市化：挑战与因应之策

朴英姬[*]

摘　要：当前世界范围内的大规模城市化浪潮集中在亚洲和非洲地区，而非洲城市人口增长速度超过亚洲，为世界之首。非洲大陆出现了人口超过1000万的超大城市、境内和跨境的城市走廊，中小城市的增长更加迅猛。2016年非洲城市化水平为41%，预计到2050年非洲城市化率将达到56%。如此快速的城市扩张，对任何国家来说都极具挑战性。缺乏规划性的非洲城市化更是面临着前所未有的经济、社会和环境可持续性的挑战。首先，非洲城市化与经济结构转型相脱节，制造业和现代服务业发展严重滞后，城市的聚集经济效应微弱，对经济增长的拉动作用小。其次，非洲城市以非正规经济活动为主要特征，贫困、不平等和暴力状况严重。最后，非洲城市面临气候变化的负面冲击和城市治理薄弱导致的环境恶化挑战。为应对发展和环境挑战并存的局面，未来非洲城市化需要谋求可持续发展模式，实现经济、社会和环境的平衡发展。

关键词：非洲城市化　非正规部门　气候变化　可持续发展

城市的演进展现了人类从草莽未辟的蒙昧状态到繁衍扩展到全世界的历程。城市代表了人类不再依赖自然界的恩赐，而是另起炉灶，试图

---

[*] 朴英姬，中国社会科学院西亚非洲研究所副研究员。

构建一个新的、可操控的秩序。① 城市化描述的是人口从以农业为主要经济活动的小农定居点，向以工业和服务业为主要经济活动的较大的密集的城市定居点集中所导致的变迁过程。城市化远非城市居民数量的增加，而是由一系列紧密联系的变化过程所推动，包括经济、人口、政治、文化、科技、环境和社会等方面。② 城市化进程既可能是出于人为的安排和规划，也可能是自发的和无计划的。很多发展中国家人口迅猛增长的城市就是自发的和无计划的。③

据联合国报告预测，2014—2050 年，全球将新增 25 亿城市人口，其中约有 90% 位于亚洲和非洲地区。④ 2015 年，非洲城市人口达到 4.72 亿，预计 2040 年将超过 9 亿人。非洲开发银行等机构发布的《2016 年非洲经济展望》报告中指出，城市化是非洲发展的大趋势，并将成为非洲经济结构转型和可持续发展的重要引擎。然而由于缺乏整体规划性，非洲城市扩张的成本过高，面临着前所未有的可持续发展挑战。鉴于确保非洲可持续城市化与实现非洲联盟包容性社会经济转型的战略框架《2063 年议程》与联合国"2030 年可持续发展议程"具有紧密的关联性，本文拟对非洲城市化面临的可持续发展挑战进行深度解构，并寻求有效的应对策略。

一 非洲城市化的发展特征

非洲大陆的城市文明历史悠久。早在公元前 3000 年，非洲就出现了高度发达的城市中心，如北非地区的孟菲斯、底比斯和迦太基。撒哈拉以南非洲地区的早期城市，作为当时的帝国首都，是手工艺和制造业中心，或为重要的贸易中心。在欧洲殖民统治之前，非洲大陆建立了一批

---

① [美]乔尔·科特金：《全球城市史》，王旭等译，社会科学文献出版社 2014 年版，第 1 页。
② [美]Paul L. Knox & Linda McCarthy：《城市化——城市地理学导论》，姜付仁、万金红、董磊华等译，电子工业出版社 2016 年版，第 9 页。
③ [美]约翰·J. 马休尼斯、文森特·N. 帕里罗：《城市社会学：城市与城市生活》（第 6 版），姚伟、王佳等译，中国人民大学出版社 2016 年版，第 4 页。
④ UN, *World Urbanization Prospects* 2014 *Revision*, New York, 2015, p. 1.

"本土城市"。欧洲殖民者的到来,使非洲大陆出现了"二元城市"特征,也就是"本土城市"和"殖民城市"并存的格局。独立之后,大多数非洲城市具有融合了本土和外来要素的"混合城市"特征。20世纪90年代中期以来,随着非洲经济的持续快速增长,城市化迈入新的发展阶段。

(一) 非洲城市人口增长速度居世界首位

非洲的城市化水平正在以前所未有的速度推进。欧洲城市人口占总人口的比重从1800年的15%增加至1910年的40%,经历了110年的时间。非洲城市人口占总人口的比例从1950年的14%,增加到2014年的40%,仅用了64年的时间。1995—2015年,非洲城市人口年均增长率为3.44%,居世界各地区之首(见表1)。

表1　　　　1995—2015年世界各地区城市人口年均增长率　　　(单位:%)

年份 地区	1995—2000	2000—2005	2005—2010	2010—2015	1995—2015
世界	2.13	2.27	2.20	2.05	2.16
非洲	3.25	3.42	3.55	3.55	3.44
亚洲	2.79	3.05	2.79	2.50	2.78
拉丁美洲	2.19	1.76	1.55	1.45	1.74
欧洲	0.10	0.34	0.34	0.33	0.31
北美洲	1.63	1.15	1.15	1.04	1.24
大洋洲	1.43	1.49	1.78	1.44	1.53

资料来源:UN – HABITAT, *World Cities Report 2016*: *Urbanization and Development*, Kenya, 2016, p.7。

非洲城市人口增长的绝对数量惊人,从1995年的2.37亿人猛增至2015年的4.72亿人,20年里增加了一倍。预计2015—2035年,非洲城市人口还将增长一倍。1990年,非洲还是世界上城市居民最少的地区,仅有1.97亿人,预计2020年非洲城市居民有望达到5.6亿,将成为仅次于亚洲的第二大城市居民聚集地区,预计到2050年非洲城市化率将达到56%。[①]

[①] AfDB, OECD & UNDP, *African Economic Outlook 2016*: *Sustainable Cities and Structural Transformation*, 2016, p.147.

概括来说，非洲快速城市化进程的主要推动力在于以下几点。

第一，城市人口自然增长率高。在过去20多年里，绝大多数新增城市人口都是城市人口自然增长的结果。非洲城市妇女的生育率居高不下是城市人口快速增长的主要原因。1960—2010年，突尼斯、埃及、阿尔及利亚、塞内加尔、加纳、科特迪瓦、马里、马拉维、刚果（布）等国的城市新增人口中有超过一半以上源于城市人口的自然增长。2010—2014年，在布隆迪，刚果（金）、马里、尼日尔和尼日利亚，城市妇女平均生育超过5个子女。当前撒哈拉以南非洲地区的人口增长率仍然高达2.9%，远高于亚洲地区（1.7%）。[1] 这反映了非洲城市化本质上是人口现象，并非经济繁荣和就业机会增加的结果。

第二，生存环境恶化导致农村人口向城市迁移。在20世纪60年代，农村移民占城市人口增长的55%，90年代中期以来则只占30%左右。[2] 2010—2015年，在绝大多数非洲国家，农村向城市移民占城市人口增长的比例不足1/3。[3] 农村向城市移民占城市新增人口的比重超过50%的国家只有7个，分别为布基纳法索、佛得角、莱索托、纳米比亚、卢旺达、塞舌尔和南非。在非洲城市新增人口中，来自农村的移民数量呈现明显的下降趋势，这表明非洲城市对农村人口的"拉动作用"在减弱，农村向城市的移民数量一直处于下降态势。在非洲，农村人口向城市迁移并不必然带来更好的就业机会，主要的驱动因素则来自农村公共服务严重匮乏、气候变化导致自然灾害频繁、农业产量下降、武装冲突等。与之相对比，在亚洲和拉美地区，农村人口向城市迁移则是为了获得更好的就业机会。这表明非洲城市化与经济发展的相关性较弱。

第三，农村青年人向往城市生活，倾向于在城市聚集。在非洲城市人口中，15岁至29岁的青年人所占比例增长很快。城市青年人口众多，一方面提高了城市活力和增长潜力，另一方面也给城市发展造成了就业、

---

[1] AfDB, OECD & UNDP, *African Economic Outlook 2016: Sustainable Cities and Structural Transformation*, 2016, p.154.

[2] Maria E. Freire, SomikLall, and Danny Leipziger, *Africa's Urbanization: Challenges and Opportunities*, 2014 The Growth Dialogue Working Paper, No.7, 2014, p.9.

[3] Julia Bello-Scheunemann and Ciara Aucoin, *African Urban Futures*, Institute for Security Studies, African Futures Paper 20, November 2016, p.6.

政治参与和公共服务供给等多重压力，如果应对不当，就容易造成城市暴力的蔓延。[1]

（二）非洲国家的城市化进程差异大

非洲国家的城市化水平差异很大。2015 年，有 19 个国家的城市化水平在 50% 以上，绝大多数是石油生产国和中等收入国家；13 个国家的城市化水平低于 30%，包括低收入国家，如布隆迪、尼日尔、埃塞俄比亚和乌干达等（见表 2）。2015 年，加蓬的城市化水平达到 87%，为非洲国家之首，其次是利比亚（79%）、吉布提（77%）、阿尔及利亚（71%）和突尼斯（67%）。2015 年，非洲城市化水平低于 20% 的国家有尼日尔、南苏丹、埃塞俄比亚、马拉维、乌干达和布隆迪。[2]

表 2　　　　　　　　　　2015 年非洲国家的城市化水平

城市人口占总人口比例	国家	国家数（个）
≥60%	加蓬、利比亚、吉布提、阿尔及利亚、突尼斯、佛得角摩洛哥、刚果（布）、南非、圣多美和普林西比、毛里塔尼亚、摩洛哥、冈比亚	13
50%—59%	博茨瓦纳、塞舌尔、喀麦隆、科特迪瓦、加纳、利比里亚	6
40%—49%	几内亚比绍、尼日利亚、纳米比亚、塞内加尔、安哥拉贝宁、埃及、刚果（金）、赞比亚、马里、毛里求斯、塞拉利昂、索马里、多哥、赤道几内亚、中非共和国	16
30%—39%	几内亚、马达加斯加、苏丹、莫桑比克、坦桑尼亚、津巴布韦、布基纳法索	7
<30%	卢旺达、科摩罗、莱索托、肯尼亚、厄立特里亚、乍得斯威士兰、尼日尔、南苏丹、埃塞俄比亚、马拉维、乌干达、布隆迪	13

资料来源：World Bank, *World Development Indicators 2017*, Washington D. C., 2017, pp. 10 – 14。

---

[1] Julia Bello – Scheunemann and Ciara Aucoin, *African Urban Futures*, Institute for Security Studies, African Futures Paper 20, November 2016, p. 5.

[2] World Bank, *World Development Indicators 2017*, Washington D. C., 2017, pp. 10 – 14.

非洲次区域的城市化速度差异较大,东部非洲和西部非洲的城市化速度较快,北部非洲、南部非洲和中部非洲的城市化速度相对缓慢。2016年,北部非洲的城市化水平为54%,是各区域之首,其次是西部非洲(45%)、南部非洲(44%)、中部非洲(42%)和东部非洲(26%)。预计到2030年,东部非洲和西部非洲的城市化水平将分别提升至33%和57%;北部非洲、南部非洲和中部非洲的城市化水平预计分别为58%、49%和48%(见表3)。

表3　　　　2016—2050年非洲各区域的城市化水平　　　　(单位:%)

区域\年份	2016	2020	2030	2040	2050
北部非洲	54	55	58	61	62
东部非洲	26	28	33	52	45
西部非洲	45	49	57	65	71
中部非洲	42	44	48	52	57
南部非洲	44	45	49	53	55

资料来源:Julia Bello – Scheunemann and Ciara Aucoin, *African Urban Futures*, Institute for Security Studies, African Futures Paper 20, November 2016, p.4。

2016年,非洲城市人口最多的国家是尼日利亚,大约有9200万人,其次是埃及(3700万人)、南非(3600万人)、刚果(金)(3200万人)阿尔及利亚(3000万人)和摩洛哥(2100万人)。预计到2050年,城市人口前五位的非洲国家分别为尼日利亚、刚果(金)、埃塞俄比亚、坦桑尼亚、埃及和南非(见表4)。

表4　　　2016—2050年非洲城市人口数量最多的10个国家　(单位:百万)

排名\年份	2016	2020	2030	2040	2050
1	尼日利亚 92	尼日利亚 111	尼日利亚 171	尼日利亚 247	尼日利亚 327
2	埃及 37	埃及 40	刚果(金) 54	刚果(金) 76	刚果(金) 100
3	南非 36	南非 40	南非 47	埃塞俄比亚 59	埃塞俄比亚 84

续表

年份 排名	2016	2020	2030	2040	2050
4	刚果（金） 32	刚果（金） 37	埃及 46	南非 53	坦桑尼亚 70
5	阿尔及利亚 30	阿尔及利亚 33	阿尔及利亚 41	埃及 52	埃及 59
6	摩洛哥 21	埃塞俄比亚 25	埃塞俄比亚 39	坦桑尼亚 50	南非 57
7	埃塞俄比亚 20	摩洛哥 22	坦桑尼亚 33	阿尔及利亚 48	阿尔及利亚 51
8	坦桑尼亚 17	坦桑尼亚 21	摩洛哥 26	肯尼亚 32	肯尼亚 44
9	加纳 15	加纳 18	加纳 25	加纳 31	安哥拉 42
10	苏丹 14	喀麦隆 15	肯尼亚 22	安哥拉 30	加纳 39

资料来源：Julia Bello–Scheunemann and Ciara Aucoin, *African Urban Futures*, Institute for Security Studies, African Futures Paper 20, November 2016, p. 5。

（三）非洲的大城市圈初具规模

目前，在城市化水平较高的非洲国家逐渐形成了总人口规模超过1000万人的大城市圈。非洲有三个人口超过1000万的超大城市形成的大城市圈，包括开罗、金沙萨和拉各斯。2015年，埃及有超过50%的人口生活在开罗，刚果（金）有超过1/3的人口生活在金沙萨，尼日利亚有15%的人口生活在拉各斯。[1] 预计到2030年，约翰内斯堡（Johannesburg）、达累斯萨拉姆（Dar es Salaam）和罗安达（Luanda）这三座城市的人口也将超过1000万。此外，当有必要的交通和服务与核心城市相联系，并且创造出就业机会的时候，核心城市的周边会出现"卫星城镇"。这些卫星城镇能够起到疏散过度密集的核心城区人口的作用，还有助于

---

[1] Julia Bello–Scheunemann and Ciara Aucoin, *African Urban Futures*, Institute for Security Studies, African Futures Paper 20, November 2016, p. 13.

缓解核心城区的贫民窟和非正规部门膨胀的状况。此时，大城市圈除了核心城市之外，还包括周边的卫星城镇。例如，南非约翰内斯堡和周边城市形成的豪登省城市圈，是南非最具活力的经济引擎。

在非洲，通过交通要道（特别是道路）将孤立的城市彼此相连，在城市之间逐步形成了聚集众多人口和经济活动的线性城市布局，也就是一种带状的城市增长模式，即"城市走廊"。[1] 例如，从开罗至亚历山大的城市走廊、从伊巴丹（Ibadan）至拉各斯（Lagos）至科托努（Cotonou）至阿克拉（Accra）的城市走廊、从肯尼特拉（Kenitra）至卡萨布兰卡（Casablanca）至埃尔贾迪达（EL Jadida）的城市走廊、从金沙萨（Kinshasa）至布拉柴维尔（Brazzaville）的城市走廊。这些城市走廊也被认为是大城市圈。

（四）非洲的中小城市增长迅速

在非洲，中小城市的增长速度最快，并聚集了大多数的城市人口。世界范围内，尽管大城市和超大城市因其所具有的经济和政治上的重要性，在一定程度上引领了城市化的发展，然而这些大城市的增长速度却不是最快的，也没有容纳绝大多数的城市人口。世界上绝大多数增长最快的城市都是人口规模低于100万人的中小城市。中小城市占据了世界城市总人口的59%。在非洲，人口规模少于100万的中小城市占据了城市总人口的62%。[2]

非洲城市化主要受益于中小城市的快速增长。2000—2010年，人口在30万以下的城市群占非洲城市增长的58%，人口在30万—100万的城市群占13%，超过100万人口的城市群占29%。值得注意的是，非洲城市化并不意味着城市与农村地区的彻底分离，实际上传统的城市和农村之间的界限正加速模糊。当前非洲人口总数的82%，超过9.5亿人，生活在低于50万人口规模的城市与农村的交融地区，这个比例在东部非洲为91%，西部非洲为80%，北部非洲为77%，中部非洲为74%，南部非

---

[1] UN – HABITAT, *The State of African Cities 2014: Re – imagining sustainable urban transitions*, Kenya, 2014, pp. 23 – 25.

[2] UN – HABITAT, *World Cities Report 2016: Urbanization and Development*, Kenya, 2016, p. 9.

洲为65%。这表明，绝大多数非洲国家的城市与乡村之间保持着紧密的联系，城市与农村的居民点之间界限并不鲜明，城市化在很大程度上具有"城市村庄"（Urban Villages）的特征。在非洲，大约40%的城市人口从事农业活动。与此同时，越来越多的农村人口从事与城市经济相关联的非农业活动，如在西部非洲，这一比例为25%。非洲城市化呈现普遍的"农村城市化和城市农村化"的趋势。[1] 非洲城市和农村呈现交织的状态，因此城市群中不仅包括城市地区，还包括与城市紧密关联的农村地区。

二 非洲城市化面临的可持续发展挑战

20世纪80—90年代，深陷经济困境的非洲国家普遍实行了国际金融机构推出的结构调整计划。该政策基于新自由主义思想，强调自由市场的力量，反对政府过度干预经济。为执行结构调整计划，非洲国家的政府被迫削减公共开支、降低对国民经济的监管力度，国有资产和公共服务纷纷被私有化。这期间，尽管非洲城市人口出现空前的增长，政府对城市化的发展规划却普遍滞后。[2] 迄今为止，仅有十几个非洲国家制定了城市发展政策，其中还有些国家缺乏足够的资金将政策付诸实施。缺乏城市化相关的专业人才使非洲城市的发展规划、立法体系和建筑标准等都滞后于现实需求，加之未考虑城市发展对社会、政治、经济和环境造成的影响，导致许多非洲国家的城市规划和发展战略都与城市发展现实相脱离。

大部分的城市规划和建筑规范是复杂且过时的殖民地规划标准、习惯做法和不受监管的制度的组合，且经常相互矛盾。城市规划缺乏战略重点，导致非洲城市经常是"建设先于规划"。[3] 许多非洲城市存在基础设施和公共服务供给严重不足；城市居民未能公平地分享经济增长的收

---

[1] AfDB, OECD & UNDP, *African Economic Outlook 2016: Sustainable Cities and Structural Transformation*, 2016, pp. 148 – 160.

[2] UN – HABITAT, *The State of African Cities 2014: Re – imagining sustainable urban transitions*, Kenya, 2014, p. 37.

[3] World Economic Forum, *The Africa Competitiveness Report 2017*, Geneva, 2017, p. 57.

益，贫困和不平等状况严重；城市中规模庞大的非正规部门和非正式住房等状况，都表明城市治理能力薄弱。

非洲国家普遍存在的滞后且脱离现实的城市规划以及城市治理的薄弱，加剧了城市的无序扩张，使城市公共设施面临更大的压力，供水、卫生设施、道路、住房等难以满足城市居民的现实需求，造成道路拥挤，空间连接性差，住房价格高昂。非洲城市人口的快速增长导致政府缺乏资源能力来提供足够的教育、医疗、卫生等公共服务，难以满足城市居民的基本需求。这种状况不仅降低了非洲城市居民的生活水平，还抑制了城市的生产力和竞争力的提升。

迄今为止，绝大多数非洲城市的扩张都是未经规划的无序扩张。缺乏规划性和城市治理薄弱导致非洲城市化面临着前所未有的经济、社会和环境可持续性的挑战，具体表现在如下方面。

（一）非洲城市的集聚经济效应较弱

集聚经济指的是由于空间距离的接近所形成的规模经济。集聚经济的存在是从经济上解释城市增长的基础。[1] 城市的集聚经济效应主要包括三个方面：（1）共享效应，指企业和城市居民通过共享基础设施、服务和扩大的市场容量，促使最终产品和中间投入品的大规模和专业化生产，降低生产和交易成本，以实现规模经济；（2）配置效应，指城市提供了稳定且数量庞大的劳动力、企业、供应商和销售商，有助于实现供需双方更好、更灵活的匹配；（3）学习效应，指城市空间中参与经济活动的企业和个人密度增加，有助于有意识或无意识地加速知识和技能向整个社会扩散。[2] 生产的规模经济效应、庞大的劳动力和产品市场、信息和技术的沟通交流，是在城市空间内提高生产率和创新能力，促进经济持续增长的必要前提。与此同时，经济活动在城市集聚也会导致污染、过度拥挤、交通拥堵和其他负外部性。因此，城市化本身并不必然会带来集

---

[1] ［美］威廉·托马斯·博加特：《城市与郊区经济学》，吴方卫译，上海财经大学出版社2014年版，第11页。

[2] UNECA, *Economic Report on Africa 2017: Urbanization and Industrialization for Africa's Transformation*, Ethiopia, 2017, p.94；［美］迈克尔·斯彭斯等编著：《城镇化与增长：城市是发展中国家繁荣和发展的发动机吗？》，陈新译，中国人民大学出版社2016年版，第15—16页。

聚经济效应，并促进经济增长，关键在于城市化的发展模式是否满足了发挥集聚经济效应的必要前提，以及是否能够有效缓解城市化的负外部性，也就是说城市化的收益必须要超过成本，才有可能对经济增长起到持续的促进作用。

在非洲，城市的集聚经济效应并不显著，对于经济增长的带动作用较弱，主要表现在如下方面。第一，非洲城市化与经济转型相脱节，制造业和现代服务业发展滞后，导致城市的集聚经济效应较弱。经济转型的一个核心要素就是劳动力从农村转移到城市，受雇于生产力水平更高的经济活动。传统上，正是对城市中工业或服务业能够获得更高工资水平的预期，推动了农村人口向城市的转移，在促进经济转型的同时，也带动了城市化的进程。尽管城市化和经济转型通常是相互促进的关系，然而在非洲则出现了城市化与经济转型相脱节的状况。全球范围来说，制造业占国内总产出的比重，在达到上中等收入国家之前，都是在上升阶段，之后才会出现下降，服务业占国内总产出的比重逐渐上升（指技术含量高的服务活动）。在非洲，只有1960—1975年，制造业和城市化是协同发展的，之后制造业发展滞后，限制了结构转型的深化，并导致增长停滞。20世纪90年代中期以来，尽管非洲经济增长加速，但是却没有出现制造业的快速增长。非洲制造业增加值占国内生产总值的比重从1990年的12.8%，下降到2015年的10.5%。2016年，非洲制造业增加值占世界制造业增加值的比重仅为2%。[1] 2000—2015年，绝大多数非洲国家的制造业占国内生产总值的比重出现下降，出现了所谓的"过早的去工业化"。制造业部门未能吸纳足够的农村移民，绝大多数人口就转移到服务业中，因而非洲服务业的就业增长速度要快于产业的增长速度。这表明非洲服务业新增劳动力的边际生产率很低，甚至为负值。绝大多数劳动力在从事低生产力的非正规服务活动。[2] 2010年，非洲工业部门仅占就业总数的5%，而亚洲地区的制造业占总就业的比重在1/3左右。非

---

[1] UNIDO, *Industrial Development Report 2018*, Vienna, 2017, pp. 162, 201.
[2] UNECA, *Economic Report on Africa 2017: Urbanization and Industrialization for Africa's Transformation*, Ethiopia, 2017, pp. 96–100.

洲的工业或服务业的劳动生产率都仅为亚洲地区的一半左右。[1]

快速城市化伴随着"过早的去工业化"和"低生产率的服务业",表明城市化与经济转型相脱节,最终导致非洲城市贫困人口规模和非正规就业比重都要高于世界上其他城市化水平相似的地区。城市的集聚经济效应主要体现在能够吸纳众多就业的制造业部门的增长,然而非洲迄今为止的城市化未能有效促进经济转型,没有实现制造业的快速发展,没有创造出大规模的制造业或现代服务业的正规就业岗位,这导致集聚经济效应微弱。

第二,非洲绝大多数城市的人口数量少,难以充分发挥人口聚集带来的规模经济效益,限制了城市生产率和经济增长的提升幅度。非洲大陆只有3个超大城市。相对于世界其他地区,非洲国家拥有的人口规模在100万至500万人之间的大城市数量较少。非洲城市人口的绝大多数聚集在中小城市。在20多个非洲国家中,人口规模少于50万人的中小城市容纳了超过70%的城市总人口。[2] 当然,非洲国家人口规模普遍偏小,有18个国家的总人口低于500万,只有11个国家的总人口超过3000万,超过5000万人口的国家仅有6个［包括尼日利亚、埃塞俄比亚、埃及、刚果（金）、南非、坦桑尼亚］。[3] 相比较而言,大城市更有助于促进技术创新、提高生产率和培育良好的商业环境,更有潜力提升经济活动的效率和收益,发挥城市的集聚经济效应。非洲城市的规模普遍偏小,抑制了集聚经济效应的发挥,制约了生产力和人均收入的大幅提升,对经济增长和结构转型的推动作用有限。

第三,非洲国家的城市普遍具有庞大的基础设施缺口（见表5）,严重制约了集聚经济效应的发挥。非洲国家的交通基础设施薄弱,公路网络严重不足,铁路系统连接点少且缺乏必要的维护,港口城市需要大规模的基础设施升级。在沿海国家,运输成本占到物流成本的40%,内陆国家这一比例高达60%。非洲国家的电力供应不足且不稳定,有54%的

---

[1] Maria E. Freire, Somik Lall, and Danny Leipziger, *Africa's Urbanization: Challenges and Opportunities*, 2014 The Growth Dialogue Working Paper No. 7, 2014, p. 11.

[2] Maria E. Freire, Somik Lall, and Danny Leipziger, *Africa's Urbanization: Challenges and Opportunities*, 2014 The Growth Dialogue Working Paper, No. 7, 2014, p. 8.

[3] AfDB, *African Statistical Yearbook 2016*, 2016, p. 39.

非洲人口（超过 5.7 亿）缺乏电力供应，有 30 个国家经常出现电力短缺，且时常出现电力供应中断。相对于较大的城市来说，中小城市更加缺乏提供基础设施和公共服务所需的技术、融资和制度支撑，因此基础设施和公共服务都更加匮乏。这使得非洲中小城市之间呈现割裂的状况，未形成有效的成规模的城市群，导致城市发展的"碎片化"，企业生产的成本高昂，难以实现规模经济，降低了城市的集聚经济效应。

表5　　　　　　　　非洲与世界其他地区的基础设施比较

	非洲	南亚	拉美和加勒比	经济合作与发展组织（OECD）国家
获得电力人口占比（%）	46	78	96	100
人均电力消耗（千瓦时）	570	655	8071	8082
获得改善水源人口占比（%）	72	92	95	93
获得改善卫生设施人口占比（%）	39	45	83	98

资料来源：World Economic Forum, *The Africa Competitiveness Report 2017*, Geneva, 2017, p. 58。

（二）非洲城市的贫困、不平等和暴力状况严重

发达国家的城市化在很大程度上是经济发展的结果，而非洲国家的城市化则是人口增长先于经济发展的结果。非洲国家的城市往往以非正规部门为主要特征，贫困、不平等和暴力状况普遍存在。

第一，非洲城市化水平的提升并未带来人均收入的显著增加，贫困状况仍然严重。在过去 20 多年里，非洲城市人口增长速度要高于经济发展速度，导致"贫困的城市化"。尽管 2016 年非洲城市化水平已经达到 41%，然而人均国内生产总值（GDP）仅为 1898 美元。[①] 与之相反，东亚和太平洋地区在 2009 年城市化水平达到 50%，当时的人均 GDP 已经超过 5000 美元。撒哈拉以南非洲地区的城市化水平和人均国民总收入都远低于世界平均水平，仅略高于南亚地区。2015 年，撒哈拉以南非洲地区的城市人口占总人口的比重为 38%，远低于世界平均水平 54%；人均国民总收入仅为 1637 美元，远低于世界平均水平 10552 美元（见表6）。在

---

① AfDB, *African Statistical Yearbook 2017*, 2017, pp. 37, 50.

城市化水平超过50%的非洲国家中，仅有塞舌尔（10万人口）的人均国民总收入超过了世界平均水平，毛里塔尼亚、冈比亚、喀麦隆、科特迪瓦、加纳、利比里亚的城市化水平虽然远远高于撒哈拉以南非洲地区的平均水平，这些国家的人均国民总收入却低于撒哈拉以南非洲地区的平均水平（见表7）。吉布提和利比亚的城市化率都超过75%，然而2016年这两个国家的人均GDP分别为2148美元和7151美元[①]，都低于世界平均水平。总之，相比于世界其他收入水平相近的地区，非洲国家的城市化水平更高，这表明非洲城市化水平与人均收入之间并不具有显著的正相关关系。

表6　　　　　　　2015年世界各地区城市化和人均收入水平

地区	总人口（百万人）	城市人口占比（%）	人均国民收入（美元）
世界	7346.7	54	10552
东亚和太平洋	2279.1	57	9787
欧洲和中亚	907.8	71	24231
中东和北非	424.2	64	8231
北美	357.3	82	55117
南亚	1744.2	33	1537
撒哈拉以南非洲	1001.0	38	1637

资料来源：World Bank, *World Development Indicators 2017*, Washington D. C., 2017, p. 14。

表7　　　　　　　2015年非洲城市化率超过50%的国家

国家	全国总人口（百万人）	城市人口占比（%）	人均国民收入（美元）
加蓬	1.7	87	9200
利比亚	6.3	79	—
吉布提	0.9	77	—
阿尔及利亚	39.7	71	4850

① AfDB, *African Statistical Yearbook 2017*, 2017, p. 50.

续表

国家	全国总人口（百万）	城市人口占比（%）	人均国民收入（美元）
突尼斯	11.3	67	3930
佛得角	0.5	66	3280
刚果（布）	4.6	65	2540
南非	55.0	65	6080
圣多美和普林西比	0.2	65	1760
毛里塔尼亚	4.1	60	1370
摩洛哥	34.4	60	3030
冈比亚	2.0	60	460
博茨瓦纳	2.3	57	6460
塞舌尔	0.1	54	14680
喀麦隆	23.3	54	1320
科特迪瓦	22.7	54	1420
加纳	27.4	54	1480
利比里亚	4.5	50	380

资料来源：World Bank, *World Development Indicators 2017*, Washington D. C., 2017, pp. 10 – 14。

人口向城市聚集能够带来潜在的经济收益，但是必要的前提是城市化进程中需要伴随相应规模的物资资本和人力资本的投资。在非洲快速城市化进程中，却没有伴随着大规模的固定资本投资。在过去40年里，非洲大陆的投资率保持在20%左右的低水平。而东亚国家的投资率一直保持在40%以上，中国、日本和韩国都在快速城市化期间进行了大规模的固定资产投资。例如，中国城市人口占总人口的比重从1978年的18%，提高到2012年的52%，与此同时，总投资占GDP的比重从1980年的35%提高到2011年的48%。[1]

在撒哈拉以南非洲地区，由于投资率低，加之人口增长率高，导致快速城市化带来的人均经济收益低，减贫的效果差。1990年，撒哈拉以

---

[1] Maria E. Freire, Somik Lall, and Danny Leipziger, *Africa's Urbanization: Challenges and Opportunities*, 2014 The Growth Dialogue Working Paper, No. 7, 2014, pp. 6 – 7.

南非洲地区的贫困率（每日生活费低于1.25美元的人口占总人口比重）与东亚太平洋地区相仿，均超过50%；然而到2010年，东亚和太平洋地区的贫困率下降到12%，而撒哈拉以南非洲地区的贫困率仍然超过45%（见图1）。撒哈拉以南非洲地区的城市贫困率为世界之最，尽管城市创造了非洲大陆55%—60%的国内生产总值，有43%的城市人口仍然生活在贫困线以下。[①] 由此可见，非洲快速的城市化并没有伴随着城市贫困状况的显著改善，未能实现"包容性"的城市化。

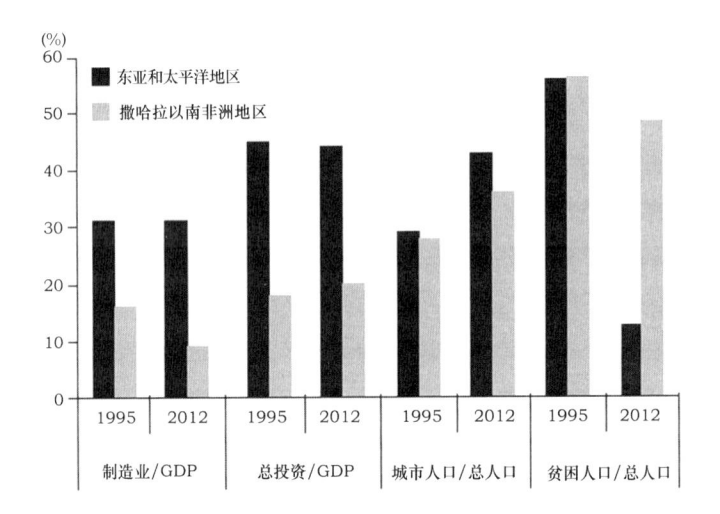

图1 1995—2012年撒哈拉以南非洲地区与东亚和太平洋地区城市化与贫困率比较

资料来源：Maria E. Freire, Somik Lall, and Danny Leipziger, *Africa's Urbanization: Challenges and Opportunities*, 2014 The Growth Dialogue Working Paper, No. 7, 2014, p. 7。

第二，非洲城市的不平等状况严重，主要表现在以下几方面。（1）就业机会不平等，绝大多数城市居民在非正规部门就业。非洲城市化普遍存在"过度城市化"问题，也就是城市及城市人口增长速度远远快于就业机会和住房供给的增长速度。过度城市化使非洲城市普遍具有庞大的非正规部门，那些缺乏正规教育和培训，以及获得了被社会认可的学历

---

① Mohamed Arouri, et al., *Effects of urbanization on economic growth and human capital formation in Africa*, Program on the Global Demography of Aging at Harvard University Working Paper Series, September 2014, p. 6.

但仍然无法找到稳定工作的人们,只能转而寻求不受政府监管的临时工作谋生。非洲国家普遍存在庞大的非正规部门,占就业市场的80%,有超过60%的城市就业和超过90%的城市新增就业都在非正规部门。大城市的正规就业比例为38%,小城镇为25%。对于非洲妇女来说,非正规部门约占农业以外所有就业机会的92%,绝大多数是自营职业,如街头小贩。①

(2)收入不平等。非洲是世界上收入最不平等的地区之一,平均的基尼系数为0.43,其他发展中国家的平均水平为0.39。② 非洲拥有世界上收入最不平等的城市。约翰内斯堡的基尼系数达到0.75,拉各斯为0.64。很多非洲城市都具有一个共同特征,就是在同一个城市区域内存在截然不同的两种人群,即大规模的高度边缘化的贫困人群和少数富有的精英人群。城市精英在报酬较高的正规部门工作,贫困群体则被迫从事非正规经济活动。非洲城市的流动性差,从事非正规行业工作的人很难转换到更加繁荣的正规行业。③ 非洲城市的贫富分化状况非常严重,城市经济由少数政治和经济精英掌控,绝大多数城市居民都处于勉强维生的状况。

(3)住房条件和公共服务供给不平等。非洲城市贫困人口的收入微薄且不稳定,加之政府无力提供廉价的正式住房,很多人不得不生活在生态脆弱和公共服务严重匮乏的非正式住房里。非洲城市中有很大比例的贫困人口生活在贫民窟和违章建筑区,这些住房的建筑质量低劣,空间狭窄,住宿人口密度高,给健康带来极大威胁。撒哈拉以南非洲地区有超过一半的城市人口居住在贫民窟,缺乏最基本的城市服务,难以获得正常的电力供应、管道供水、排污设施和垃圾处理等生活服务。2016年,非洲有超过3.3亿人口生活在贫民窟里。④ 非洲的贫民窟和违章建筑

---

① AfDB, OECD & UNDP, *African Economic Outlook 2016: Sustainable Cities and Structural Transformation*, 2016, p. 163.

② AfDB, OECD & UNDP, *African Economic Outlook 2017: Entrepreneurship and Industrialisation*, 2017, p. 110.

③ [美]保罗 L. 诺克斯、琳达·麦卡锡:《城市化——城市地理学导论》,姜付仁、万金红、董磊华等译,电子工业出版社2016年版,第147、169、171页。

④ World Economic Forum, *The Africa Competitiveness Report 2017*, Geneva, 2017, p. 58.

区普遍集中在城市边缘,且多位于高危险地带,如陡峭的山坡或泛洪区,不仅无力抵挡洪水、山体滑坡等自然灾害带来的危险,还容易遭致火灾。生活在贫民窟的人们还会经常被啮齿类动物和昆虫传染疾病,并且由于缺乏基本的生活服务,容易遭受室内空气污染和水污染,导致疾病肆虐等健康风险。随着非洲城市人口规模的日益庞大,政府财政还无力提供足够的卫生、医疗、教育等公共服务,难以满足城市贫困群体的基本需求。生活在非正式住房里的贫困人口与周边正规社区里的城市居民相比,无论是物质生活条件还是获得公共服务的机会都有很大劣势,而且这种差距还在不断扩大。贫民窟的大量存在直观地表现出城市贫困人口被社会排斥和边缘化的不平等处境。

第三,非洲城市暴力呈现日益恶化的趋势,出现"暴力的城市化"。尽管自独立以来,非洲国家之间和国家内部爆发大规模战争的频率和强度都趋于下降,然而许多国家的城市暴力却呈现上升势头。这主要由于非洲快速的城市化并未伴随着良好的城市治理,非正规部门过于庞大使政府税收增长的空间狭小,更加无力支付大规模的基础设施和公共服务的投资,使日益增多的城市居民的基本生活需要、诉求和期待都没有得到满足,从而导致城市暴力状况愈加严重。贫困、不平等、经济冲击、社会排斥、政治制度缺陷等都是城市暴力冲突的重要诱因。

非洲城市暴力表现为多种形式,如政治组织之间武装冲突、(有组织)犯罪、抗议和骚乱、恐怖主义袭击、排外事件、选举导致的暴力等。2007年和2008年,由于食品、服装和燃料价格上涨,布基纳法索、喀麦隆、塞内加尔、毛里塔尼亚和其他非洲国家都出现了城市骚乱。2015年,非洲城市暴力有近40%为抗议和骚乱事件。在超过一半的非洲国家中,城市的抗议和骚乱事件呈现明显的上升势头。[1] 在非洲城市,对财产和土地所有权、贸易权的争夺,以及宗教分歧,也会演变成暴力冲突,并且经常以外来移民和难民为主要攻击目标。许多城市的部族和宗教冲突、恐怖主义袭击、有组织犯罪活动的数量在不断攀升。很多非洲国家城市的犯罪发生率高,并且随着城市规模的增大,安全风险趋向于加大。非

---

[1] Julia Bello-Scheunemann and Ciara Aucoin, *African Urban Futures*, Institute for Security Studies, African Futures Paper 20, November 2016, p.21.

洲国家政府选举导致的城市暴力也司空见惯。①

尽管城市化与暴力冲突之间并不存在必然的相关性，城市人口快速增长，并不必然会带来更多的城市暴力。但是缺乏规划性的无序城市化则容易导致城市暴力的激增，这也正是非洲城市化过程中出现越来越严重的暴力状况的根源。如果就业、住房和公共服务供给等方面的不平等状况未能得到改善，城市暴力将持续成为非洲城市发展的主要威胁。为改变非洲城市普遍存在的不安全状况，政府需要制定和执行包容性的城市化发展战略，改变城市无序扩张所导致的诸多负面效应，提高城市的安全性。

（三）非洲城市面临气候变化和环境恶化的挑战

气候变化和环境恶化加剧了非洲快速城市化带来的可持续发展挑战。由于适应气候变化的能力非常有限，从气候变化或环境恶化的灾害和负面影响中恢复的能力弱，非洲城市具有显著的"脆弱性"。

迄今为止，气候变化引发的灾难，如干旱、洪水、荒漠化、森林退化、风暴激增、气温上升、海平面升高等，已经对许多非洲城市造成威胁。非洲城市大都位于河流三角洲和沿海地区，低海拔沿海城市数量多，这里直接面临沿海潮和海平面上升的威胁，容易遭受自然灾害和气候变化的负面影响。非洲大陆的超大城市都是沿海城市。西部非洲地区有30%的人口生活在沿海城市里。② 北部非洲地区的绝大多数城市都集中在地中海沿岸以及尼罗河谷和三角洲地带。气候变化使荒漠化和水资源短缺状况异常严峻，这是北部非洲城市居民面临的主要威胁。北非地区的城市很大程度上依赖于从撒哈拉沙漠下面的蓄水层取用水资源，而这些地下水资源正在减少。③ 撒哈拉以南非洲地区的水资源短缺状况也很严重，有15个国家面临缺水或水源紧张的困境。吉布提、佛得角、肯尼亚

---

① UN - HABITAT, *The State of African Cities 2014: Re-imagining sustainable urban transitions*, Kenya, 2014, p. 31.

② Clive Mutunga, Eliya Zulu and Roger-Mark De Souza, *Population Dynamics, Climate Change, and Sustainable Development in Africa*, African Institute for Development Policy, September 2012, p. 8.

③ UN - HABITAT, *The State of African Cities 2014: Re-imagining sustainable urban transitions*, Kenya, 2014, p. 8.

和布基纳法索是最受缺水困扰的国家。在内陆城市，如内罗毕，也会遭受气候变化带来的洪水威胁，尤其是贫困人口居住的房屋一般都位于河流岸边或其他生态脆弱的地区，更容易遭受自然灾害的冲击。

气候变化导致北部和南部非洲地区的夏天变得更加干热，干旱风险加大，这不仅加剧了争夺水资源的冲突，还导致水力发电量减少，城市电力短缺状况加重。过度干热的天气使城市居民面临更严峻的卫生和健康风险。在东部非洲和中西部非洲的局部地区，气候变化导致降雨量增加，疟疾、登革热等疾病的传播风险加大，暴雨洪水的出现频率增加，城市居民的生计和人身安全受到威胁。

受到全球气候变暖影响，厄尔尼诺现象在非洲每4—7年就出现一次，对粮食生产影响很大。随着降雨模式的改变和平均降雨量的减少，非洲国家的农业产量随之减少，这使越来越多的非洲国家面临农业产量下降，粮食安全风险上升的挑战。在非洲，气候变化引发的干旱、洪水、森林退化、荒漠化等灾害，导致农村地区的生存环境恶化，许多农村人口被迫迁移至城市。例如，在吉布提，由于气候条件恶化，从前的游牧人口被迫迁往城市的定居点。在圣多美和普林西比，政府应对气候变化方案的重点之一就是将面临食物短缺和山体滑坡的农村居民，安置在马兰萨（Malanza）、圣卡塔琳娜（Santa Catarina）和桑迪（Sundy）三个城市地区。[1] 气候变化引发的生存环境恶化还会造成宗教和部族冲突升级，迫使更多的难民涌入城市的临时定居点，形成新的非正式社区，阻碍非洲城市的健康发展。综上所述，气候变化已经成为非洲城市可持续发展的重要威胁。

城市环境问题指的是人类活动对城市及周边地区自然环境的破坏，并对当前或未来的人类健康造成威胁。常见的城市环境问题包括：（1）城市生态系统退化，如生物多样性遭到破坏、自然资源枯竭；（2）城市的环境卫生问题，如饮用水不安全、卫生设施和排水设施不足；（3）城市的水源污染和空气污染，如对废物排放缺乏有效管理，造成河流、湖泊

---

[1] Clive Mutunga, Eliya Zulu and Roger-Mark De Souza, *Population Dynamics, Climate Change, and Sustainable Development in Africa*, African Institute for Development Policy, September 2012, p. 8.

和沿海地区的水源污染，以及空气污染。[1]

非洲城市人口的快速增长，势必对城市生态系统的平衡造成更大的压力。城市贫困家庭对周围自然资源的依赖程度高，容易出现对自然资源的过度开采，对生态环境系统造成威胁。非洲国家大规模的非正规经济活动都在政府的监管之外，容易对环境造成破坏。由于城市人口快速增长，而政府对城市发展缺乏规划性和有效治理，非洲国家的城市普遍存在环境问题。许多城市的工业垃圾和生活垃圾堆积在湖泊和池塘，污染了河流、河口和海岸线；化学品从不受控制的垃圾场流出，污染了地下水。许多贫困家庭使用木炭、薪柴和柴油做燃料和生火做饭，极大地降低了室内空气质量，同时还使许多城市周边的森林被砍伐殆尽。随着现代工业部门和汽车拥有量的增加，加之对有关污染物和汽车尾气排放标准缺乏强制性的规定，使非洲城市的空气污染加重，许多城市的空气质量开始低于世界卫生组织的标准。城市环境的恶化直接影响到居民健康，人们生活在这样的环境中，痢疾、呼吸道传染病和肺结核的发病率非常高。2013 年，由于饮水不安全、卫生设施不安全、居室空气污染、环境颗粒物污染造成过早死亡的非洲人口达到 165 万（见表8）。如果治理不善，环境恶化将会成为非洲城市面临的长期挑战。

表8　　　　　　　环境问题导致早亡的非洲人口数量　　　　　　单位：人

年份	1990	1995	2000	2005	2010	2013
饮水不安全	837702	780095	751892	644136	561342	542855
卫生设施不安全	615540	573084	551948	468815	407092	391656
居室空气污染	396094	422895	436463	429199	450969	466079
环境颗粒物污染	181291	190933	200854	213429	227428	246403

资料来源：AfDB, OECD & UNDP, *African Economic Outlook 2016*: *Sustainable Cities and Structural Transformation*, 2016, p. 168。

---

[1] Thomas P. Z. Mpofu, "Urbanization and urban environmental challenges in Sub–Saharan Africa", *Research Journal of Agricultural and Environmental Management*, Vol. 2, No. 6, June 2013, p. 129.

三 非洲的可持续城市化发展模式思考

当前非洲快速城市化进程中既蕴含着巨大机遇，又面临着严峻挑战。由于城市化进程具有锁定效应（Lock-in Effect），有关城市发展的每一项重大决策的影响都会延续几十年甚至上百年，政策失误引致的损失会非常大，尤其是大型基础设施建设更是如此。与此同时，城市化也为各种形式的变革提供了难得的机遇。为避免政策失误带来的巨大损失，城市化政策必须要考虑到经济、社会、环境、城乡和区域发展等诸多方面的发展变量，以谋划出可持续城市化发展模式。

可持续城市化指的是在城市化过程中强调社会、经济、生态、环境的平衡发展，实现城乡、区域的协调发展。[①] 20世纪90年代初，联合国人居署（UN-HABITAT）和联合国环境规划署（UNEP）最早在全球范围内推行"可持续城市项目"（Sustainable Cities Programme，SCP）。经过20多年的发展，可持续性已经成为引导全球城市发展的基本准则。联合国《2030年可持续发展议程》中关于城市的目标为：建设包容、安全、有弹性和可持续的城市和人类住区。2016年10月，联合国人居署通过了《新城市议程》，为未来城市可持续发展设定了全球标准。《新城市议程》是《2030年可持续发展议程》中关于城市可持续发展方面的延伸。《新城市议程》强调城市发展应以可持续发展为导向，并注重如下方面：（1）城市发展应强调经济、社会、环境三个方面的和谐发展；（2）城市发展需要全过程管理，既要针对问题提出适应性战略，又要针对原因进行减缓性管理，城市规划在其中具有重要的战略作用；（3）城市发展应形成包括政府、企业、社会组织和社会公众共同参与的网络治理体系，城市发展既要有城市规则，又要有企业、非政府组织和社会公众的参与。

作为《新城市议程》的非洲部分，非洲城市和地方政府联盟与联合国非洲经济委员会共同制定了"非洲城市议程"，并通过了非洲国家领导人的审议，旨在推进可持续城市化进程。"非洲城市议程"在非洲联盟

[①] 田建国：《略论我国的环境保护和可持续城市化发展》，《商业经济》2014年第11期，第3页。

《2063年议程》的指导下，致力于充分发挥城市化的潜力，将其作为经济结构转型和可持续发展的重要引擎。如果非洲城市化能够有效推动经济结构转型、社会公平和环境可持续性，那么城市化即成为实现可持续发展的解决方案，而不是威胁可持续发展的问题。为此，非洲国家应综合考虑经济结构转型、资源环境保护、社会公平、城乡和区域协调发展等方面的因素，构建出可持续城市化发展模式，具体包括如下核心要素。

其一，制定前瞻性、包容性和可持续性的国家层面的城市发展规划。在非洲，城市发展规划普遍滞后于城市化发展。许多非洲大城市都是殖民时代的产物，规划的人口承载力有限，随着城市人口的快速增长，如今已经远远超过规划的人口上限，而独立之初建立的非洲城市也已经远远超过了规划的人口承载力，这导致许多城市都出现严重拥挤和无序扩张的状况。若要实现非洲的可持续城市化，核心要务就是合理规划，改变"无序城市化"问题的不断累积。具体来说，非洲城市发展规划应重点包括如下内容。（1）将城市发展规划纳入国家发展战略，构建有效和全面的城市立法，推动有规划性的城市化。为保障城市化综合政策的实施，需要加强跨部门的协调和协作，避免各自为政的状况。（2）积极推进城市的多元发展，实现大城市、二线城市和小城镇的平衡发展，对各级城市进行功能定位，因地制宜地制定中长期发展规划。（3）加强城市化与结构改革政策之间的联系，包括加速工业化和农业现代化战略。（4）促进包容性的城市化发展，提高正规就业水平，将社会公平和减缓贫困作为政策重点，提高城市的安全级别。（5）统筹城市和农村地区的发展规划，促进城乡的联通性，充分发挥各地区的竞争优势以推动经济增长与转型。

其二，在城市发展规划的指导下，围绕经济、社会和环境三个核心要素，制定出相应的可持续发展政策。（1）经济可持续性政策。非洲国家需要引导城市化与结构转型协调并行，提高农业生产率、扩大制造业和现代服务业的规模，创造大规模的生产性就业，充分发挥城市的集聚经济效应。（2）社会可持续性政策。非洲国家需要加快交通、能源、供水等基础设施建设，注重人才培训与技能提升，改善公共服务水平，确保城市居民平等地获得必要的基础设施和公共服务；构建社会保障体系，为低收入居民兴建负担得起的正规住区，特别关注妇女、儿童和弱势群体的发展；改进城市空间规划，提高安全保障措施，塑造安全的城市环境等。(3) 环境可持续性政策。非洲国家需要制定和实施应对气候变化和环境保护的公共政策，加强政府的环境监管，提高资源的使用效率，重视开发利用可再生能源，提供安全的供水、卫生设施和废物处理系统等。简而言之，城市可持续发展政策就是在社会、经济和生态环境中谋求一种平衡的城市发展模式，为非洲快速城市化带来的诸如贫困和不平等加剧、环境退化、社会排斥、生产力和竞争力低等亟待解决的问题提供可行性方案。

其三，加强中央、地方和市镇各级政府的城市治理能力。成功的城市化需要必要的物质基础，让普通的城市居民能够从事生产性工作，普通的家庭能够居住在正式住宅里，满足这些条件需要对城市进行大规模的有效投资，增加城市的生产性和宜居性。然而这些基本条件在绝大多数非洲城市中并未实现，当前非洲国家普遍面临城市治理危机，主要诱因如下：(1) 由于政府机构普遍存在效率低下、官僚主义、腐败和裙带关系盛行等弊端，城市贫困居民的生存和发展诉求被严重忽视；(2) 政府财政收入无力支撑城市人口快速增长带来的基础设施和公共服务方面的必要投资，而私营部门偏向于为城市精英提供服务，这导致城市贫困家庭的饮水、能源、交通、住房和食品等日常消费支出增加，生活成本高昂[1]，贫困状况难以缓解；(3) 气候变化、环境恶化、人口增长、产业发展滞后等因素综合作用，导致城市的饮用水、粮食和能源供应不安全风险加大，青年失业率高，城市暴力状况严重，这些都加剧了城市治理的复杂性。鉴于良好的城市治理是保障城市发展规划和城市可持续发展政策得以顺利实施的关键，是实现可持续城市化的重要先决条件，未来非洲国家需要加强各级城市的治理水平，并可推动社会组织和城市居民参与城市治理。

其四，鼓励并引导外国资本参与非洲可持续城市化进程。多年来，伴随着低投资水平的快速城市化并未给非洲国家带来经济繁荣。若要实

---

[1] 撒哈拉以南非洲城市的食品和住房价格比其他发展中国家高出33%和57%，参见 Julia Bello-Scheunemann and Ciara Aucoin, *African Urban Futures*, Institute for Security Studies, African Futures Paper 20, November 2016, p. 17。

现可持续城市化，有必要在基础设施、产业多元化、经济特区、科技和创新等领域加大投资力度，增强城市的生产性、竞争性和环境可持续性。鉴于非洲国家的融资能力有限，技术和管理水平滞后，通过鼓励并引导外国资本参与可持续城市化进程，不仅能够弥补巨额的资金缺口，还有助于创造生产性就业、提高科技水平、增强国际竞争力、推动经济结构转型和可持续发展。值得注意的是，由于城市化进程的加快和中产阶级的壮大[1]，非洲城市消费水平呈现持续上升的势头，非洲大陆已经成为低成本、高质量消费产品的新市场，对外国投资者的吸引力大大增强。据安永会计师事务所发布的《2017年非洲吸引力报告》，科技、媒体和电信业，消费产品和零售业，商业和金融服务业占据2016年非洲吸引外国直接投资项目总数的54.6%。[2] 这表明，非洲日益增长的城市消费群体对外国投资者的吸引力在增强。非洲国家应注重引导外国资本推动可持续城市化进程。例如，在马普托和罗安达等非洲大城市，通过吸引大量的外国投资，促进了当地建筑业的繁荣。中国企业对非洲国家的农产品加工、纺织轻工、家电、汽车等制造业领域投资，有助于城市化和经济结构转型的协调发展。

其五，加速非洲大陆跨境跨区域基础设施建设，为可持续城市化提供坚实的物质基础。基础设施是经济起飞的必要前提条件。鉴于非洲国家市场规模普遍偏小，通过运行良好的基础设施来加强跨境跨区域城市之间的联结，改变运输成本高昂、电力短缺、通信设施落后等状况，有助于提高生产和服务的效率，发挥城市的集聚经济效应。迄今为止，在非洲区域和大陆层面，都制定了一系列的基础设施发展规划。例如，非洲联盟制定的《2012—2040非洲基础设施发展计划》（Programme for Infrastructure Development in Africa，PIDA），确定了非洲大陆跨境跨区域基础设施建设的项目规划、融资和总体实施框架，项目主要涵盖能源、交通、信息通信和跨境水资源四大领域，总投资额预计为3600亿美元。西

---

[1] 非洲中产阶级人口增长速度为世界之最，2016年中产阶级人口估计有3.5亿，参见 AfDB, OECD & UNDP, *African Economic Outlook 2017: Entrepreneurship and Industrialisation*, 2017, p. 28.

[2] EY, *EY's Attractiveness Program Africa*, May 2017, p. 23.

非电力联合体（West African Power Pool）致力于应对西非地区电力短缺状况，规划在2025年之前增加1万兆瓦发电能力，建设1.6万公里高压输变电线路。东部非洲地区致力于通过修建道路和铁路，将东非国家的经济中心联系起来，力图使整个区域转变为沿海经济，改变内陆国家面临的发展束缚。如果这些计划能够成功实施，将会为非洲的可持续城市化提供强大的物质支撑，有利于改变当前脆弱的城市化发展模式。

综上所述，可持续城市化就是要实现有规划、包容性、高效率、有弹性、安全性和绿色健康的城市化发展模式。值得注意的是，城市化进程不可避免地会带来社会成本，可持续城市化发展模式只是尽可能将城市化的收益最大化，将负外部性最小化的战略选择。鉴于非洲城市化面临诸多可持续发展挑战，包括减缓贫困、增加就业机会、提高生产率水平、实现经济结构转型、提供充足的基础设施和公共服务、促进社会公平、降低安全风险、保护生态环境等。非洲国家在制定城市发展规划和公共政策时，如何确定重点发展领域和政策优先次序是个极具挑战性的课题，需要在满足迫切性的短期需求和推动可持续城市化的中长期战略目标之间寻求适当的平衡。

（本文原刊于《区域与全球发展》2018年第2期）

撒哈拉以南非洲人口红利及国家政策取向

梁益坚[*] 王 锦[**]

摘 要:"二战"后,世界人口分布正在发生结构性变化,许多国家已经进入或将逐步进入人口老龄化阶段。撒哈拉以南非洲将是21世纪世界人口增长较快的主要地区,人口红利的潜力巨大,但基于该地区死亡率下降、生育率长期居高不下的情势,人口转变进程缓慢,进入人口红利窗口期的时间明显滞后于世界其他地区。撒哈拉以南非洲将于2065年前后进入人口红利窗口期,并将持续到2100年以后,是世界上最后一个拥有人口红利窗口期的地区,也是世界上在窗口期拥有劳动年龄人口最多的地区之一。但该地区充分兑现人口红利也面临诸多制约因素和挑战,需要各国尽早行动起来,把应对人口问题作为政府的优先事项,避免人口红利变为人口负债,并陷入人口爆炸、青年大量失业、国家局势动荡、生态环境恶化以及未富先老的艰难处境。

关键词: 人口问题 人口转变 人口红利 撒哈拉以南非洲

"二战"后,世界人口数量增加了近3倍(从1950年的25.4亿人增加到2015年的73.8亿人),但新增人口的分布十分不均衡。亚洲、非洲、

---

[*] 梁益坚,云南大学非洲研究中心副主任,副研究员。
[**] 王锦,云南大学非洲研究中心硕士研究生。

拉美和加勒比地区的人口数量分别新增30亿、9.7亿、4.6亿人，而欧洲、北美和大洋洲仅分别新增1.9亿、1.8亿和0.3亿人。总体而言，发达国家长期保持较低的生育率，中国、俄罗斯等国生育率也在大幅下降，其人口转变进程趋于完成，这些国家已经进入或将逐步进入人口老龄化阶段。亚洲、拉美和加勒比地区的生育率也已经大幅下降，其人口总数未来将进入缓慢增长的阶段。而撒哈拉以南非洲是未来世界人口增长较快的主要地区，生育率长期居高不下，人口转变进程才刚刚开始，其人口数量从1950年的1.8亿人增长到2015年的9.7亿人，并预计在2050年再翻一番，达到21.7亿人。[1] 非洲也将迎来人口红利的窗口期。2015—2100年，预计非洲人口增长占世界人口增长总量的86%。并且，随着劳动年龄人口的不断增加和抚养比的缓慢下降，如果撒哈拉以南非洲国家对人力资本进行有效的投资并采取扩大青年机会的政策，那么它们的人口红利总量可能是巨大的：每年至少有5000亿美元，相当于该地区目前国内生产总值的1/3，且这一趋势将持续30年左右。[2] 非洲巨大的人口红利潜力不但能为自身经济发展提供强劲动力，也将为世界经济发展注入新活力。因此，如何将这一潜在机遇变为真正的发展引擎已成为一个重要的现实问题。

人口红利理论产生于对东亚新兴经济体不同以往的经济增长模式的研究。人口红利的概念最先由布鲁姆（David E. Bloom）和威廉姆森（Jeffrey G. Williamson）在1998年时提出，他们把人口结构变量引入对东亚经济奇迹的实证研究中，认为年轻的人口结构对东亚经济奇迹的发生有巨大的贡献。[3] 基于此，布鲁姆等人在2002年将人口红利定义为由于死亡率和生育率下降使得劳动年龄人口增加所产生的一个"附加生产力"。[4] 但这带来的仅仅是一种增长潜力，其实现严重依赖于社会、经济

---

[1] 参见"联合国人口司数据库"（https://esa.un.org/unpd/wpp）。为了保持数据来源的统一性，本文所使用的相关人口数据皆来源于该数据库。

[2] UNFPA, *State of World Population 2014 – The Power of 1.8 Billion：Adolescents，Youth and The Transformation of The Future*, 2014, p. 21.

[3] David E. Bloom and Jeffrey G. Williamson, "Demographic Transitions and Economic Miracles in Emerging Asia", *World Bank Economic Review*, Vol. 12, No. 3, 1998, pp. 419–455.

[4] Hans Groth and John F. May eds., *Africa's Population：In Search of a Demographic Dividend*, Springer International Publishing, 2017, p. 183.

和政治环境因素。此后,布鲁姆和坎宁(David Canning)等学者在2002年明确提出人口转变将产生有利于经济增长的人口红利,指出生育率、死亡率的降低和人口年龄结构的变化给绝大多数发展中国家提供了一个经济快速发展、生活水平迅速提高的窗口期。同时也指出,拥有人口红利窗口期的发展中国家应通过劳动、教育和人口等相关政策,充分利用人口转变过程中这一一次性的人口红利窗口期。① 此后,又有一些学者把人口红利拓展为"第一次人口红利"和"第二次人口红利"。"第一次人口红利"是指通过人口转变带来的充足劳动供给和较低抚养比来促进经济增长。"第二次人口红利"是指通过劳动年龄人口对未来养老的担忧带来的高储蓄率和资本增加来推动经济增长。② 因此,"第一次人口红利"的经济效应是短暂的,而"第二次人口红利"的经济效应是持续的。

目前,对非洲人口红利的研究,国内暂无相关重要研究成果。国外的研究成果大体可以分为三类。其一是以人口红利概念创始人布鲁姆为代表的几位学者从1998年开始关注撒哈拉以南非洲人口红利的可能性。他们发现撒哈拉以南非洲有可能收获相当大的人口红利,但是由于其在死亡率下降的情况下依然保持较高的生育率,使该地区在短期内难以兑现人口红利[3];需要进行必要的政策干预,制定和实施计划生育方案来降低撒哈拉以南非洲生育率,通过提高人均收入来增加国民储蓄。④ 如果在制定和实施有利政策的情况下,撒哈拉以南非洲国家未来应该能够实现

---

① See David E. Bloom, David Canning and Jaypee Sevilla, *The Demographic Dividend*: *A New Perspective on the Economic Consequences of Population Change*, RAND Corporation, 2002.

② Andrew Mason and Ronald Lee, "Reform and Support Systems for the Elderly in Developing Countries: Capturing the Second Demographic Dividend", *Genus*, Vol. 62, No. 2, 2006, pp. 11 – 35.

③ David E. Bloom and Jeffrey D. Sachs, "Geography, Demography and Economic Growth in Africa", *Brooking Papers on Economic Activity*, No. 2, 1998, pp. 207 – 295; David E. Bloom, David Canning and Jaypee Sevilla, op. cit., pp. 61 – 66; David E. Bloom and Jocelyn Finlay, "Demographic Change and Economic Growth in Asia", *Asian Economic Policy Review*, Vol. 4, No. 1, 2009, pp. 45 – 64.

④ David E. Bloom, S. Humair, L. Rosenberg, J. P. Sevilla and J. Trussell, "A Demographic Dividend for Sub-Saharan Africa: Source, Magnitude, and Realization", *Social Science Electronic Publishing*, Vol. 42, No. 4, 2013, pp. 551 – 574.

人口红利[1]。其二是非盟、联合国非洲经济委员会、世界银行等国际组织发布的一些相关研究报告。2012年非盟的研究报告论述了非洲人口的基本情况，分析了社会经济因素对收获人口红利的影响，并认为有5个国家在未来30年内有望成为撒哈拉以南非洲第一批兑现人口红利的国家，强调各国应该在关键领域制定和实施有效的政策。[2] 2013年，联合国非洲经济委员会和非盟的研究报告从人口红利理论出发，对非洲国家生育率的情况进行了分类研究，论述了非洲实现人口红利所需的人口条件和现实问题，认为非洲需要加大对青年的投入，创造有利的经济环境，通过短期和长期政策为兑现人口红利创造机会。[3] 2014年，世界银行的研究报告认为，非洲人口红利的潜力巨大，将为非洲未来经济增长和减贫工作带来重要机遇，如果能创造足够就业岗位和提高储蓄投资，将有可能兑现人口红利，并在促进经济增长和减少贫困上取得较大成绩。[4] 其三是一些专题类的研究成果。一些学者从宗教文化背景的角度阐释了为何非洲人喜欢较大的家庭规模，认为虽然女童入学率和妇女避孕需求有所增加，但非洲国家在传统宗教文化影响下计划生育政策实施效果十分有限。[5] 还有一些学者从社会发展情况分析了非洲国家实现人口红利面临的掣肘因素。他们认为，仅从人口结构来看，南非已经实现了低出生率和低死亡率，城市建设和硬件设施也有所改善，但种族隔离政策及其影响使黑人并未获得平等的医疗、教育以及就业条件，这些都严重阻碍了人力资本的形成，并对南非人口红利的兑现造成负面影响；[6] 现有的相关预测对非

---

[1] David E. Bloom, David Canning, G. Fink and J. Finlay, *Realizing the Demographic Dividend: Is Africa any Different*, Harvard Program on the Global Demography of Aging, Working Paper, 2007, pp. 1 – 21.

[2] African Union, *State of the African Population Report 2012: Harnessing the Demographic Dividend for Africa's Socio – Economic Development*, 2012.

[3] UNECA, "Creating and Capitalizing on the Demographic Dividend for Africa", 2013, http://www.docin.com/p-1931335037.html, 2018 – 01 – 13.

[4] World Bank, *How Significant is Africa's Demographic Dividend for Its Future Growth and Poverty Reduction?* Policy Research Working Paper, No. 7134, 2014.

[5] John C. Caldwell and Pat Caldwell, "The Cultural Context of High Fertility in Sub-Saharan Africa", *Population and Development Review*, Vol. 13, No. 3, 1987, pp. 409 – 437.

[6] Monde Makiwane and Stella Kwizera, "Youth and Well – Being: A South African Case Study", *Social Indicators Research*, Vol. 91, No. 2, 2009, pp. 223 – 242; Morné J. Oosthuizen, "Bonus or Mirage? South Africa's Demographic Dividend", *Journal of the Economics of Ageing*, Vol. 5, 2015, pp. 14 – 22.

洲人口出生率的下降速度过于乐观,并且低估了降低青年人口死亡率对实现人口红利的作用。与生育率下降相比,人口红利更需要降低抚养比,因为即使生育率下降,若不降低青年人口的死亡率,抚养负担依然不会下降,低储蓄率和投资不足的状况将不会得到改善①;就目前非洲的情况而言,人口增加意味着贫困的增加,非洲建设所急需的高技术人才更倾向于进入发达国家就业和生活,如果政府不立即采取措施,这一状况将会持续恶化。② 另外,2017年出版的文集《非洲人口:寻找人口红利》反映了一些非洲学者对该问题的看法,该书对撒哈拉以南非洲人口红利进行了国别和区域研究,并从医疗、教育、政治经济政策、资源环境、婚姻、移民及城市化等角度分析了兑现人口红利的影响因素和发展挑战。③

综上,现有的研究主要集中在理论演绎、趋势研判和专题案例研究等方面,对撒哈拉以南非洲人口红利的细致分析不够,缺乏对撒哈拉以南非洲人口年龄结构和抚养比变动态势等关键指标的数据分析和比较研究,以及对撒哈拉以南非洲人口红利窗口期的基本时间定位和区域国别的对比分析。基于此,本文针对上述研究薄弱点进行定量和定性相结合的分析,大致确定撒哈拉以南非洲人口红利窗口期的时间、规模和特点,在此基础上论述兑现撒哈拉以南非洲人口红利的现实困境并提出政策选择,以期对撒哈拉以南非洲的人口红利有初步认识。④

一 撒哈拉以南非洲的人口转变与人口红利窗口期

人口转变是产生人口红利的基础。人口转变一般分为三个阶段:高死亡率与高生育率并存阶段;死亡率下降但生育率仍维持较高水平阶段;

---

① Robert Eastwood and Michael Lipton, "Demographic Transition in Sub-Saharan Africa: How Big Will the Economic Dividend be?", *Population Studies*, Vol. 65, No. 1, 2011, pp. 1 – 21.
② Osman Sankoh, "Africa's Demographic Future: Why Africa Should Take the Lead", *Lancet Global Health*, Vol. 4, 2016, p. 522.
③ Hans Groth and John F. May eds., op. cit., pp. 11 – 501.
④ 本文的研究对象为撒哈拉以南非洲,没有包括北非地区主要是因为20世纪六七十年代北非国家实行了较为成功的计划生育政策,以及后来没有受到艾滋病的影响,其人口转变进程与世界其他发展中地区基本同步,因而北非与撒哈拉以南非洲存在较大差异。

死亡率与生育率同时下降阶段。在人口实现从"高死亡率、高生育率"到"低死亡率、低生育率"的转变过程中，会产生一个劳动年龄人口比重较大、人口负担较轻的时期，整个国家的经济呈现高储蓄、高投资和高增长态势，这一时期即被视为"人口红利窗口期"。从 20 世纪开始，世界各个地区相继开始死亡率和生育率由高到低的人口转变过程，许多国家利用人口转变产生的人口红利窗口期实现了经济快速增长。撒哈拉以南非洲是世界上最晚开始人口转变的地区，随着其死亡率和生育率的逐渐下降，撒哈拉以南非洲也必将迎来人口红利窗口期。

（一）撒哈拉以南非洲人口年龄结构的变动态势

根据人口转变过程中死亡率和生育率的变化，我们可以推断出人口年龄结构的变动态势和人口红利的发展趋势。

"二战"后，随着撒哈拉以南非洲公共卫生基础条件的改善和医疗技术的进步，该地区的死亡率下降明显，婴儿死亡率[①]、5 岁以下儿童死亡率[②]和预期寿命等相关情况都有较大幅度改善，但仍落后于世界平均水平。根据联合国数据，撒哈拉以南非洲的婴儿死亡率下降较为明显，从 1950—1955 年的 185‰下降到 2010—2015 年的 62‰，但仍高于世界平均水平的 142‰和 35‰，并远远高于发达国家的平均水平（59‰和 5‰）。其中，2010—2015 年五岁以下儿童死亡率居高位的非洲国家分别是塞拉利昂、中非共和国、乍得和几内亚比绍等国，低于世界平均水平的只有佛得角、毛里求斯和塞舌尔三国。撒哈拉以南非洲婴儿死亡率下降也较为明显，从 1950—1955 年的 310‰下降到 2010—2015 年的 95‰，但仍高于世界平均水平（215‰和 48‰），并远远高于发达国家平均水平（77‰和 6‰）。其中，2010—2015 年 5 岁以下儿童死亡率最高的分别是中非共和国、乍得、几内亚比绍、塞拉利昂、索马里和马里等国，低于世界平均水平的有南非、纳米比亚、博茨瓦纳、佛得角、毛里求斯和塞舌尔六国。撒哈拉以南非洲国家的预期平均寿命在过去几十年显著增加，从

---

① 婴儿死亡率（Infant Mortality Rate，IMR），是指每千名活产婴儿一岁以下的婴儿死亡人数。

② 5 岁以下儿童死亡率（Infant Mortality Rate，IMR），是指每千名 5 岁以下儿童死亡人数。

1950—1955年的36岁增加到2010—2015年的58岁。就地区而言，中西非地区以上几项指标处于垫底的位置，特别是塞拉利昂、中非共和国、乍得、几内亚比绍和科特迪瓦等国。进入21世纪以来，南部非洲国家受艾滋病感染率较高的影响，人均预期平均寿命快速下降，2005年，在艾滋病"抗反转录病毒治疗"被广泛采用之后情况有所好转，预期平均寿命开始回升。

与此同时，撒哈拉以南非洲的生育率除了①岛屿国家和南部非洲国家以外，东非、西非和中部非洲国家都处于较高水平，但也正在缓慢下降。一般来讲，如果生育率低于2.1，人口增长就会低于生育更替水平。目前，该地区国家正处于人口转变的不同阶段，根据生育率的高低大体可以分为四类。第一类是人口转变非常缓慢的国家（生育子女数量高于6人），包括尼日尔、索马里、刚果（金）、马里和乍得5个国家。这些国家人均国内生产总值较低，城市化水平不高，计划生育政策执行力度不够。第二类是人口转变缓慢的国家（生育子女数在5—6人之间），包括布隆迪、安哥拉、乌干达、尼日利亚、布基纳法索、冈比亚、莫桑比克、坦桑尼亚、贝宁、赞比亚、南苏丹、科特迪瓦、几内亚、中非共和国和塞内加尔15个国家，它们大多属最不发达国家。第三类是正在进行人口转变的国家（生育子女数在3—4人之间），包括赤道几内亚、喀麦隆、几内亚比绍、毛里塔尼亚、马拉维、刚果（布）、塞拉利昂、利比里亚、多哥、圣多美和普林西比、埃塞俄比亚、科摩罗、厄立特里亚、马达加斯加、卢旺达、加纳、肯尼亚、津巴布韦、加蓬、纳米比亚、斯威士兰、莱索托和吉布提23个国家，其中大多数（18个）属于城市化水平较高的沿海国家。第四类是人口转变基本完成的国家（生育子女数少于3人）分别是博茨瓦纳、南非、佛得角、塞舌尔和毛里求斯。这些国家的经济较为发达，人均国内生产总值较高，生育率下降的较早。目前，全球生育率高于5人的21个国家中，除了阿富汗和东帝汶以外，其余都分布在撒哈拉以南非洲地区。撒哈拉以南非洲的生育率开始下降的时间比其他

---

① 总和生育率（Total Fertility Rate，"TFR"，简称"生育率"）是指某国或某地区的每个妇女在育龄期间平均生育的子女数。一般来讲如果生育率低于2.1，人口增长就会低于生育更替水平。

大多数发展中国家晚了 20 多年，而且下降的速度较为缓慢，区域和人群分布上也不太均衡，其中城市居民和受教育人群的生育率下降较为明显。

死亡率和生育率的下降必然会使人口年龄结构由金字塔形变成"中间大、两头小"的纺锤形。这一时期劳动力增加及投资储蓄增长，妇女就业机会和人力投资也相应上升，从而整体上有利于社会经济发展，即人口经济学家所称的"人口红利窗口期"。人口年龄结构越来越被认为是经济发展的决定性因素之一，对国家稳定、政府治理、经济发展和社会福利有重大影响。在理论上，人口年龄结构可以分为四种：非常年轻的年龄结构、年轻的年龄结构、转型中的年龄结构和成熟的年龄结构。研究表明，非常年轻和年轻的年龄结构对国家稳定和经济发展具有很强的破坏性。据研究统计，在 20 世纪 90 年代，属于非常年轻年龄结构的国家爆发内部冲突的概率是成熟年龄结构国家的 3 倍。而处于转型中年龄结构的国家是具有人口红利窗口期的国家，只要实施相应的配套措施和政策，这些国家就有可能兑现人口红利、推动经济快速发展。而那些成熟年龄结构的国家，往往经济增长较为缓慢，但政治局势、经济环境总体较为稳定。[1]

撒哈拉以南非洲的人口年龄结构也正在缓慢发生变化。撒哈拉以南非洲生育率的峰值是 1975—1980 年度的 6.8 人，随后在 1985 年 15 岁以下人口比重达到峰值的 45.5%，之后二者都进入缓慢下降阶段。因此，1950 年以后，撒哈拉以南非洲人口年龄结构可以分为两个阶段：其一，1950—1985 年属年龄结构上升阶段。撒哈拉以南非洲 15 岁以下的人口数量不断增长，所占比重也不断增加，从 1950 年的 7500 万人增长到 1985 年的 1.95 亿人，所占比例由 41.7% 增加到 45.5%。其二，1985 年之后进入年龄结构缓慢下降阶段。在这一阶段，虽然撒哈拉以南非洲 15 岁以下的人口数量也在不断增长（2015 年为 4.17 亿人、2050 年预计为 7.23 亿人、2100 年预计为 8.8 亿人），但所占比重开始缓慢下降（2015 年为 43.1%、2050 年预计为 33.4%、2100 年预计为 22%），劳动年龄人口的比重开始不断增加。我们通过图 1 可以看到，撒哈拉以南非洲 2050 年、

---

[1] Elizabeth Leahy et al., *The Shape of Things to Come: Why Age Structure Matters to a Safer, More Equitable World*, Population Action International, 2011, p.10.

2100年的人口年龄结构图与1960年、2015年的相比已有明显变化，劳动年龄人口数量和比重都不断增加，15岁以下的人口比重逐渐降低，65岁以上的人口比重逐渐增加，人口红利窗口期逐步显现。

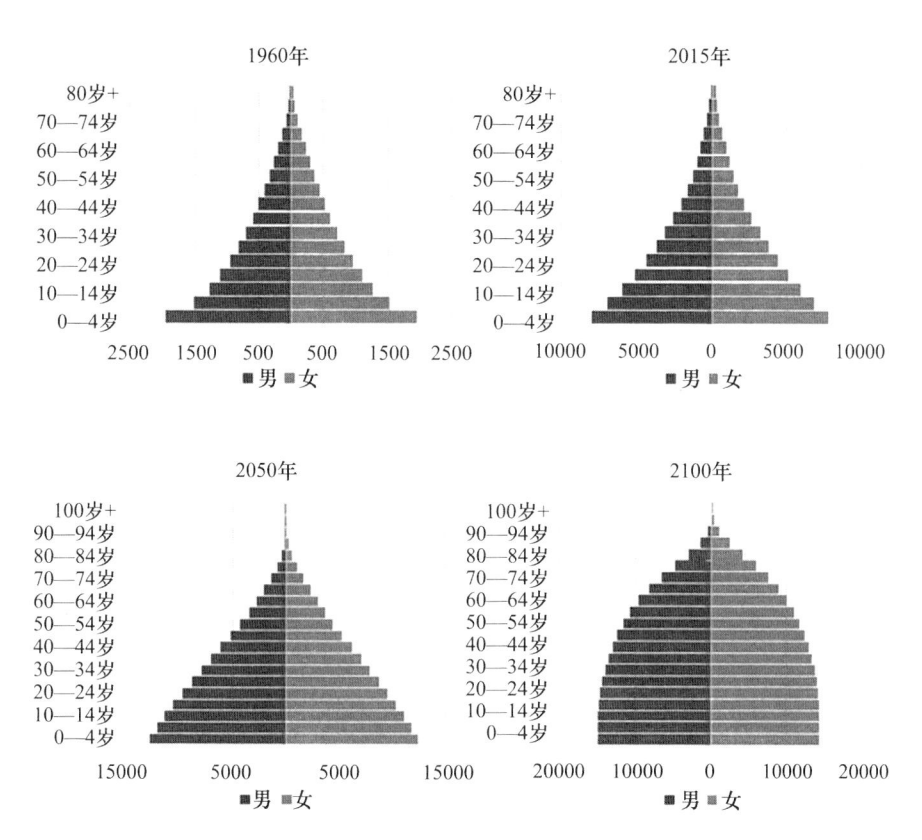

图1　1960年、2015年、2050年、2100年撒哈拉以南非洲人口年龄结构图（单位：万人）

资料来源：笔者根据联合国人口司数据（https://esa.un.org/unpd/wpp）自制。

根据长期预测数据①，撒哈拉以南非洲的人口数量在2050年将达到21.7亿人，到2100年将达到40亿人。撒哈拉以南非洲将是世界上唯一

---

① 本文使用的是"中等变量"（Medium Variant）情况下的预测数据。"高等变量"（High Variant）情况下，撒哈拉以南非洲的人口数量在2050年为23.9亿人，2100年为55.6亿人；"低等变量"（Low Variant）情况下，撒哈拉以南非洲的人口数量在2050年为19.6亿人，2100年为28亿人。研究表明，撒哈拉以南非洲长期保持较高生育率或实现生育率快速下降的可能性较小，所以本文采用"中等变量"（Medium Variant）情况下的预测数据。

一个 2015—2100 年间人口快速增加的地区。撒哈拉以南非洲人口占世界总人口的比例也将不断上升,从 2015 年的 13.1% 将上升到 2050 年的 22.2% 和 2100 年的 35.8%；而亚洲地区所占的比例将大幅下降,从 2015 年的 59.9% 下降到 2050 年的 53.8% 和 2100 年的 42.7%；欧洲地区也将不断下降,从 2015 年的 10% 下降到 2050 年的 7.3% 和 2100 年的 5.8%。2015 年到 2100 年,东部、中部和西部非洲地区将成为世界上人口增长最快的地区,人口数量将增加约 4 倍,占世界总人口的比例将提高约 3 倍；而南部非洲地区受艾滋病等因素的影响,人口数量增加 46%,占世界总人口的比例将基本保持不变。其中,尼日尔的人口数量将增长近 10 倍,从 2015 年的 1989 万人增加到 2100 年的 1.9 亿人；其他撒哈拉以南非洲国家中人口数量增长 5 倍以上的国家还有赞比亚、索马里、坦桑尼亚、布隆迪、乌干达和刚果（金）。2100 年,预计人口数量超过 1 亿的撒哈拉以南非洲国家主要有：尼日利亚（7.9 亿人）、刚果（金）（3.8 亿人）、坦桑尼亚（3 亿人）、埃塞俄比亚（2.5 亿人）、乌干达（2.1 亿人）、尼日尔（1.9 亿人）、安哥拉（1.7 亿人）、肯尼亚（1.4 亿人）、苏丹（1.38 亿人）、莫桑比克（1.35 亿人）、科特迪瓦（1 亿人）。

（二）撒哈拉以南非洲抚养比的变动态势

抚养比[1]是考察人口红利的一项重要指标。一般说来,抚养比越大,表明劳动力人均承担的抚养人数就越多,即意味着劳动力的抚养负担就越重。按照国际标准,非劳动年龄人口是指 0—14 岁少儿人口和 65 岁以上老年人口两部分人口的总和。抚养比高的国家,大量资源用于抚养非劳动年龄人口,而抚养比低的国家则可以将更多的资源投入医疗、教育、投资和技术研发等领域。研究表明,东亚地区在 1965—1990 年期间抚养比快速下降,劳动年龄人口的增速明显快于人口的整体增速,在大量劳动年龄人口的努力下创造了东亚"经济奇迹"。[2]

---

[1] 抚养比,又称人口负担系数,是指非劳动年龄人口数与劳动年龄人口数之比。
[2] David E. Bloom and Jeffrey G. Williamson, op. cit., pp. 419 - 455; David E. Bloom, David Canning and Pia N. Malaney, "Population Dynamics And Economic Growth in Asia", *Population and Development Review*, Vol. 26, 2000, pp. 257 - 290.

目前，撒哈拉以南非洲的抚养比正处于一个缓慢下降的过程。通过图2我们可以看到，与世界其他地区相比，该地区的抚养比突出体现为以下特点。其一，抚养比的峰值时间滞后于世界其他地区差不多20年。撒哈拉以南非洲的抚养比在1985年达到峰值，随后开始缓慢下降，而世界其他地区的峰值大多出现在20世纪60年代。其二，抚养比的峰值远高于世界其他地区。撒哈拉以南非洲抚养比的峰值为1985年的94.1%，而拉美与加勒比地区为1965年的88.3%，亚洲为1965年的80.1%，大洋洲为1960年的68.6%，北美为1960年的66.5%，欧洲为1965年的56.1%。其三，抚养比从峰值到谷底的时间远多于世界其他地区。世界其他地区的抚养比在20世纪60年代达到峰值之后，随着生育率的快速下降，抚养比在21世纪前10年到达谷底，随后开始缓慢上升并逐渐进入人口老龄化阶段。而撒哈拉以南非洲的抚养比下降的时间和速度都明显滞后于世界其他地区。虽然撒哈拉以南非洲的抚养比在1985年出现拐点，但由于其生育率下降速度非常缓慢，使撒哈拉以南非洲的抚养比预计将在21世纪80年代才能到达谷底。从抚养比的峰值到谷底，撒哈拉以南非洲预计将用约100年的时间，而世界其他地区用了50—55年的时间。其四，实现了与世界其他地区人口的"错峰转变"。图2显示，撒哈拉以南非洲是唯一一个与世界其他地区的抚养比变化情况明显不同的地区。当世界其他地区的抚养比在2010年前后开始上升的时候，撒哈拉以南非洲的抚养比还在不断下降，并在2040年开始低于欧洲，到2060年时已经低于世界所有其他地区，并将保持到2100年以后。虽然由于历史和现实的原因导致撒哈拉以南非洲的抚养比变化滞后于世界其他地区，但可能因此"因祸得福"，实现与世界其他地区人口的"错峰转变"。当世界其他地区普遍进入老龄化社会的时候，撒哈拉以南非洲将成为世界上唯一一个拥有较低的抚养比和大量劳动年龄人口的地区。这也预示着撒哈拉以南非洲是2060年以后世界上唯一一个具有人口红利窗口期的地区。

（三）撒哈拉以南非洲人口红利窗口期及特点

人口红利窗口期意味着一国的人口结构态势进入"二低一高"阶段，即少儿抚养负担和老年赡养负担比较低，劳动年龄人口比重高。对人口

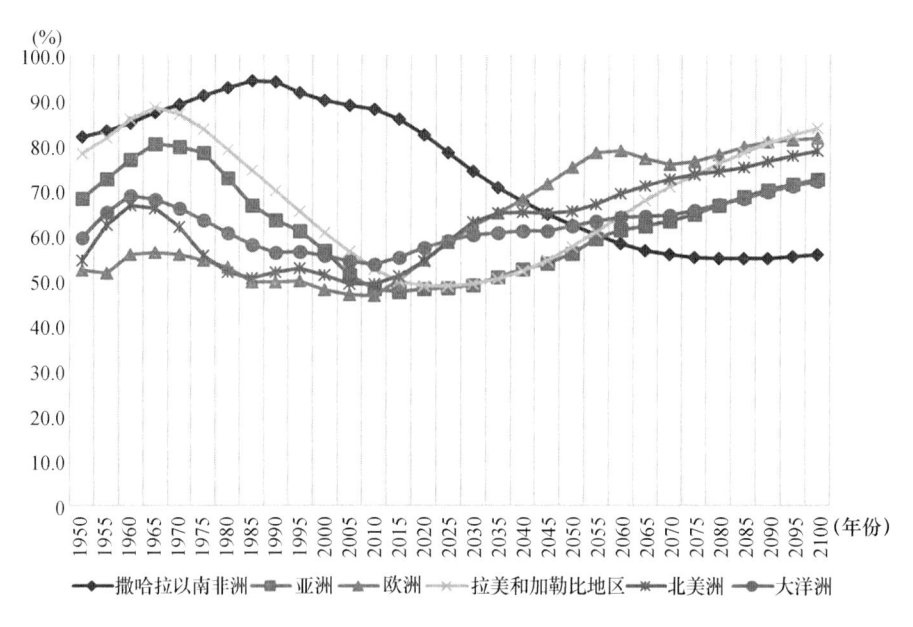

图 2　1950—2100 年世界各地区抚养比的变化情况

资料来源：笔者根据联合国人口司数据（https：//esa.un.org/unpd/wpp）自制。

红利窗口期的研判，学者依国情差异提出了不同的计算标准。联合国人口司在 2004 年的研究报告《到 2300 年的世界人口》中提出，当人口平均年龄低于 40 岁时，人口红利窗口期需要同时满足两个条件：15 岁以下的人口比例低于 30%、65 岁以上的人口比例低于 15%，[1] 并以此将人口转变划分为三个时期：幼年期（15 岁以下的人口比例高于 30%）、青年期（15 岁以下的人口比例低于 30% 和 65 岁以上的人口比例低于 15%）、老年期（65 岁以上的人口比例高于 15%），其中青年期就是人口红利窗口期。[2] 就非洲研究而言，喀麦隆学者贝宁吉赛（Gervais Beninguisse）认为，抚养比低于 80% 就进入人口红利窗口期，即受抚养人比例低于 45%，15—64 岁人口至少为 55%。[3] 美国学者图尔伯德（Vincent Turbat）结合西非地区的情况，认为许多青年在 28 岁之前一直是被抚养人口，在 63 岁之

---

[1] United Nations, *World Population to 2300*, 2004, p.2.
[2] United Nations, op. cit., pp.70–71.
[3] Gervais Beninguisse and Liliane Manitchoko, "Countries with Slow and Irregular Fertility Transitions", in Hans Groth and John F. May eds., op. cit., p.141.

后已开始成为被抚养人口，因此将计算抚养比的年龄修改为 28 岁以下和 63 岁及以上人口。[①] 实际上，同时满足两个条件（15 岁以下的人口比例低于 30% 和 65 岁以上的人口比例低于 15%）比仅仅满足抚养比这一个条件能更准确地反映该地区人口转变过程中的具体情况和所处阶段，故本文采用联合国人口红利窗口期的计算标准。

  世界主要地区的人口红利窗口期并不同步，有明显的先后顺序。欧洲是最先进入人口红利窗口期的地区，也是最先结束的地区。20 世纪 50 年代进入人口红利窗口期，2000 年前后结束。北美、大洋洲和东亚地区紧随其后，在 20 世纪七八十年代进入人口红利窗口期，21 世纪 20 年代前后结束。美国、加拿大、澳大利亚和新西兰在"二战"后都诞生了"婴儿潮一代"，这既得益于战后经济恢复，也得益于科技进步和医疗卫生条件的改善。随着他们进入老年期，北美和大洋洲的人口红利窗口期也在 2015 年前后结束。东亚地区的日本与"亚洲四小龙"等在"二战"后也都迎来了人口生育的高峰，凭借劳动年龄人口的增加实现了经济高速增长的东亚"经济奇迹"。亚洲（东亚除外）、拉美和加勒比地区的人口红利窗口期大致集中在 21 世纪 10 年代至四五十年代。通过图 2 可以看到，这一时期亚洲、拉美和加勒比地区的抚养比是世界上最低的。其中，东南亚、加勒比和南美洲地区进入人口红利窗口期稍早一些，中亚、南亚、西亚和中美洲地区要稍晚一些。相比而言，撒哈拉以南非洲是世界上最晚进入人口红利窗口期的地区。

  根据进入人口红利窗口期的先后顺序（见表 1），撒哈拉以南非洲国家可以分为以下四类：第一类是最早进入人口红利窗口期的国家（2025 年前进入），包括毛里求斯、塞舌尔、南非、吉布提、佛得角、博茨瓦纳六国。这些国家都是 1950 年以后生育率下降较快的国家，其中毛里求斯、塞舌尔和南非目前已经进入人口红利窗口期。毛里求斯在 1990 年进入人口红利窗口期，是撒哈拉以南非洲进入最早的国家，该国取得的经济发展成就在该地区尤为突出，但由于其生育率已经低于替代水平，未来的总人口数将逐渐下降。南非是 6 个国家中劳动年龄人口最多的国家，但

[①] Vincent Turbat, "The Demographic Dividend: A Potential Surplus Generated by a Demographic Transition", in Hans Groth and John F. May eds., op. cit., pp. 182 – 183.

遗憾的是，艾滋病的灾难性影响使该国青年劳动力数量减少，南非将无法获得第一次人口红利带来的好处。①

第二类是较早进入人口红利窗口期的国家（2040—2060年进入），包括莱索托、纳米比亚、斯威士兰、加蓬、卢旺达、埃塞俄比亚、津巴布韦、肯尼亚、厄立特里亚、赤道几内亚、塞拉利昂、加纳、科摩罗、中非共和国、马拉维、马达加斯加、南苏丹、喀麦隆、圣多美和普林西比、几内亚、利比里亚、冈比亚、几内亚比绍、毛里塔尼亚、多哥25国。其中，埃塞俄比亚、肯尼亚、马达加斯加、喀麦隆、加纳、马拉维等都是劳动年龄人口数量较多的国家。就世界范围来看，在2040—2060年进入人口红利窗口期的国家，除阿富汗、也门、巴勒斯坦、东帝汶和伊拉克之外，其余都是撒哈拉以南非洲国家。撒哈拉以南非洲的人口红利优势在这一时期开始凸显。

第三类是较晚进入人口红利窗口期的国家（2060—2070年进入），包括刚果（金）、塞内加尔、莫桑比克、乌干达、乍得、刚果（布）、贝宁、布基纳法索、马里和尼日利亚十国。其中，尼日利亚、刚果（金）、乌干达三国都是劳动年龄人口数超过1亿的国家，尼日利亚在2070年和2100年的劳动年龄人口数将分别达到3.7亿和5.2亿。就世界范围来看，在2060年之后进入人口红利窗口期的国家将都是撒哈拉以南非洲国家。

第四类是最晚（2070年以后进入）进入人口红利窗口期的国家，包括布隆迪、坦桑尼亚、科特迪瓦、赞比亚、索马里、安哥拉和尼日尔七国，生育率下降极其缓慢是主因。其中，坦桑尼亚、尼日尔、安哥拉三国是劳动年龄人口数超过1亿的国家，坦桑尼亚在2075年和2100年的劳动年龄人口数将分别达到1.4亿和1.9亿。

表1仅显示到2100年的数据，但这并不表示撒哈拉以南非洲国家的人口红利窗口期在2100年结束。根据2100年65岁以上人口比例低于15%的计算标准，在2100年之后还将有一大批撒哈拉以南非洲国家依然处于窗口期，包括尼日尔、科特迪瓦、索马里、安哥拉、布隆迪、尼日

---

① Tom A. Moultrie, "A Case of An Almost Complete Demographic Transition: South Africa", in Hans Groth and John F. May eds., op. cit., pp. 91-96.

利亚、贝宁、乍得、多哥、毛里塔尼亚、马里、赞比亚、布基纳法索、冈比亚、南苏丹、坦桑尼亚、几内亚比绍、乌干达、塞内加尔、科摩罗、莫桑比克、塞拉利昂和刚果（布）23 国。

表1 1950—2100 年撒哈拉以南非洲人口红利窗口期和15—64 岁人口数量

地区与国家	开始时间（年）	结束时间（年）	窗口时间（年）	开始与结束时15—64 岁人口总数（万人）
撒哈拉以南非洲	2065	2100 +	35 +	177346—256948
毛里求斯	1990	2025	35	70—89
塞舌尔	2000	2030	30	5—6
吉布提	2020	2065	45	66—90
卢旺达	2045	2075	30	1336—1764
埃塞俄比亚	2045	2075	301	1832—15477
津巴布韦	2045	2080	35	1810—2509
肯尼亚	2050	2080	30	6142—8380
厄立特里亚	2050	2085	35	617—881
科摩罗	2055	2100 +	45 +	101—142
马拉维	2060	2090	30	3180—4538
马达加斯加	2060	2095	35	4045—6021
南苏丹	2060	2100 +	40 +	1907—2809
莫桑比克	2070	2100 +	30 +	6165—8632
乌干达	2070	2100 +	30 +	9794—13775
布隆迪	2075	2100 +	25 +	2582—3527
坦桑尼亚	2075	2100 +	25 +	13880—19126
赞比亚	2080	2100 +	20 +	4510—5917
索马里	2080	2100 +	20 +	4013—5178
加蓬	1950	1955	5	30
	2040	2075	35	197—289
赤道几内亚	2050	2090	40	190—291
中非共和国	2055	2095	40	620—892
喀麦隆	2060	2100	40	3739—5819
圣多美和普林西比	2060	2100	40	28—39
刚果（金）	2065	2100	35	16670—24581

续表

地区与国家	开始时间（年）	结束时间（年）	窗口时间（年）	开始与结束时15—64岁人口总数（万人）
乍得	2070	2100+	30+	3016—4062
刚果（布）	2070	2100+	30+	1031—1483
安哥拉	2080	2100+	20+	8508—11078
佛得角	2020	2055	35	38—50
塞拉利昂	2050	2100+	50+	856—1104
加纳	2050	2100	50	3286—4980
几内亚	2060	2095	35	2036—3009
利比里亚	2060	2095	35	738—1099
冈比亚	2060	2100+	40+	348—478
几内亚比绍	2060	2100+	40+	268—385
毛里塔尼亚	2060	2100+	40+	668—1012
多哥	2060	2100+	40+	1138—1668
塞内加尔	2065	2100+	35+	2776—4091
贝宁	2070	2100+	30+	2100—2884
布基纳法索	2070	2100+	30+	3899—5331
马里	2070	2100+	30+	4049—5495
尼日利亚	2070	2100+	30+	37171—52100
科特迪瓦	2075	2100+	25+	4970—6743
尼日尔	2090	2100+	10+	10755—12496
南非	2015	2065	50	3626—5044
博茨瓦纳	2025	2060	35	172—238
莱索托	2040	2080	40	194—251
纳米比亚	2040	2080	40	247—360
斯威士兰	2040	2080	40	126—160

注：加蓬在1950—1955年、2040—2075年两个时间段出现了满足人口红利窗口期两个条件（15岁以下的人口比例低于30%和65岁以上的人口比例低于15%）。

资料来源：笔者根据联合国人口司数据（https://esa.un.org/unpd/wpp）自制。

总体看，撒哈拉以南非洲的人口红利窗口期主要有以下三个特点。其一，各次区域进入人口红利窗口期时间点不均衡。其中，南部非洲地区较早进入人口红利窗口期,其原因在于该地区主要受到艾滋病造成青年高死亡率和预期寿命快速下降的影响。东部非洲稍微早于中部、西部非洲进入人口红利窗口期。届时,撒哈拉以南非洲地区的劳动年龄人口数量将是非常巨大的。其二,撒哈拉以南非洲是世界上在窗口期拥有劳动年龄人口最多的地区之一,劳动年龄人口数量超过了东亚、南亚、拉美和加勒比地区。其三,撒哈拉以南非洲是世界上拥有窗口时间较长的地区,窗口时间为40—45年,超过了亚洲、拉美和加勒比地区等发展中地区。

二 撒哈拉以南非洲兑现人口红利的现实困境

人口红利窗口期为经济快速增长提供了一种可能性,但它只是提供了机会窗口,即发展的机遇,它本身并不是红利,唯有充分利用了机会窗口,才可能兑现人口红利带来的红利效应。事实上,在撒哈拉以南非洲地区,在人口红利与机会窗口对接方面还面临诸多困境。

(一) 制约因素

兑现人口红利需要在医疗、卫生、生育、教育和经济政策等领域创造适合的条件。但目前撒哈拉以南非洲的大部分国家显然还不具备这些条件,主要体现在以下两个方面。

第一,生育率下降缓慢。实现人口红利的关键条件之一是生育率的下降。撒哈拉以南非洲的生育率虽然开始下降,但总体下降非常缓慢。20世纪70年代,南非、津巴布韦、肯尼亚和加纳等少数几个国家启动了计划生育方案,但只有南非在2010—2015年度的生育率降到了2.6,其他三国降到4左右。[1] 近年来,卢旺达和埃塞俄比亚两国政府采取了大规模的计划生育行动,两国的生育率也实现了快速下降,分别从1995—2000年度的5.9和6.8下降到2010—2015年度的4.2和4.6。然而,尼日尔、刚果(金)、安哥拉和乌干达等一些生育率居高不下的国家,生育率刚刚开始下降就随即处于停滞状态。总的来说,早生多生、拥有较大

---

[1] Hans Groth and John F. May eds., op. cit., p. 24.

家庭规模的传统观念不仅制约了生育率的下降,也限制了女孩受教育的权利,使其社会地位较低。避孕药具的供给不足也制约了生育率的下降速度。研究表明,非洲是世界上避孕药具使用率最低的地区,只有22%的已婚妇女使用了避孕药具,另外有25%的育龄妇女表示希望推迟或避免怀孕,但由于避孕药具的缺乏而没有满足避孕的需求。[1]

第二,医疗、教育等公共资源匮乏。大多数撒哈拉以南非洲国家的公共财政收入有限,造成医疗、教育等公共资源匮乏。其一,在医疗卫生领域,根据世界银行的数据,撒哈拉以南非洲2014年人均医疗支出为98美元(远低于世界平均的1059美元)。由于较高的生育率,许多撒哈拉以南非洲国家的医疗支出约有一半用于孕妇和婴幼儿特殊群体。这主要是由于许多高风险怀孕现象(早孕或高龄产妇、怀孕太频繁等)所导致的结果,因而孕妇和新生儿需要额外的护理,以减少目前非常高的孕产妇死亡率、5岁以下儿童死亡率以及与高危妊娠相关的发育迟缓儿童的比例。而这些发育迟缓的儿童在学校学习困难程度较大,对疾病的抵抗力较弱,对家庭和国家都会造成长期影响。[2] 1990年至2013年,撒哈拉以南非洲发育迟缓的儿童数量增加了约1/3。2015年,全球体重不足的儿童有1/3在撒哈拉以南非洲。[3] 其二,在教育领域,兑现人口红利的另一个关键因素是拥有大量受过良好教育的劳动力。目前,非洲的小学教育虽已取得了很大进步,但中学、大学教育依然落后于世界平均水平。根据世界银行数据,撒哈拉以南非洲2014年小学、中学和大学的入学率(占总人口的百分比)分别为77.9%、42.7%和8.6%(低于世界平均的89.5%、76.4%和35%)。大多数撒哈拉以南非洲国家的中等和高等教育资源难以满足越来越多的青少年的需要。尽管许多非洲国家的法律规定了儿童接受教育的权利,但该地区仍有约3500万儿童根本就没上过学,其中女孩的受教育权利就更难得到有效保障。[4] 还有一些地区战乱频发使教育公共资源异常匮乏,这不仅让大多数青少年失去了受教育的机会,

---

[1] UNECA, op. cit., pp. 21-22.
[2] Hans Groth and John F. May eds., op. cit., p. 24.
[3] 联合国:《千年发展目标报告2015》,2015年,第22页,http://www.cn.undp.org/content/china/zh/home/library/mdg/mdg-report-2015,2017-12-27。
[4] UNECA, op. cit., p. 24.

而且还增加了他们加入恐怖主义组织的风险。

（二）面临的挑战

对非洲而言，不断增长的青年人口是一笔"财富"，但同时也是巨大的挑战。撒哈拉以南非洲国家在兑现人口红利方面，除了传统文化、民族、宗教等方面因素，还需要应对以下挑战。

第一，创造就业的能力能否满足大量劳动力的市场需求。随着世界经济进入增长缓慢、不平等加剧和充满动荡的新时期，从全球范围来看，就业增长的速度已赶不上劳动力增加的速度。全球人口就业率从1991年的62%下降到了2015年的60%。虽然近年来撒哈拉以南非洲的就业形势略有好转，从1991年的63%上升到2015年的65%，但持续高水平的不充分就业和非正式就业以及较低的劳动生产率抵消了生计改善的努力。[①] 尽管人口增长速度正在放缓，但未来撒哈拉以南非洲劳动年龄人口将持续快速增长，2015—2100年撒哈拉以南非洲劳动年龄人口将增长4.9倍，从5.2亿人增加到25.7亿人。而大多数非洲国家产业结构单一造成创造就业的能力不足，如果不能实现以资源密集型产业带动劳动密集型产业的结构转型，并创造大量就业机会，将会产生巨大的失业压力。大量失业人口将给社会带来极大风险，他们对经济和社会资源分配不公的"怨恨"很有可能转化为政治暴力，进而引发武装冲突。如果不能创造足够的就业机会、充分利用好大量青年劳动力的机遇期推动社会经济实现较快发展，在不久的将来，当这些青年人普遍进入老年阶段后产生的老龄化问题和已经产生的各种社会问题则会使整个形势雪上加霜。

第二，城市化的进程能否跟上城市人口的不断增加。撒哈拉以南非洲国家的城市化不同于发达经济体。早期发达工业化国家的发展历程显示，经济的持续增长必然伴随着城市化进程。工业发展创造出大量的就业机会，吸引农村人口来到城市，使城市规模逐渐扩大。事实上，这是一个渐进的过程，因而没有造成城市人口突然膨胀和城市资源压力陡然增加。而撒哈拉以南非洲地区的城市化并不是由产业结构变化造成的，

[①] 联合国：《千年发展目标报告2015》，2015年，第17页，http://www.cn.undp.org/content/china/zh/home/library/mdg/mdg–report–2015，2017–12–27。

只是大量的农村人口向城市迁移的结果,且流动人群以青年人为主,这样的人口流动在减少农村劳动力的同时也加重了城市发展的压力。其主要致因如下。其一是城市与农村的发展不平衡以及资源分配不均。基于殖民历史,非洲国家的许多金融和社会保障机构集中在城市,城市的学校和医疗服务均好于农村。即使这些国家获得独立之后,由于经济发展缓慢,城市仍然被视为"特权岛"(Islands of Privilege)。[1] 其二是环境变迁和自然灾害因素。在生态环境受到破坏和发生自然灾害时,国家缺乏资金和有效的行政干预,致使大量人口离开家乡,寻找资源相对丰富且更适合生存的地方,其中的一部分人口流入城市。其三是国内暴力冲突导致的人口迁徙。人口增长引起的耕地、淡水、森林和渔业等资源的短缺会引发族群冲突和暴力蔓延,致使人口迁往邻近国家或大量涌入城市。[2]

目前,非洲地区正在迅速城市化。2014年撒哈拉以南非洲已成为世界上城市化最快的地区,城市人口比例预计从2014的37%上升到2050年的55%。[3] 到2050年撒哈拉以南非洲超过500万人口的城市将达到35个,其中金沙萨和拉各斯的人口预计将超过3000万人。[4] 然而,大量人口涌入城市并不是出于城市发展的需要,而是人们需要城市为其提供比农村更好的生存资源,这样的流动导致城市的供给和需求失去平衡,城市的医疗卫生、教育资源和住房条件难以承载这种人口快速流入带来的压力,因此出现了大量的贫民窟,医疗教育等公共资源不堪重负,失业率和犯罪率明显上升,城市管理也更加混乱,这些都在考验着非洲城市的管理水平和可持续发展能力。

第三,自然生态环境能否承载持续扩大的人口经济规模。撒哈拉以

---

[1] P. Bocquier, "World Urbanization Prospects: An Alternative to the UN Model of Projection Compatible With the Mobility Transition Theory", *Demographic Research*, Vol. 12, No. 9, 2005, pp. 198 – 233; B. Cohen, "Urban Growth In Developing Countries: A Review of Current Trends And a Caution Regarding Existing Forecasts", *World Development*, Vol. 32, 2004, pp. 23 – 51.

[2] See Thomas Homer – Dixon and Jessica Blitt eds., *Ecoviolence: Links among Environment, Population and Security*, Lanham: Rowman and Littlefield, 1998.

[3] Hans Groth and John F. May eds., op. cit., p. 321.

[4] Jean – Pierre Guengant and John May, "African Demography the Divided is Delayed", *The Economist*, March 8, 2014, pp. 48 – 49.

南非洲人口从1950年的1.8亿增加到2015年的9.7亿,人口的快速增长已经使自然生态环境变得非常脆弱;人均耕地面积在1961年至2015年间下降了63%,造成土地过度开垦,并迫使农村人口大量涌入城市;森林覆盖面积由1990年的29.5%下降到2015的25.7%,土地荒漠化和森林砍伐加剧了农民和牧民之间的冲突。在乍得湖地区,由于基础设施缺乏和不恰当的灌溉方式造成湖区大面积萎缩,加剧了尼日利亚北部、喀麦隆和乍得的水资源危机。[①] 然而,即使是在目前自然环境已经非常脆弱的情况下,按日均生活费不足1.9美元国际新贫困线标准,2015年撒哈拉以南非洲贫困人口有3.47亿,贫困发生率为35.2%。[②] 2016年,该地区营养不良人口有2.24亿,占总人口的22.7%。[③] 到2100年,撒哈拉以南非洲人口预计增至40亿,人口的持续快速增长必然将极大地考验撒哈拉以南非洲自然生态环境的承载能力。

三 撒哈拉以南非洲国家充分兑现人口红利的政策选择

人口红利的获得并不是自动的,而是有条件的。一个国家能否充分兑现人口红利的潜在收益,取决于政府的执政水平和良好的制度环境。为此,非洲国家需要在以下几个方面着力。

(一) 通过降低生育率步入人口红利窗口期

降低人口生育率、减小抚养比是进入人口红利窗口期的前提条件。只有这样,才能减少家庭支出、提高劳动力数量和增加储蓄与投资。而大多数撒哈拉以南非洲国家受传统文化和小农经济影响,家庭规模较大,并且追求早生、多生。医疗卫生条件的不足、营养不良和疾病的肆意传播也使非洲家庭对儿童的存活率信心不足,在他们看来,只有多生才能

[①] B. Mberu et al., "Internal Migration, Urbanization and Slums in Sub‑Saharan Africa", in Hans Groth and John F. May eds., op. cit., p. 320.

[②] AFDB, "Indicators on Gender, Poverty, the Environment and Progress toward the Sustainable Development Goals in African Countries 2017", http://www.afdb.org/statistics, 2017‑12‑21.

[③] FAO, *2017 Africa Regional Overview of Food Security and Nutrition*, Accra, 2017, p. 6.

维持基本的家庭生产。另外，女性的教育水平也是影响生育率的重要原因之一。为此，政府应从公共卫生、教育和女性权益三个方面积极采取措施。

第一，增加公共卫生领域的投入。撒哈拉以南非洲国家需要把医疗卫生工作放在最重要的位置，充分发挥政府、个人和外国援助等多方力量的积极作用，大幅提高医疗卫生服务的可及性。其一，制定并实施计划生育方案。在城市和广大农村地区开展计划生育和妇幼健康的宣传动员工作，向公众传达有关小规模家庭能获得更好的健康发展和经济效益的信息，并向其提供必要的避孕用品，对已经建立家庭的夫妇提供长效避孕措施来降低意外怀孕率，逐步缩小家庭规模。如果避孕需求得到满足，撒哈拉以南非洲的生育率将能够再下降一个层次。其二，扩大妇幼保健服务的覆盖范围。覆盖和满足弱势群体的妇幼保健需求，这是降低生育率最具成本效益的途径，并能为人口的健康发展带来许多其他好处。相关机构将产前护理、产后护理和解决儿童营养不良问题结合起来，通过不断降低孕妇的死亡率和5岁以下儿童的死亡率，逐渐改变父母对家庭规模的要求，进而实现生育率的下降。其三，加大传染病防治力度。撒哈拉以南非洲国家的医疗卫生状况虽然在过去30年有了显著的改善，但传染病防治的形势依然严峻。艾滋病的肆虐使南非的人口红利几乎已经成为"海市蜃楼"。[1] 目前，疟疾、结核病、艾滋病以及埃博拉等疾病的高发病率和潜在影响将是撒哈拉以南非洲兑现人口红利的长期隐患。需要政府建立较为完善的医疗体系并保障持续的药物供应，控制疾病的传播和影响，进而不断提高民众的健康意识和健康水平。

第二，增加教育领域的投入。人力资本积累是兑现人口红利的重要保障。目前，撒哈拉以南非洲国家在普及小学教育方面已经取得显著进步，但还需要进一步提高教育水平和全球竞争力。其一，进一步提高入学率和增加平均受教育年限。这需要政府制定和完善法律，以保障儿童受教育权利和平均受教育年限，进一步提高小学入学率和完成率。此外，政府还需要加大对中等和高等教育的投入，逐步提高中等和高等教育的入学率，并通过多种手段帮助更多的青年人完成学业，这样不仅有助于

---

[1] Hans Groth and John F. May eds., op. cit., p. 98.

积累人力资本，还有助于改变传统的生育观念、推迟初婚年龄。高等教育还需要适应全球经济变化的形势，在科学、工程、数学和计算机等领域培养更多具有全球竞争力的高端人才。其二，提高教师待遇，增加教师人数，改善教育基础设施。到2060年之前，撒哈拉以南非洲0—14岁的人口比例都将高于30%。政府需要在师资、待遇和教育基础设施等方面增加投入以适应学生人数的不断增加；促进职业教育的发展，注重职业技能方面的培训，帮助年轻人获得并提升劳动技能。政府增加教育领域的投入，不仅有助于积累人力资本和降低贫富差距，还有助于减少青少年违法犯罪和加入恐怖主义组织的可能。

第三，提高女性的教育水平和社会地位。受过教育的女性是促进兑现人口红利的一个重要因素。目前，撒哈拉以南非洲的女性受教育程度和社会地位整体较低，还有大量的工作需要做。例如，政府可以通过为女童提供奖学金、助学金等方式，鼓励家长允许女孩上学，提高女性入学率，并不断增加完成中等和高等教育的女性比例。除了提供基本的教育外，政府还可以为女性青年提供小额信贷来帮助其完成职业教育、技能培训或者自主创业。政府可以制定法律来防止早婚行为（18岁以前），采取措施为社会经济地位较低家庭的准新娘提供资金帮助或替代解决办法，避免其因为贫困而过早结婚。受过教育的女性也更有意愿参加社会就业和拥有较小的家庭规模，并倾向于将所得收入用于家庭健康和子女教育。女性受教育程度的改善有助于提高女性权益、实现性别平等、避免女性社会地位固化，有助于使其拥有更多的自主权和话语权。

（二）通过配套政策来用好第一次人口红利

降低生育率只是兑现人口红利的第一步，政府还需要为大量的劳动年龄人口创造足够的就业岗位来使红利效应真正发挥作用。如果市场创造的就业岗位不足，就会带来巨大的人口压力，并进一步加剧社会不稳定和暴力冲突。但政府本身所能提供的就业岗位十分有限，绝大多数就业岗位来自市场和私营企业，政府要充分重视市场的作用。为了使潜在的人口红利真正成为带动撒哈拉以南非洲国家发展的经济引擎，政府需要确立就业优先的发展战略，消除人口流动障碍，并改善重点地区的营商环境。

第一，制定就业优先的发展战略，积极实现充分就业。撒哈拉以南非洲国家缺乏足够的就业岗位是威胁社会稳定的主要风险之一。基于此，政策需在以下几个方面着力。其一，增加劳动密集型产业。大部分非洲国家产业结构单一，使这些国家的财政状况极其脆弱。国际市场对非洲矿产资源的需求虽然能在一定程度上增加财政收入，但难以推动经济实现可持续发展。矿业为资本密集型产业，创造的就业岗位有限，对国际市场的依赖程度很高。非洲国家需要加快产业结构转型，走多元化发展之路，将资源收入用于发展劳动密集型产业，这不但能增加就业、减少国际环境对经济发展的不利影响，也可以降低资源收入带来的寻租和腐败现象。其二，助力小微企业和农村产业的快速健康发展。政府推行降低经营成本、改善融资环境、鼓励私营部门发展等优惠政策，助力小微企业和农村产业的快速健康发展。小微企业大多是劳动密集型企业，对技能要求相对较低，能吸收大量劳动力，有利于吸纳女性就业，由此有效减少人口增加带来的就业压力。政府相关部门在提高农业生产力的同时，通过发展农产品加工业和为农民提供小额贷款等多种方式增加农村人口就业机会，推动农村劳动力就地、就近就业，减少农村劳动力盲目流向城市。农业是国家的基本产业，对农村产业的扶持不但有利于加快农村地区的发展，还有利于更好地服务非洲城市化进程。

第二，消除人口流动障碍，推动劳动力自由流动和灵活就业。其一，加快城市化建设步伐，为城市新增人口提供基本生活保障。城市化和工业化是互利互惠、相辅相成的。政府相关部门需要提前为城市发展做好整体规划，特别是在金沙萨、拉各斯等未来的超大城市，着力解决城市贫民窟和住房短缺的问题，为城市新增人口提供医疗、教育等基本生活保障，改善城市居民的生活质量。为快速城市化的地区提供结构性基础设施，消除人口流动障碍，推动劳动力自由流动和灵活就业，提高非洲城市竞争力。其二，保护合法的境外就业，让个人与国家均能受益。境外就业是促进国家发展和提高家庭收入的方式之一。消除境外就业的障碍，可以重新平衡派出国和目的国之间劳动力市场，加快知识与技术的传播，并实现资源的优化配置。境外就业可以从两个方面给国家发展带来积极影响：一方面，可以减轻派出国劳动力市场的就业压力，经济发展较好的国家往往能够提供更多更好的就业机会，青年人也愿意前往境外就业;另一方面,境外就业人口通过汇款和投资等方式将收入返回母国,可以增加母国的外汇收入和经济活力。因此,国家应制定相关政策使这一渠道长期化、便利化,让个人与国家均能从中受益。

第三,优先改善重点地区的营商环境。撒哈拉以南非洲国家要想从大量青年人口中受益并兑现人口红利,很大程度上取决于良好的营商环境。其一,改善基础设施,创造安全便捷的投资环境。为进一步提高非洲国家的投资吸引力,政府应着力改善产业聚集区、经济特区等重点地区的电力供应、交通运输和信息网络等基础设施,制定切实可行的建设方案,改变传统的经营方式,吸引私人资本和外国直接投资进入基础设施建设领域;给予农业、制造业、建筑业和电力等优先行业的投资在税率等方面的优惠政策,并制定法律来保障投资人的权益。其二,制定更加开放的贸易政策,减少关税壁垒,加快区域一体化建设。大多数非洲国家国内市场规模较小,不利于形成规模效应。这需要非洲区域与次区域组织、非洲国家间不断完善区域内的互联互通、金融合作,实行统一关税,简化海关边境管制和货物检验程序,不断增加区域内贸易总额。区域一体化不但能够实现产业合理分工、劳动力资源优化配置、增加就业岗位,还能够提高企业生产效率、降低生产成本。紧密的贸易联系不但可以稳定市场价格,还有助于提高私营企业的竞争力。良好的市场运作机制有利于吸引外国直接投资,也有利于增加国家的税收收入,并降低通货膨胀,使社会经济进入良性发展的轨道。

(三)通过长期政策来收获第二次人口红利

人口红利窗口期是一个国家或地区在人口转变过程中必然出现的时期。人口红利窗口期带来的"第一次人口红利"是短暂的,但是"第二次人口红利"是持续的,而且有巨大的开发潜力。因此,撒哈拉以南非洲国家还需要在全面了解人口红利实现途径的基础上,采取一系列的长期政策来延长人口红利效应,为青年人的衰老提前做准备,保障在老龄化阶段持续拥有"第二次人口红利"。

第一,加强国家制度建设,推动国家长治久安。制度的好坏在保障相关政策能长期有效执行的同时,也决定国家能否将现有资源转化为经济发展动力。研究表明,制度建设越完善的国家,自然资源对经济增长的不利影响越小。[①] 政府促进社会公平正义、提高教育质量和创造就业机会的能力,在很大程度上也取决于国家制度建设与行政能力水平。良好的治理有利于促进国家长治久安、增加生产性投资、打击贪污腐败和避免资源浪费。

第二,构建覆盖城乡的医疗保障体系,健全社会养老保障制度。长期来看,生育率和死亡率的下降必然会导致人口老龄化,构建覆盖城乡的医疗保障体系有助于延缓人口红利消失的时间。非洲国家需要进一步健全社会养老保障制度,为不可避免的老龄化做好准备。对剩余储蓄的合理使用是在人口老龄化阶段收获"第二次人口红利"的充分条件,鉴于此,非洲国家可以通过相应的经济政策,拓宽老年人储蓄资金的社会化投资渠道,在实现资本保值增值的同时促进经济繁荣稳定。

四 结语

人口红利的根本要义在于人的发展,其实现的主要途径是提高民众的健康和教育水平。如果撒哈拉以南非洲国家的健康和教育问题得不到较好解决,人口红利将很难实现。面对未来如此巨大的人口红利规模,基于第一次人口红利潜力不会自动兑现的现实,撒哈拉以南非洲国家需要为之付出艰辛且持续的努力。政府需要加大对青年人的投入,让他们充分地发挥潜力,更好地融入社会,积极地参与国家发展进程。正如20世纪50年代联合国的人口预测改变了许多国家的人口政策并最终改变了世界人口增长趋势一样,加强对撒哈拉以南非洲人口问题的研究,有助于尽早引起撒哈拉以南非洲国家的高度重视,借鉴其他国家的经验教训,积极制定长期政策和实施相关的配套措施和长期政策,最终促使撒哈拉以南非洲的人口增长朝着更有利于兑现人口红利的方向发展。但从目前的情况来看,撒哈拉以南非洲国家对人口问题的重视程度还不够,制定的发展规划和战略更注重短期的经济增长,而忽略人口因素对经济的长远影响。在这些国家看来,众多的人口将是国家未来发展的一

[①] H. Mehlum, K. Moene and R. Torvik, "Institutions and the Resource Curse", *Economic Journal*, Vol. 116, 2006, pp. 1 – 20.

个重要资源；即使国家的生育率和抚养比很高，但凭借数量众多的劳动力依然可以获得第一次人口红利，并在不久的将来成为新兴经济体（但事实上，新兴经济体都是实现或基本实现生育率下降和人口转变的国家）。①

  其中的关键问题是就业问题能否得到妥善解决。如果一国能够创造足够的就业岗位，大量的青年人将助力撒哈拉以南非洲复制东亚的"经济奇迹"；反之，如果就业岗位严重不足，大量的失业青年将成为社会不稳定的"震荡源"。青年失业与地区或国家的和平、安全问题密切相关。在过去15年里，失业青年人数的增加以及他们的绝望情绪正在不断地破坏着非洲的和平、安全和经济发展进程。② 为了避免人口红利在拥有世界上最后一个人口红利窗口期的撒哈拉以南非洲变为人口负债，并使其陷入人口爆炸、青年大量失业、国家局势动荡、生态环境恶化以及未富先老的艰难处境，撒哈拉以南非洲国家需要尽早行动起来，把迎接和应对人口挑战作为政府的优先事项。

（本文原刊发于《西亚非洲》2018年第6期）

---

[1] Hans Groth and John F. May eds., op. cit., p.30.
[2] African Union, op. cit., p.36.

发展模式与族际关系：基于南非和卢旺达的比较研究

庄晨燕[*]

摘　要：南非和卢旺达在1994年告别创伤累累的族际关系历史，尝试通过在国家治理中突出包容、平等的国家公民身份，消弭历史遗留的不同民族之间的矛盾和纷争。然而，族际关系的和解不只是制度建构的完善，而且与国家发展模式息息相关。南非采取当时在国际上占据主导地位的新自由主义经济社会政策，导致经济增长乏力、社会贫富分化严重，白人和黑人之间因为种族隔离形成的经济、社会差距进一步扩大，双方在经济社会生活中的现实隔离依然如故，黑人对白人的敌视态度没有缓和，甚至还在加剧。卢旺达借鉴传统共同体文化制定的"本土创制"发展模式将国家发展与国民共同体重构紧密结合，无论在经济增长、民生改善还是族际关系和解方面都取得显著成效。南非与卢旺达案例的比较表明，治国理政需要充分考虑本土文化和价值观。

关键词：新自由主义　"本土创制"　发展模式　族际关系

1994年，南非结束种族隔离，此前被奴役、被迫害、被隔离的广大黑人赢得了历史上第一次民主选举，执掌国家政权的同时第一次获得平

---

[*] 庄晨燕，中央民族大学民族学与社会学学院教授。

等的公民权利和地位,与白人一起参与"彩虹之国"的重建和发展。同一年,大湖地区的山地小国卢旺达结束100天震惊世界的种族屠杀,自1962年独立以来被歧视、被驱逐乃至被屠杀的少数族裔图西人与多数族裔胡图人一起,成为从废墟中重生的国家的平等公民。简言之,南非和卢旺达都是在1994年告别创伤累累的族际关系历史,开启以平等公民权为标志的国家建构新篇章。

25年后,非洲大陆这两个国家依然备受瞩目,却是出于截然不同的原因。一度被奉为民主典范、受西方推崇的南非由于经济增长乏力、社会危机频发而"负面新闻"缠身,曾经一度缓和的黑白种族关系因为双方经济社会差距的扩大而再度紧张,"彩虹社会"的理想日行渐远。而曾经经历人类历史上最血腥民族冲突的卢旺达则恰恰相反,坚持走独立自主发展道路的小国不仅是世界经济增长最快的国家之一,而且社会进步显著,不同族群和谐相处,成为非洲国家努力效仿的"卢旺达道路"。盖洛普《全球法律与秩序报告》近年数据显示,卢旺达是非洲最安全的国家之一,而南非则处于另一个极端,这在一定程度上反映了两国族际关系的现状。[①]

笔者认为,解释南非和卢旺达现状的主要变量是两国从一开始就选择了完全相反的发展模式。南非从曼德拉主政时就坚定地实施新自由主义发展政策,认为只有这样才能吸引外资、推动出口,保证经济的稳定高速增长。而卢旺达则始终坚持民生为本,从传统共同体文化中汲取灵感,发展出一整套"本土创制"方案(Home Grown Solutions),核心宗旨是民众福祉和社会和谐。新自由主义的"排斥性"和"本土创制"的"包容性"是导致今天南非和卢旺达族际关系方面呈现不同面貌的主因。

一 南非新自由主义发展模式:族际分化与社会危机

曼德拉领导的新南非在医治种族隔离历史创伤,构建包容、和谐族际关系方面的建树举世瞩目,"真相与和解委员会"的实践更成为国际典

[①] 参见 Gallup, *Gallup 2017 Global Law and Order Report*, p. 4; *Gallup 2018 Global Law and Order Report*, p. 6。

范。新南非黑白种族实现政治和解的核心理念体现于1993年和1996年两部宪法。1993年过渡时期临时宪法的主导思想是国族建设（nation-building），即淡化种族和民族概念，突出南非公民身份。这体现了非国大一直坚持的包容民族主义立场（inclusive nationalism），即在保证不同民族、种族相互平等的前提下强调包容、普适的南非认同（inclusive and universalistic South African identity）。[1] 1996年宪法与1993年相比，不同之处在于强调国族建构的同时，充分考虑南非社会内在的多元性，即国民身份单一性与历史形成的基于种族、民族、文化等多样性的和谐统一。最典型的体现是广受赞誉的1996年宪法"权利法案"（Bill of Rights），在肯定基本人权和自由的同时，尽可能照顾不同民族的需求，特别是与民族认同密切相关的语言、宗教、文化、教育和习俗等权利。1996年宪法出色地回应了南非社会在经历民主大选、国家新生的欢欣自豪之后，对于自身内在异质化的正视和尊重。[2]

以1993年、1996年宪法为代表的法律、政策是新南非在后种族隔离时代政治转型成功的标志，原先敌对最严重的白人和黑人种族关系在非国大缔造的包容、平等的南非公民身份框架下得以缓和。然而，不同种族、民族和谐共存不仅需要各项制度保障，而且取决于这些制度能否落实为每个公民日常享有的权利。经历了漫长的殖民统治和种族隔离的广大黑人民众显然无论从现实条件还是思想观念层面都无法在平等基础上与白人共享新南非的公民权利。以曼德拉为首的新南非领导人在国家经济发展战略方面基本延续此前白人政府新自由主义导向的做法为黑人真正翻身做主人投下了浓重的阴影。正如有学者指出，尽管新南非在政治上的进步不容置疑，但经济领域的种族隔离始终如一。[3]

无论是曼德拉本人还是非国大，1990年前后对未来新南非经济政策

---

[1] Robert Price, "Race and Reconciliation in the New South Africa", *Politics & Society*, Vol. 25, No. 2, June 1997, pp. 149-178.

[2] 1998年一项民意调查显示，南非不同民族的自我认同感很强，其中阿非利卡人最高（89.2%），其次是印度/亚裔（84.8%）（即有色人），黑人不同民族也均在70%—80%。Elirea Bornman, "National symbols and nation-building in the post-apartheid South Africa", *International Journal of Intercultural Relations*, Vol. 30, 2006, pp. 383-399.

[3] Geoffrey E. Schneider, "Neoliberalism and Economic Justice in South Africa: Revisiting the Debate on Economic Apartheid", *Review of Social Economy*, Vol. 61, No. 1, March 2003, pp. 23-50.

的陈述都出现前后矛盾、摇摆不定的特点。1955 年通过的《自由宪章》（Freedom Charter）不仅是非国大争取民族独立的斗争纲领，也是赢得政权后的执政基础。《自由宪章》在经济发展方面的表述与曼德拉刚出狱时完全一致：矿产、银行、工业的国有化是非国大的既定政策，任何改变或修正都不可能。[①] 然而仅仅 1 年半之后，曼德拉在访问美国发表演讲时明确表示：私营部门必须而且将在实现诸多变革目标过程中发挥核心以及决定性的作用……我向诸位保证，非国大不是私营企业的敌人。[②] 曼德拉在 1994 年大选之后则进一步表示，我们的经济政策没有任何一条指向国有化，这不是偶然。[③]

同一时期非国大在新南非经济政策方面的表态与曼德拉本人基本一致。1990 年非国大经济政策部与南非工会大会（Cosatu）——南非最大的产业工会联盟合作推出《经济政策讨论文件》，这是非国大第一次正式公布对未来经济政策的构想。该文件带有鲜明的凯恩斯主义色彩，基调为"以再分配促增长"（growth through redistribution）。正如南非经济学家劳伦斯·哈里斯（Laurence Harris）指出，该文件与 20 世纪 50 年代和 60 年代以普雷维什为代表的拉美结构主义经济学派的主张非常相似，强调国家一方面应当在收入和财富的再分配方面发挥强有力的作用，另一方面致力于发展民族工业，以满足民众日益增长的生活需求，扩大内需的同时努力提高出口产业的竞争力。[④] 然而，这份政策文件一发布就遭到南非私营工商界和世界银行、国际货币基金组织等国际组织的激烈批评，非国大党内也不乏反对意见。1991 年，非国大成立宏观经济研究小组（Macro-Economic Research Group，MERG），负责制定新的宏观经济政策。研究小组由国外经济学家和非国大经济政策部的代表组成，双方博弈、妥协的结果是题为《让民主得以运行——南非宏观经济政策框架》的研

[①] "ANC Leader Affirms Support for State Control of Industry", *Times* (London), January 26, 1990.

[②] Nelson Mandela, *Continuation Lecture*, University of Pittsburgh, December 6, 1991.

[③] Hein Marais, *South Africa Pushed to the Limit. The Political Economy of Change*, London: Zed Books, 2011, p. 97.

[④] Laurence Harris, "The economic strategies and economic transformation: from no middle way to no alternative", *Review of African Political Economy*, No. 57, 1993, pp. 91 – 103.

究报告，文件提出建立一种"强有力的私营部门与强有力的公共部门互动"的两阶段发展模式：公共投资拉动阶段和可持续增长阶段，国家在经济发展中发挥领导和协调作用，并且在关键部门拥有直接干预的权利。① 这份文件虽然尽可能兼顾了工商界、经济学界以及左派政治家的立场，但一出台依然遭到主流媒体和经济学界的批评。而且，这份文件"生不逢时"，公布之时已是1993年底，1994年大选在即，非国大和其政治盟友、工商界、国际组织等各方的谈判接近尾声。正如曼德拉本人所言，非国大内部在经济政策方面的主流观点已经与工商界和国际组织基本一致了。② 这份文件自然也就悄无声息黯然退场。

为了在即将开始的大选中安抚南非工会大会等传统政治盟友并赢得广大黑人选民的支持，非国大颁布《重建与发展白皮书》（*The White Paper on Reconstruction and Development*），③ 作为1994年大选的竞选纲领，具体措施包括：10年时间创造250万就业岗位，2000年前建造100万低成本住房，2000年前实现250万户通电，为100万户提供饮用水和排污系统，5年时间内将30%耕地重新分配给黑人农户，推广初级医疗服务，为6岁以下儿童和孕妇提供免费医疗和便利，提供10年免费义务教育，修改教学大纲，缩减班级规模，发展成人基础教育和培训；推进政府机构民主化改革，以便更好地体现整体社会的种族、阶层和性别构成。从内容上看，白皮书与非国大1990年颁布的《经济政策讨论文件》相似，国家通过公共投资，弥补种族隔离在经济、社会层面对广大黑人民众的不公平待遇，即尝试调整需求来促进增长，核心理念类似前文所述"以再分配促增长"。国家专门设立"重建与发展署"，由副总统直接领导，负责执行白皮书规定的各项政策。④

尽管"重建与发展"规划在短时间内成果卓著，政府依然在两年后，

---

① MERG, *Making Democracy Work – Framework for Macroeconomic Policy in South Africa*, December 1993, p. 281.

② Matthew Kentridge, *Tunning the Tanker: The Economic Debate in South Africa*, Centre for Policy Studies, 1993, Johannesburg, p. 26.

③ ANC, *White Paper on Reconstruction and Development*, Johannesburg, 1994.

④ Fantu Cheru, "Overcoming Apartheid's Legacy: The Ascendancy of Neoliberalism in South Africa's Anti-Poverty Strategy", *Third World Quarterly*, Vol. 22, No. 4, 2001, pp. 505–527.

即1996年6月宣布中止"重建与发展"规划，解散"重建与发展署"，相关职能回归各部委，取而代之的是"增长、就业与再分配"计划（Growth, Employment and Redistribution）。参与该计划制订的经济学家斯蒂芬·盖尔布（Stephen Gelb）表示，这一计划无论从政策建议还是制定过程来看，都与《华盛顿共识》十分相似……这是完全不考虑广大民众需求、由政策制定者一手包办的自上而下改革。[1] 著名经济学家阿斯加·阿德扎代（Asghar Adelzadeh）更是明确指出，这份文件完全采纳了国际货币基金组织在其结构调整计划中主张的新自由主义框架下的政策内容和建议……近期外汇汇率的波动让政府惊慌失措，屈从于国际金融机构在意识形态和政策导向方面的压力。这同样表明，政府已经全面回归过去种族隔离政府的政策目标和手段。[2]文件出台后工商企业界的表态从另一个层面印证了上述经济学家的判断。企业界对该文件高度赞赏，认为文件回应了工商界表达的诸多关切。[3] 而另一位财经记者则指出，政府满足了工商界提出的绝大多数宏观经济方面的要求，从文件中很难发现政府宏观经济战略有社会公正方面的追求。[4] 政府匆忙出台的这份文件事先并没有广泛征求意见，即使包括曼德拉在内的非国大高层领导人也是在文件发布之后才了解，即便如此，非国大还是动用一切力量压制各种反对意见，以保证计划的顺利推行。这份文件的核心主旨在于全面依靠国内外私营资本保证国家经济增长，促进制造业产品出口，在此基础上创造就业，完善社会保障。随后几年的发展现实证明，私营资本并没有如约而至，相反，随着金融资本主义的扩张和南非资本市场的开放，资本外逃现象严重、经济增长低迷、失业率高居不下……即便"增长、就业与再分配"计划一再"失信"，非国大主导的南非政府依然坚持新自由主义的政策导向。

---

[1] Stephen Gelb, "The Politics of Macroeconomic Policy Reform in South Africa", Symposium *Forging the Links Between Historical Research and the Policy Process*, 18–19 September 1999, University of the Witwatersrand, pp. 16–17.

[2] Asghar Adelzadeh, "From the RDP to GEAR: The Gradual Embracing of Neo-Liberalism in Economic Policy", *Transformation*, 31, 1996, pp. 66–95.

[3] *Business Times*, Johannesburg, 16 June 1996.

[4] Jenny Cargill, "Growing pains?", *Democracy in Action*, August 1996, p. 27.

以曼德拉为首的非国大主要领导人在新南非经济发展战略方面的选择并非偶然，是南非国内、国外以及非国大党内等多重因素共同作用的结果。首先，种族隔离后期，特别是20世纪80年代开始，南非经济越来越困难，各项宏观经济指标持续下滑，制造业深陷困境，国际收支平衡由于国际市场原材料价格下跌持续飙红，经济不景气加上长期种族隔离政策扭曲劳动力结构和市场造成失业加剧，民众实际生活水平急剧下降。90年代初，南非经济更是进入负增长的低谷。[1] 非国大在重振经济方面面临前所未有的挑战。其次，非国大本身是一个以民族解放为使命的政党，除了前文所述《自由宪章》中类似"财富属于人民"这样的口号式声明以外，非国大1990年以前从来没有提出过真正意义上的经济领域执政纲领，其主要领导人和骨干对经济知识的了解也非常有限。换言之，非国大无论在知识还是人才方面都缺乏应对经济困境挑战的准备。正因如此，90年代初，面对国际金融机构和国内工商企业界的批评和游说，以及私营资本资助的各种经济政策培训，在经济领域如同白纸一张的非国大很容易被说服。[2] 最后，80年代，新自由主义全面取代凯恩斯主义，成为西方发达国家的主导意识形态，里根和撒切尔夫人当选之后更是完全控制公共政策的制定和实施。80年代中期前后，由于国际市场原材料价格的下滑，非洲等发展中国家依赖原材料出口的单一经济陷入困境。以国际货币基金组织"结构调整计划"为代表的国际金融机构以"扶贫济困"为名介入发展中国家宏观经济决策，后来被总结为《华盛顿共识》的各项新自由主义政策成为获得资助、推行"良政"的标准。[3] 1990年前后，新自由主义一时风光无限，成为国家发展的"唯一"选择。在这样的情境下，原本就"储备不足"的非国大领导人在私营资本的持续努力下转而成为新自由主义拥趸也不足为奇，按照南非工商界的说法，他们只是希望非国大领导人能够明白当下世界的现实状况。

---

[1] Hein Marais, *South Africa pushed to the limit. The political economy of change*, London: Zed Books, 2011, p.85.

[2] Hein Marais, *South Africa pushed to the limit. The political economy of change*, p.99.

[3] 参见 Harvey David, *A Brief History of Neoliberalism*, Oxford: Oxford University Press, 2005; Steger Manfred B. and Roy Ravi K., *Neoliberalism. A Very Short Introduction*, Oxford: Oxford University Press, 2010。

20世纪90年代初至今南非在经济社会领域的表现再次印证了已经多次被证明的结论：无论在发达国家还是发展中国家，新自由主义并不能带来其标榜的个人自由和社会繁荣，相反会加剧社会的贫富分化和阶层对立。对于南非这样背负着沉重的种族隔离历史遗产的国家而言，新自由主义造成的危害只会更加严峻。尽管新南非领导人完全采纳了新自由主义的政策主张，但被寄予厚望的国内外私营资本并未如期而至，相反在金融资本全球化的背景下，以逐利为唯一追求的国内资本借助资本市场开放的契机不断外流。国内亟须升级的制造业因为缺乏国内外资本的支持而无法完成创造就业和以出口促增长的重大使命。国家严格控制财政赤字和通货膨胀率、不断削减私营企业税收等措施让公共财政捉襟见肘，各项再分配政策和教育、医疗、基础设施等公共服务投资无法落实。仅以几组数据说明新南非在经济社会发展方面的困境。根据世界银行的统计，南非1990年到2017年只有6年时间国内生产总值增长超过4%，其余大多数在1%—2%之间徘徊，还多次出现负增长，[1] 2018年经济增长只有0.8%，[2] 世界银行预测2019年仅为1.3%，远远低于撒哈拉以南非洲地区的增长预期（3.4%）。[3] 1991年至2018年，南非失业率绝大多数时间在25%左右，近三年则接近28%，[4] 对于受教育水平低的广大黑人而言，这个数据只会大大增高。贫困人口方面，按照南非国家统计局的数据，2006年到2015年，无法满足基本食品需求的贫困人口始终在25%左右，而超过40%的人口仅仅能够果腹，55%以上的人口刚刚能满足基本生活需求。[5] 世界银行的最新报告指出，2011年至2015年南非贫困现象正在加剧，1994年以来减贫取得的成果逐步消失。以国际上通行的贫困标准衡量，2014—2015年度南非绝对贫困人口比例为18.9%（每

---

[1] GDP Growth, "South Africa, 1961 – 2017, The World Bank Data", https：//data. worldbank. org/indicator/NY. GDP. MKTP. KD. ZG? locations = ZA, 2019 – 03 – 03.

[2] Statistics South Africa, "Economy edges up by 0.8% in 2018", http：//www. statssa. gov. za/? p = 11969, 2019 – 03 – 20.

[3] World Bank Group, *Global Economic Prospects*, January 2019, pp. 109 – 110.

[4] Unemployment, total (% of total labor force) (modeled ILO estimate), The World Bank Data, https：//data. worldbank. org/indicator/NY. GDP. MKTP. KD. ZG? locations = ZA, 2019 – 03 – 03.

[5] Statistics South Africa, *Poverty Trends in South Africa. An examination of absolute poverty between 2006 and 2015*, Pretoria, 2017, p. 14.

天生活费低于1.9美元），相对贫困人口比例为37.6%（每天生活费低于3.2美元），而2010—2011年度上述两个数字分别为16.6%和35.9%。此外，贫困具有鲜明的种族和地域特征，占据人口绝大多数的黑人和种族隔离时期划定的"黑人家园"贫困发生率最高。[1] 南非因此是世界上贫富差距最大的国家之一，而且种族隔离结束后，贫富差距依然在加剧。按照世界银行的数据，1993年以来，南非的基尼系数从1993年的0.59增至2014年的0.63，其间大多数时间在0.63上下浮动，一度接近0.65。众所周知，基尼系数超过0.40就有可能引发严重的社会问题。[2]

从上述数据不难发现，种族隔离结束后，黑人和白人之间的经济社会差距不仅没有缩小，而且还在进一步扩大。或者说，对于占据人口绝大多数的黑人而言，尽管他们在法律上享有与白人同等的南非公民权，但现实生活中因为经济社会地位的原因依然被隔离在白人眼里与发达国家相差无几的南非之外，如同他们在种族隔离时期被限制居住在"黑人家园"一样。更严重的是，黑人群体内部同样出现了严重的贫富分化问题。[3] 自1993年起实施的《黑人经济振兴法案》（*Black Economic Empowerment*）通过政府的直接干预，扶持产生了一批黑人企业家和高级经理人。然而，这些一夜之间获得财富和权力的黑人新贵并没有像政府期待的那样帮助政府更好地控制国家核心经济力量，而是同白人企业家一起组成压力集团，迫使政府制定有利于维持他们手中财富的政策。[4] 换言之，这些黑人新贵迅速成为试图以资本控制政府的寡头，他们的存在和上升只会让新南非原本非常脆弱的族际关系变得更加复杂。

南非学界关于不同种族群体之间关系的系列研究表明，1994年确立的"彩虹社会"（Rainbow Nation）理想并没有实现。首先，不同种族群体，特别是黑人和白人群体之间依然很大程度上存在隔离。2004年的一

---

[1] World Bank Group, *Poverty & Equity Brief*, South Africa, October 2018.
[2] Gini Index (World Bank estimate), South Africa, 1993 – 2014, https://data.worldbank.org/indicator/SI.POV.GINI? locations = ZA, 2019 – 03 – 04.
[3] 从1996年至2010年，黑人群体的基尼系数上升了8.02%，而白人群体则下降了11.56%。参见 South African Institute of Race Relations/Unit for Risk Analysis, *South Africa Survey 2010/2011*, p. 294.
[4] Hein Marais, *South Africa pushed to the limit. The political economy of change*, pp. 142 – 143.

项研究表明，大部分黑人在工作过程中与白人接触很少，日常交往中，超过60%的黑人、25%的白人与对方完全没有接触。绝大多数黑人完全没有白人朋友，极少数白人有黑人朋友。这些结论在2010年的诸多研究中再次被证实。[①] 其次，2013年发表的一项研究表明，[②] 在作者选取的三个时间节点，种族隔离完全实施的20世纪70年代，新南非民主转型的1998—2000年和政治社会转型的2008—2009年，阿非利加语白人与黑人彼此之间的负面认知始终没有改变，其中2001—2004年黑人对白人群体的态度与90年代相比更加负面。[③] 黑人群体在种族隔离时期曾将阿非利加语白人和英语白人群体分别对待，其敌意主要针对前者，但2000年以后，黑人群体对所有白人和有色人群体的态度都是负面的。作者认为，南非在经济社会发展方面的困境，特别是持续加剧的贫困和社会两极分化问题，以及不同种族群体在这个过程中的相对剥夺体验都会继续影响不同群体之间，特别是黑人和白人群体的相互认知和关系，如果处理不当，南非将再次陷入社会动荡。

二 卢旺达"本土创制"发展模式：国民共同体的重构与强化

与南非1994年的和平民主过渡不同，卢旺达在1994年7月经历的是族际暴力冲突的终结。持续4年的内战和100天针对图西族的种族屠杀是两大主体民族——胡图族与图西族之间持续数个世纪矛盾的集中爆发。即将执政的图西族精英面对的是一个政治、经济、社会、文化全面崩溃

[①] 参见 J. L. Gibson, "Does truth lead to reconciliation? Testing the causal assumptions of the South African truth and reconciliation process", *American Journal of Political Science*, Vol. 48, No. 2, 2004, pp. 201 – 217; K. Durrheim & J. Dixon, "Racial contact and change in South Africa", *Journal of Social Issues*, Vol. 66, No. 2, 2010, pp. 273 – 288; C. Tredoux & G. Finchilescu, "Mediators of Contact – Prejudice Relation Among South African Students on four University Campuses", *Journal of Social Issues*, Vol. 66, No. 2, 2010, pp. 298 – 308。

[②] Johan C. Mynhardt, "Intergroup Attitude Change in South Africa: A Thirty – Seven Year Longitudinal Study", *Journal of Psychology in Africa*, 23: 4, 2013, pp. 549 – 560.

[③] J. L. Gibson & C. Claassen, "Racial reconciliation in South Africa: Interracial and Changes Over Time", *Journal of Social Issues*, Vol. 66, No. 2, 2010, pp. 255 – 272.

的国家，往前追溯是19世纪末期开始被殖民者操纵的胡图族和图西族之间的对立和冲突以及1962年独立后执政的胡图政权对图西人的歧视、迫害和驱逐，放眼未来则是流亡到邻国的前胡图政权及被裹挟的200多万难民随时准备卷土重来，国内基础设施、政府机构乃至经济结构亟须从废墟中重建，新仇旧恨侵蚀下的社会凝聚力分崩离析。

国家和社会重建的关键在于人，为此，卢旺达新政府尝试构建全新的卢旺达国民身份认同："政府决心加强国民性机制（national mechanisms），建立一个社会，使得医疗、市场、教育和其他所有社会服务的准入都基于卢旺达国民（Rwandan national）的身份，而与胡图、图西或特瓦（Twa）无关。在我们看来，老百姓选择胡图、图西或特瓦的身份认同没有问题，只要这样的认同或民族信念不会导致对他者权利的剥夺。我们的目标不是摧毁这些认同，但它们曾经被用作政治斗争的武器……我们希望建立一个社会，保证这样的认同不会带来特权……"[①] 国民身份认同旨在重构被历史和现实撕裂的国民共同体。在卢旺达人看来，20世纪初殖民者到来之前，卢旺达已经是非洲大湖地区颇具规模的王国，卢旺达语是这一地区除斯瓦希里语外第二大语言，15世纪前后图西恩营基亚宗族建立的卢旺达王国是胡图、图西、特瓦人共同生活的家园。重构国民共同体可以从殖民历史之前的卢旺达王国治理文化中汲取灵感，结合现代国家治理的需要，由此形成卢旺达独具特色的"本土创制"发展治理模式（Home‑Grown Solutions）。卢旺达总统卡加梅对此的阐释是：民主的真谛在于人民，如果不考虑广大民众心目中的规范、价值观、传统和文化，所谓民主的意义何在？我们必须充分考虑这些因素，当然有些方面可能和现实需要不兼容，我们要采取拿来主义的态度。丢弃了自身传统的卢旺达不再是卢旺达，传统是我们一切建构的基础。[②]

卢旺达选择"本土创制"发展模式同样与大屠杀结束后图西族主导的新政权在很大程度上被孤立有关。1994年针对图西人的种族屠杀爆发

[①] Chi Mgbako, "Ingando Solidarity Camps: Reconciliation and Political Indoctrination in Post‑Genocide Rwanda", *Harvard Human Rights Journal*, Vol. 18, 2005, pp. 201–224.

[②] François Soudan, *KAGAME. Conversations with the President of Rwanda*, USA: Enigma Books, 2015, p. 80.

的历史和现实原因很大程度上与比利时、法国等西方大国对胡图族政权的扶持、纵容和默许脱不了干系，1994年4月至7月整整100天的种族屠杀之所以会如此惨烈，同样与联合国以及美国的不作为有关。前胡图政权和政府军更是在法国"绿松石"行动的干预下顺利逃亡到邻国刚果（金），甚至被默许在难民营里招兵买马，训练士兵。[1] 除去牵涉地缘政治和历史遗产的复杂因素，以图西族为主的新政权在西方大国眼里是反政府军的武力夺权，更何况卢旺达是非洲大湖地区从面积、人口到自然资源都无足轻重的一个小国。卢旺达新政权的孤立无援在消除刚果（金）东部前胡图政权隐患、胡图难民回国问题上表现得淋漓尽致。尽管这个问题已经严重威胁新政权的稳定和安全，时任副总统的卡加梅访问美国、欧洲和联合国寻求帮助时，没有任何一方伸出援手。卡加梅总统事后表示：没有一位领导人、一个国家或机构愿意理解和帮助我们。甚至有领导人明确说，卢旺达算什么，我们真正在意的是刚果（金），卢旺达对我们而言没有任何物质利益可图。[2] 卢旺达民族团结与和解委员会执行秘书长让·巴普蒂斯特·哈比亚利马纳（Jean Baptiste Habyalimana）曾指出：卢旺达1994年前后的遭遇让所有卢旺达人都明白一个道理，就如卢旺达谚语所说，穷人没有朋友，只有我们依靠自己的力量真正富强了，才能赢得他人的关注和支持。[3]

负责设计和实施"本土创制"方案的部门是卢旺达治理署（Rwanda Governance Board），[4] 治理署对"本土创制"定义如下：作为重建卢旺达和构建国民认同的重要组成部分，卢旺达政府从国家文化传统中汲取灵感，丰富、调整各项发展规划，以便更好地满足民众的需求和时代的需

---

[1] 参见 Mahmood Mamdani, *When Victims Become Killers: Colonialism, Nativism and the Genocide in Rwanda*, Princeton: Princeton University, 2001; Roméo Dallaire, *Shake Hands with the Evil. The Failure of Humanity in Rwanda*, UK: Arrow Books, 2003。

[2] Stephen Kinzer, *A Thousand Hills. Rwanda's Rebirth and the Man Who Dreamed It*, Hoboken: John Wiley & Sons, 2008, p. 200.

[3] 2015年9月24日与卢旺达全国民族团结与和解委员会执行秘书长访谈。

[4] 卢旺达治理署的职能如下：卢旺达政府负责制定和研究治理政策的机构，推进良政和分权原则，实施治理方面的政策研究和分析，跟踪良政实践，协调并支持媒体发展、登记政治组织，为政府提供政策咨询，推动公民参与各项治理措施的实施。

要。"本土创制"方案旨在将传统文化实践转化为可持续的发展政策。[1]"本土创制"方案可以分为以下三类：民族和解与冲突解决，动员民众参与发展，清廉高效的公务员体系。

民族和解与冲突解决方面主要包括两项"本土创制"方案："盖卡卡"社区法庭（Gacaca）和"阿朋齐"社区调解机制（Abunzi）。"盖卡卡"历史上被称为草地法庭，由村民共同推举的贤达人士（老人和领导者）主持，全体村民参与，每个人都有权发言，最后由贤达人士宣布法庭决定，如果决定最终被接受，大家一起喝一杯，表示达成和解。[2]大屠杀之后，审判罪犯、伸张正义是民族和解的前提，但整个国家的司法体系荡然无存，而且参与大屠杀的普通民众如此之多，任何一个国家的司法体系都不可能对近1/7的国民进行审判并量刑。2002年，卢旺达决定通过恢复、改造"盖卡卡"传统法庭来审理情节相对较轻的种族屠杀罪，保留传统的户外审判、全体村民参与以及重在和解这三项基本原则，同时做了一些微调：法官是经村民选举产生的村落成员，法官在听取陈述、证词并经公开讨论后做出判决，判决依据国家法律，可以判处监禁。"盖卡卡"法庭最重要的特点是老百姓当家做主，协商解决所在村落面临的问题，具体每次审判的组织形式、审理程序等都由老百姓自己决定，职业法官、律师、政府官员、教会人士等都不能参与。[3]与一般意义上的司法判决不同，"盖卡卡"的判决并不只是惩罚，而是更加注重修复和补偿，譬如，罪犯被判的社区劳动可能就是帮助受害者修理房屋。从2002到2012年，"盖卡卡"用10年时间解决了"正规"司法体系100年都无法完成的难题，审判了1958634起案件，更重要的是，曾经分崩离析的人际联系得以重建。正如一位"盖卡卡"当选法官所说，"'盖卡卡'之所以重要，是因为它让所有人聚在一起，一起说话。只有坐到一起，我们

---

[1] Rwanda Governance Board, Governance and Home-Grown Solutions, http://gov.rw/about-the-government/governance-home-grown-solutions/, 2019-03-05.

[2] Rwanda Governance Board, Gacaca, http://rwandapedia.rw/explore/gacaca, 2019-03-06.

[3] Phil Clark and Zachary D. Kaufman edited, *After Genocide. Transitional Justice, Post-Conflict Reconstruction and Reconciliation in Rwanda and Beyond*, London: Hurst & Company, 2008, pp. 302-304.

才找到了团结……"①

"阿朋齐"传统的含义是调解人,是社区里公认的贤达人士。争端或冲突双方各选择一个自身信任、对方接受的调解人,大家坐在一起通过商议,找出问题解决方案,恢复社区的和谐。2004 年,卢旺达政府为了改善法院案件积压问题,让司法服务回归社区,节约诉讼成本,决定恢复"阿朋齐"社区调解机制。社区调解人熟悉冲突双方,也了解问题症结所在,与法庭审判相比,调解形式更私密、人性化,因此广受赞誉。2012 年,全国正在运行的"阿朋齐"达到 30768 个。②

卢旺达国民共同体重构的特色在于,将民族和解、社会凝聚力的缔造与个体、社区乃至国家的发展结合起来,共同体的生命力和活力来源于每个公民的参与。卢旺达是非洲人口密度最大的国家之一,独特的丘陵地形和人多地少的现实千百年来造就了独具特色的互助文化。这里的互助更确切的含义是中性意义上的相互依存、相依为命。③ 这种根深蒂固的互助、共存文化为全民参与发展提供了良好的氛围和有效的解决方案,主要涉及公民教育、社区协商、贫困救助、集体劳动和成果分享五大方面。

公民教育旨在从思想层面激发每个公民参与发展的积极性,包括两种形式,"依托雷罗"(Itorero)德育机制源于传统的德育学校,是年轻人学习语言、社会交往、体育运动、舞蹈、歌唱、防卫本领以及爱国主义价值观的地方。在德育学校任教是传统社会非常受人尊重的职位。2009 年,卢旺达政府恢复"依托雷罗"德育学校,各行各业、包括在海外的卢旺达人都可以参与。政府希望以此引导公民树立积极向上的价值

---

① Phil Clark and Zachary D. Kaufman edited, *After Genocide. Transitional Justice, Post - Conflict Reconstruction and Reconciliation in Rwanda and Beyond*, p. 312.

② "Rwanda Governance Board, Gacaca", http://rwandapedia.rw/explore/abunzi, 2019 - 03 - 06.

③ 苏珊娜·巴克利-齐斯特尔(Susanne Buckley - Zistel)指出,"卢旺达人只能生活在一起,他们别无选择。在卢旺达的山丘上,在一切都是相互依存的环境中,只有合作才能实现生存和繁荣。举例而言,有人生病了,邻居们得互相帮助把病人送到医院。种地也是集体劳作才更有效率。甚至有些幸存者不得不求助杀害他家人的罪犯为卧病在床的自己端茶倒水"。Phil Clark and Zachary D. Kaufman edited, *After Genocide. Transitional Justice, Post - Conflict Reconstruction and Reconciliation in Rwanda and Beyond*, p. 136.

观、责任感，为参与国家建设做好思想、技能上的准备。[1]

"英冈多"（Ingando）团结和解营的灵感来自卢旺达传统社会的一项习俗，即共同体中的长者、领袖或年轻人会选择某段时间，远离日常生活，来到一个安静的地方讨论解决群体面临的问题。团结和解营最早设立于1996年，旨在帮助1959年后被迫流亡的图西难民尽快融入卢旺达社会。民族团结与和解委员会的官员解释说："我们认为，如果让这些人暂时脱离日常生活、聚在一起、同吃同住，这有助于在这些经历非常多元的归国难民中间建立信心，相信大家能够生活在一起。"[2] 从1999年开始，这项活动的对象扩展到卢旺达所有成年人，活动时间、内容随着目标人群的不同而有所区别。举例而言，针对前胡图政府军军人的教育是缴械安置进程的一部分，内容除了历史、国情、公民权利义务之外，还包括国家大政方针、人权、国内与地区和平、就业指导、医疗保健等。[3]

"乌布德赫"（Ubudehe）社区协商机制源于传统社会的社区集体行动和相互扶持机制，当时主要涉及庄稼种植。2001年，卢旺达政府恢复"乌布德赫"，将其改造为社区层面推进协商参与式发展的机制。具体而言，社区通过建立民主协商机制，保证每个成员都能平等建言献策，经过充分讨论，形成社区层面的发展规划和决策。[4] 2008年，这一机制获得联合国公共行政奖（United Nations Public Service Award）。[5]

"吉林卡"（Girinka），又名"一户一头牛"贫困救助机制，牛在卢旺达传统文化中是财富和社会地位的象征，也是最好的礼物。"吉林卡"在卢旺达语中的意思是"祝愿您拥有牛"，这是卢旺达人见面时最美好的祝福。卢旺达政府从2006年开始推行"吉林卡"计划，用于改善儿童营养状况，提高贫困人口的健康和福祉。从2006年至2017年7月，政府联合私营部门、民间组织、非政府机构总共向297060户贫困家庭赠送牛，

---

[1] Rwanda Governance Board, Gacaca, http：//rwandapedia.rw/explore/itorero, 2019 - 03 - 07.

[2] Chi Mgbako, "Ingando Solidarity Camps：Reconciliation and Political Indoctrination in Post - Genocide Rwanda", *Harvard Human Rights Journal*, Vol. 18, 2005, pp. 201 - 224.

[3] 2013年6月5日参观姆托波缴械安置营，与营地负责人以及前政府军士兵座谈。

[4] Rwanda Governance Board, Ubudehe, http：//rwandapedia.rw/explore/ubudehe, 2019 - 03 - 07.

[5] United Nations, *Good Practices and Innovations in Public Governance. United Nations Public Service Awards Winners, 2003 - 2011*, New York, 2011, p. xvii.

受益居民人数达到 1238740 人。这项计划取得了显著的经济、社会和生态效益，卢旺达牛奶产量因此翻了一番，大幅度改善了居民的温饱和营养问题，大大增加了居民收入、促进了农业生产。与此同时，这一计划间接推动了植树种草活动，增加了绿地覆盖率，村民之间通过共用牛棚以及牛犊赠予形成了更加紧密友好的联系，社会凝聚力因此得以大大增强。①

"乌姆甘达"（Umuganda）社区劳动是卢旺达悠久的互助、合作文化的一部分，"乌姆甘达"在卢旺达语中的意思是"为共同目标聚到一起劳动"，2005 年，政府正式恢复"乌姆甘达"。每个月最后一个周六是法定社区劳动日，如果有必要的话，民众可以申请一个月内多次进行社区劳动。社区劳动时间从上午 8 点至 11 点，18—65 岁所有公民都参与，外国访客也可以自愿参与。社区劳动旨在鼓励每个公民参与国家发展，在劳动实践中感受相互扶持、社会责任与义务、自助与合作的价值理念。社区劳动可以分为基础设施建设和环境整治两大类别，基础设施建设包括修建贫困户住房、中小学校舍、医疗中心、行政办公地点、大屠杀纪念设施、派出所，道路建设和养护等。环境整治包括卫生清扫，植树造林，水土保持，修建供水设施等。调查显示，公民的社区劳动参与度全国平均超过 90%，社区劳动对于了解政府政策规划、建设维护基础设施、推动国家预算平衡以及促进社会和谐方面的成效令人满意。而且，社区劳动本身创造了出色的经济价值，2007—2016 年，社区劳动为国家节约了 1 亿 2700 万美元财政经费。此外，从总统、总理、部长、议员到各级地方政府官员均与普通民众一起参与社区劳动，密切了政府部门与民众之间的沟通交流。②

"乌姆甘努拉"（Umuganura）丰收感恩节，"乌姆甘努拉"卢旺达语的意思是"时鲜果实节"，是传统社会每年最重要的农业丰收节庆。2011 年卢旺达政府恢复这个传统节庆，定在每年 8 月的第一个星期五，也是法定节假日。每年这一天都会举行全国丰收感恩节庆典，内容从原来的

---

① Rwanda Governance Board, *Assessing Girinka Programme, 2006 – 2016. Citizen Perspectives*, June 2018, pp. 16 – 18.

② Rwanda Governance Board, *Impact Assessment of Umuganda*, October 2017.

农产品为主发展为国家建设成果展示,在地方层面也可以同时举行具有地方特色的庆典。每年的具体形式和内容都会有调整,主要环节包括行业成果展示、花车游行、时装秀、传统竞技游戏等。丰收感恩节庆典旨在让每一个卢旺达人感受国家、社会发展的成果,激发公民的自豪感和积极性。①

国家各项政策的制定和实施需要清廉、高效的公务员队伍,卢旺达政府从传统文化中借鉴了三种形式,"伊米希戈"(Imihigo)干部业绩评估,"乌姆谢伊基哈诺"(Umushyikirano)公民直接监督和"乌姆维赫罗"(Umwiherero)领导集体协商,确保各级公务员恪尽职守。

"伊米希戈"在卢旺达传统社会中指个人应该定期确定需要达到的目标,并克服一切困难去实现。随着2000年地方分权政策的落实,国家需要对各级地方公务员的业绩进行监督和考核,"伊米希戈"业绩合同在2006年正式开始实施,并逐渐扩展到包括驻外使领馆在内的全体公务员队伍,国家定期公布业绩合同考核结果,并进行评比。

"乌姆谢伊基哈诺"在卢旺达语中指大家会聚一堂交流意见、分享经验、答疑解惑。2003年开始,卢旺达政府组织第一届全国对话会议,冠以此名。自此以后,每年6月总统主持全国对话会议,政府所有领导、议会议员、海外卢旺达人代表、地方政府代表、新闻媒体,外交使团等均出席,无法与会的可以通过网络、电视、广播跟踪直播。会议期间,任何卢旺达公民可以直接向国家各级领导人提问,监督各项发展政策的实施。②

"乌姆维赫罗"卢旺达语意指"退隐",指传统文化中共同体领导人在某一段时间关起门来讨论共同体面临的问题的做法。恢复后的"乌姆维赫罗"每年由总统和总理办公室联合组织,总统主持,参与成员包括国家各部委高级公务员、私营部门的领袖和公民社会代表,讨论内容是国家在经济、政治、司法、基础设施、医疗、教育等核心治理领域的发

---

① Rwanda Governance Board, Umuganura, http://rwandapedia.rw/explore/umuganura; Rwanda celebrates Umuganura today, August 03, 2018, https://www.newtimes.co.rw/news/rwanda-celebrates-umuganura, 2019-03-08.

② Rwanda Governance Board, Umushyikirano, http://rwandapedia.rw/explore/umushyikirano, 2019-03-08.

展战略和政策措施。这项机制有助于确立更加透明、高效和有针对性的发展规划。①

以国民共同体的重构和强化为基础的"本土创制"发展模式在过去25年给卢旺达带来了翻天覆地的变化,这个昔日被打上贫困、危机、暴力烙印的国家如今是全世界发展速度最快、官员最清廉、营商环境最好、社会最安全的国家之一。根据世界银行的统计数据,从2006—2016年,卢旺达是全球人均国内生产总值增长最快的国家,在非洲仅次于埃塞俄比亚。② 世界银行最新数据显示,卢旺达2016年至2021年经济增长依然强劲,2016年为6%,2017年为6.1%,2018年为7.2%,2019年为7.8%,2020年和2021年为8%。③ 人均寿命从1994年的31岁增至2015年的69岁,孕产妇和婴儿死亡率下降了80%—90%,80%以上的人口拥有医疗保险,安全饮用水的比例从1994年的62%增至2015年的76%,小学入学率接近100%,中学入学比例从1999年的9%增至2015年的37%。全国贫困人口比例从1994年的80%降至2014年的39%,基尼系数为0.45。④ 世界银行营商环境指数报告显示,卢旺达在全世界排名41,在非洲大陆仅次于毛里求斯,远远领先于所有其他低收入国家。另外,按照清廉国际(Transparency International)的统计,卢旺达是世界上最清廉的50个国家之一,在非洲排名第三。⑤ 从上述数据不难看出,1994年大屠杀结束后卢旺达已经走上经济、社会全面发展的道路,并取得了令人赞叹的成果。

世界银行对卢旺达的最新评估指出,卢旺达自1994年以来成功保持了政局稳定,实施了一系列重要的经济和结构性改革,在过去10年里经济持续高速增长,老百姓生活水平取得实质性进步,各项"本土创制"政策的实施在公共服务供给和人类发展指标改善方面做出了重

---

① Rwanda Governance Board, Umwiherero, http://rwandapedia.rw/explore/umwiherero, 2019 – 03 – 08.

② World Bank Group, *Future Drivers of Growth in Rwanda. Innovation, Integration, Agglomeration and Competition*, Washington DC, 2019, p. 4.

③ World Bank Group, *Global Economic Prospects*, January 2019, p. 112.

④ World Bank Group, *Rwanda Poverty Assessment. Poverty Global Practice*, April 2015.

⑤ Rwanda is Africa's 3rd Least Corrupt Country, The New Times, January 26, 2017, https://www.newtimes.co.rw/section/read/207449, 2019 – 03 – 08.

要贡献。[1] 具体到族际关系方面,卢旺达民族团结与和解委员会与联合国发展署(UNDP)2010年和2015年合作颁布《卢旺达和解晴雨表报告》,通过对18岁以上公民的抽样调查(样本3000人),从政治文化、个人安全、公民身份与认同、对过往历史的理解、种族屠杀后的审判与和解、社会凝聚力六大方面评估族际关系和解的状况。[2] 对比两份报告,可以清晰地看到卢旺达在和解方面取得的进展。2015年六大指标平均和解指数为92.5%,2010年是82.3%。具体而言,理解历史、当下和展望未来从2010年的81.7%增至2015年的91.8%,卢旺达人对造成种族屠杀和社会分裂的历史原因达成共识,当下和未来能够更好地抵御可能造成国家分裂的因素。公民身份与认同从2010年的95.2%增至2015年的96.7%,表明卢旺达人对卢旺达公民身份的认同和自豪,政治文化主要测试公民对国家机构和领导人的信任度,这个指标从2010年的77.8%增至2015年的96.7%。安全与福祉包括人身安全、经济安全和基础公共设施和服务获得(医疗、教育、道路、电力、饮用水),从2010年的74.7%增至2015年的90.7%,正义、公平与权利包括对1994年种族屠杀真相的了解,对相关罪行的惩戒,对种族屠杀期间被损毁财产的补偿、道歉与原谅、个体创伤治愈、公民基本人权的尊重,从2010年的77.2%增至2015年的91.4%。社会凝聚力包括公民间的信任、宽容与互动、团结互助、交往与友谊,从2010年的87.3%增至2015年的96.7%。[3]

三 结论:南非"排斥性发展"与卢旺达"包容性发展"比较之启示

1994年,南非和卢旺达先后结束了种族冲突的历史,进入国家重建

---

[1] "The World Bank in Rwanda, Overview", Oct. 12, 2018, https://www.worldbank.org/en/country/rwanda/overview#1, 2019-03-10.

[2] 2015年报告对这六个指标做了一些调整:理解历史、当下与展望未来,公民身份与认同,政治文化,安全与福祉,正义、公平与权利,社会凝聚力,参见 National Unity and Reconciliation Commission, *Rwanda Reconciliation Barometer*, Kigali, October 2010; National Unity and Reconciliation Commission, *Rwanda Reconciliation Barometer*, Kigali, December 2015。

[3] National Unity and Reconciliation Commission, *Rwanda Reconciliation Barometer*, Kigali, December 2015, pp. 118-119.

的新纪元。两国均以构建国民共同体的方式解决历史遗留的族际纷争和矛盾，引导广大民众超越自身所属族群的认同，在国民身份的基础上告别过往，投身于国家建设大业。尽管因为国情不同存在一定差异，但南非和卢旺达在政治和解方面的举措基本一致，而且取得了毋庸置疑的成功。

然而，族际之间的政治和解并非只是颁布相应的法律和政策，同样不是朝夕之间改朝换代就能够完成。从制度建构角度理解的狭义的政治和解只是国家整体治理的一部分，治理所涉及的不同领域之间实现良性互动才是政治和解能否真正落到实处的关键。具体而言，族际关系政治和解必须借助于日常经济社会生活中平等民族权利的享有才能巩固和持续。以新自由主义为代表的"排斥性"发展模式导致社会两极分化进一步加剧，原先处于弱势地位的族群必然成为受害者，法律赋予的平等权利由于现实经济社会政策而无法成为现实，族际关系政治和解的成果在广大民众日复一日的失望中消失殆尽。相反，"包容性"发展模式的初衷在于将族际关系和解的目标贯彻至国家各项发展政策的制定和实施，国家鼓励每个公民在力所能及的情况下参与社区、国家的发展，同时保证各项发展行动惠及每个民众和社区。在这一模式下，不同族裔的民众在日复一日的发展实践中亲身感受"在一起"不仅可行，而且必要。

对比本文涉及的两个国家在发展模式方面的决策过程，南非的问题在于没有充分重视政治和解与发展模式之间的交互作用，在国际、国内各方压力下想当然地认为只要实现经济增长，其他问题必将迎刃而解。而执政的非国大领导人在经济领域缺乏足够的知识和人才储备，无法真正独立自主地制定振兴国家经济的方略，以至于陷入当时"一统天下"的新自由主义意识形态难以抽身。新自由主义最终不仅没有给南非带来期待已久的经济繁荣，而且维持甚至加剧了广大黑人与白人之间的经济社会地位差距，双方一度缓和的族际矛盾正在再次浮出水面。

与南非相比，1994年种族大屠杀结束后的卢旺达面临的最严峻的挑战是如何将分崩离析的社会重新聚合。而历史纷争和地缘政治造成的卢旺达新政权的相对孤立是促使卢旺达领导人从传统共同体文化中汲取灵感、发展"本土创制"政策的直接推动力。"包容"是"本土创制"发展模式的主要特点。这一模式将国家经济社会的发展变成共同体每个成员为之奋斗的事业，对共同体的认同感和凝聚力在各项政策的实践中不断强化。"本土创制"给卢旺达带来的不仅是全世界最快的经济增长，而且更重要的是不同族裔的和谐共处、安居乐业。

南非和卢旺达案例的比较同样能够为公共政策的制定提供参考。南非经验的教训在于，公共政策的制定不是少数精英的工作，如果脱离了政策实施对象，不考虑他们的所思、所想和所求，政策的落实必然无法达到预期的效果。卢旺达则是反其道而行之的典范，每项"本土创制"方案的制定和落实都首先考虑卢旺达人的价值观和传统文化。只有这样，政策实施才不会出现让制定者不知所措的未预后果。

（本文原刊发于《非洲发展报告（2018—2019）》）

非洲与外部世界

欧盟的非洲政策调整：话语、行为与身份重塑

金 玲[*]

摘 要：近年，在多重危机背景下，欧盟对非政策经历新一轮务实调整，从寻求综合性的全面对非洲战略逐渐向短期利益驱动下的对非危机管理政策转向。在阻遏性政策目标之下，欧盟的对非移民政策成为主导欧非关系的核心，导致其对非政策日益形成以"移民—安全—发展"为支柱的结构，并表现出明显的失衡态势，发展问题则成为欧盟自身应对移民和实现安全的工具。由此，短期利益驱动下的欧盟对非政策面临利益同价值的矛盾，以及短期利益同长期目标的冲突。同时，欧盟日益碎片化的对非政策对非洲一体化亦构成挑战。

关键词：欧盟的非洲政策 "移民—安全—发展" "工具化" "经贸化"

欧洲国家终结在非洲的殖民统治以来，先后通过一系列不平等的协定和附加条件的贸易以及发展援助政策，在非洲推广其民主价值观，保持其在非洲的传统影响力。从早期的《联系协定》和《雅温得协定》到四期的《洛美协定》，再到2000年的《科托努协定》，都贯穿了上述特征。但是进

---

[*] 金玲，中国国际问题研究院欧洲研究所副所长、研究员。

入 21 世纪以来，欧盟根据新的国际环境不断调整对非洲政策。自 2000 年欧盟召开首次欧非首脑峰会，到 2005 年第一份欧盟对非战略的出台，再到 2007 年《欧非联合战略》的实施，欧盟尝试建立超越发展—受援关系模式的欧非战略伙伴关系，突出欧非关系的战略性、长期性和互利性。

近年来，国际体系发生了深刻变革，推动欧盟调整对非洲政策。首先，新兴经济体在非洲影响力上升是主因，欧盟认为"非洲已成为大国的博弈场"[1]，新兴国家在非洲的存在对其原有影响力构成挑战。其次，非洲国家国际地位上升。随着新兴力量的兴起，欧盟希望获得非洲国家在一系列多边问题上的支持，塑造国际体系朝着有利于其发挥作用的方向发展。最后，欧盟出于现实利益的考虑。非洲的市场潜力和能源储备对于欧盟可持续发展和繁荣的意义不言而喻。但是，自《欧非联合战略》发布以来，欧盟对非政策转型不断受到内外各种因素的影响，欧盟对非政策目标和能力差距日益凸显。从债务危机到阿拉伯剧变，再到 2015 年难民危机，欧盟不断调适对非洲的政策重点和目标[2]，以适应其内部政治的需要。以欧洲难民危机的爆发为标志，欧盟对非政策被迫进行更加务实的转型，尽管其广泛的对非战略目标依然有效，但出于内部政治和多重危机的考虑，其对非政策从转型初期的雄心战略向以"移民—安全"为轴心的危机管理模式变化，日益聚焦移民和安全问题。"十年来，联合战略的创新性合作已被短期的危机管理模式以及日益增加的分歧所主导。"[3]

基于此，本文将从欧盟当前对非政策"移民—安全—发展"的三维关系视角，分析在一系列内外挑战的背景下，欧盟如何转变其"移民—安全—发展"的话语体系，调整其在上述不同政策领域的优先和合作方式，实施短期利益驱动型的对非政策，导致其对非政策在移民、安全和

---

[1] Louis Michel, "Europe – Africa: the Indispensable Partnership", http://www.lse.ac.uk/collections/LSEPublicLecturesAndEvents/pdf/20080117_Michel.pdf, 2018 – 11 – 20.

[2] 参见方华《难民保护与欧洲治理中东难民潮的困境》，《西亚非洲》2015 年第 6 期，第 4—19 页。

[3] Bossuyt, J., "Can EU – Africa Relations be Deepened? A Political Economy Perspective on Power Relations, Interests and Incentives", Briefing Note 97, 2017, https://ecdpm.org/publications/can – eu – africa – relations – be – deepened, 2018 – 11 – 20.

发展目标上显著失衡，发展目标让位于控制移民和实现自身的安全。以此为基础，本文将进一步论述欧盟当前对非政策转型所面临的多重挑战及其悖论，尤其是欧盟如何在非洲实现短期利益和长期目标、利益和价值的平衡。更为根本的是，欧盟当前对非政策对其国际行为体身份构成挑战，其作为规范性行为体的国际定位，在受内部危机折损的情况下，将随着其对外政策领域内日益现实主义导向的政策而陷入两难境地。

一 欧盟对非"移民优先"的政策取向

移民问题并非欧非关系中的新问题，2000年《科托努协定》以及《开罗宣言》已将移民问题纳入欧非政治对话框架之内。在2007年《欧非联合战略》文件中，移民伙伴关系是其中强调的八大伙伴关系之一。但是，在2015年难民危机爆发之前，移民问题在欧非关系议程中的地位并不突出，且均在"移民—发展"话语体系下展开合作。难民危机凸显了欧盟的制度性缺陷，成员国的利益和价值分歧导致难以在欧盟层面形成共识，引发欧盟范围的政治和社会危机。面对日益政治化和安全化的难民问题，欧盟危机应对举措被迫转向"外化"（Externalization），将寻求与第三方的合作、加强边境安全、建设"欧洲堡垒"的安全化举措视为应对危机的主要方案，以"控"代"疏"，寻求缓解难民危机，由此根本改变移民在欧非关系中的地位以及欧非移民合作的方向和重点。移民问题在欧非关系中的话语从"移民—发展"向"移民—安全"关联转变。

（一）移民问题成为欧非关系的核心支柱，主导欧非关系

欧盟外化的危机管理模式的主要特点是通过综合利用不同的政策工具，寻求难民来源国和中转国的合作，以期阻止难民进入欧洲，其核心是将控制移民和难民的责任向第三方扩展并部分"外包"其职能。非洲是世界上难民和移民的主要来源国和中转地之一，导致移民政策成为欧盟对非政策的核心支柱。近年来，欧盟相继出台一系列政策举措，推动实行其"外化"的对非移民政策。

近年来，欧盟启动了一系列对非政策倡议，包括2015年11月在瓦雷塔召开的欧非移民问题特别峰会上，设立了专门应对移民问题的"欧非

紧急信托基金"（EU Emergency Trust Fund for Africa），并出台《移民伙伴关系框架》（Migration Partnership Framework），以寻求对非合作，应对难民和移民问题。在上述一系列倡议和框架协定之下，移民问题是主导，其他一切领域的合作成为其移民政策目标的工具，居从属地位。总体说来，"欧非关系过去三年主要受移民和难民危机主导"，当前欧盟在移民问题上的政治优先和紧急性是塑造欧非关系的基调和重要内容。[①] 欧盟在《移民伙伴关系框架》的文件中清楚地表明，其对外合作的所有领域都应作为解决移民问题的政策杠杆，包括教育、研究、气候变化、能源、环境等发展领域的合作。欧盟要通过各领域的合作，努力将杠杆效应最大化。在这其中，欧盟尤其需要同非洲国家展开合作。[②] 当前，欧盟与非加太国家（Africa，Caribbean and Pacific）就后《科托努协定》进行的谈判中，已表示控制移民是未来协定的优先关注点，将未来的援助与投资和对边界的控制相互联系。[③]

（二）实施"阻遏性"移民政策，移民合作的内容发生转向

欧盟此前对非移民政策在发展和安全、打击非法移民和支持合法移民自由流动，以及保护难民权利之间基本能够实现平衡。但难民危机爆发后，欧盟对非移民政策的主要方向实现偏移，推行"阻遏性"移民政策，向非洲单方面施加"遣返"（Return）和"再接收"（Readmission）移民合作的目标。

2005年，欧盟在其《移民和流动的全球方案》中，将与非洲在移民问题上的合作挑战总结为四个方面，只有一方面论及阻遏导向型，即预

[①] Kirsty Hughes, "EU – Africa Relations: Strategies for a Renewed Partnership", https://www.friendsofeurope.org/global – europe/eu – africa – relations – strategies – renewed – partnership, 2018 – 11 – 05.

[②] European Commission European Commission, "Communication from the Commission to the European Parliament, the European Council, the Council and the European Investment Bank on Establishing a New Partnership Framework with Third Countries under the European Agenda on Migration", COM (2016) 385 Final, June, 2016.

[③] Euractive, "Impasse on Migration Clouds EU – Africa Relations", https://www.euractiv.com/section/development – policy/news/impasse – on – migration – clouds – eu – africa – relations, 2018 – 11 – 15.

防和打击非常规（Irregular）移民和消除贩卖人口，其他三个方面的挑战都强调的是如何发挥移民和发展之间的良性关联以及对难民的国际保护，突出如何更好地促进合法移民的规范流动（Mobility），及发挥移民对社会发展的正效应，表现出典型的发展导向型的移民流动政策。① 2007 年，《欧非联合战略》中《欧非移民伙伴关系行动计划》开篇就谈道，"构建伙伴关系的目的是确保更好地管理移民和解决好就业问题，这是实现非洲国家减贫与发展的根本，确保移民和就业可服务于可持续发展"。其优先行动包括实施《的黎波里声明》，主要目标是促进欧非人员的自由流动；更好地管理欧非之间的合法移民；针对移民和难民流动产生的原因，寻求应对非法或非常规移民流动问题之策，以及处理在欧非国家定居的移民问题，其中还包括促进欧非之间合法移民的流动。② 由此，欧盟的移民自由流动服务发展的目标导向更为清晰。

但是，随着难民危机的爆发，在移民问题上，欧盟的议程受到理事会秘书处以及内政总司的主导，控制移民、安全关切处于优先地位。由此，欧非移民合作发生了从发展向安全的话语转变，"阻遏性"政策日益占主导地位，"遣返"和"再接收"成为核心目标。欧盟的紧急信托资金以及移民公约都过于重视移民和安全，而不是发展问题。③

"欧非紧急信托基金"的设立和《移民伙伴关系框架》的出台标志着欧盟对非移民政策的调整。"'欧非紧急信托资金'确认了欧盟移民政策的安全化，关注欧洲短期利益，忽视非洲当地所需和长期面临的挑战。"④ 当前，"欧非紧急信托基金"是落实欧非移民伙伴关系最重要的政策工具，该基金设立时确定的主要行动领域包括经济发展、移民和管理，以及稳定和治理三个方面。但是它在实施过程中，以控制移民为目标的移

---

① European Commission, *The European Union's Cooperation with Africa on Migration: Questions and Answers*, *Factsheet*, Brussels, 22, April, 2015, p. 4.

② European Commission, "Action Plan of the Immigration, Mobility and Employment Partnership (2007 – 2010)", https://ec.europa.eu/europeaid/sites/devco/files/action-plan-migration-mobility-empl-9eas-2007_en.pdf, 2018 – 12 – 15.

③ European Commission, "Action Plan of the Immigration, Mobility and Employment Partnership (2007 – 2010)".

④ Kirsty Hughes, op. cit.

民管理成为其行动核心。① "紧急信托资金" 中的加强边境管理是支柱。②绝大多数 "欧非紧急信托基金" 支持的项目都用于限制和阻止移民进入欧洲，55%的预算投向移民管理，25%用于实施遣返移民的政策改革，13%用于移民国籍的甄别，只有3%用于安全和常规移民线路的投入。③根据欧盟的统计数据，所有用于北非国家的 "欧非紧急信托基金"，尤其在利比亚，都用于移民管理和控制。与2016年相比，2017年 "欧非紧急信托基金" 日益转向具有短期安全影响的移民问题。④

应对非常规移民（Irregular Immigrant）问题作为欧盟对非移民合作的优先考虑，也体现在其建立的《移民伙伴关系框架》中，它强调边界管理问题。⑤ 在《移民伙伴关系框架》之下，相关的合作都以遏制移民流出为目标，并将各种类型的经济协定、援助、提供劳动机遇，以及签证便利化等内容纳入其中，唯一目标是寻求非洲国家在难民遣返和再接收问题上积极合作。欧盟针对萨赫勒地区的移民政策主要服务于欧盟内部阻止移民的目标，守护边界成为优先，采取的政策方法是 "任何可行的政策"，但它并不能从根本上解决移民问题。⑥

（三）移民合作中引入附加条件，并侧重双边政策方法

长期以来，欧盟在对非政策中附加条件最典型的做法是将贸易与发展合作政策与人权和治理等条件挂钩。但是，随着移民政策成为欧盟对

---

① European Commission, "EU Emergency Trust Fund for Africa", https: //ec. europa. eu/trustfundforafrica/sites/euetfa/files/eu_emergency_trust_fund_for_africa_20 – 12 – 2018. pdf, 2018 – 12 – 20.

② Judith Vorrath, "Amid Controversies on Immigration, Signs of Increasing Fragmentation in Africa – EU Relations", German European Policy Series, 2018.

③ The EU Emergency Trust Fund for Africa – migration Routes (November 2017), OXFAM Briefing Note.

④ Luca Barana, "The EU Trust Fund for Africa and the Perils of a Securitized Migration Policy", https: //www. iai. it/en/pubblicazioni/eu – trust – fund – africa – and – perils – securitized – migration – policy, 2018 – 11 – 29.

⑤ Castillejo Clare, "The EU Migration Partnership Framework: Time for a Rethink", Discussion Paper 28/2017, DIE.

⑥ Bernardo Venturi, "The EU and Sahel: A laboratory of Experimentation for the Security – migration – development Nexus", https: //www. iai. it/en/pubblicazioni/eu – and – sahel – laboratory – experimentation – security – migration – development – nexus, 2018 – 12 – 02.

非政策的核心支柱，为实现"遏制"移民流入的政策目标，欧盟在其一系列对非移民合作政策中引入了附加条件的规定。在欧盟推动欧非紧急基金项目过程中以及《移民伙伴关系框架》本身都体现了其与非洲移民合作中施行的"胡萝卜加大棒"的政策方法。

以欧盟和埃塞俄比亚在移民问题上的合作为例，埃塞俄比亚是欧盟在非洲应对移民问题的重要伙伴，2015年与欧盟签署《移民与流动共同议程》（Common Agenda on Migration and Mobility，CAMM），并在"喀土穆进程"（Khartoum Process）和瓦雷塔峰会中发挥了建设性作用。但是，当前双方围绕移民合作问题陷入僵局。1.3亿欧元的"欧非紧急信托基金"项目陷入停滞状态表明，[1] 欧盟在遣返政策优先的背景下，正实施"反向刺激"（less for less）的附加条件。埃塞俄比亚官员曾失望地表示"过去两年，遣返的问题阻碍了所有其他议题的讨论"。[2]

附加条件的做法从一开始也清晰体现在《移民伙伴关系框架》之下，该框架除了明晰其他所有的政策工具都可以成为移民问题上合作的杠杆外，整个框架还旨在让伙伴国家清楚在遣返和接收问题上不合作产生的后果。框架文件指出："欧盟与伙伴国的关系将受伙伴国在移民管理，尤其是有效预防和再接受非常规移民问题上的能力和意愿所决定。"[3] 欧洲理事会甚至更明确地表示："《移民伙伴关系框架》建立在有效激励和诸多条件基础之上，动用一切政策工具以期实现移民框架的政策目标"，[4] 在再接收和遣返问题方面的合作已成为欧盟与伙伴国关系的关键点。

在"阻遏性"移民政策驱动下，欧盟在移民问题上的政策方法也在发生变化，与非盟合作的多边方式正逐渐被双边的交易型政策方法所取代。非盟在移民问题上的关切是应对内部移民问题，核心是内部流动和

---

[1] Castillejo Clare, "The EU Migration Partnership Framework: Time for a Rethink", Discussion Paper 28/2017, DIE.

[2] Ibid. .

[3] European Commission, "Communication from the Commission to the European Parliament, the European Council, the Council and the European Investment Bank on Establishing a New Partnership Framework with Third Countries under the European Agenda on Migration", COM (2016) 385 Final, June, 2016.

[4] European Council, European Council Conclusions, 28 June, 2016, https://www.consilium.europa.eu/media/21645/28-euco-conclusions.pdf, 2018-11-15.

人员自由；而非盟推动实施非洲大陆自由流动的条约，是希望推动经济增长和发展，它与欧盟的控制边界、阻止移民的政策目标不一致。加之，非盟在移民领域内也缺乏相应的权力和能力，非盟已不是欧盟主要的对话伙伴。

瓦雷塔峰会是欧盟对非移民政策突出双边合作的标志。在瓦雷塔峰会上，只有部分国家受邀请参会，南部非洲国家尤其是南非，虽面临巨大的移民问题挑战，却被排除在对话伙伴之外。《移民伙伴关系框架》也集中表现了欧盟双边政策导向，其设想是在欧洲移民日程框架下，同北非、非洲之角以及萨赫勒地区的主要移民中转国以及来源国签署双边协定，就遣返和再接收达成具体的协议，非盟的作用被边缘化。在《移民伙伴关系框架》下，欧盟显著加大了对上述重点国家的投入力度，拟通过双边协定，推动边境管理合作和加强伙伴国对移民的再接收。[1] 欧盟短期危机管理模式下偏好双边政策的做法，缺乏地区维度，已被质疑阻碍非洲一体化进程。[2]

二 欧非安全领域务实合作的深化

尽管欧非地缘相近，非洲的安全和稳定一直关乎欧洲的稳定和繁荣，但是，由于在很长一段时间内，欧洲的安全并未直接受到非洲冲突的威胁，加上欧盟自身在安全领域内权能有限，以及欧非关系的援助—受援模式，安全议题一直在欧盟对非政策中处于边缘性地位。直到《科托努协定》的签署，安全议题才正式进入欧非关系议程。近年，欧盟安全环境发生显著变化，直接推动欧盟调整对非洲的安全政策。在经历阿拉伯剧变、恐怖袭击和难民危机之后，欧洲国家更深刻感受到非洲的和平与安全直接关系自身的稳定与繁荣。安全政策在欧洲对非合作议程中的重

---

[1] Luca Barana, "The EU Trust Fund for Africa and the Perils of a Securitized Migration Policy", https://www.iai.it/en/pubblicazioni/eu-trust-fund-africa-and-perils-securitized-migration-policy, 2018-11-29.

[2] Luca Barana, "EU Migration Policy and Regional Integration in Africa: A New Challenge for European Policy Coherence", https://www.iai.it/en/pubblicazioni/eu-migration-policy-and-regional-integration-africa-new-challenge-european-policy, 2018-11-29.

要性进一步上升，欧盟显著加大了对非洲安全合作的介入力度。但是，与其长期试图在非洲推动综合性安全政策、实现"安全—发展"的良性互动的目标相比，当前欧盟对非洲安全政策目标日益务实，朝着更加工具化的方向发展，重点支持那些有利于控制非法移民的国家，其他冲突地区在其安全合作议程中表现出"边缘化"的趋势。[1]

（一）欧盟加大了对非安全问题的介入力度

如果说欧非关系自《科托努协定》以后，具备了经济（包括发展合作）、政治和安全三个维度，那么安全维度仍是最弱的方面，在很大程度上仍从属于经济和政治支柱，欧盟仍缺乏整体性的对非洲安全政策。"9·11"事件改变了欧盟的安全认知，欧盟逐渐从自身安全视角认知非洲的安全挑战。2005 年，欧盟出台了首份对非安全战略文件，指出"战争和冲突也会引起失控的人员流动，增加环境压力，使邻国或相邻地区的社会和治理结构不稳定，也为恐怖主义和有组织犯罪提供了肥沃的土壤"。[2] 2007 年的《欧非联合战略》将和平与安全列为八大伙伴关系之首。随着安全形势的恶化，欧盟更深刻认识到其安全和繁荣与非洲的和平与安全息息相关，"欧盟自身的安全取决于外部安全，应对动荡和其根源对欧盟自身安全和繁荣至关重要"[3]。

近年来，欧盟安全环境的恶化推动其加大对非安全的介入力度。欧盟对非主要安全政策工具包括《欧盟共同安全与防务政策》（CSDP）框架下的行动和"非洲和平基金"（African Peace Facility）。自 2003 年在刚果（金）第一次实施此框架下的军事行动以来，对非安全行动逐年增多，尤其是阿拉伯剧变及欧盟国家内部遭受多轮恐袭和移民危机后。据统计，欧盟 2003 年以来在非洲共实施了 18 项军事行动和民事行动，其中

---

[1] Hauck, V., "Time to Strengthen Strategic Partnerships for Peace and Security in Africa", https://ecdpm.org/talking-points/strengthen-strategic-partnerships-peace-security-africa, 2018-11-20.

[2] European Commission, "EU Strategy for Africa: Towards a Euro-African Pact to Accelerate Africa's Development", Brussels, COM (2005) 489 final.

[3] European Commission, "A Renewed Partnership with the Countries of Africa, the Caribbean and the Pacific", SWD (2016) 380 final.

2012—2015年八项，大致相当于此前10年间其在非的行动总数。①

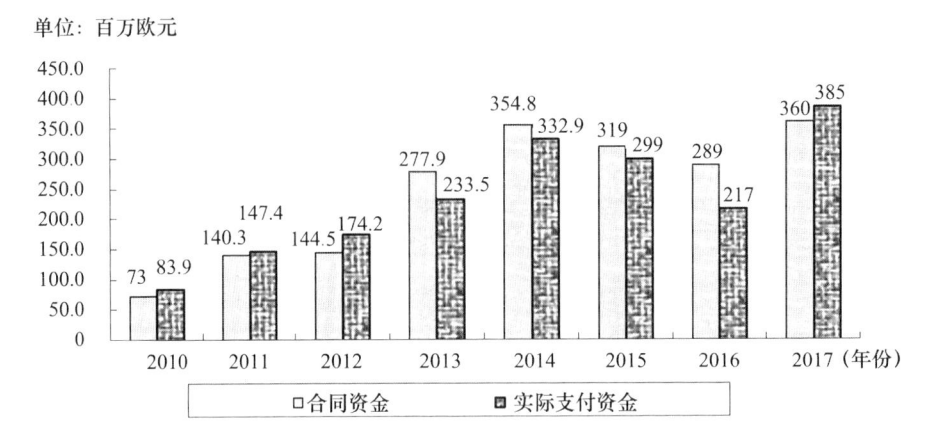

单位：百万欧元

图1 2010—2017年非洲和平基金使用情况

资料来源：European Commission, "African Peace Facility Annual Report 2017", https://ec.europa.eu/europeaid/african-peace-facility-2017-annual-report_en, 2018-12-20。

"非洲和平基金"设立于2004年，是欧非和平与安全伙伴下的主要政策工具之一，其资金主要来源于"欧洲发展基金"（European Development Fund），用于支持非盟及地区性组织的安全行动，包括非洲和平支持行动、非洲和平与安全结构的运行（Africa Peace Support Operations，APSA），以及早期反应机制（Early Response Mechanism）下的倡议。图1清晰地表明，2010—2017年，来自欧盟的"非洲和平基金"的使用规模总体呈上升态势，已从2010年的8390万欧元飙升至2017年的3.85亿欧元。欧盟对非安全行动增加，并非由于非洲安全形势恶化的结果，而是与欧洲自身的安全形势变化密切相关，很大程度上服务于维护欧盟国家内部政治安全和稳定的需要。

（二）反恐、边境控制成为对非安全政策重点

很长一段时间，欧盟对非洲安全合作主要是应对非洲的和平与安全

---

① EEAS, "European Union Common Security and Defense Policy Missions and Operations Annual Report", 2017, https://eeas.europa.eu/sites/eeas/files/csdp_annual_report_2017_web_en_2.pdf, 2018-12-20.

问题，通过民事危机管理，加强非洲的安全能力建设，重点是推动伙伴国安全领域改革，预防非洲安全问题"外溢"至欧洲。但是，当恐怖主义威胁逐渐成为现实，难民危机与欧盟国家内部社会稳定关联上升，欧盟不再将非洲安全领域改革作为行动重点，而是日益要求在和平与安全领域内承担责任，"阻断"威胁，维护欧洲的安全堡垒。其中，最明显的变化是移民和难民问题的"安全化"。

在 2014 年欧非峰会上，双方针对移民和自由流动问题发表联合声明，重点是打击非法移民，推动综合有效合作。声明虽然表示从安全和发展两个维度应对移民问题，但欧盟方面更积极推动的是移民问题的"安全化"，希望非洲在边境管理、打击偷渡、遣返和回归，以及应对非法移民的问题上与欧盟合作。新形势下，欧非安全合作明显向反恐以及合作应对非法移民和难民危机方向转型。与其他地区的行动相比，欧盟近年来在非洲的行动具有明显的应对移民导向。自 2015 年以来，《欧盟共同安全与防务政策》之下的民事任务授权范围已扩展至安全环境问题，最主要的表现是增加在反恐以及移民领域内的行动。[①] "欧盟利比亚的边境管理行动"（EUBAM Libya）直接以应对移民为目标；2012 年的"尼日尔能力建设行动"宣称的目标是支持尼日尔安全部门反恐和打击有组织犯罪，2015 年，该行动的授权范围扩大，包括帮助尼日尔控制、打击非常规移民和收集相关信息。欧盟在马里的能力建设行动也同样针对移民问题的边境管理能力建设。

（三）对非安全合作方式新变化——"外包"和"聚焦"

近年，在多重危机冲击下，欧盟自身实力下降、内部民粹主义和内顾倾向上升，欧盟很难再增加对非安全介入力度、应对恐怖主义威胁和来自难民或移民冲击，以及满足民众内顾情绪，只能寻求"外包"和"聚焦"的方式推动其对非安全政策目标的实现。

欧盟在非洲安全领域内的行为方式近年来出现显著变化。2003 年欧

[①] European Court of Auditors, "Strengthening the Capacity of the Internal Security Forces in Niger and Mali: only Limited and Slow Progress", https://www.eca.europa.eu/Lists/ECADocuments/SR18_15/SR_SAHEL_EN.pdf, 2018 - 12 - 15.

盟首份安全战略出台之时，欧盟雄心勃勃地在非洲推动其综合性安全政策。其时，欧盟在非安全行动目标是通过支持和平行动实现稳定。欧盟的"阿蒂米斯行动"和其在乍得的行动中，其派遣的部队规模分别为2000人和3700人。但是，近年来，欧盟不断减少直接派遣人数，行动的重点也转向培训和为安全服务提供建议。为此，一些分析人士认为，当前欧非安全合作模式是"外包"安全，将欧盟对非洲的支持限制在资金、训练和后勤方面，也相应产生"非洲和平基金"是欧盟在非洲应对自身安全威胁的工具，而不是增强非盟在和平与安全方面的能力的疑问。[1]

在实力下降、安全威胁上升的背景下，欧盟安全行动优先日益聚焦关键地区。自阿拉伯剧变发生以来，北非、萨赫勒和非洲之角是欧盟安全政策的重点。2011年，欧盟相继通过《萨赫勒战略》和《非洲之角战略框架》，这是欧盟历史上首次出台地区性战略，凸显其对非政策地区的优先趋势。2016年，欧盟全球战略也强调"通过与非盟、西非经济共同体及萨赫勒五国集团的合作，系统性应对在北非和西非、萨赫勒以及乍得湖区的挑战。投资非洲和平与发展就是对欧洲发展与繁荣的投资"。[2] "欧盟一些成员国认为在萨赫勒地区必须为欧洲的未来打赢一场关键战役，认为该地区的稳定尤其是通过倡议遏制移民和恐怖主义威胁，对于应对欧洲内部的民粹民族主义至关重要。"[3] 2014—2020年，欧盟及其成员国在该地区的安全和能力建设方面拟投入几十亿欧元。欧盟与萨赫勒五国集团已建立伙伴关系，针对该地区采取了一系列维护地区安全的军事和民事行动。欧盟委员会表示"针对萨赫勒地区的三场《欧盟共同安全与防务政策》行动，契合欧盟新的政治优先政策取向，尤其是欧盟的移民关切"[4]。

---

[1] Matthias Deneckere & Anna Knoll, "The Future of EU Support to Peace and Security in Africa: What Implications for the African Peace Facility beyond 2020?", https: //ecdpm. org/wp – content/uploads/Future – EU – Support – Peace – Security – Africa. pdf, 2018 – 11 – 05.

[2] EEAS, "Shared Vision, Common Action: A Stronger Europe", http: //120. 52. 51. 14/eeas. europa. eu/archives/docs/top_stories/pdf/eugs_review_web. pdf, 2018 – 11 – 05.

[3] Andrew Lebovich, "Halting Ambition: EU Migration and Security Policy in the Sahel", https: //www. ecfr. eu/publications/summary/halting_ambition_eu_migration_and_security_policy_in_the_sahel, 2018 – 12 – 20.

[4] European Commission and EEAS, "Annual Report on the Sahel Regional Action Plan", Brussels, 23. 12. 2016, SWD (2016) 482 final.

三　欧盟对非发展合作的"工具化"和"经贸化"

发展合作政策领域内的调整是欧盟对非政策调整的集中体现。虽然超越援助—受援关系模式是欧盟调整对非政策的主要目标，但由于发展政策是欧盟发挥软实力的重要政策工具，是其国际行为体身份的重要象征，故通过援助向非洲输出其发展模式仍将是其对非政策目标。面对内外压力的增加，欧盟对非援助政策也进行了一系列务实调整。

欧盟对非援助政策的调整，自 2000 年以来大致可分为两个阶段：第一阶段是 2000 年至 2011 年。21 世纪前 10 年的欧盟对非援助政策变革的主要推动力源于欧盟自身对非政策失败教训的反思及应对新兴国家竞争压力，其重点是调整对援助附加政治条件的行为，转而推行援助有效性标准，约束新兴国家在援助领域内的政策实践，同时将促贸援助作为重点，服务于其对外贸易政策目标。第二阶段则发生在阿拉伯剧变之后，以欧盟发表《变革议程》作为标志。欧盟对非援助政策进入转型深化阶段，从初期的希望"更多改革换取更多援助"、拟附加更多政治条件，到日益务实的转变。在内部预算压力和外部竞争上升的背景下，欧盟对非援助政策的转型主要表现为：在区别性援助政策下，欧盟对非援助的重点国家和领域进一步细化；在互惠原则下，欧盟援助更多服务于自身的利益诉求，尤其是在移民与安全领域内的利益诉求；与贸易和投资议题重要性上升相一致，援助政策也更多地服务于贸易和投资的目标。此外，欧盟对非援助附加政治条件也出现灵活性调整。

（一）附加政治条件更具灵活性

在不同历史时期，欧盟对外援助所附加的条件有不同侧重。欧盟最初的附加条件政治色彩较淡，更侧重推动受援国宏观经济政策改革，直至 1991 年欧共体通过《人权、民主和发展》决议，指出："推动民主是发展合作政策的重中之重。"自此，欧盟援助的政治条件得以确立，并体现在《洛美协定》中。依据该协定，"人权条款"成为一种惩罚性条款，对人权的任何形式的违反，都可能导致欧盟全部或部分取消援助。欧盟运用惩罚性手段附加政治条件并没有取得预期效果,反而在欧盟内部引起广泛争议。

进入21世纪后,以西方为主导的国际社会反思发展援助政策失败的教训,认为缺乏自主性、援助国主导及严格的附加条件是主要原因,欧盟对外援助政策由此面临诸多困境:如何改革传统附加政治条件的政策手段,在增加援助有效性的同时,保证援助作为政策手段实现其人权和民主等目标,保证其模式的影响力。为了突破上述困境,欧盟改革援助附加条件的具体做法包括:开始强调人权和民主发展的内生性、在受援国需求和附加政治条件之间寻求平衡,以及利用财政激励手段取代制裁等,推进人权和民主,使援助附加政治条件趋于隐蔽。

当前,欧盟在援助政策中附加的条件标准更呈现多样化态势。欧盟展开新一轮对周边政策和发展合作政策的反思和评估,其最典型特征是对自身通过援助和贸易附加政治条件发挥转型作用的能力具有更理性的认识,明确承认"更多改革换取更多援助"原则的失败。欧盟援助附加条件已逐渐脱离单一的政治条件性标准。对于与其安全利益攸关的受援国,附加条件将更趋向于寻求受援国在安全和移民问题上的合作,而不是传统的人权和民主等政治条件,上述转变已明显体现在欧盟"非洲紧急信托基金"项目实施以及《移民伙伴关系框架》中。此外,附加条件转向灵活务实也清楚体现在2014年欧非第四次峰会上。其中,民主、人权以及国际刑事法庭等具有争议性的问题没有进入官方讨论,贸易与投资及和平与安全问题成为峰会的主要议题,这被认为是欧非关系真正实现务实转型的具体体现。[①]

(二) 发展合作服务于控制移民的目标

如前所述,在欧盟《移民伙伴关系框架》下,发展政策和其他诸多政策都被欧盟视为实现控制移民的手段。欧盟从"移民—发展"的视角,推动从"根源上应对移民"的政策,但普遍认为其从狭隘的视角理解

---

① FES, "EU – Africa Relations after the Fourth Summit: Finding Common Ground", International Conference 30 September – 1 October 2014, Addis Ababa, Ethiopia, https://library.fes.de/pdf – files/iez/11159 – 20150123.pdf, 2018 – 11 – 05.

"移民—发展"的关系，在政策实践中"移民—发展"的话语体系仅为其将发展政策置于控制移民目标提供了某种"合法性"而已。

欧盟在移民危机下出台的一系列政策都反映了通过发展援助管理移民的理念。无论是"非洲紧急信托基金"，还是《移民伙伴关系框架》，都宣称通过解决移民问题产生的根源来管控移民，使用的资金主体均来自"欧洲发展基金"。移民和发展议程当前已紧密交织，从多方面影响发展援助。欧盟发展援助数据显示其援助日益流向移民的来源国和中转国。① 自瓦雷塔峰会后，欧洲已将移民作为其援助政策的重点，占预算的17%。② 从"非洲紧急信托基金"项目类型看，它过于重视移民和安全，而不是发展问题。对此，非政府组织以及相关专家均对欧盟的国际发展援助服务与其移民和安全的政策取向颇有微词。③ 欧洲议会也表示不满，认为"即使发展政策用于应对移民问题，减贫仍应是核心目标"④。

尽管如此，在难民和移民危机背景下，欧盟国家已普遍认为"与移民相关的援助，只要能促进经济发展和福利，就应被允许，由此导致移民问题成为欧洲发展政策领域内主要争议的议题"⑤。当前，欧盟已将应对移民问题纳入其新的发展政策框架中，"欧盟及其成员国将采取更加协调和结构性方法应对移民，最大限度地发挥不同政策工具的综合效应，使用必要的政策杠杆，包括发展和贸易政策"⑥。

---

① Jessica Abrahams, "Europe's Risky Experiment: Can Aid be Used to Deter Migration?", https://www.devex.com/news/europe-s-risky-experiment-can-aid-be-used-to-deter-igration-90426, 2018-11-06.

② Jessica Abrahams, op. cit.

③ Kirsty Hughes, op. cit.

④ European Parliament, "Report on the EU Trust Fund for Africa: the Implications for Development and Humanitarian Aid", http://www.europarl.europa.eu/sides/getDoc.do?pubRef=-//EP//NONSGML+REPORT+A8-2016-0221+0+DOC+PDF+V0//EN, 2016-06-28.

⑤ Marco Funk, Frank McNamara, Romain Pardo & Norma Rose, "Tackling Irregular Migration through Development", http://120.52.51.15/www.epc.eu/documents/uploads/pub 7693 tacklingirregularmigrationthroughdevelopment.pdf, 2018-10-30.

⑥ European Commission, "The New European Consensus on Development 'Our World, Our Dignity, Our Future'", https://ec.europa.eu/europeaid/sites/devco/files/european-consensus-on-development-final-20170626_en.pdf, 2018-12-10.

(三) 发展援助"安全化"① 趋向明显

发展援助政策的"安全化"指援助国的自身安全和稳定优先于发展伙伴的发展，是其发展合作政策的首要目标。② 欧盟发展政策"安全化"趋势在其2003年出台第一份安全战略时虽已初显，但没有成为主导性趋势。随着欧盟内外安全威胁上升、难民危机凸显，发展合作政策的"安全化"趋势突出，人们对欧盟发展合作政策变为应对移民问题和保障安全的工具的担忧愈重。③ 非政府组织"乐施会"对欧盟发展援助调整的首要担忧是援助的"安全化"，认为欧盟将本应投向应对贫困和不平等的发展合作基金转投安全领域。④

尽管欧盟委员会早在1996年的沟通文件中就已涉及非洲的和平与安全问题，但应对上述问题仍局限于其共同外交与安全政策工具，通过发表声明和共同立场来表明对非和平与安全政策主张。当时，作为第一支柱下的欧盟发展合作政策尽量避免涉及与和平、安全相关的问题，在2004年"非洲和平基金"设立以前，"欧洲发展基金"从未被应用于与和平与安全直接相关的领域，而主要聚焦经济、政治和社会文化等方面。随着和平与安全政策日益成为欧盟对非政策重点，以及欧盟逐渐寻求综合、全面的对非政策，欧盟对非发展合作政策启动了"安全化"进程。

---

① 关于欧盟发展政策安全化的讨论，See Mark Furness and Stefan Ganzle, "The European Union's Development Policy: A Balancing Act between 'A More Comprehensive Approach' and Creeping Securitization", http://lup.lub.lu.se/luur/download? func = downloadFile&recordOId = 1321231&fileOId = 1321232, 2016 - 07 - 01。

② 2006年，罗宾森在其《欧盟安全和发展政策的一体化和完整性》一文中提出，安全与发展政策的一体化将影响发展政策的完整性和独立性，并认为安全和发展政策的融合是将欧盟的安全而不是发展中国家的发展作为优先事项。See Clive Robinson, "Integration and Integrity in EU Policies for Security and Development, an Assessment Prepared for the Association of World Council of Churches Related Development Organisations in Europe (APRODEV)", Bonn: German Development Institute (DIE)。

③ European Commission, "Synopsis Report Summarising the Main Results of the Consultation on the New European Consensus on Development", https://ec.europa.eu/europeaid/sites/devco/files/swd - synopsis - report - consultation - new - consensus - 389_en_0.pdf, 2018 - 11 - 05。

④ Oxfam, "Our 'Red Lines' on Securitsation and Conditionality of EU Aid", Euractive, http://www.euractiv.com/section/development - policy/interview/weekend - or - monoxfam - our - red - lines - on - securitisation - and - conditionality - of - eu - aid, 2018 - 11 - 05。

"非洲和平基金"规模的逐年增加既反映欧盟对非政策介入力度的加强，也是其发展合作政策"安全化"的表现。2004年3月25日，欧盟成员国批准从第九期"欧洲发展基金"中拨款2.5亿欧元，用于支持非洲维持和平行动。相关资料显示，第一期非洲和平基金的90%都被用于支持非盟或地区组织的维和行动，仅有10%用于加强非洲地区组织的能力建设。[1] 2005年，欧盟对该基金进行的中期评估指出："该基金的设立是一项非常积极的动议，使欧盟能在和平与安全领域内以实际、灵活以及高度相关的方式支持非洲，同时尊重了非洲的自主权。"2006年4月，欧盟理事会决定延长该基金，并从第10期发展基金中拨付3亿欧元。[2]

2005年，欧盟提出的一系列政策倡议使欧盟安全和发展政策联系日益密切。其一，欧盟委员会建议欧盟将安全和发展作为相互补充的议程，共同的目标是获得安全环境，打破贫穷、战争、环境污染，以及经济、社会环境恶化的恶性循环。其二，欧盟委员会在《欧盟发展共识》文件中强调需要运用综合性政策方法应对脆弱国家冲突、自然灾害以及其他类型的危机。其三，欧盟修订《科托努协定》，将反恐、反对大规模杀伤性武器条款纳入协定，明显偏离了2000年以减贫为中心的政策。此后，欧盟针对萨赫勒地区和非洲之角安全威胁上升的情况，推动综合性安全和发展政策方法应对安全挑战，是其发展政策"安全化"的突出表现。2011年，欧盟对外行动署发布欧盟针对萨赫勒地区的安全和发展战略，并表示"欧盟针对萨赫勒地区的发展合作政策旨在应对贫困问题，但发展政策很难发挥影响，除非安全挑战得以解决。为了加强安全和发展的目标，建议设立协调当前和未来欧盟在该地区作用的政策框架"[3]。同年11月，欧洲理事会通过了《非洲之角战略框架》文件，旨在建立综合性政策框架，应对安全和发展挑战。该文件公开表明欧洲在该地区的利益、

---

[1] Nicoletta Pirozzi, "EU Support to African Security Architecture", Occasional Paper, No. 76, February 2009, p. 26.

[2] "Implementation of the Joint Africa – EU Strategy and Its First Action Plan (2008 – 2010)", http://www.africa-eu-partnership.org/pdf/090806_july_2009_swd_on_impl_of_joint_africa_eu_strategy.pdf, 2018-11-06.

[3] EEAS: "Strategy for Security and Development in the Sahel", http://eeas.europa.eu/archives/docs/africa/docs/sahel_strategy_en.pdf, 2018-10-10.

地缘意义和欧亚贸易航线。欧盟在上述地区的发展政策更多服务于安全目标。此外，欧盟委员会于 2016 年 7 月 5 日提出建议，将 1 亿欧元的发展援助资金直接资助外国军队，帮助应对非法移民，这是欧盟第一次直接将援助资金投向伙伴国的军事领域。[1]

（四）援助政策服务于自身经济利益目标的趋势加速

尽管欧盟发展援助政策从来就不是单纯"利他"的政策工具，但在很长时间内，欧盟多数成员国致力于推动发展援助政策与经贸政策的脱钩。但是，面对新兴国家在非洲及拉美等地区影响力的上升，欧盟增加了其发展援助政策和经贸合作之间的关联，发展援助服务于欧盟经贸利益的趋势更为明显。

2007 年，欧盟出台《促贸援助联合战略》，规定欧盟的促贸援助将主要用于"贸易发展"和"贸易政策和规则"领域，重点包括改善商业环境、企业服务支持和机制（Business Support Services and Institutions），以及国际贸易规则和立法等，直接服务于欧盟推动的《经济伙伴关系协定》，对非洲国家要求改善基础设施、提高生产能力及适应成本（Adaptation Costs）等问题没有给予关注。[2] 此外，2007 年欧盟为了同中国企业在非洲基础设施领域进行竞争，曾经设立"对非基础设施投资基金"，利用发展基金贴息支持欧盟企业参与非洲基础设施建设。2011 年，欧盟发展政策沟通文件《变革的议程》正式将扩大私人企业参与发展援助作为欧盟发展援助政策的调整方向。该文件提出："欧盟将进一步推动混合机制促进发展"，[3] 欧盟计划使用更多的发展援助资金动员更多的私人行业对发展中国家进行投资。目前，"混合资金"已成为欧盟新的发展合作政策的流行话语，并已针对不同地区设立了不同类型的投资基金，主要投资

---

[1] Euobserver, "EU Development Aid to Finance Armies in Africa", https：//euobserver.com/migration/134215, 2018 - 11 - 07.

[2] Hilary Jeune, "Aid for Trade: Is the EU Helping the Small Producers to Trade out of Poverty", http：//www.wfto - europe.org/lang - en/component/docman/doc_download/177 - aid4trade - is - the - eu - helping - small - producers - to - trade - their - way - out - of - poverty.html, 2018 - 11 - 06.

[3] European Commission, "Increasing the Impact of EU Development Policy: An Agenda for Change", Brussels, https：//ec.europa.eu/europeaid/sites/devco/files/publication - agenda - for - change - 2011_en.pdf, 2018 - 11 - 05.

基础设施和能源等领域。

事实上，面对新兴国家"综合性"援助方式，欧盟一些成员国早已公开承认发展援助和对外经贸合作之间存在的关联性。法国前总统萨科齐曾表示："法国的援助是支持法国商业存在的机制之一。"时任英国首相卡梅伦提出过新的非洲政策，主张外交部取代发展援助部发挥主导作用，后者曾主导英国对非洲事务。德国国际合作与发展部长曾表示："德国企业应受益于发展合作，也应有助于促进德国在南方国家获得原材料。"甚至在欧盟层面也表现出同样的趋势。2008年，欧盟发布《原材料倡议》，将发展援助作为确保欧洲高技术企业获得稀有矿物质的核心杠杆。2017年9月，欧盟统一制订对外投资计划，目的是促进非洲和周边地区的可持续发展。该投资计划有三大支柱：第一支柱是通过担保机制和混合机制刺激投资；第二支柱是通过加强技术援助，促进受益方发展成熟和能够吸引资金的项目；第三支柱是通过结构性对话改善投资环境和政策环境。为支持该项计划，理事会和欧洲议会统一设立"欧洲可持续发展基金"（European Fund for Sustainable Development），其资金来源主要是欧盟预算和"欧洲发展基金"。第一支柱下的资金规模到2020年达到41亿欧元，"欧洲可持续发展基金"的担保资金规模是15亿欧元，[①]其中7.5亿欧元来自欧盟委员会，且欧盟首次将促进私人投资的资金计算在援助内。[②] 欧盟国际合作和发展委员内文·米米察（Neven Mimica）表示，新的投资计划代表新的方法，是具有内在一致性的对非经济战略。[③] 这表明欧盟正式将发展与经贸合作纳入统一框架。

四 欧盟调整对非发展政策存在的多重悖论

欧盟对非政策的转型是国际力量对比发生变化、欧盟内部多重危机

[①] 担保是利用官方发展援助去除投资障碍，推动私人资本在发展中国家投资，承诺在投资失败的情况下给予补偿。

[②] Oxfam, "European External Investment Plan: Key Issues to Watch during Implementation", https://www.oxfam.org/sites/www.oxfam.org/files/file_attachments/oxfam_advocacy_note_european_external_investment_plan1.pdf, 2018-11-12.

[③] "EU Investment in Africa: Europe Racing to Catch up", https://www.dw.com/en/eu-investment-in-africa-europe-racing-to-catch-up/a, 2018-11-05.

共同作用的结果，也反映了其对外政策转型的整体趋势。在当前对非政策中，欧盟长期主导的"良政—发展—安全"的话语体系逐渐被"移民—安全—发展"所取代，欧盟对非政策从综合性应对安全和发展挑战向短期的危机管理模式和交易性政策方向转变。作为规范性力量的欧盟，其自身的安全繁荣与非洲大陆的和平稳定的相互依赖前所未有，其交易型政策无论从当下还是长远看，都存在利益和价值、短期利益和长期目标之间平衡的悖论。

（一）利益和价值的冲突

欧盟自推行附加政治条件的援助以来，通过将内部治理的"良政"概念引入其对非政策中，建立起"良政—发展—安全"之间的闭合逻辑，即良政是发展与安全的前提，推动良政是综合性应对非洲挑战的根本。20世纪90年代，欧盟采用了良治的概念。不过，他们扩大了良治概念的内涵，将决策程序、法治国家及经济政策都包含在良治概念之中。良治的核心是民主、参与式发展、尊重人权及市场经济，是实现可持续发展的根本条件，并成为政治条件的基准框架。欧盟通过上述话语体系，确立了对非合作附加政治条件的合法性的同时，也使其贸易和发展政策正式成为其对外输出价值和理念的重要工具。

但是，欧盟在对非发展合作方面建立的上述附加条件与安全和发展政策一致性的话语体系正被其政策实践所打破。一方面，附加条件未能实现推动非洲发展且饱受诟病；另一方面，欧盟存在价值和利益冲突，在附加政治条件中难以保证一贯的标准，附加条件合法性危机凸显。如果说欧盟针对附加条件还存在采取灵活调整的空间，但是在利益和价值冲突问题上，欧盟当前发展合作政策转型的趋势，无论是附加政治条件的灵活性转变，还是更具区别的援助政策，抑或"安全化"和"经贸化"的务实调整，都将使欧盟通过援助附加政治条件输出价值和观念面临更严峻的挑战。

在现实的难民危机、非法移民以及恐怖主义威胁下，欧盟发展援助政策已不得不放弃其输出模式的目标，而转向控制危机、维护自身安全、导致其面对严重的价值标准和现实利益的冲突。在"区别化"发展政策原则下，欧盟不仅对受援国发展水平进行区分，也会根据受援国在其经济与安全利益链条上的地位进行区分，采取不同的政策。从当前的发展趋势看，欧盟仍会对那些与其经济和安全利益关切不高的受援国，实施其所谓的"更多换更多"原则，即附加更严格的政治条件；反之，则会淡化附加政治条件的做法。也因此，欧盟在对非合作中价值标准不一致的矛盾将更加突出。

价值和利益的冲突加剧了欧盟作为国际政治行为体的身份危机。长期以来，欧盟将自己看作人权、民主、社会保护及一体化领域内的国际模范。但是，欧盟当下面临前所未有的经济、政治和安全危机，损害了欧盟在世界范围内促进可持续发展的信誉和能力。欧盟日益难以确保目标与政策之间的一致性。在欧盟全球战略辩论过程中，发展、安全、民主、移民的关系是核心，恰是因为对欧盟价值与利益的一致性问题提出了根本挑战。"欧盟全球战略磋商进程表明很难让成员国和欧盟机构将民主和人权作为欧盟对外行动的关键优先。"[1]

（二）短期利益和长期目标之间的矛盾

无论是"移民优先"，还是"外包安全"，抑或是发展援助政策的"安全化"和"经贸化"，欧盟当前对非政策都集中表现出短期遏制移民和维护自身稳定的利益取向，忽视非洲的长期发展与安全目标。

欧盟话语体系塑造了"移民—发展"的关联，通过关注移民产生的根源、促进非洲的发展来应对移民问题。但是，政策实践中其所谓的"根源"应对法表现为"阻遏性"政策，希望遏制移民流动的条件，缓解自身所面临的政治压力，并期待产生立竿见影的效果。由此，其对非移民政策产生悖论，也即在"移民—发展"关系中失衡，一方面在解决移民问题过程中用应急手段应对长期结构性问题，忽视移民问题的更深层次结构性因素；另一方面其阻遏性移民政策仅仅服务于其实现遏制移民流入的目标，却忽视了移民问题的其他维度，尤其是移民对于非洲发展的积极效应，包括移民产生侨汇、移民在非洲内部自由流动对经济增长

---

[1] IAI and ECDPM, "A New EU Strategic Approach to Global Development, Resilience and Sustainability", http://ecdpm.org/wp-content/uploads/IAI-ECDPM-Venturi-Helly-June-21016.pdf, 2018-12-02.

的促进等。在"移民—发展"关系中,短视和偏颇的政策或许短期内可以管理危机,但无法长期推动经济和社会的发展。

此外,"安全化"和"经贸化"的发展政策也凸显欧盟短期利益与长期目标之间的冲突。欧盟外包"安全"的方式服务于其控制移民的目标,一定程度上偏离其长期致力于推动非洲安全能力建设的重点;日益聚焦的安全政策地缘优先,也导致其对非安全政策缺乏战略性和整体性。"经贸化"的发展政策,是欧盟发展合作政策从"援助"向"发展"视角转变的体现,通过综合利用投资和援助等政策工具,对于促进非洲发展具有进步意义。但是,在欧非发展程度严重失衡的情况下,欧盟强推《经济伙伴关系协定》,被认为是"不利于地区一体化,不利于建立地区价值链,不利于促进增长和就业"[1]。

(三) 日益碎片化的对非政策与非洲内部不断上升的一体化需求的错位

欧盟对非政策的"碎片化"一直受到非洲国家的诟病。2007年,欧盟推出《欧非联合战略》,试图实现对非整体性政策。但是,当前欧盟以控制移民为对非政策核心,此举非但难以增加其对非政策的整体性,还因为其对双边政策的偏好,导致其对非政策面临更加碎片化的危险。

尽管2007年欧盟推动《欧非联合战略》,旨在将非洲大陆作为整体发展与欧洲关系,但《欧非联合战略》并未能成为欧非关系的整体框架,仅是临时性工具,存在严重的局限性。它没有融合任何长期的政治、法律及金融框架,其行动计划仍通过既有的非加太项目资金和金融工具实施。该战略框架根据主题设置了工作组的合作机制,具有技术性和官僚性特征,未能体现战略的政治维度和保证非洲的主权。自该战略开始实施,非洲方面就抱怨欧洲缺乏整体的非洲政策,缺乏一致性,忽视了非

---

[1] Vince Chadwick, "EU Eyes Africa Free-trade Deal Amid Battle for Influence", https://www.devex.com/news/eu-eyes-africa-free-trade-deal-amid-battle-for-influence-93417, 2018-11-05.

洲作为整体在全球治理中的地缘政治因素。① 事实上，如今"非洲大陆的一体化动力从未如此强大。2018年非洲国家领导人通过诸多突破性决议，加速非盟机构和财政改革并推动建立非洲大陆自由贸易区"②。与非洲一体化态势相比，欧盟当前对非政策更趋碎片化，其在多个领域的政策都被质疑不利于非洲一体化进程。

更重要的是，欧盟在对非政策务实调整进程中，日益偏离其对非整体政策的设想。为了应对移民和安全关切，欧盟的政策实践也被广泛认为不利于推进地区一体化，一方面其管理边界为重点的政策优先与非洲地区一体化的目标并不一致。非洲在移民问题上的关切是促进人员的自由流动，而欧盟政策的核心逻辑是在"自由流动的移民对欧洲利益构成威胁"的认知下，为非洲国家加强边界管理提供资金支持，而非洲一体化进程则在于试图消除人员流动的障碍。另一方面，欧盟希望快速实现其政策目标，在合作过程中偏好双边合作，而非盟和地区性组织的作用被边缘化。

欧盟虽致力于推动欧非整体自由贸易协定，但坚持当前欧盟与不同地区的《经济伙伴协定》是推动整体自由贸易协定的基础，受到非洲国家的反对。欧非在《经济伙伴协定》问题上已陷入僵局，非洲方面认为贸易协定不符合世界贸易组织规则，也不符合非洲工业化优先政策导向；欧盟方面则认为该协定是与非洲建立现代化贸易关系的方法。欧盟当前推动经济贸易协定的政策方法同样与非洲建立自贸区的设想不一致，相背而行。

五 结语

欧非关系自2007年《欧非联合战略》实施以来，国际环境和欧非各自内部都发生了重大变化。从力量对比看，欧盟虽仍是非洲主要的贸易、投资伙伴和发展援助最大的提供者，但其在非洲的影响力已显著下降。

---

① UCLG, "The 5th EU/ Africa Summit, A New Impetus for the Africa EU Partnership", https://www.tralac.org/images/News/Documents/5th-AU-EU-Summit/UCLG_Africa_Note_5th_Africa-EU_Summit_November_2017.pdf, 2018-12-05.

② Alexei Jones, Lidet Tadesse & Philomena Apiko, "Continental Drifts in a Mulitpolar World", ECDPM, January 2019.

不仅因为欧盟深受多重危机影响,自身软、硬实力下降,对非政策能力受损,还因为新兴力量日益增加的影响和非洲自身针对欧盟"谈判力量"的增加。目前,欧盟长期建构的对非政策"良政—发展—安全"话语体系无法自洽,而危机管理模式下的"移民—安全—话语"体系更无涉非洲的根本挑战,被普遍认为是欧盟单向施加的、以欧盟利益为主导的议程,其实施进程也必然存在多重悖论,难以长期奏效。

欧非利益前所未有地相互依赖,双方关系处于关键的十字路口,如何合作不仅关系到欧非大陆的和平与发展,也直接影响2030可持续发展目标的实现。当前,欧盟应利用与非加太国家未来关系谈判之机,寻找合适的制度框架,统合其对非政策,并应对其当前对非政策中存在的多重悖论,建立公正、平等、尊重非洲自主权和共赢的欧非伙伴关系应是其行动的艰难起点。

(本文原刊发于《西亚非洲》2019年第2期)

"全球英国"理念下英国对非洲政策的调整

李靖堃[*]

摘 要：2016年6月英国举行脱欧公投，2017年3月正式启动脱欧程序。随着脱欧进程的发展，英国对其外交政策进行了一定的调整，推出了"全球英国"这一外交理念，其目的是在退出欧盟之后维护和加强英国作为全球大国的地位。在这一背景下，非洲作为英国重要战略伙伴的作用得到了凸显，尤其体现在贸易、投资和安全等涉及英国核心利益的领域。英国脱欧无疑为其加深与非洲的关系带来了机遇。但是，由于一系列复杂因素的影响，英国未来的非洲政策仍然面临着诸多挑战和不确定性。

关键词：英非关系 非洲政策 "全球英国" 脱欧 伙伴关系

英国曾经是非洲最大的殖民国家，双方有400多年的交往史。[①] 鉴于历史上的联系与现实中的各种利益诉求，非洲在英国的外交政策中一直占有"一席之地"。但与此同时，随着国际形势与英国自身实力的变化，英国的非洲政策也处于不断调整变化之中。第二次世界大战结束以后，

---

[*] 李靖堃，中国社会科学院欧洲研究所欧洲政治研究室主任，研究员。
[①] 高晋元：《英国—非洲关系史略》，中国社会科学出版社2008年版，"序言"第1页。

特别是随着非洲殖民地国家纷纷实现独立，以及英国加入欧洲共同体，非洲在英国对外关系中的重要性曾一度减弱。1997年布莱尔政府上台之后，非洲受到了英国政府前所未有的重视。但2008年金融危机开始后，非洲在英国外交战略中的地位又有所下降。2016年，英国举行脱欧公投，并于2017年3月启动脱欧程序。随着脱欧谈判进程的深入，英国对其外交战略做出了一定的调整，尤其是提出了"全球英国"这一外交理念，以期继续保持世界大国地位。在这种情况下，非洲在英国贸易、投资和安全等领域的作用再次得到了重视。

一 "全球英国"：脱欧背景下英国外交新理念的构建

英国是欧洲最早的民族国家之一，也是最早向海外扩张的国家之一。在民族国家的建立、发展及向海外扩张的过程中，英国积累了丰富的外交经验，形成了独具特色的外交理念和外交原则，其中最突出的是"均势外交"与"实用主义"，在实践中的具体体现则是"三环外交"。这些原则至今仍在发挥作用，这也正是英国政府在脱欧公投后提出"全球英国"理念的历史基础。

（一）传统外交理念与原则

1. "均势外交"与"实用主义"

这两项原则在英国历史上由来已久。"均势外交"最早形成于15世纪末16世纪初的都铎王朝时期，主要目的是避免任何一个欧洲国家独大，以期在欧洲形成力量均势，实现两个实力大致相当的国家（或国家集团）相互制约。在局势稳定或尚不明朗的情况下，英国对欧洲事务尽量采取"超脱"态度；但在均势遭到破坏或受到严重威胁时，英国则通常支持力量相对较弱的一方，以期维护或重新恢复力量均衡。[①] 英国在19世纪大部分时间实行的"光荣孤立"就是这项原则的具体体现。而"实用主义"则与"理想主义"相对，亦可称为"现实主义"，即强调在保

---

① 李靖堃、王振华：《列国志·英国》，社会科学文献出版社2016年版，第461—462页。

证国家利益至上的前提下，采取灵活的应对措施，"既善于适应环境的变化，又善于在变化了的环境里不与传统的利益观决绝"。[①] 它"表现为审时度势，努力使自己不处于过分被动、尴尬的境地。知所进退，往往能更好地保住自己的利益"。[②] "均势外交"与"实用主义"这两项原则相辅相成，在很大程度上影响着英国直到今天的外交政策，特别是对非洲政策。当然，无论何时，国家利益永远是英国外交政策的出发点和落脚点，19世纪英国著名外交家、首相帕累斯顿的名言是最好的阐释："没有永久的盟友，也没有永久的敌人，只有利益是永久和不变的。"上述外交传统可以说是英国目前重构其外交政策的"源头"。

2. "三环外交"的发展演变

"三环外交"是英国外交传统的具体体现。第二次世界大战结束以后，英国国力逐渐衰弱，世界格局也发生了前所未有的变化。根据国内外形势的发展，丘吉尔在1948年的保守党年会上正式提出"三环外交"这一外交政策的总体指导方针。他所指的三个"环"分别是英帝国与英联邦、包括美国在内的英语世界（英美关系），以及联合起来的欧洲，[③] 而英国则在这三个"环"中起到中心和桥梁及纽带作用。不难看出，丘吉尔当时提出这一理念的基础是对英国作为一个"全球大国"的信念，或者至少希望继续维持英国的全球大国地位。但是，随着时间的推移，特别是英国势力范围的收缩，以及英国的经济利益越来越向欧洲转移，它不得不根据形势的变化不断调整这三个"环"在外交战略中所占的分量，并在加入欧共体后依次调整为欧盟（以及欧洲国家）、美国和英联邦，也就是从全球外交转变为重点面向欧洲[④]（在某些时期，美国的地位会超越欧洲，如在撒切尔夫人和里根总统执政时期的英美"特殊关系"）。这种调整也恰恰体现了英国的"实用主义"外交原则。

时至今日，随着英国即将退出欧盟，它所处的国内和国际形势也将随之发生变化。以上述外交原则为基础，在新的背景下，英国提出了

[①] 陈乐民：《战后英国外交史》，世界知识出版社1994年版，第14页。

[②] 同上书，第16页。

[③] Winston Churchill, "Perils at Abroad and at Home", in Robert Rhodes James ed., *Winston Churchill, His Complete Speeches 1897–1963*, Vol. Ⅶ, Chelesea House Publishers, 1974, p. 7712.

[④] 李靖堃、王振华：前引书，第472页。

"全球英国"这一外交理念,对其政策重点做出了调整,这也意味着其"三环外交"中各个"环"的次序将发生一定变化。

(二)"全球英国"理念的提出及其含义

脱欧无疑是当前决定英国外交政策走向的最重要因素之一。正如首相特雷莎·梅所说:"这将是我们整个国家面临的一个决定性时刻,因为我们即将打造与欧洲的新型关系,以及我们在这个世界上的新角色。"[1]一些学者认为,离开欧盟会对英国在世界上的地位带来"最重大的结构性变革"。[2] 无论该论断是否言过其实,但脱欧将导致英国外交战略和外交重点的调整和变化,这一点毋庸置疑。"全球英国"(Global Britain)正是英国政府在脱欧这一背景下提出的外交理念,其目的是将英国重新打造为"全球性大国",同时消除外界对于英国可能走向孤立主义的疑虑。尽管到本文截稿之时,英国政府尚未就"全球英国"的具体内容发布完整的政策文件,但我们仍然可以从包括特雷莎·梅在内的多位政府官员的演说,以及英国政府发布的一些具体文件(如贸易战略、反恐战略、对外援助战略、与欧盟的伙伴关系文件等)中,对该理念进行一些归纳和总结。

1. "全球英国"理念的提出

学界一般认为,"全球英国"最早由当时的外交大臣约翰逊在 2016 年 7 月访问联合国时提出。尽管他在演说中并未明确提到"全球英国"这一概念,但他指出,脱欧绝不意味着英国要走向孤立主义;相反,"脱欧意味着我们在国际舞台上将比以往任何时候都更加外向、更加积极、更富活力、更加热情,并信守承诺"。[3] 在 2016 年 10 月的保守党年会上,特雷莎·梅发表演说,首次明确提出"全球英国"这一概念。她指出,

---

[1] Xinhuanet,"Brexit a Defining Moment for Britain: May",http://www.xinhuanet.com/english/2017-03/15/c_136128446.htm,2018-10-15.

[2] Patrick Wintour,"UK Rsks Losing Global Influence if It Quits Single Market,Says Former Civil Servant",*The Guardian*,https://www.theguardian.com/politics/2016/nov/08/uk-risks-losing-global-influence-quits-single-market-senior-civil-servant,2018-11-08.

[3] Daily Mail Online,"UK's Johnson Says Britain Wants Greater Role on Global Stage",http://www.dailymail.co.uk/wires/ap/article-3704159/UKs-Johnson-says-Britain-wants-greater-role-global-stage.html,2018-09-23.

英国是"全球性大国",是一个充满自信和自由的国家,脱欧不会使英国在国际事务上走向内视或封闭,反而会由于摆脱了欧洲一体化模式的束缚,而在更广阔的平台上获得与欧洲大陆以外的国家开展深度经济与外交合作的机遇。① 2017 年 1 月,梅在关于脱欧方案的演说中强调,英国要成为一个超越欧洲的"真正的全球英国"、一个"伟大的全球贸易国家"(a great, global trading nation)。② 2017 年 4 月,国际贸易大臣福克斯(Liam Fox)在访问马来西亚时进一步阐述了"全球英国"的含义:"视野开阔,秉持国际主义,拒绝岛国心态,并继续在全球事务中发挥重要作用。"③ 2018 年 2 月,梅在慕尼黑安全会议上再次强调,英国是一个"全球大国",并且将继续在维护全球安全方面发挥领导作用。④ 2018 年 6 月,非洲事务部长鲍德温(Harriett Baldwin)在关于英非关系的一次演说中提到,"全球英国"是"开放、包容、外向的",它将"致力于在世界舞台上发挥领导作用。离开欧盟并不意味着放弃我们的全球责任,而是恰恰相反"⑤。与此同时,反对党工党也逐渐认可了"全球英国"这一理念,并将其写入了竞选纲领,从外交、防务和发展三个方面提出了较为系统的目标和政策路径。⑥ 由此可见,"全球英国"已经成为英国两个最大的政党对未来外交战略的基本共识。

---

① The Independent,"Theresa May – Her Full Brexit Speech to Conservative Conference", http://www.independent.co.uk/news/uk/politics/theresa – may – conference – speech – article – 50 – brexit – eu – a7341926.html,2018 – 10 – 02.

② Theresa May,"The Government's Negotiating Objectives for Exiting the EU",https://www.gov.uk/government/speeches/the – governments – negotiating – objectives – for – exiting – the – eu – pm – speech,2018 – 10 – 17.

③ Liam Fox,"Malaysia and Britain: Partners in a Post – Brexit World",https://www.gov.uk/government/speeches/malaysia – and – britain – partners – in – a – post – brexit – world,2018 – 11 – 05.

④ HM Government,"PM Speech at Munich Security Conference",https://www.gov.uk/government/speeches/pm – speech – at – munich – security – conference – 17 – february – 2018,2018 – 11 – 17.

⑤ HM Government,"Minister Baldwin Speech on UK – Africa Relations",https://www.gov.uk/government/speeches/minister – baldwin – speech – on – uk – africa – relations,2018 – 09 – 28.

⑥ Labour,"A Global Britain: Labour Will Take All Necessary Measures to Protect the Security of Our Citizens and Country",https://labour.org.uk/issue/a – global – britain,2018 – 10 – 05.

2. "全球英国"理念的主要内容

概括来看,"全球英国"这一理念主要包括以下几个方面的内容。

第一,就对自身未来的定位而言,英国仍然认为自己是"全球大国",这种"大国情结"与其向来以"全球性力量"自居的一贯做法一脉相承。当然,不可否认,尽管早已今非昔比,英国在很多领域仍有不可忽视的优势:在经济方面,它是世界上第五大经济体(2017 年);在政治方面,它是联合国常任理事国、核大国和北约等重要国际组织的成员国,在国际舞台上发挥着重要影响。此外,英国在对外投资、科技和英语等软实力方面也拥有其他很多国家不具备的优势。这些正是英国试图重建大国地位、在国际秩序中发挥"核心"作用的基础所在。

第二,重视经济外交,以此作为伴随脱欧进程始终的英国外交优先事项,以避免脱欧后可能出现的贸易和投资困境。① 而经济外交的核心则是大力推进自由贸易,在继续与欧洲国家保持良好贸易关系的同时,与欧盟以外的更多国家和地区开展自由贸易。这不仅符合英国推崇自由贸易的外交传统,同时也是在脱欧后减少对欧盟的依赖、维系全球影响力的重要途径之一。贸易大臣福克斯曾雄心勃勃地说道:"150 年前,英国是世界上最大的贸易国家,如今我们将再次为更自由和更公平的全球贸易冲锋陷阵……我们将在离开欧盟之后成为世界上开放贸易的最明亮的灯塔。"② 为推动"贸易外交",英国政府在脱欧公投后专门成立了单独的国际贸易部,以此提供有力的机制保障。

第三,借助其安全与防务力量,在全球安全事务中继续扮演重要角色,特别是在打击恐怖主义与极端主义方面,因为这是英国可以倚重的关键性外交资源之一。在英国的推动下,2017 年二十国集团汉堡峰会的声明中增加了对打击恐怖主义的行动提供资金支持这一表态。首相特雷莎·梅在 2018 年慕尼黑安全会议上还指出,如今内部和外部安全越来越紧密地交织在一起,英国的安全与繁荣离不开全球的安全与繁荣,致力

---

① 崔洪建:《脱欧进程下英国外交的变化》,载王展鹏《英国发展报告(2016—2017)》,社会科学文献出版社 2017 年版,第 26 页。
② Tim Ross, "Liam Fox: Britain Will be Great Again after Brexit", The Telegraph, https://www.telegraph.co.uk/news/2016/09/24/liam-fox-britain-will-be-great-again-after-brexit, 2018-09-24.

于全球安全是保护英国人民的最佳途径。① 我们可以预见，为维护其大国地位，英国未来将更多参与全球范围内的军事行动和维和行动，特别是积极推动国际社会在打击恐怖主义和极端主义问题上采取实质性行动。

第四，继续构建和巩固"以规则为基础"的国际秩序，并在多边秩序中发挥主导作用，同时积极参与全球与地区事务。其中，对外援助是英国借以构建和改革国际秩序、在全球和地区事务中发挥影响力的重要工具。英国是少数官方发展援助达到占国民总收入（GNI）0.7%的国家之一。作为欧盟成员国，英国目前的对外援助有很大一部分是通过欧盟统一实施的，尽管英国退出欧盟后将失去欧盟作为一个集体能够产生的"规模效应"，但它能够在根据国家利益决定对外援助的重点国家方面获得更大的自主性，从而推动多边秩序朝着更有利于本国的方向发展。②

综上，为了在失去欧盟这一平台后继续保持在全球范围内的影响力，英国未来不仅不会走向封闭；相反，它甚至有可能加大对外交政策的投入力度，不仅继续维持并努力加强与美国等传统盟国的关系，同时也将努力巩固并扩大与非洲等传统伙伴国家的关系。

（三）英国对外关系的着力点

就具体的双边关系而言，英国政府在回答议会下院外事委员会关于"全球英国"的质询时明确指出，英国未来外交政策的三个重点地区是：北美特别是美国；欧洲及其邻国；印度—太平洋地区。因为它们是全球经济与政治的中心，保持在这三个地区的影响是"全球英国"获得成功的关键。③

英美关系是英国外交政策的"重中之重"，它"超越了个人与政党政

---

① HM Government, "PM Speech at Munich Security Conference", https://www.gov.uk/government/speeches/pm-speech-at-munich-security-conference-17-february-2018, 2018-11-17.

② 李靖堃：《英国与欧盟中东政策的未来走向——以英国脱欧为视角》，《西亚非洲》2017年第5期，第35页。

③ UK Parliament, "Written Evidence - Foreign and Commonwealth Office (FPW0027)", http://data.parliament.uk/writtenevidence/committeeevidence.svc/evidencedocument/international-relations-committee/foreign-policy-in-changed-world-conditions/written/79900.html, 2018-10-28.

治"，对英国的利益具有"至高无上"的重要性。在贸易方面，美国作为英国最大贸易伙伴国的重要性将更加突出，与美国尽快达成自由贸易协定对英国意义重大。2017 年 1 月，特雷莎·梅访问美国，成为特朗普当选美国总统后与其会晤的首位外国领导人。2017 年 7 月，英美双方启动贸易与投资工作组的首次会谈。与此同时，英国也将在防务与安全领域加强与美国的合作，以避免在退出欧盟之后其全球影响力下降。

欧盟与欧洲国家仍将是英国最主要的伙伴，与欧盟的关系"永远都是重要的优先事项"，特别是在贸易方面。特雷莎·梅曾多次指出，其首要任务是与欧盟达成"清晰和雄心勃勃的自由贸易协定"，让英国和欧盟成员国能够开展"尽可能自由的商品与服务贸易"。除贸易以外，英国还希望与欧盟在法律执行和共享情报、外交、共同安全与防务等方面继续开展合作，特别是在打击犯罪和恐怖主义等领域。简言之，未来英国仍然希望与欧盟在各个领域建立"密切的伙伴关系"，以"确保在捍卫国际秩序和共同价值方面继续合作"。[①] 而在与欧洲国家的双边关系方面，德国、法国和爱尔兰将是未来英国欧洲外交的重点国家。

英国未来还将积极拓宽与中国以及其他一些新兴经济体的联系，特别是上述政府文件中明确指出的印度—太平洋地区，因为这是"全世界的增长中心"，中国和印度是英国拟优先签署自由贸易协定的国家，并"希望扩大在整个亚洲的参与"。在防务方面，与英国签署有《五国防务安排协定》（*Five Power Defense Arrangements*）的澳大利亚、新西兰、马来西亚和新加坡，将是英国在亚太地区的主要合作伙伴。

除上述三个"重点地区"之外，英国的其他传统伙伴国家，特别是英联邦成员国将受到比以往更大程度的重视。尽管就当前而言，英联邦更多的是一个政治而不是经济组织，但英联邦占全世界人口总数的 1/3、全球贸易总量的 1/5，而且其中有些国家还是世界上经济增长较快的国家，再加上它们与英国在历史与文化等各方面存在联系，因此被认为是英国拥有的"巨大优势"和"独特的全球网络"。在英国脱欧这一背景

---

① HM Government, "The United Kingdom's Exit from and New Partnership with the European Union", https：//www.gov.uk/government/publications/the-united-kingdoms-exit-from-and-new-partnership-with-the-european-union-white-paper, 2018-11-17.

下,英联邦有望被重新"激活",成为实现共同经济与政治利益的"理想途径"之一,[①] 特别是在贸易和投资领域。2017年3月,第一届英联邦国家贸易部长会议在伦敦召开,与会各方的讨论焦点正是如何提升成员国之间的贸易与投资规模。而2018年4月在伦敦召开的英联邦国家政府首脑会议则是英国近年来举办的规模最大的一次国际会议,其主题为"走向共同的未来"。会议讨论的议题涉及各国在贸易、发展和气候变化、安全等多个领域的合作。英国在2018年4月至2020年4月担任英联邦轮值主席国,这将为其重新打造与英联邦成员国在各个领域的全方位关系提供良好的契机。

在53个英联邦成员国中,有19个是非洲国家(津巴布韦2018年5月提出了重新加入英联邦的申请),对英国退出欧盟后国际地位的影响不言而喻。正是在这一背景下,加大对非洲的重视力度,成为构建"全球英国"目标的重要策略工具。

二 英国调整对非政策的历史背景与现实基础

历史是以往的现实,现实有历史的影子,历史对现实会产生影响。欲了解"全球英国"视域下英国对非政策的调整变化,需要追溯英非关系的发展史。英国与非洲国家尽管很早就有贸易方面的一些接触,但正式形成对非洲政策是在大规模殖民时期,即1884年"柏林会议"之后,尤其是1890—1902年。英国在非洲的殖民地附属国绝大部分都是在这一时期夺得的,[②] 在时间上要晚于法国、意大利、西班牙、葡萄牙等其他在地理位置上距离非洲更近的欧洲国家。但是,英国"后来居上",到第一次世界大战结束时,它已经成为非洲最大的殖民帝国(以人口计算),其殖民地有人口5000多万,在撒哈拉以南10个人口最多的国家中有7个是英国的殖民地。非洲广大的殖民地为英国带来了巨大的经济利益和战略

---

① Sophia Price, "Securing Financial Markets: UK – Africa Relations after Brexit", http://roape.net/2018/05/04/securing–financial–markets–uk–africa–relations–after–brexit, 2018 – 11 – 04.

② 高晋元:前引书,第105页。

利益。第二次世界大战结束之后，随着国际形势以及英国自身实力的变化，英国的非洲政策经历了几次调整。

（一）第二次世界大战结束至 20 世纪 70 年代：英非关系逐渐转"冷"

第二次世界大战结束后，由于英国的实力被严重削弱，再加上非洲国家的民族独立意识不断觉醒，英国在非洲的统治逐渐式微。20 世纪 50 年代末和 60 年代初是英国对非洲政策的第一个"分水岭"（也是英国调整全球外交政策的开始），其中最具标志性的事件是英国从苏伊士运河撤退和"非殖民化"进程的加快。1956 年，英国在苏伊士运河战争中失败，表明其实力衰落的趋势更加明显，[①] 也标志着它在中东地区的影响一落千丈。这也使其认识到自己再没有足够的力量维系庞大的殖民帝国。从 1959 年开始，英国加快了从包括非洲在内的殖民地全面撤退的步伐。1960 年，当时的英国首相麦克米伦在南非议会的演说中提到："变革之风已经吹遍这个大陆，不管我们喜欢不喜欢，民族意识的这种增长是个政治事实，我们大家都必须承认这是事实，并且在制定国家政策时把它考虑进去。"[②] 这一年被标志性地称为"非洲年"，也是英国对非洲政策的转折点。此后，英国与非洲国家的关系从旧的宗主国与殖民地的关系转变成为一种新的关系，[③] 但为了保证英国在非洲的经济、政治和战略利益，双方签署了一系列条约和协定，成为双方维系各领域关系的重要机制性保障，也使英国能够在很多方面继续维持对非洲前殖民地国家的影响。但是，总体上看，英国和非洲在此阶段的关系处于"从热到冷"的发展态势，特别是随着英国加入欧共体，英国与非洲的联系更加不复从前。

（二）英国加入欧共体之后：非洲战略地位进一步下降

加入欧共体是英国外交史上具有里程碑意义的事件，标志着它的外交重心向欧洲倾斜，也可以被视为英国对非洲政策的第二个"分水岭"。

[①] 李靖堃、王振华：前引书，第 469 页。
[②] 《麦克米伦回忆录》(5)，商务印书馆翻译组译，商务印书馆 1976 年版，第 190 页。
[③] 张顺洪：《论英国的非殖民化》，《世界历史》1996 年第 6 期，第 7 页。

事实上，早在20世纪50年代中后期，出于经济利益的考量，英国的外交重心就已经开始向欧洲转移。英国前两次申请加入欧共体均遭到法国否决。1970年，英国第三次提出申请，并在1973年1月1日正式成为欧共体成员国。此后，无论是在经济还是政治领域，英国外交政策的首要关注点均聚焦于欧洲和美国，相较之下，非洲很长一段时间在英国的对外关系中并不占有十分重要的位置。即使在英联邦国家中，印度和加拿大、澳大利亚、新西兰等原来的白人自治领在英国外交战略中的地位也要比非洲（南非除外）更重要。而与英国形成鲜明对比的是，法国、葡萄牙和比利时等欧洲国家在"二战"后一直保持着与非洲前殖民地国家的紧密关系，法国尤其突出。

在这段时间，英国一方面对大多数非洲国家的频繁军事政变"袖手旁观"，从而引发了与英联邦关系的"最大一场危机"。[①] 但另一方面英国也在努力改善和调整与非洲国家的关系，特别是双方之间的高层互访明显增多。不过，总体上看，非洲在英国外交政策中的分量仍然"微不足道"：直到20世纪80年代末，英国对非洲的出口只占其出口总额的3%多一点，而进口则仅占2%左右；英国对非洲的援助额仅为意大利的1/3、法国的1/6。[②] 随着冷战的终结，非洲的战略地位进一步下降，英国对该地区的兴趣趋于减弱，特别是在约翰·梅杰担任首相期间（1990—1997年），英国虽然意识到非洲的冲突、贫穷和"脆弱国家"等问题以及由此产生的移民、跨国犯罪和恐怖主义对英国利益造成的威胁，但仍强调要"用非洲方式解决非洲问题"，不愿过多介入非洲事务。[③] 在这一阶段，双方高层互访数量明显减少，非洲在英国外交政策中基本处于边缘位置。

在英国加入欧共体后的对非洲政策中，还有一个情况值得注意，即由于贸易政策属于欧共体/欧盟的专属权能，英国不能与第三国单独签署

---

① 高晋元：前引书，第283页。
② Christopher Clapham, "UK - African Relations: the Background to Labour's Africa Policy", http://www.open.ac.uk/socialsciences/bisa - africa/files/uk - africa - policy/Clapham%20speaking%20notes.pdf, 2018 - 11 - 19.
③ 李鹏涛、翟珣：《英国工党政府的非洲政策浅析（1997—2010）》，《非洲研究》，中国社会科学出版社2013年版，第181页。

贸易协定，因此，它与非洲国家（当然也包括所有的第三国）之间的贸易关系只能通过欧盟展开。这也就是说，英国在退出欧盟之后需要与包括非洲国家在内的所有第三国重新谈判并达成贸易协定，这一过程注定将漫长又复杂。

（三）1997—2015年：非洲的战略地位得到提升

在英国1997年举行的大选中，以布莱尔为首的工党击败保守党上台执政。在工党执政期间，特别是在布莱尔担任首相期间（1997—2007年），非洲被明确列为英国外交政策的重点，其地位被提升到了非殖民化进程以来前所未有的高度。"即使非洲不是英国政府的核心关切，它至少也是一个具有标志性的政策领域。"[1]

从机制上看，工党政府1997年上台伊始便成立了国际发展部（Department of International Development），并在当年发表了英国近20年来首份国际发展白皮书《消除世界上的贫困：21世纪面临的挑战》[2]，表明了英国致力于帮助最不发达国家消除贫困的决心，并大幅提升了对非洲的援助力度。另外，在布莱尔的倡议下，英国还于2004年成立了"非洲委员会"（Commission for Africa），布莱尔任主席。该委员会共有17名成员，其中9名来自非洲国家，其宗旨是推动国际社会共同努力构建一个"繁荣和强大的非洲"。该委员会曾发表题为"我们共同的利益"的报告[3]，提出了帮助非洲发展的一揽子计划，认为发达国家具有帮助非洲的"道德责任"（Moral Duty）。该计划被称为"非洲马歇尔计划"。与此同时，英国还积极推动整个国际社会关注非洲问题，特别是在2005年利用担任欧盟和八国集团轮值主席国的机会，成功将非洲列为相关议程中的首要事项，这一年也因此被国际社会称为"非洲年"。

---

[1] Julia Gallagher, "Healing the Scar? Idealizing Britain in Africa, 1997 - 2007", *African Affairs*, Vol. 108, Issue 432, July 2009, p. 435.

[2] DFID, "Eliminating World Poverty: A Challenge for the 21st Century", http://webarchive.nationalarchives.gov.uk/20050404190659/http://www.dfid.gov.uk/Pubs/files/whitepaper1997.pdf, 2018 - 10 - 30.

[3] Commission for Africa, "Our Common Interest: Report of the Commission for Africa", http://www.commissionforafrica.info/wp - content/uploads/2005 - report/11 - 03 - 05_cr_report.pdf, 2018 - 11 - 05.

在政策方面,英国政府主要致力于实现非洲的发展与和平。首先,在促进发展方面,英国政府的举措主要包括三个方面。其一,减免债务。除量力而行之外,英国还努力推动其他发达国家共同减免非洲国家的债务。如在1999年科隆七国集团峰会上,英国促成了一揽子减债计划;此外,它还制定了运用国际货币基金组织的黄金储备减免非洲国家债务的详细方案,并且要求世界银行成员国免除70个穷国所欠的债务。其二,大幅提高对非洲的援助。在工党执政期间,英国向非洲提供的对外援助增加了2倍。其三,加大与非洲的贸易和投资力度,这一趋势在"9·11"事件之后更加明显[1]。英国强调要与非洲开展更自由和更公平的贸易,呼吁发达国家减少针对非洲商品的贸易壁垒和对本国农产品的补贴,承诺为非洲国家争取更公平的国际贸易条件。其次,为了促进非洲的和平,英国积极参与在非洲开展的预防冲突行动和维和行动。在这方面,英国采取的措施主要是向非洲的地区组织提供资金支持和帮助训练军事人员,但有时也派兵直接参加个别非洲国家的维和行动,特别是2000年出兵塞拉利昂,这是工党政府唯一一次对非洲的直接军事干预,也是英国自马岛战争以来单独采取的最大规模的军事行动,凸显了对非洲事务的高度关注。[2] 此外,为了整合国际发展部、外交部、国防部和财政部的资源,更好地帮助非洲国家预防和应对冲突,英国政府设立了"非洲冲突预防基金"(UK's Conflict Prevention Pool),除用于预防冲突与维和行动以外,还用于支持冲突后的恢复工作。在2005年发生伦敦地铁恐怖袭击事件之后,英国政府更加强调从"反恐"角度与非洲特别是北非国家开展合作。

2010年大选工党落败,保守党和自由民主党组成的联合政府总体上延续了工党政府的非洲政策,特别是继续保留了国际发展部。但相较于工党,联合政府更加强调非洲的"繁荣",其对外援助的目标和重点领域、重点对象也相应进行了调整,将削减贫困作为对外援助的首要任务,更加重视对最贫困国家的援助,这一点充分体现在联合政府发布的多份

---

[1] 高晋元:前引书,第299页。
[2] 李鹏涛、翟珣:前引文,第185页。

文件中,如《2011—2015年非洲行动计划》《2011—2015年区域方案》等。① 与此同时,联合政府继续通过参与在非洲的预防冲突和维和等行动致力于实现非洲的和平。但事实上,英国参与联合国在非洲维和部队的人数以及相关合作项目都比较有限,这表明,英国更注重对非洲安全合作的独立性和主导性,以维护其在非洲的传统地位和影响力。② 但总体上看,非洲在联合政府时期英国外交中的地位远不如工党政府时期,特别是金融危机导致的紧缩和削减开支使其非洲政策面临着巨大压力,"国家利益"取代了所谓"道德责任"在政府话语中的地位。不过,2016年开启的脱欧进程让非洲重新走入了英国的外交视野。

(四) 2016年以来:重启对非伙伴关系

当前,英国已经进入了脱欧的关键阶段,脱欧将使英国的未来面临各种不确定因素。从国际上看,失去欧盟这一依托之后,英国在欧洲乃至全球范围内的影响力有可能被削弱。为了在离开欧盟后能够维系并巩固自己的国际地位与影响,英国不得不重新关注过去曾经被其忽视的非洲伙伴,并与后者努力建构新的联盟关系。正如特雷莎·梅2018年8月在出访非洲之前所说:"非洲在全球经济中发挥着转型作用,作为长期伙伴,我此次访问是在一个特定的时刻,为英国提供了确定我们目标的独特机会。"而此次访问要传达的核心信息是:"在英国和非洲之间重启伙伴关系,寻求实现共享机遇的最大化,同时应对共同面临的挑战。"③ 在此之前,2017年4月,时任非洲事务部长的托比亚斯·埃尔伍德(Tobias Ellwood)在英国皇家国际事务研究所的一次演说中阐述了英国脱欧后的非洲政策。他强调,非洲对英国具有重要意义,并提出双方要建立一种

---

① 李菁英、黄军英:《英国对非援助政策的调整》,《国际经济与合作》2012年第4期,第83页。

② 张永蓬:《英国对非洲安全合作:路径、特点及启示》,《西亚非洲》2014年第4期,第95页。

③ HM Government, "Theresa May to Lead Ambitious Three-nation Trip to Africa", https://www.gov.uk/government/news/theresa-may-to-lead-ambitious-three-nation-trip-to-africa, 2018-09-26.

新的互利、平等的伙伴关系。①

  英国之所以在脱欧之际重视加强与非洲的关系，原因在于非洲拥有能够为英国带来巨大经济、安全与外交利益的潜力。首先是"人口红利"。非洲人口占全世界人口总数的16%，且其增长速度快于世界上其他任何地方。到2050年，非洲人口将达到20亿，占全世界人口总数的1/4，中产阶级有可能达到相当于整个欧洲人口总数的规模，这些潜在的消费者对英国企业非常具有吸引力。其次，非洲大陆的经济增长速度很快，到2050年，其经济总量有望达到30万亿美元②。但目前非洲吸引的外来直接投资（FDI）及其商品贸易总额仅占全球直接投资总量和全球商品贸易总额的3%，因此，在扩大贸易和投资方面拥有巨大机遇。再次，非洲在全球事务中的影响不容低估，在非洲国家采取共同立场的情况下尤其能发挥关键作用，例如，对巴黎气候变化协议的支持。因此，在未来的多边合作中，如气候变化等问题，英国离不开与非洲的合作。最后，需要非洲共同打击恐怖主义和非法移民。非洲是全世界最不稳定的地区之一，极易产生冲突和恐怖主义、极端主义等问题，从而对英国的国家安全产生直接威胁。③ 保障国家安全是英国发展与非洲关系的另外一个核心关切。自"9·11"事件以来，特别是2005年发生伦敦地铁爆炸案以来，英国面临的恐怖主义威胁越发严重。2010—2017年，英国共逮捕2000多名恐怖分子。尤其是2017年以来，恐怖分子的人数、恐怖袭击的数量，以及英国警方正在调查的案件数量等都呈上升趋势，当年在伦敦和曼彻斯特发生了5起恐怖袭击，共造成36人死亡。这对于正处于脱欧进程关键时期的英国政府而言无异于雪上加霜，也是对其执政经验的重大考验。此外，非洲还拥有包括矿产在内的丰富的自然资源，其中有些矿产品是英国发展经济所急需的。

---

① HM Government，"UK Foreign Policy after Brexit: Engaging Africa"，https://www.gov.uk/government/speeches/uk – foreign – policy – after – brexit – engaging – africa，2018 – 09 – 20.

② UK Parliament，"Written Evidence – Foreign and Commonwealth Office（FPW0027）"，http://data.parliament.uk/writtenevidence/committeeevidence.svc/evidencedocument/international – relations – committee/foreign – policy – in – changed – world – conditions/written/79900.html，2018 – 09 – 28.

③ UK Parliament，"Written Evidence – Foreign and Commonwealth Office（FPW0027）".

综上可见，自第二次世界大战结束之后，英国的非洲政策经历了很大程度的调整和波动，其发展轨迹总体上可以用"从热到冷再到热，最后趋于常态"来概括。而从这一历史轨迹可以看出，首先，英国的非洲政策主要受制于自身实力的变化，特别是它的综合实力（尤其是经济实力）在"二战"后总体上处于不断衰落的趋势——先是被美国超过，后又被德国和法国超过。这是迫使其外交政策重点向欧洲倾斜，并导致与非洲关系趋于平淡的关键原因，也恰恰说明了"外交是内政的延续"这一定律。其次，无论是加入欧共体后与非洲的关系变冷，还是布莱尔执政时期提升非洲在英国外交战略中的地位，其政策基础都是维护英国的国家利益。如前所述，这在"9·11"事件发生之后表现得尤其突出。最后，不言而喻，国际形势以及英国与美国和欧洲等其他重要国际行为体关系的变化也是促使英国调整非洲政策的重要动因，这在今天脱欧这一背景下更加明显。

三　英国重塑对非伙伴关系的新动向

在举行脱欧公投之后，特别是在"全球英国"外交理念出台后，英国政府在各个方面都表现出对非洲的重视。2018 年 8 月底，首相特雷莎·梅访问了南非、尼日利亚和肯尼亚，这是她任首相以来首次访问非洲，也是 2013 年以来首位访问非洲的英国首相，此举被普遍认为是向外界释放了重新重视与非洲关系的信号。[①] 一些媒体认为，英国希望借此机会与非洲打造"全球伙伴关系"，扩大在非洲的存在，甚至希望获得与法国相似的影响力。[②] 为此，英国在政治、经济和对外援助等各个领域都加大了政策投入力度。

[①] Alex Vines & Elizabeth Donnelly, "Theresa May's Focus on UK – Africa Ties Is Long Overdue", https：//www. chathamhouse. org/expert/comment/theresa – may – s – focus – uk – africa – ties – long – overdue, 2018 – 09 – 29.

[②] Joseph Cotterill & Henry Mance, "Theresa May Seeks to Match Macron Influence in Africa", https：//www. ft. com/content/67d2b40c – aa0c – 11e8 – 94bd – cba20d67390c, 2018 – 09 – 28.

（一）英国对非洲政策的重点领域

1. 加大政治交往力度，构建伙伴关系新起点

英国在举行脱欧公投之后，一改以往对非洲国家较为疏远的立场，开始了频繁的高层访问，以加大双方的政治交往力度。在特雷莎·梅访问非洲之前，已经有多位政府高级官员先后访问了非洲，充分表明了英国希望加大对非洲交往的力度。其中包括，财政大臣哈蒙德 2016 年底访问南非；2017 年，国际贸易大臣福克斯访问埃塞俄比亚、南非、莫桑比克和乌干达；外交大臣约翰逊更是多次访问非洲，仅在 2017 年就访问了埃塞俄比亚、冈比亚、肯尼亚、利比亚、尼日利亚、乌干达和索马里，并参加了在科特迪瓦举行的非盟与欧盟领导人峰会。前国际发展大臣普里蒂·帕特尔（Priti Patel）及其继任者佩妮·莫当特（Penny Mordaunt）在 2016—2017 年也访问了多个非洲国家。此外，外交部、国际发展部和国防部等其他负责非洲事务的官员也曾多次访问非洲。例如，2017 年 6 月就任外交部和国际发展部非洲事务部长的罗伊·斯图尔特（Rory Stewart）在短短几个月内就访问了十几个非洲国家。

除高层访问以外，英国政府还致力于增加驻非洲国家的机构数量，以期强化与非洲的机制性联系，因为这是双方加强各方面关系的必要基础。英国政府目前在非洲设立的外交机构包括 37 个大使馆和高级专员公署。英国设在英联邦成员国的大使馆正式名称为"高级专员署"（High Commission），由"高级专员"（High Commissioner）负责。英国文化委员会（British Council）的 19 个办事处和国际发展部的 16 个办事处。英国政府提出，近期将努力扩大在非洲的存在，目标是使英国成为在非洲设立办事机构最多的欧洲国家。[①] 已经实施的一些举措包括，2017 年 8 月，英国驻尼日利亚的高级专员公署搬迁到了扩建后的新地址，出席仪式的外交大臣约翰逊认为这"标志着英国对尼日利亚的长期承诺"。[②] 另外，

[①] HM Government, "Minister Baldwin Speech on UK–Africa Relations", https://www.gov.uk/government/speeches/minister–baldwin–speeh–on–uk–africa–relations, 2018–09–26.

[②] Samuel Ogundipe, "UK Foreign Secretary Boris Johnson Opens Country's New Embassy in Abuja", https://premiumtimesng.com/news/top–news/242028–uk–foreign–secretary–boris–johnson–opens–countrys–new–embassy–abjua.html, 2018–08–31.

仅在 2018 年，英国就在莱索托和斯威士兰①设立了大使馆，还将驻毛里塔尼亚的办事处提升到大使馆级别。此外，英国还拟在乍得和尼日尔这两个前法国殖民地国家设立大使馆，以提升在萨赫勒地区的外交存在。

2. 加强贸易与投资合作，巩固双方伙伴关系

经济利益是英国制定非洲政策的首要关切点，在原有基础上进一步加强双方的贸易与投资关系，将成为巩固英国与非洲伙伴关系的核心。

第一，在贸易方面，如前所述，英国一直秉持开放的自由贸易理念，贸易外交不仅是打造"全球英国"的关键因素，也是重塑与非洲关系的核心领域之一。2017 年 10 月，英国政府发表《贸易白皮书》，②承诺确保发展中国家能够通过贸易减少贫困，承诺在脱欧后给予发展中国家的优惠条件至少不会低于欧盟的现有协定，另外还承诺在退出欧盟后帮助世界上最贫穷的国家进入英国市场。在此框架下，2017 年 12 月，英国负责贸易事务的部长格雷格·汉兹（Greg Hands）在一次演说中阐明了对非洲的贸易政策。他指出，英国希望与非洲建立能够使所有各方受益的贸易关系，因为"非洲是英国未来重要的贸易伙伴"。"在我们离开欧盟之际，我们必须建构并加强英国和非洲企业之间的关系，并使英国成为非洲的'首选贸易伙伴'。"③

在实践中，自脱欧公投以来，英国政府已经采取了一些切实措施，旨在加强与非洲的贸易关系。由于有些非洲国家对英国脱欧后的贸易政策心存疑虑，2017 年 7 月，英国与南部非洲关税同盟（SACU）成员国以及莫桑比克举行了圆桌会谈，就英国退出欧盟后与这些国家的贸易安排进行了商谈。2018 年 8 月，三方发表联合声明，英国承诺保证未来三方贸易关系的持续性，维持当前的市场准入安排，并拟签署新的《经济伙

---

① 斯威士兰官方已经宣布将国名更改为 "The Kingdom of ESwatini"。
② Department for International Trade, "Preparing for Our Future UK Trade Policy", https://assets.publishing.service.gov.uk/government/uploads/system/uploads/attachment_data/file/654714/Preparing_for_our_future_UK_trade_policy_Report_Web_Accessible.pdf, 2018-10-27.
③ HM Government, "Trade Policy Minister Sets Out Future UK – Africa Trading Relationship", https://www.gov.uk/government/news/trade-policy-minister-sets-out-future-uk-africa-trading-relationship, 2018-11-06.

伴协定》。① 此外，特雷莎·梅还代表英国政府首次明确承诺，将至少与6个非洲国家继续沿用与欧盟达成的《欧洲伙伴协定》（European Partnership Agreements），涉及莫桑比克、博茨瓦纳、莱索托、纳米比亚、南非和斯威士兰，② 这很有可能成为未来英国与所有非洲国家的贸易关系模式。

英国政府还在贸易机制方面表现出了加强与非洲伙伴关系的决心。2018年6月，英国政府宣布，任命埃玛·韦德 - 史密斯（Emma Wade - Smith）为有史以来的首位非洲贸易专员，且排名在所有贸易专员中列第一位（其他七名贸易专员分别为亚太、中国、东欧和中亚、欧洲、拉美、中东、北美和南亚），这无疑表明了英国加强与非洲贸易关系的决心。贸易大臣福克斯在任命仪式上说，贸易是"我们与非洲关系的核心"。③ 在法律方面，英国政府先后通过了《税收（跨境贸易）法案》[Taxation (Cross - border) Bill] 和《贸易法案》（Trade Bill），在法律上确保在脱欧后继续向发展中国家提供优惠贸易安排，继续向最不发达国家提供免税待遇，并对其他25个发展中国家大幅削减关税，力求将脱欧对英国与非洲国家现有贸易安排的影响降到最低限度。

特雷莎·梅对非洲的访问也充分显示了贸易在未来英国对非洲政策中的核心意义。在访问期间，英国与南非、肯尼亚和尼日利亚3个国家达成了超过3亿英镑的贸易协议。另外，梅在访问非洲期间还宣布，英国出口信贷机构（UK Export Finance）将加大对英国出口商和非洲进口商的支持力度，不仅其资助的出口目的地国增加了8个非洲国家，而且，资助额度也在2017年的基础上（170亿英镑）又增加了55亿英镑。④

---

① Economic Partnership Agreement。HM Government, "Joint Statement on UK, SACU and Mozambique EPA", https://www.gov.uk/government/news/joint - statement - on - uk - sacu - and - mozambique - epa, 2018 - 09 - 29.

② James Tapsfield, "Theresa May Denies Being 'Late to the Party' in Forging Ties with Africa as She Says Six Countries Have Agreed to 'Roll Over' Existing Trade Deals with the EU After Brexit", Daily Mail, https://www.dailymail.co.uk/news/article - 6102581/May - UK - aid - Africa - unashamedly - used - drive - post - Brexit - trade.html, 2018 - 09 - 27.

③ HM Government, "HM Trade Commissioner for Africa Appointed", https://www.gov.uk/government/news/hm - trade - commissioner - for - africa - appointed, 2018 - 10 - 20.

④ HM Government, "PM Announces More than？300 Million Worth of Deals with African Nations", https://www.gov.uk/government/news/pm - announces - more - than - 300 - million - worth - of - deals - with - african - nations, 2018 - 09 - 30.

但与此同时，英国与非洲未来的贸易关系还面临着一些问题和不确定性。首先，英非双方的贸易额并不大，2017年仅为310亿英镑，尽管比2016年（287亿英镑）略有增加，但在各自的对外贸易中均只占很小的比例：非洲仅占英国货物出口总额的2.6%，而英国则仅占非洲商品出口总额的3.6%。其次，尽管英国与所有非洲国家都建立了贸易关系，但不同国家之间的差别很大，只有5个非洲英联邦国家对英国的出口超过本国出口总额的20%，即塞舌尔（33%）、冈比亚（29%）、毛里求斯（28%）、南非（27%）和肯尼亚（27%）。[1] 再次，尽管近年来英国与非洲之间的商品贸易在逐渐向多样化方向发展，但总体上贸易模式比较单一，仍然以英国出口制成品，非洲出口初级产品为主。最后，英国在退出欧盟后将需要与所有国家重新谈判贸易关系，鉴于英国有经验的谈判人员有限（只有500—750名[2]），因此，这一谈判过程将十分漫长，而短期内非洲可能还不会排在贸易谈判的首位。这些都将不可避免地影响未来英国与非洲的贸易规模。

第二，与贸易领域一样，投资也是英国未来加强与非洲关系的重要领域。由于英国与非洲有着长期的历史联系，它曾经是非洲最大的投资国，但近年来落后于美国。2016年，英国在非洲的对外直接投资存量为427亿英镑，略低于美国（443亿英镑），但比2004年增加了250亿英镑。[3]

种种迹象表明，英国政府在脱欧后将继续加大和鼓励本国企业对非投资（特别是私人投资）。特雷莎·梅在访问非洲期间宣布，英国的目标是到2022年成为七国集团中在非洲的最大投资国。[4] 为此，英国在

---

[1] Mukhisa Kituyi, "Power Dynamics and Capacity in the Negotiation of Economic Partnership Agreements between the UK and African Countries", http：//www.royalafricansociety.org/sites/default/files/files/APPG%20report%202017 - %20Future%20of%20Africa%20UK%20Relations%20Post%20Brexit%20v2.pdf, 2018 - 09 - 27.

[2] Peg Murray - Evans, "Return to the Commonwealth? —UK - Africa Trade after Brexit", http：//speri.dept.shef.ac.uk/2016/07/21/return - to - the - commonwealth - uk - africa - trade - after - brexit, 2018 - 08 - 21.

[3] BBC, "Theresa May Pledges Africa Investment Boost after Brexit", https：//www.bbc.com/news/uk - politics - 45325701, 2018 - 09 - 28.

[4] HM Government, "PM Announces Ambition for UK to Be Largest G7 Investor in Africa by 2022", https：//www.gov.uk/government/news/pm - announces - ambition - for - uk - to - be - largest - g7 - investor - in - africa - by - 2022, 2018 - 09 - 29.

2018—2021年总计将向非洲投资75亿英镑，其中35亿英镑通过金融机构英联邦发展集团（Commonwealth Development Corporation）提供，另外40多亿英镑将动员私人投资。① 为实现这一目标，英国拟创建非洲投资商委员会（Africa Investors Board），并在2019年举行非洲投资峰会，在峰会上制定2022年之前的投资目标。

在加大对非洲投资力度的同时，英国还将对投资领域和投资方式进行一定程度的调整。在投资领域，近年来，英国的对非投资日益呈现从传统经济向新兴部门发展的多样化趋势。② 而在英国退出欧盟之后，科技领域有望成为其在非洲投资的重点。其原因在于，高科技是非洲增长最快且市场潜力巨大的领域之一，而英国在这方面恰恰拥有诸多优势，因此双方都能从这一领域的投资中获益良多。特雷莎·梅在访问非洲期间宣布，将与南非、肯尼亚和尼日利亚三国打造"创新伙伴关系"（Innovation Partnership），主要内容包括：③ 一是成立创新伙伴团队，由英国政府部门以及科学、技术与创新领域的专家组成，对这3个国家提供"一站式"帮助与支持；二是由英国国际发展部推动技术促进项目，资助总额为3200万英镑，主要涉及数字技术、医疗技术、移动技术和清洁能源技术；三是启动"企业家能力培训项目"（Skills and Entrepreneurship Programmes），其宗旨是通过向非洲的企业家提供培训和启动资金支持，帮助他们"走向世界"，从2019年起非洲企业家可申请并参与该项目。南非、肯尼亚和尼日利亚三国也是获得英国风险投资最多的非洲国家，2017年获得的风险投资分别为1.3亿英镑、1.14亿英镑和8900万英镑。

当然，矿产和基础设施等领域仍是英国在非洲的投资重点，但投资方式可能会发生一些变化，即更注重将这两个领域结合起来的一揽子投

---

① HM Government, "UK Launches Ambition to Generate Billions More Investment in Africa to Trigger Transformational Growth", https://www.gov.uk/government/news/uk-launches-ambition-to-generate-billions-more-investment-in-africa-to-trigger-transformational-growth, 2018-09-28.

② 安春英：《英国对非洲的投资合作：概述与借鉴》，《国际经济合作》2011年第8期，第42页。

③ HM Government, "Ambitious New Innovation Partnerships with African Countries", https://www.gov.uk/government/news/ambitious-new-innovation-partnerships-with-african-countries, 2018-09-29.

资方式。在 2018 年 2 月举行的世界上最大规模的矿业投资大会"非洲矿业投资大会"（Investing in African Mining Indaba）上，英国政府提出了成立"非洲基础设施委员会"（Africa Infrastructure Board）的动议，其目的是将采矿部门与非洲基础设施的建设结合起来，制定整体方案，以更好地促进非洲的发展。[①] 例如，在英国国际贸易部与安哥拉共同投资的一项铁矿重建工程中，还将包括建设一家冶炼厂、现有铁路线的延长工程和港口的扩建工程，另外还将建设一家发电能力为 600 兆瓦的发电厂。其他主要基础设施项目还包括，英国国际贸易大臣福克斯在 2017 年访问乌干达和埃塞俄比亚期间，宣布向乌干达政府提供 2.15 亿英镑贷款，用于修建一座新的国际机场，这也将是英国出口信贷机构有史以来向非洲国家提供的最大一笔贷款项目。另外，在 2018—2021 年，英国还拟通过私人基础设施开发集团（Private Infrastructure Development Group，PIDG）向撒哈拉以南的非洲国家投资 3 亿英镑，用于建造发电站、公路和水力设施等基础设施。

与此同时，英国政府也将对投资来源做出一定调整，私人企业将成为对非洲投资的"主力"。2017 年，英国国际发展部发表的《经济发展战略》指出："作为世界上最大的资本市场和全球金融专业技能的中心之一，英国将致力于建立投资渠道，以帮助私人资本更好地向发展中经济体投资。"[②] 国际发展大臣莫当特在 2018 年 4 月的演说中声明，私人资本和伦敦城将在向英联邦国家投资方面发挥核心作用。[③] 其主要原因在于，英国的发展援助目前在国内面临比较大的压力，特别是来自右翼媒体以及保守党部分成员的批评，因此，英国政府未来将主要通过私人渠道在

[①] "UK Government Presents the Africa Infrastructure Board at the Mining Indaba", https://www.cnbcafrica.com/apo/2018/02/09/uk - government - presents - the - africa - infrastructure - board - at - the - mining - indaba - an - initiative - to - offer - holistic - approach - to - infrastructure - development - in - africa, 2018 - 10 - 09.

[②] DFID, "Economic Development Strategy: Prosperity, Poverty and Meeting Global Challenges", https://assets.publishing.service.gov.uk/government/uploads/system/uploads/attachment_data/file/587374/DFID - Economic - Development - Strategy - 2017.

[③] HM Government, "International Development on UK aid - The Mission for Global Britain", https://www.gov.uk/government/speeches/international - development - secretary - on - uk - aid - the - mission - for - global - britain, 2018 - 11 - 12.

非洲进行投资,并强调投资要有"价值",同时还强调投资要促进良好企业环境的形成。为此,英国政府将投资约 4 亿英镑以支持在非洲实现聚合增长,以及打击腐败和促进良治。

鉴于英国在对外投资领域的巨大优势,特别是伦敦城作为世界金融中心的地位,未来英国有望加大对非洲的投资力度。但是,我们必须承认,非洲并不是英国最主要的投资目的地,相较于欧盟、美国和亚洲等地,非洲在英国全部对外直接投资中所占的比例较小。而且,英国在非洲的投资分布也不均匀,主要集中在原殖民地国家,即撒哈拉以南非洲地区的英联邦国家(特别是南非)以及北非的埃及与摩洛哥等国。另外,许多非洲国家面临的不稳定形势也可能成为妨碍英国未来投资的不利因素。

3. 通过发展援助促进贸易,并推进价值观的传播

英国是世界上第三大对外援助国,2017 年官方发展援助总额为 183 亿美元。[1] 对外援助不仅是实施"全球英国"外交理念的重要途径之一,也是英国用于应对一系列全球挑战的重要工具,特别是贫困、疾病、气候变化、恐怖主义威胁与移民等问题。因此,尽管面临国内的一些压力,英国政府仍承诺继续履行对外援助达到占国民总收入 0.7% 这一义务,并继续致力于实现联合国提出的可持续发展目标。[2] 而非洲国家一直是英国对外援助的重点地区,占其对外援助总额的 21%(2016 年)[3]。其中,获得英国双边援助额最多的 3 个国家是埃塞俄比亚、尼日利亚和塞拉利昂。

英国加入欧盟之后,它的一部分对外援助是通过欧盟提供的,因此其政策方向在很大程度上需要与欧盟保持一致。一方面,英国脱欧尽管有可能削弱其通过欧盟扩大影响的能力,但另一方面,脱欧为英国提供了前所未有的机会,使其能够按照自己的意愿确定对外援助的重点目标

---

[1] Development Initiatives, "Aid Spending by DAC Donors in 2017", http://devinit.org/wp-content/uploads/2018/04/Aid-spending-by-DAC-donors-in-2017.pdf, 2018-11-03.

[2] Anushka Asthana, "May to Resist Pressure to Cut Britain's Foreign Aid Commitment", https://www.theguardian.com/politics/2018/feb/12/theresa-may-committed-uk-foreign-aid-spending-pledge-oxfam, 2018-11-12.

[3] Department for International Development, "Statistics on International Development 2017: Final 2016 UK ODA spend statistics", https://assets.publishing.service.gov.uk/government/uploads/system/uploads/attachment_data/file/660062/SID-2017b.pdf, 2018-11-12.

和途径。已经有迹象表明，在英国离开欧盟之后，其对非援助方式和重点很可能发生改变。

特雷莎·梅在访问非洲期间，承诺英国将继续向包括非洲在内的贫穷国家提供援助，但她表示："我并不讳言，我们需要确保对外援助项目为英国服务"，要"契合我们的国家利益"，并且应"与更广泛的国家安全关切完全保持一致"。① 由此可见，未来英国对非洲的援助将明确以本国的国家利益为核心和根本落脚点，特别是要首先促进英国的对外贸易。事实上，英国政府早在2015年11月发表的对外援助政策文件《对外援助：以国家利益为基础应对全球挑战》(UK Aid: Tackling Global Challenges in the National Interests) 中就明确提出了要"以援助促进贸易"（aid for trade）。英国财政部和国际贸易部在2018年5月发表的"官方发展援助指南"中，在标题中就含有"对外援助必须物有所值"（value for money）之意。② 这方面的一个典型例子是英国国际发展部资助的"东非商标项目"（TradeMark East Africa Programme），其目的在于通过对东非国家（特别是肯尼亚）的援助，以期减少贸易壁垒、促进商业交往。

当然，除了贸易与经济利益以外，推广平等、人道主义等价值观也是英国发展援助的一贯目标，这也符合其国家利益。英国多年来致力于促进非洲国家的性别平等以及提升女性的地位，特别是贫困女童的受教育水平。例如，在2018年的七国集团峰会上，特雷莎·梅宣布英国国际发展部将在未来8年内通过"女童教育挑战"（Girls Education Challenge）项目帮助超过150万名女童完成从小学到高中的教育。英国政府还计划到2022年，通过预防孕产妇死亡项目，拯救超过6000名女性的生命。此外，英国还与国际贸易中心（The International Trade Centre）一道，在肯尼亚、加纳和尼日利亚发起了"扶持女性参与英联邦贸易"项目（SheTrades Commonwealth Programme），目的是发挥女性在国际贸易中的独特

---

① Sorcha Bradly, "Theresa May's 'UNSHAMED' Promise: Foreign Aid in Africa MUST Work for UK after Brexit", https://www.express.co.uk/news/uk/1009488/Theresa-May-South-Africa-Brexit-trade-visit-latest-news-update-today, 2018-09-28.

② HM Treasury & Department for International Trade, "UK Official Development Aid: Value for Money Guidance", https://assets.publishing.service.gov.uk/government/uploads/system/uploads/attachment_data/file/712367/ODA_value_for_money_guidance.pdf, 2018-11-13.

作用。英国政府认为，贸易能够创造就业，刺激投资，帮助贫穷国家最终摆脱对援助的依赖。这也正是英国政府对非洲援助政策的根本理念，即帮助非洲国家最终形成解决自身问题的能力，并通过经济增长，找到解决自身问题的方案。正如英国政府在《经济发展战略》中提到的，对外援助的最终目标是"支持发展中国家动员本国资源，减少对援助的依赖"，并将贸易作为减少贫困的"发动机"，繁荣、减贫和应对全球挑战三者相辅相成，缺一不可。① 特雷莎·梅在2018年的二十国集团峰会上再次强调了这一理念。

4. 强化反恐合作，维护英国安全利益

加强与非洲国家在打击恐怖主义和非法移民等领域的合作，是英国脱欧后的另外一个核心关切，因为"这绝对符合英国的国家利益——恐怖主义、非法移民和现代奴役等并不限于一国国境之内"。②

鉴于近年来英国面临的反恐形势十分严峻，英国政府于2018年6月出台了新的"反恐战略"。③ 与2010年和2015年发布的两份"安全防务战略"一样，"反恐战略"仍将恐怖主义，特别是以"伊斯兰国"和"基地"组织为代表的伊斯兰极端组织列为对英国安全的首要威胁。就非洲而言，英国认为"索马里青年党"（Al-Shabaab）和激进的伊斯兰组织"博科圣地"（Boko Haram）是该地区面临的最大威胁。为此，英国政府开展了多项行动与非洲国家共同打击恐怖主义组织，其中既有双边合作，也有通过非洲联盟和联合国等多边组织提供的军事援助，如帮助尼日利亚安全部队应对"博科圣地"的威胁；帮助索马里解除"索马里青

---

① Department for International Trade, "Economic Development Strategy: Prosperity, Poverty and Meeting Global Challenges", https://assets.publishing.service.gov.uk/government/uploads/system/uploads/attachment_data/file/587374/DFID - Economic - Development - Strategy - 2017.pdf, 2018 - 11 - 08.

② UK Parliament, "Written Evidence - Foreign and Commonwealth Office (FPW0027)", http://data.parliament.uk/writtenevidence/committeeevidence.svc/evidencedocument/international - relations - committee/foreign - policy - in - changed - world - conditions/written/79900.html, 2018 - 09 - 28.

③ HM Government, "Contest: The United Kingdom's Strategy for Countering Terrorism", https://assets.publishing.service.gov.uk/government/uploads/system/uploads/attachment_data/file/716907/140618_CCS207_CCS0218929798 - 1_CONTEST_3.0_WEB.pdf, 2018 - 10 - 23.

年党"的武装；向联合国派驻索马里和南苏丹的维和部队派遣450名军人；向索马里、南苏丹和尼日利亚等国提供紧急援助等。此外，英国还帮助一些非洲国家和非盟培训军事人员，并向其提供武器。英国首相特雷莎·梅在访问非洲期间承诺将继续致力于打击非洲的恐怖主义组织和活动。

英国政府尤其关注帮助存在较高恐怖主义风险的非洲国家增强自身应对威胁冲突和危机的能力。在这方面，英国希望"与非洲国家建立伙伴关系，打击共同面临的威胁，并支持非洲国家在解决自身问题的过程中发挥领导作用"。[①] 这首先体现在加大财政支持力度方面。2019/2020财政年度，英国将"打击恐怖主义项目基金"（Counter–Terrorism Programme Fund）中对非洲的资助额度提高到了3150万英镑。英国国际发展部还承诺将其预算中的至少50%用于帮助脆弱国家和地区应对造成不稳定和冲突的根源。其次，英国政府鼓励非洲国家通过"政治进步"实现长期和平与稳定。为此，英国政府成立了北非联合小组（FCO/DFID North Africa Joint Unit），负责监督新设立的"北非良治基金"（North Africa Good Governance Fund）的运行，其2018年资助总额为4000万英镑。最后，英国政府还致力于加强非洲国家和非洲联盟的行动能力，认为它们才应该是解决非洲危机的首要行为体。例如，2017年5月，英国主办了"索马里问题国际会议"，重点关注的是索马里安全架构的建立，包括索马里国家军队的未来规划，以及如何在保护人权的同时打击恐怖主义等问题。英国首相特雷莎·梅在演说中特别强调，索马里要在实现安全的过程中发挥领导作用，认为这才是政治与经济进步的基石。[②]

除了打击恐怖主义以外，打击非法移民也是英国对非洲政策的重点之一，其退出欧盟之后这一政策也不会改变。除向难民及其东道国提供

[①] UK Parliament, "Written Evidence – Foreign and Commonwealth Office (FPW0027)", http://data.parliament.uk/writtenevidence/committeeevidence.svc/evidencedocument/international–relations–committee/foreign–policy–in–changed–world–conditions/written/79900.html, 2018–10–28.

[②] HM Government, "PM Speech at the London Somalia Conference", https://www.gov.uk/government/speeches/pm–speech–at–the–london–somalia–conference, 2018–11–11.

人道主义援助和其他援助之外,英国政府还通过其他一些旨在促进当地经济发展的项目致力于减少难民数量。例如,由于埃塞俄比亚是非洲第二大难民接收国(接收了来自南苏丹、索马里、苏丹和厄立特里亚等国家的大量难民),也是通往欧洲的重要渠道,英国政府希望通过支持埃塞俄比亚实现工业化,促进其经济发展和稳定,以减少移民和难民流出数量。

(二) 英国对非洲政策的重点国家

撒哈拉以南非洲国家无疑是英国对非洲政策的重点地区,而就具体国家而言,非洲4个最大的英语国家——南非、尼日利亚、肯尼亚和加纳则是重中之重,它们合计占非洲与英国之间贸易总额的一半左右。其中,南非、尼日利亚和肯尼亚又是英国在非洲最重要的战略伙伴,这也是特雷莎·梅选择访问这三国的原因之一。

南非是英国在非洲的最大贸易伙伴,英国是南非在欧盟的第二大贸易伙伴、全球第七大贸易伙伴。南非有丰富的矿产资源和农业资源,此外其金融和服务部门也很活跃,因此英国对在脱欧后促进与南非的贸易和投资关系有着极大的兴趣。英国与南非的贸易额为将近90亿英镑。[1] 英国是南非的黄金和铂金等矿产以及无花果等农产品的重要市场;而南非则是英国的机械、汽车和电子产品等的重要出口市场。但从总体上看,英国和南非在对方总体贸易中所占的份额并不算大。相较于贸易,双方在投资领域的关系更重要。南非一直是英国在非洲的最大投资目的地,占英国在非洲投资总额的30%左右,主要投资领域为矿产和金融服务,而英国也是南非最大的外来投资国之一,占欧盟在南非直接投资总额的60%、南非外来投资存量的46%。[2] 英国是南非在欧盟的最大投资目的地国,南非对英国的投资存量为470亿英镑,占其在欧盟成员国投资总量的

---

[1] HM Government, "UK and South Africa Welcome Progress on Trade Relationship", https://www.gov.uk.government/news/uk – and – south – africa – welcome – progress – on – trade – relationship, 2018 – 11 – 14.

[2] Office for National Statistics, "The UK's Trade and Investment Relationship with Africa: 2016", https://www.ons.gov.uk/economy/nationalaccounts/balanceofpayments/articles/theukstrade-andinvestmentrelationshipwithafrica/2016, 2018 – 10 – 13.

30%。①英国国际贸易部负责贸易政策的前国务部长格莱格·汉兹曾撰文称，英国即使在退出欧盟以后也仍将是南非最大的投资国，因为双方之间存在着巨大的合作潜力和互补性。②除经贸关系之外，南非对于英国的政治意义也很重要，英国希望通过南非带动与整个非洲大陆的关系。再加上南非是"金砖集团"成员国之一，具备了一定的通向其他成员国的"跳板"作用，使英国更加重视南非的影响。南非总统西里尔·拉马福萨（Matamela Cyril Ramaphosa）2018年2月的上台执政则为英国进一步发展与南非的经贸关系提供了新的机遇。总之，无论是贸易、投资还是政治关系，南非对于英国都具有不可替代的意义。

尼日利亚是非洲人口最多的国家，也是非洲最大的经济体（2017年），是英国在非洲的第二大贸易伙伴，2017年双边贸易额为42亿英镑③。未来英国与尼日利亚的双边贸易将持续增长，尼日利亚-英国商会预测到2020年有望达到200亿英镑④。英国与尼日利亚的贸易模式主要是英国从尼日利亚进口原材料（占进口总额的55%），出口机器设备与消费品。尼日利亚还是英国重要的原油与天然气来源国之一。鉴于尼日利亚的经济规模及其有望成为非洲最大消费市场的潜力，双边贸易与投资未来很有可能得到进一步扩大，并向多样化发展，特别是在服务、媒体、工程技术、物流、食品加工以及制造业等部门。尼日利亚对英国而言更重要的作用是在安全领域，它是英国在非洲的第二大受援国，2016年，英国向尼日利亚提供了4000万英镑用于打击恐怖主义和极端主义。在特雷莎·梅访问尼日利亚期间，两个国家签署了防务与安全合作伙伴协定与经济发展全面协定，这将成为双方未来关系的基础。

---

① HM Government, "UK – South Africa Joint Trade Statement", https：//www. gov. uk/government/news/uk – and – south – africa – joint – trade – statement, 2018 – 11 – 21.

② Greg Hands, "UK Likely to Be SA's Biggest Foreign Direct Investor – even after Brexit", https：//www. businesslive. co. za/bd/opinion/2018 04 10 – uk – likely – to – be – sas – biggest – foreign – investor – even – after – brexit, 2018 – 11 – 10.

③ Damilare Famuyiwa, "Nigeria, UK Bilateral Trade Hit 4.2 Billion Per Annum", https：//nairametrics. com/harriet – baldwin – says – nigeria – and – uk – bilateral – trade – has – hit – 4 – 2 – billion – per – annum, 2018 – 09 – 31.

④ Faith Oparaugo, "Nigeria：NBCC Projects 20 Billion Trade Volume between Nigeria, UK by 2020", https：//allafrica. com/stories/201408270381. html, 2018 – 09 – 26.

肯尼亚近年来经济增长很快，2016年国内生产总值增幅达到6%，2017年进一步上升到6.4%。它是非洲第九大经济体，也是东非地区最富有的国家和领先的贸易与投资中心、非洲最有活力的金融中心之一。肯尼亚是英国在非洲的第三大贸易伙伴。肯尼亚向英国的出口主要集中在农产品方面，特别是鲜花、茶叶和咖啡等，而从英国进口的则主要是汽车、机械、药品和纺织品等。未来，英国与肯尼亚有望在一系列新的领域拓展伙伴关系，特别是在金融服务和金融科技等领域。肯尼亚也是英国在安全领域的重要伙伴，尤其是在东非地区，其军队对联合国派驻索马里的维和部队作出了重要贡献，另外肯尼亚还接纳了45000名难民，这些都与英国的安全利益切身相关。2018年，特雷莎·梅访问肯尼亚，她也是30年来第一位访问肯尼亚的英国首相，此访对于推动双方未来的全面关系，特别是贸易与安全领域的合作至关重要。在梅访问肯尼亚一个月之后，威廉王子也访问了肯尼亚。

英国与加纳的关系也很特殊。加纳的移民群体非常庞大，它与英国无论是在殖民地时期还是殖民地瓦解之后的关系都很紧密。加纳是英国在撒哈拉以南非洲的第四大出口市场。在投资方面，加纳在建筑和通信行业拥有巨大的投资潜力，而在加纳一些建立时间最长的公司也多为英国公司。

除上述4个国家以外，北非3个最大的经济体阿尔及利亚、埃及和摩洛哥与英国的关系也很重要。上述北非三国加起来占英国与非洲贸易总额的28.6%，价值82亿美元（2015年）。[①] 阿尔及利亚还是英国重要的原油和天然气来源国之一。鉴于这3个国家在北非经济体中的重要性，未来英国有可能扩大在它们的市场份额。与此同时，英国也将在安全事务上加强与这些国家的合作。

---

① Edward George, "A Private Sector Perspective on Priorities for UK – Africa Trade Relations Post Brexit", in Royal African Society: "The Future of Africa – UK Trade and Development Cooperation Relations in the Transitional and Post Brexit Period", http://www.royalafricansociety.org/sites/default/files/files/APPG%20report%202017 – %20Future%20of%20Africa%20UK%20Relations%20Post%20Brexit%20v2.pdf, 2018 – 11 – 12.

四　结语

当前，英国正处于脱欧的关键阶段，"脱欧"无疑将导致英国的对外关系发生重要变化，同时也将对其外交战略重点造成很大冲击，再加上当前的国际环境日益复杂和碎片化，因此，英国退出欧盟后的外交政策将遇到重大挑战，特别是它未来与欧洲和美国的关系都处于不确定的风险之中。正是在这一背景下，为了在离开欧盟之后继续保持在世界上的影响力，英国政府提出了"全球英国"这一外交理念。

在该理念框架下，英国对其外交政策方向和重点以及与其他国际行为体的关系进行了相应调整，非洲因此重新进入了英国的视野。英国与很多非洲国家拥有深厚的历史渊源，而非洲则拥有巨大的人口红利、迅速增长的经济实力、不断扩大的市场规模，以及丰富的资源，因此，非洲大陆曾经是、未来也将是英国经济、安全和发展政策的重要伙伴，是英国在离开欧盟之后借以维系并提升自身在世界上地位的关键因素。这正是英国首相特雷莎·梅选择在脱欧进程的关键节点访问非洲、重启英非伙伴关系的原因所在。可以肯定，非洲将成为未来英国外交政策调整的重要目标地区，特别是南非、肯尼亚和尼日利亚等英联邦国家。

就具体的政策领域而言，未来英国对非洲的政策重点仍然在于贸易、投资以及安全等方面，这既具有历史延续性，同时也符合当下英国的发展目标与国家利益。从英国政府发布的各项政策文件、政府官员的演说以及与非洲国家的实际交往活动来看，英国未来将继续加大对非洲的贸易和投资力度，继续向非洲国家提供援助，并继续与非洲国家和非洲联盟在安全领域开展合作，但英国在这些领域与非洲开展合作的方式和渠道等将发生不同程度的改变。其中最突出的有，在投资领域，其投资渠道将越来越以私人为主；在对外援助领域，贸易利益将成为根本出发点；而在安全合作方面，打击恐怖主义将成为重中之重。由此可见，尽管"道义"原则和价值观仍将在英国未来的非洲政策中发挥一定作用，但国家利益才是最关键的决定性因素。

需要指出的是，英国的非洲政策能否奏效，将取决于一系列复杂的国内、国际因素，特别是脱欧造成的国内外环境的不确定性，例如，在离开欧盟后英国的国内经济和政治形势能否保持稳定,它是否有能力成功地在国际舞台上综合运用其硬实力和软实力,以及未来与欧洲和美国的关系等。与此同时,英国的非洲政策还面临着来自其他国家的强大竞争,因此其未来的非洲政策必将面临严峻考验。

因此,对于英国与非洲的未来关系而言,英国脱欧既给双方拓展和深化在各领域的合作带来了机遇,但同时也提出了诸多挑战,特别是脱欧进程本身伴随的不确定性。可以断言,英国未来在"全球英国"框架下进一步拓宽和强化对非关系的目标和方向毋庸置疑,但是重启与非洲的伙伴关系之路不会一帆风顺。

(本文原刊发于《西亚非洲》2019年第2期)

从戴高乐到马克龙：法国的非洲政策变化轨迹与内在逻辑

彭姝祎[*]

摘　要：法国曾在非洲拥有大片殖民地，并在该地区具有政治、经济、防务、文化等全方位影响。从20世纪60年代起，原法属非洲国家纷纷独立后，法国依然通过经济援助与合作、货币关联和控制、驻军等方式保持着"法非特殊关系"。非洲作为法国的"后花园"和大国地位的体现和保障，始终是法国对外关系的重点。60多年来，从戴高乐到马克龙，法国的对非政策有延续，也有改变，充斥着"保守"和"改革"之争。法国国内保守派政治力量坚持延续传统的"法非特殊关系"，而革新派政治力量则努力推动法非关系"正常化"。整体而言，法国的对非政策呈现较为明显的延续性，但在其中亦有调整与变化。当下，年轻的新一代总统马克龙上台后，法国对非政策在延续过往的基础上亦有了一定新突破，聚焦于安全、经济、青年等议题。

关键词：法国的非洲政策　"法非特殊关系"　保守派　改革派　马克龙

法国曾在非洲特别是西非和北非地区拥有大片殖民地，多年的经营

---

[*] 彭姝祎，中国社会科学院欧洲研究所研究员。

使法国在这些前殖民地国家拥有政治、经济、防务、文化等全方位的影响力。这些国家独立后，法国依然通过种种手段保持着对非洲大陆的影响。非洲作为法国的传统势力范围和"后花园"，和法国的国家利益息息相关。60多年来，对非外交始终是法国外交的一大重点，在法国的整体外交格局中占有特殊地位。在不同历史时期和不同当政者治下，法国的非洲政策有延续也有改变，充斥着"新"与"旧"，即"保守"与"改革"之争。本文按照时间顺序，对法国从戴高乐至今的对非政策进行梳理、总结，借此阐明"新""旧"之争的原因以及政策取向变化的内在逻辑。

一 从戴高乐到密特朗：维持"法非特殊关系"

第二次世界大战之前，法国在非洲的21块殖民地可划分为两大部分：一是撒哈拉沙漠以南非洲；二是被统称为"马格里布地区"的北非地中海沿岸的摩洛哥、阿尔及利亚和突尼斯三国。前者集中了法国的大部分殖民地。法国在非洲的全部殖民地总面积约1039万平方公里，占非洲总面积的37%，占当时非洲总人口的24.5%。[1]"二战"后，在民族解放运动的大潮中，法属非洲殖民地纷纷独立。但是，这种独立只存在于名义上，[2]法国在割舍不去的"非洲情结"的支配下，仍然保持着在非洲国家的全方位影响和"法非特殊关系"。其突出表现是：独立后，法国派驻在前殖民地国家的一些官员还留在原处，有些人甚至连办公室都没变，只是换了个头衔而已。[3]

（一）法国继续维持"法非特殊关系"的表现

维持"法非特殊关系"是殖民地独立后法非关系的最大特点，主要

---

[1] 孙德刚：《法国非洲战略中的海外军事基地：一项历史的考察》，《同济大学学报》（社会科学版）2012年第2期，第5页。
[2] 原法属非洲国家的独立是以和平谈判的方式进行的，所以它们与法国的历史联系并未像法国在东南亚的前殖民地一样发生突然断裂，因此独立后的非洲国家短期内甚少改变与法国的关系。
[3] Yves Gounin, *La France en Afrique Le Combat des Anciens et des Modernes*, éd. de Boeck, Bruxelles, 2009, p. 22.

体现为：法国绕过正常的外交渠道，通过不透明的私人关系网来处理对非事务。原殖民地独立后，法国成立了合作部，本想用它取代此前的"法国海外部"（Ministère des Outre-mers），全面主管与新生国家的关系。但实际上，合作部并没有对非政策制定权，因为戴高乐将军又在总统府内另行组建了"非洲事务处"（cellule africaine），由该机构全面负责对非联系，为总统本人制定非洲政策出谋划策。合作部成了对非政策执行工具，遑论外交部。

"非洲事务处"的核心人物是雅克·福卡尔（Jacques Foccard）。有"非洲先生"和"戴高乐在非洲的眼睛和耳朵"之称的福卡尔，是法非关系史上的标杆式人物，他擅长外联，和非洲各国元首建立了密切而广泛的联系，同他们共同织就了一张以爱丽舍宫为中心、覆盖非洲前殖民地角角落落的关系网。这张被称作"福卡尔网"的网络具有不透明和非正式（即不在正常的外交途径内）的特点。这张无形的网从戴高乐起，历经蓬皮杜、希拉克持续生效，成为法国对非"传统"或曰"旧"政策的典型代表。

由于"福卡尔网"的长期存在和深远影响，正如法国学者多宗（Jean-Pierre Dozon）所言，法非关系在非洲殖民地独立之后从未转变为真正的国际关系。科特迪瓦前总统费利克斯·乌弗埃-博瓦尼（Félix Houphouet-Boigny）还专门发明了一个词[①]，来形容法非这种特殊关系。该词直译为"法兰西—非洲"，还有人把它传神地译为"法非共荣"。"法非特殊关系"在法非双方都引发了大量质疑和诟病，即战后法国不是积极寻求和非洲各国建立正常的外交关系，而是和非洲首脑合谋继续控制非洲，通过暗箱操作、地下交易等方式为本国攫取利益，其本质仍然是殖民主义的，是"新殖民主义"。

（二）法国保持"法非特殊关系"的原因

法国之所以执着地维护和非洲前殖民地的特殊关系，主要有以下几方面原因。第一，非洲是法国大国地位的象征和支撑。法国曾经是欧洲的头号强国，但是自普法战争特别是两次世界大战之后，国力逐渐衰落，

[①] "Françafrique" Yves Gounin, op. cit., p.27.

沦为二流强国。然而,法国心有不甘,希望凭借联合国安理会常任理事国的身份和独立的核武力量,在国际舞台上继续扮演大国角色。在法兰西第五共和国的缔造者戴高乐将军看来,法国在非洲地区的影响力和它的核威慑力量一样,是不可替代的彰显法兰西大国地位、维持大国实力的工具[1]。换言之,来自非洲的强力支持是确保法国强大的利器。

第二,法国难以放弃在非洲的既得利益。[2] 多年的殖民统治使法国在非洲获取了大量红利。在经济领域,非洲是法国第一大出口市场和重要原材料特别是石油、铀等战略性原材料的主要供应地。如1952年,法国44%的出口商品销往撒哈拉以南非洲。[3] 在相当长的一段时间内,法国凭借对外援助几乎垄断了非洲的基础设施建设市场。直到2000年,在援助非洲的每100法郎中,就有61法郎以订货的形式返回法国。[4] 道达尔等法国大企业长期在非洲保持着龙头乃至垄断地位,掌握着有关国家的经济命脉。在政治领域,非洲法语国家常年在联合国等国际组织中和法国站在一起,对有利于法国的立场和提案给予支持;反之,则给予否决。

第三,法国抱持"普世"与"家长"心态。出于历史和文化因素,法国人本就有着比其他西方国家更为强烈的普世心态,自认为有责任把法兰西等西方世界的先进文明传播到落后地区。对于非洲而言,这份"责任感"更加强烈。法国在非洲的长期经营造就了其"家长"心态,视非洲为缺乏自理能力的"孩子",给予"照顾"是法国责无旁贷的使命,不应随非洲国家的独立而放弃。

第四,非洲国家仍需要和依赖法国。客观来看,法非特殊纽带关系的维持并不完全是法国的一厢情愿。非洲前殖民地国家同样也离不开法国:它们需要法国提供援助资金,或为其执政合法性"背书",或出兵清除异己或镇压叛乱、维护地区稳定。反过来,法国则通过满足这些要求来换取经济利益和政治利益。概言之,法国和非洲前殖民地国家是相互

---

[1] "Françafrique" Yves Gounin, op. cit., p. 27.

[2] 参见周弘《对外援助与国际关系》,中国社会科学出版社2002年版,第20页。

[3] Marc Ferro, *Histoire des colonisations. Des conquêtes aus indépendances (XIIIe – XXe siècle)*, 1994, Coll, Points Histonire, Le Seuil, 2006, p. 447, quoted from Yves Gounin, op. cit., p. 27.

[4] Antoine Glaser & Smith Stephen, *Comment la France a perdu l'Afrique*, Calmann – Lévy, 2005, p. 54, quoted from Yves Gounin, op. cit., p. 28.

需要、彼此依赖、各取所需、利益交换关系,这也是上述"福卡尔网"得以长期存在的原因。一个广为流传的据说出自加蓬前总统奥马尔·邦戈的"戏说"形象地表明了这种关系:"没有加蓬,法国就像一部没有汽油的车;而没有法国,加蓬则是一部没有司机的车。"①

一言以蔽之,尽管经历了独立运动,但非洲各国并未真正实现独立,法国没有改变"宗主国"心态,而是在"福卡尔网"下,通过种种方式继续保持着在非洲的渗透和影响,把殖民主义变成了新殖民主义。

(三) 法国维系"法非特殊关系"的主要手段

为维护"法非特殊关系",法国或延续殖民地时期的传统做法,或采用了新的政策工具。

第一,发展援助是法国维持法非特殊关系的首选工具。如前所述,1960年,"为和新生非洲国家保持特殊关系",法国成立了合作部,拟通过技术合作的方式维持法国在非存在,保障法国在非利益。合作部官员以驻非外交官为主就证明了这一点,正所谓法国在非洲降下三色旗的同时,撒开了合作的密网。法国在撒哈拉以南非洲国家的行政官员数量不降反增:1956年法国在该地区的行政人员数量不到7000人②,到1963年,法国在这些新独立国家从事民事"合作"的人员有近9000人,到1980年已破万人。③ 另一个例证是,20世纪60年代,法国的双边援助资金几乎全部用于前殖民地国家,很少投向和法国没有历史渊源的地区和国家。法非之间的宗主国和殖民地关系也随之转变为"父子"式的"托管"与"被托管"关系。

第二,开展防务或军事援助与安全合作。军队在法非关系中长期扮演着重要角色。殖民时期,法国凭借强大的军事力量在非洲开疆拓土、维持统治秩序,在多个国家建有军事基地,驻有军队。在非洲独立前夜,

---

① Yves Gounin, op. cit., p. 23.
② Antoine Glaser & Stephen Smith, *Commen la France a perdu l' Afrique*, Calmann Lévy, 2005, p. 53 (nous avons rendu compte de cet ouvrage dans *la Revue internationale et stratégique*, n° 62n été 2006, pp. 131–132), quoted from Yves Gounin, op. cit., p. 23.
③ Ministère de la Coopération, *L' assistance technique français (1960–2000)*, Paris, 1994, La Documentation française, p. 107, quoted from Yves Gounin, op. cit., p. 23.

法国在非洲总共驻有 90 多个军团,总兵力约为 6 万人,[1] 具有直接干预非洲事务的能力。非洲国家独立之后,这种情况基本未变,特别是在冷战背景下,为维护法国在非传统利益,法国以避免共产主义向非洲渗透为由,通过维持在非军事基地和驻军、签署防务或军援协议、派遣军事顾问、开展军事培训等方式,保持着在非军事存在,并根据协议获得了必要时出兵干预的"合法性授权"。1960—1994 年,法国和 27 个非洲国家签有军事协议,一度在 20 多个国家建有军事基地。面积近 40% 的非洲地区处在法国的军事影响下,[2] 法国赢得了"非洲宪兵"的称号。防务协议同时赋予了法国对非军售垄断权(规定协议国必须采购法国的武器装备),给法国带来了可观的经济利益。

第三,采用货币关联与控制。法国在布雷顿森林体系之后,创立了面向中、西非地区的非洲金融共同体区法郎区,在该区域内通用法郎(称为"非洲法郎"),该体系在保障非洲国家金融秩序的同时,也造成了这些国家在经济上对法国的高度依赖。目前,非洲仍有 14 个国家使用非洲法郎,其中 12 个是法国前殖民地。在法郎早已在法国本土退出历史舞台的今天,它仍然是部分非洲国家的法定货币,致使这些国家难以实现经济自立。

此外,法国和非洲在文化上的联系更为密切,法语是众多非洲前殖民地国家的官方语言和民间通用语言,并被法国用来实现政治目的,典型的例子是"法语国家组织"的设立。该组织是法国以"共同的语言纽带"为基础建立的,旨在实现政治目的、维护法国大国地位。

二 密特朗时期:延续对非政策且不随意识形态而改变

1981 年,法国政坛发生重大变化,左翼社会党在战后首次上台执政,改变了此前法兰西第五共和国一直由右翼垄断的现实。整体而言,意识形态领域的改弦更张并未给法国的对非政策带来显著改变,左翼的国际

---

[1] 孙德纲:前引文。

[2] 同上。

主义和人道主义色彩在对非政策上没有太多体现。

社会党强调发展与第三世界各国的关系，并建立了名为"第三世界委员会"的机构，指出要捍卫人权，实行货真价实的第三世界国家战略，并把"合作部"更名为"合作与发展部"，以突出从"合作"到"合作与发展并举"的思路转变，看似要改变法非之间的"托管"与"被托管"关系。实际上，密特朗的非洲政策整体几乎和戴高乐如出一辙。"合作与发展部"并不掌管对非政策，相关权力仍由总统府"非洲事务处"掌控。尽管密特朗用居伊·佩内（Guy Penne）取代了福卡尔，但佩内完全继承了福卡尔的非洲政策思路（为此获得了"密特朗的福卡尔"称号）[1]，继续利用并发展与非洲领袖的私人关系。密特朗还任命自己的儿子为非洲事务顾问，这给担心社会党上台会改变对非政策基调的非洲元首们吃了一粒"定心丸"。由此，面对非洲记者对法国非洲政策的询问时，时任外交部长克洛代尔·谢松（Claude Cheysson）以嘲讽的口气答道："啊，非洲，这是内政，由爱丽舍宫负责，不是外交部！"[2]

密特朗曾在殖民时期任法国海外部部长，和非洲民主联盟诸首脑即未来的非洲国家元首们建立了长期的友谊，正是这段经历奠定了他日后的对非政策基调，即步戴高乐后尘，利用私人关系网、从法国的国家利益而非意识形态出发来制定对非战略，尽管他向来反对戴高乐。

另一例子同样可以表明密特朗政府在对非洲政策上的连续性：1981年密特朗任命年轻的让-皮埃尔·科特（Jean-Pierre Cot）为合作部部长，科特在对非政策上强调"民主""人权"等价值观，力主法非关系正常化，他的"理想主义"和佩内的路线相左，最终被迫辞职。

到密特朗执政后期，冷战结束，法国的对非政策也相应发生变化。冷战期间，为防止非洲国家被"共产主义"阵营"收买"，法国的对非援助几乎是无条件的。援助的唾手可得使不少非洲国家在援助资金的使用上存在一定程度的浪费现象。随着冷战的结束，不计成本的援助丧失了

---

[1] Claude Weill & Guy Penny, "Le Foccart de Mitterrand", *Le Nouvel Observateur*, 1er, août 1986, quoted from Yves Gounin, op. cit., p. 38.

[2] Tirthankar Chanda, "Mitterrad et l'Afrique: Entre Conservatismes et Ruptures", http://www.rfi.fr/afrique/20160107-mitterrand-politique-africaine-france-conservatismes-ruptures-hollande-guy-penne, 2019-01-25.

意义，加之东欧各国成为法国新的援助对象，为避免浪费，提高援助效率，密特朗给对非援助加上了"民主"和"良治"的前提，为对非政策涂抹上了一丝左翼色彩。

不过整体而言，正如让-弗朗索瓦·巴亚尔（Jean-François Bayart）所言，密特朗的非洲观念和法非关系观念整体上仍然是嗜古的。[①] 他仍然认为非洲在保持法国的大国地位上扮演着关键角色。面对美、苏两个超级大国对非洲的"插手"，密特朗坚持捍卫法国的"势力范围"，他和非洲领导人之间的关系仍然带有浓厚的"父权"色彩，其非洲政策和戴高乐没有根本区别。对此，菲利普·马尔凯辛（Filip Marchesin）曾形象地指出："非洲失去了夏尔·戴高乐爸爸后，又迎来了佛朗索瓦·密特朗叔叔。"[②]

概言之，按照法国知名专家伊夫·古南（Yves Gounin）的看法，左翼政府的非洲政策表明，从20世纪60年代起直到90年代，在非洲政策上法国基本没有"左""右"，而只有"新""旧"，即"保守"和"现代"之分。[③] 1986—1988年，法国的第一次"左右共治"即总统和总理属于不同政治派别，这是法国政治的独特现象。在共治期间，法国左、右两大政治派别在诸如福利制度改革、企业国有化和私有化、削减工时等诸多议题上存在重大分歧，但在对非洲政策上则基本一致，突出体现了这一点。

三　希拉克时期：对非政策犹疑与反复

尽管左翼长达十余年的执政未使法国的对非政策发生根本性转变，但随着时间的推移，世界局势发生了重大变化。在新的时代背景下，法国开始重新思考对非政策。1995年希拉克上台执政，为法国对非政策迎来了第五共和国以来的第一次转机。

---

① Jean-François Bayart, *La Politique Africaine de François Mitterrand*, Karthala, 1984, Quoted from Yves Gounin, op. cit., p. 39.

② Philippe Marchesin, "Mitterrand l'Africain", Politique Africaine, n° 58, Juin 1995, p. 5, Quoted from Yves Gounin, op. cit., p. 39.

③ Yves Gounin, op. cit., p. 40.

(一) 法非关系从"父子"到"兄弟"的新定位

希拉克上台执政后,法国的非洲政策发生了变化,改变的因素主要来自外部因素,即冷战结束。这一重大事件给法国的非洲政策带来如下压力。其一,苏东解体后,苏联原加盟共和国和东欧的原社会主义国家纷纷寻求加入欧盟,这迫使欧洲各国将对外援助的重心从"南方"移至"东方"。其二,冷战的结束削弱了非洲国家在地缘政治和意识形态领域对法国的重要作用。此前一些非洲国家,如埃塞俄比亚、喀麦隆等在东、西两大阵营之间"走钢丝"。若"维护"不当,则就有可能转入敌方阵营。美、苏对峙的终结,意味着敌人不复存在,非洲的重要性随之下降。其三,冷战结束后,美国加强了在非洲的扩张,给把非洲视作"后花园"的法国造成了压力。其四,1994年,卢旺达爆发冲突并最终酿成大屠杀惨案,法国被指负有责任并在卢旺达激起民愤,迫使其反思自己的对非政策。当然,引致法非关系变化的内部因素也不容忽视。20世纪90年代,法国经济低迷,财政赤字严重,继续维持在非庞大开支心有余而力不足,作出对非援助压缩性政策调整势在必行。

概括而言,随着冷战的结束,法国的非洲政策遇到严峻挑战,维护传统法非关系的内外部压力均增加,为适应法非之间的新现实,希拉克总统提出了对非新政策,尝试变"托管关系"为"新型合作伙伴关系"。1997年,社会党人若斯潘出任总理,改变对非政策的时机进一步成熟。若斯潘对非洲不了解、没兴趣、没热情,同非洲首脑也没有什么私交,宣称"要和非洲的父权传统相决裂,建立以平等为基础的、既不干预也不袖手旁观的兄弟而非父子式的关系"[1]。同一时期,合作与发展部也任命了一位没有非洲经验的新部长,两位新领袖在非洲问题上的不谋而合打开了对非政策的新局面,使法国对非洲政策发生了改变。

第一,减少军事干预。此前法国对非军事干预频繁,不仅背上了沉重的人力、物力和财力包袱,还屡遭当地民众反对。因此,法国意欲停止充当"非洲宪兵"的角色。1994年,法国出台的《防务安全白皮书》明确提出减少在非军事存在,之后又出台《米永计划》,宣布调整在非军

---

[1] Yves Gounin, op. cit., p. 53.

事战略，用几年时间减少在非驻军，关停部分军事基地；帮助非洲国家建立自己的维和机制，实现防务自主；加强和其他域外大国及国际组织的军事合作，推动在欧盟或联合国等多边框架内解决非洲的防务和安全问题。这些措施不仅有助于将法国从非洲的防务包袱中解脱出来，还能增强法国在非军事行动的合法性。

在实践中，法国开始践行若斯潘所说的既不干预也不放任不管的"不—不"政策。典型例子是，1999年，希拉克的密友科特迪瓦前总统科南·贝迪埃遭遇军事政变，要求法国出兵相助，但希拉克几经考虑，最终放弃了武力干预，只派出直升机把总统一家人撤往巴黎。正如古南指出的："无论（非洲国家表示）欢迎还是惋惜，法国都不想、不能再扶持和颠覆（非洲）政府了，它会不遗余力地提供建议，寻找解决方案，但是不再通过军事干预来推行它的政策，法国不再是非洲宪兵。"[1]

第二，突破传统势力范围，加强和非洲非法语区的经贸交往与合作。冷战后，以南非为代表的南部非洲国家经济发展迅速。与此同时，美国等国开始加紧对非扩张，这使法国感到了威胁和压力。为巩固在非地位、扩大影响，法国决定突破传统的势力范围，向南部非洲"挺进"，加强与非法语区的经贸往来。为此，希拉克专门访问了以南非为首的南部非洲几国，取得了显著成效，法国和南非的经贸合作关系得到显著提升。

第三，改革援助方式，扩大援助范围。冷战后，受中东欧国家进入援助名单、美国向非洲扩张以及法国自身财力不足等因素影响，发展援助改革也被提上日程。其一，法国政府把单纯的援助转化成了援助与投资、合作相结合，以改变单方面援助耗资大、回报低的不利局面。其二，为提高援助效率、降低援助成本、淡化政治色彩而进行了机构改革，譬如把合作与发展部的对外合作业务整合进了外交部。其三，突破以法语国家为主要援助国的传统做法，把援助对象扩大到整个发展中国家，淡化"法非特殊关系"，并扩大法国的影响力。为此，法国取消了此前把援助对象划分为"阵营内国家"（由法国前殖民地即非洲法语国家组成）和"阵营外国家"的做法，代之以"优先团结地区"（ZSP）。1999年，法国

---

[1] Yves Gounin, op. cit., p.57.

确定的首个"优先团结地区"共包括61个国家，其中既有原先的非洲法语国家，也有"新入围"国家，如中部和南部非洲地区的英语国家、东南亚和加勒比海及亚太地区国家等。"优先团结地区"的名单每年调整一次，以提升援助资金的使用效果。整体而言，法国打破了传统上优先关注法语区的做法，加大了对如南非、尼日利亚、加纳、肯尼亚等非法语国家的资助力度。

援外方式改革之后，法国在非洲的援助金额、贸易、直接投资、军事合作等均出现下降趋势。以对外援助规模为例，1994—2000年，法国的对外援助金额从占国内生产总值的0.64%降至0.31%[1]。加上新入围国家的"竞争"，非洲国家所占比例变小，凡此种种让人感觉法国开始放弃非洲。

（二）重返非洲即回到"法非特殊关系"的老路

然而，在希拉克的第二个任期，随着德维尔潘出任外交部长，法国的非洲政策再度生变。德维尔潘不赞成若斯潘的非洲政策，他和希拉克重新评估了非洲的角色和世界局势后，一致认为为抗衡美国，非洲对法国而言具有不可或缺的重要性，进而决定和先前的非洲政策一刀两断，回归戴高乐的非洲政策传统。换言之，在现实利益驱使下，希拉克抛弃了淡化"法非特殊关系"的做法，充当起非洲国家的代言人。他首先指出非洲大陆在全球化进程中正被边缘化，进而须推动发达国家关注非洲，助力非洲登上国际舞台、融入全球化进程：如要求联合国安理会给予非洲国家一个常任理事国席位；推动八国集团会议邀请非洲国家元首参会，并形成了惯例；在国际金融机构中替非洲国家进言。中非共和国总统马丁·齐盖莱曾说道："没有法国，我们永远没有机会接近世界银行或者国际货币基金组织首脑，没有办法把自己的声音发出去。"[2] 法国还推动八国集团免除非洲等重债穷国的债务，并得到了积极响应：八国集团不仅于2005年达成协议，同意免除18个重债贫困国所欠国际金融机构的全部

---

[1] 余南平：《法国在南部非洲国家的影响力塑造——以法国对非洲援助为视角》，《欧洲研究》2012年第4期，第95页。

[2] Yves Gounin, op. cit., p. 61.

债务，还承诺在 2010 年之前将对非援助翻一番。与此同时，法国自己也大量免除了重债穷国与法国的双边债务，同时增加了对外援助额，使之从 2000 年占国内生产总值的 0.31% 升至 2006 年的 0.47%，撒哈拉以南非洲是法国对外援助的主要受益者，约占法国外援总额的 60%。[1]

整体而言，在希拉克当政的两个任期共计十余年的时间内，法国的对非政策继续在"去特殊化"与"维持法非特殊关系"之间摇摆。总体上希拉克仍属保守派，尽管在第一个任期内进行了"去特殊化"改革，但最终又回到维持"法非特殊关系"的老路。法国学者这样总结到："在希拉克的两届总统任期内，人们的印象仍然是'一切都在改变，结果是什么都没变'……尽管提到改革事宜，但是法国的非洲政策一直停留在未作选择的举棋不定中，它仍然并且始终在法非关系正常化和保守的现代化之间犹豫不决。"[2]

四 萨科齐时期：尝试法非关系正常化

2007 年，法国开启了新一轮总统大选。在竞选阶段，左、右翼的热门候选人——罗亚尔和萨科齐均表达了重塑法非关系的愿望，提出终结已经过时、带有浓厚父权色彩的法非关系，推动法非关系正常化。

以罗亚尔和萨科齐为代表的政治家是法国第一代出生于战后的政治领袖，对法国在非洲的殖民史没有经历、甚少记忆，故而没有先前的领导人那样的"非洲情结""历史包袱"和与非洲元首的特殊关系。同时，非洲方面也发生了类似变化，正像萨科齐指出的"绝大多数非洲人没有经历过殖民时代，50% 的非洲人不足 17 岁，继续此前的（法非政策）思路难以想象"[3]。法非双方都希望结束"爸爸的非洲"时代[4]，掀开新篇章。此外，进入 21 世纪以后，美国和"金砖国家"也在不断发展对非关

---

[1] Yves Gounin, op. cit., p. 63.

[2] "La fin du Pactecolonial？La Politque Africaine de la France sous J. Chirac et Après", n°105, Mars 2007, pp. 11 - 12, Quoted from Yves Gounin, op. cit., p. 50.

[3] Yves Gouvin, op. cit., p. 71.

[4] Elise Colette, "Royal/Sarkozy: Rupture et Continuité", *JeuneAfrique.com*, 11 Février 2007, Quoted from Yves Gounin, op. cit., p. 70.

系，打破了法国对非洲大陆的长期"垄断"态势，客观上削弱了法国在非洲的影响和非洲对法国的依赖，这也迫使萨科齐调整对非政策，与非洲建立"全新的、剔除杂质的、去除（法非）情结的、平衡的、去除过去持续困扰地中海两岸的糟粕和过时做法"的法非新关系[1]，以避免此前法国对非洲国家的专断的家长制作风，使非洲产生离心力并渐行渐远。

因此，萨科齐上台伊始，人们对法国改变对非政策寄予了厚望。萨科齐也采取了一些行动，特别是进行了机构和人事调整。为淡化非洲的特殊性，法国政府撤销了自1960年以来就存在于总统府的"非洲事务处"，把它整合进了总统府的"外交处"（cellule diplomatique），使非洲和世界其他地区一样成为法国外交事务的普通一环；在内阁中引入了非裔女性官员，特别是提出了地中海战略，即由欧洲南部几国和地中海沿岸的北非及中东国家建立"地中海联盟"，加强在移民、能源、经济发展等领域的合作。

然而，彻底重塑法非关系并不容易。萨科齐难以真正摆脱持续了近半个世纪之久的法非传统关系网。在过去几十年的法非关系中起主导作用的旧势力或曰保守派依然存在，以罗伯特·布吉（Robert Bourgi）为代表的旧阵营在萨科齐身边发挥着不容忽视的作用。布吉是抱持"法非共荣"观的代表人物，其父曾和福卡尔有商业来往。他本人则在福卡尔的引荐下和加蓬总统建立了密切关系，还和刚果（布）、塞内加尔、科特迪瓦等国首脑过从甚密。在萨科齐上台后，他一直以顾问和特使的身份"作为非正式渠道和非洲的政界要人沟通"，"甚至与萨科齐的秘书长克劳德·盖昂一起直接安排法国对非援助，以及处理法国与法语非洲的事务"[2]。萨科齐自己也和前任总统的一些非洲朋友保持着密切联系，并通过他们为法国攫取了不少利益。例如，萨科齐在当选总统之前，就常常拜访路过或到访巴黎的加蓬总统奥马尔·邦戈。邦戈也以"我们是朋友，'法非特殊关系'的基础一直存在，未来还会存续，只是有待改善"[3]，来回答他和萨科齐的关系。萨科齐赢得大选后，邦戈是第一个向萨科齐

---

[1] Yves Gounin, op. cit., p. 53.
[2] 余南平：前引文，第97页。
[3] " Bongo critique Royal et Sarkozy", *Le Nouvel Observateur*, 19 Février, 2007.

表示祝贺的国家元首,还要求第一个到访巴黎。

上述例子表明,尽管萨科齐口口声声要与"法非特殊关系"决裂,实际上他仍陷在传统的法非关系网中难以自拔!合作与发展部新任部长让-马力·博克尔(Jean-Marie Bockel)表达过这种无奈,他说"自任职以来,我就试图在改革我们对非事务路线图的政治意愿和现实之间保持平衡"[1],并对记者坦言:"(萨科齐)在科托努所宣称的决裂要延迟到来。"[2] 最终,博克尔被撤职。这个案例和密特朗时期因主张改革而被迫下台的科特如出一辙。这进一步印证了新政府的非洲政策和前任没有本质区别,依然是绕过正常外交渠道,靠盘根错节的私人关系和秘密运作来维系法国在非特殊利益,同时也证明了传统势力的强大。据此,古南总结道,"非洲事务处"的消失并不意味着非洲政策的正常化,今天和过去一样,该政策是由爱丽舍宫决定的,总理府、外交部、合作与发展部不过是扮演执行者的角色。与前几任总统相比,萨科齐时代的区别只在于,此前非洲事务是由"非洲先生"——福卡尔一人负责的,现在变成了由总统秘书处的多人负责。[3]

在难以摆脱传统法非关系网的同时,萨科齐还在2007年访问达喀尔期间发表了不当言论,称"非洲人没有充分进入历史""非洲目前的问题并非全部由殖民造成的。非洲人自相残杀、种族灭绝不是殖民者的责任。非洲独裁、腐败、渎职、浪费、污染等也非殖民者的责任"。这番过激言论和他的傲慢态度在法非双方都招致激烈批评,并彻底破灭了人们对萨科齐提出的"和过去决裂、建立法非平等关系"的幻想。此外,为同在法国政坛蒸蒸日上的极右势力——国民阵线争夺选民,萨科齐收紧了移民政策,加强了对移民的管控,此举和他在达喀尔的错误言论一起导致了法非关系的紧张。

为缓解紧张局面,重获非洲国家的信任,萨科齐采取了一系列补救措施,如进一步削减驻非军队,与非洲国家重新签署军援与合作协议,

---

[1] Jean-Marie Bockel, "Le président, l'ouverture, l'Afrique et moi", *JeuneAfrique*, 5 août 2007, Quoted from Yves Gounin, op. cit., p. 74.

[2] 参见2008年1月16日《世界报》的访谈, see Jean-Marie Bocke, "je Veux Signer l'acte de Décès de la Françafrique", Quoted from Yves Gounin, op. cit., p. 74。

[3] Yves Gounin, op. cit., p. 84.

取消其中的秘密条款，彻底终止法国的"非洲宪兵"角色，支持非洲建立自主防务力量；在2010年举行的法国国庆阅兵式上，萨科齐破天荒给予非洲国家高规格礼遇，在邀请13名非洲国家元首参加国庆观礼之余，将非洲军队编入了阅兵方阵，高调显示对非的重视；加强在非经济投入，努力开拓非洲市场，从第25届法非峰会起，淡化峰会的政治色彩，倡导经济外交等。

然而，2011年利比亚国内发生动荡后，萨科齐却积极主张"干预"，并率先派出战机对利比亚实施空中打击。尽管打击是在联合国授权下、以保护平民的名义进行的，实则远没有法国所宣称的那般"正义"。否则，萨科奇如何解释2007年邀请卡扎菲访法并给予的高规格待遇？卡扎菲对萨科齐的"地中海战略"不感兴趣，并加以阻挠。推翻卡扎菲扶持亲法政权、确保法国在利比亚的利益恐怕是法国出兵的主要考量因素。出于类似考虑，继干预利比亚内战之后，法国又出兵科特迪瓦，用亲西方的瓦塔拉取代了巴博政府。概言之，两次武装干预的出发点都是维系法国的国家利益，凸显出萨科齐的非洲政策是戴高乐的延续，和此前他所宣称的"不再把非洲视作法国后花园"的说辞背道而驰。

概括而言，继希拉克之后，人们寄希望于战后出生的新一代政治家萨科齐来结束"法非特殊关系"。然而，萨科齐在其执政时期，法非传统关系受到进一步挑战：经济纽带松弛、法国在非影响力下降。萨科齐和前任一样屡屡宣称改革法非关系、与过去决裂，但在强大的历史传统、错综复杂的利益面前，结果再次令人失望，萨科齐与过去"决裂"的承诺最终只停留在口头上，重返"干预主义"之路。

五　奥朗德时期：从突出意识形态转向现实主义外交

2012年，奥朗德接替萨科齐出任总统。这是社会党在告别政坛17年之久后再次执政。奥朗德入主爱丽舍宫时，法国的内外环境有以下特点。其一，随着欧洲一体化的发展和欧洲主权债务危机、难民危机等问题的相继出现，欧洲成为法国对外关系的首要关切。其二，由于经济增长乏力，法国的大国雄心和手段之间的差距日益拉大，对非外交缺乏必要的人力、物力、财力，行动能力有限。其三，随着更多国家进军非洲市场，法国在非洲的影响力进一步下降。在新的历史背景下，非洲到底意味着什么，是机会还是问题、麻烦？非洲在法国的大国战略中是否依然扮演重要角色？这些问题左右着法国的对非政策。基于对这些问题的看法与应对之策，奥朗德的非洲政策可以大致划分为三个阶段。

（一）推动法非关系正常化并坚持意识形态挂帅

奥朗德上台伊始，认为"法非共荣"理念同法国与非洲的新现实不符，遂宣布要终结"法非特殊关系"，指出法国是法国、非洲是非洲，两者不要继续纠缠，本着"尊重""透明"与"团结"的原则，法国应和非洲建立伙伴关系。此番表态的原因，除了受制于外部因素即欧洲多重危机的持续影响之外，也与其自身因素有关，奥朗德和萨科齐同属生于战后、法非关系已经过时的一代人，对非洲既不了解也没兴趣，就此开启了其对非政策的第一个阶段：法非关系正常化。

正常化的表现之一是决策机制的正常化。奥朗德对象征"法非特殊关系"的两大传统机构——合作与发展部和总统府的非洲事务处进行了改革。首先，他把合作与发展部部长降格为负责发展的部长级代表，后又降为负责发展的国务秘书级代表。这一方面是为了恢复此前在对非事务上长期被边缘化的外交部的作用，另一方面旨在削弱合作与发展部的援助功能，不再强调援助的战略意义，把它还原为一项外交政策工具。其次，他削减了总统府非洲事务处的人员。如上文所述，该部门在萨科齐任上已被整合进总统府的外交处，这次改革不仅削减了人手，而且弃用党内几位精通非洲事务的资深官员，先后任命了几位年轻女士来负责，[1] 她们不仅缺乏在"法语非洲"的工作经验，而且作为外交处的成员，并无制定有关"非洲"政策的权力，只负责上传下达。再次，该届政府推进办事程序的正规化和透明度，纠正以往通过私人关系渠道、以暗箱操作方式处理非洲事务的做法，把相关事务交由外交人员处理。在需要处理相关事务的时候，或由大使出面，或由总统本人和非洲领导人直接对话，终止过去那种通过密使、亲信等非正规渠道传"小话"的做

---

[1] 她们此前的工作经历主要在非洲英语区国家，对非洲法语区国家缺乏了解。

法，将传统的"法非特殊关系"网挡在爱丽舍宫之外。不过，这种改变也是相对的，外交部的作用尽管在恢复，但不能被夸大；虽从制度上废除了传统的"法非特殊关系"网，但在现实中难以完全销声匿迹。最后，他强调法非关系从"合作"变为"发展"，逐步淡化国家和政府在法非关系中的作用，突出企业、非政府组织的作用。换言之，在法非关系中，法国政府将更多以协调人的角色出现，促进各种非国家行为体在非洲展开合作。

奥朗德也一改前任萨科齐傲慢和自负的作风，谦虚、低调，注重"政治正确"，在制定相关政策前多方听取智库和非洲专家的意见，注重决策的多边化和非洲化。

另外，作为社会党人，奥朗德的对非政策带有鲜明的意识形态色彩，对非洲国家明确提出了民主、人权、良治等要求，指出这是法非关系的重要基础和法国对非援助的前提，并强调这不是干预内政，是"要求"。奥朗德上任后，把访非的第一站选在塞内加尔首都达喀尔，之所以选择这座城市，除了要挽回五年前萨科齐在达喀尔演说的负面影响外，还在于他把该国视为"民主的楷模"加以肯定[①]。而对他认为存在选举舞弊和暴力行为的"坏学生"刚果（金）则另眼相看，保持距离，一度抵制出席在该国首都举办的法语国家组织首脑峰会，以免造成支持政治不达标国家的错误印象。后虽迫于峰会的重要性而前往，但他在峰会上对刚果（金）新总统卡比拉态度冷淡。可见，法国在通过实际行动向非洲各国传递其看重民主、人权等价值观的信号。

（二）强调对非洲反恐等安全问题的介入

但是从马里危机起，伴随着萨赫勒地区恐怖主义的愈演愈烈，奥朗德的对非政策发生了变化，背弃了先前的不干预政策，淡化了对意识形态的要求，"回到了密特朗的非洲观"[②] 上。

马里局势发生动荡时，奥朗德毫不犹豫地选择了在代号"薮猫"的

[①] 肯定该国总统是通过民主、透明的方式选举上台的。

[②] Aline Leboeur & Hélène Quénot - Suarez, *La Politique Africaine de la France sous François Rolland: Renouvellement et Impensé Stratégique*, Ifri, p. 80.

行动下出动地面部队反恐，以肃清萨赫勒地区的恐怖主义。后扩大反恐范围，在萨赫勒地区多国建立基地，把"薮猫"行动扩展成了"新月形沙丘"反恐行动，以消除日益威胁该地区安全、进而直接威胁到法国在该地区利益的隐患；此前法国还出兵中非共和国，防止该国局势恶化，威胁到整个中部非洲的安全和法国在该地区的利益。为了增加行动的合法性，法国声称在行动前征求了非洲伙伴的意见并获得了联合国的授权，以避免采取过往那样的单边行动并招致"新殖民主义"的批评，同时强调出兵的目的不是要强加一个亲近法国的领袖，而是促进地方和平与安全进程，出兵只是扫清障碍，便于后续非洲维和部队进驻，不会长期驻军。

马里危机后，法国重新把"安全"问题提到了优先位置。2013 年，法国出台的《防务白皮书》明确指出："非洲在法国的防务和安全战略中扮演着特殊角色。"[①] 同时，受自身经济低迷、财力不足所限，法国强调帮助非洲建设自己的防务力量和危机反应能力。2017 年 2 月，法国组织并推动萨赫勒五国集团成立了 5000 人的联合反恐部队；减少在非驻军，改为提供支持，如提出从 2014 年起在 5 年内为非洲国家培训 2 万名士兵。在反恐大计面前，奥朗德不再强调民主、人权等价值观，而是指出非洲是非洲人的非洲，相关事务由"非洲决定，而不是我们"[②]，走上了法国对非务实合作的道路。

（三）践行对非经济外交，加强法非经贸联系

法国对非经济外交，并非奥朗德任内首创，前任萨科齐也强调过。但到奥朗德时期，特别是随着法比尤斯出任外交部长，经济外交才日渐具体。这主要是基于以下两方面原因。一方面，自 20 世纪 90 年代中期以来，非洲凭借着年均 5%—6% 的经济增长率日益成为全球最具发展前景和市场潜力的地区之一，吸引着各国投资者赴非开展各类经济活动，尤其是包括中国在内的"金砖国家"以及土耳其、伊朗、卡塔尔等国在非洲的经贸活动都十分活跃。在法国看来，这是重大威胁，因为此前法国

---

① Ministry of Defense, *Livre blanc sur la Défense et la Sécurité naitonale 2013*.
② Aline Leboeur & Hélène Quénot‐Suarez, op. cit., p. 24.

一直是非洲地区最主要的外国投资方，而从 1990 年到 2011 年，法国在撒哈拉以南非洲的市场份额从 10.1% 降至 4.7%[①]，在非洲的经济影响力日趋走低，在某些国家甚至被边缘化，与法国在外交特别是军事合作领域的影响力差距日渐加大。此外，非洲是未来全球人口最多的大陆，中产阶级队伍日趋壮大，蕴含着无限商机。另一方面，法国国内经济增长乏力、失业高企，加强对非经济联系是解决法国经济问题可供选择的出路。

由此，法比尤斯出任法国外交部长后力推经济外交，拟借力于法国的对外政策工具，使之服务于国家经济利益。对非经济外交作为法比尤斯整个经济外交的重要一环，得到了高度重视。在机制建设层面，法比尤斯将外交资源进行了有效整合和配置，把外贸事务整合进了外交部，在外交部内建立了企业司，要求外交"在国家的企业、就业、增长和经济振兴方面扮演重要角色，使法国的外交网络、世界最庞大的网络之一服务于企业"，并制定了三大目标，其中之一是在国外市场支持法国企业特别是中小企业，并利用包括驻外使领馆在内的所有外交工具帮助法国企业开拓海外市场。

在具体操作层面，在法比尤斯的要求下，驻非大使和经济参赞密切合作，为法国在非企业牵线搭桥，驻非大使成为法国品牌的第一推广者；2014 年，法国在非洲成立了"法非增长基金会"，为在非的法国企业提供服务；将"建立紧密的经贸联系，推动更多法国企业进入非洲"[②] 列为法国对非政策的新重点之一，并强调法国要走出传统势力范围，大力开拓坦桑尼亚、南非、埃塞俄比亚和肯尼亚等经济快速增长的英语国家的市场，力争使法国在非投资在未来十年内提高 75%。2015 年法非论坛以"共建经济合作伙伴"为主题并倡议建立非洲出口银行，为法国企业在非洲获取"大单"提供融资支持。2017 年举办的法非首脑峰会邀请了众多法国和非洲企业家与会，共商经贸合作大计，经济色彩浓厚。

值得一提的是，随着中国和非洲各国经贸关系的深入发展，法国最初把中国视作在非洲的头号竞争对手。法国有关报告指出，中国在非洲

---

① Aline Leboeur & Hélène Quénot – Suarez, op. cit., p. 42.
② 《法国公布新的对非外交政策》，参见中国商务部网站，http://www.mofcom.gov.cn/article/i/jyjl/k/201401/20140100468353.shtml，2019 – 01 – 08。

的市场份额从1990年的不足2%迅速增至2011年的11%。① 只在14个通用西非法郎的国家，中国的市场份额（17.2%）略低于法国（17.7%）(2011年数据)。② 从2000年中期起，法国公司日益感受到来自中国的巨大压力，特别是在石油和基础设施领域。不过，在奥朗德任上，法国的态度有所转变，主要表现在：其一，法国认为，该国不仅要适应中国和其他"金砖国家"在非洲的存在，并且要学会用客观和积极的眼光看待之，即在视作挑战的同时，也视作机遇。其二，法、中之间有联手合作、取长补短的空间，如非洲急需直接投资，特别是在基础设施建设领域，而法国等发达国家受财力所限，力不从心，中国可以弥补这一短板。再如，法、中两国可以在电信领域开展合作，由中国公司提供硬件——基础设施，法国提供软件——高科技。此外，在核电、石油等领域，两国也有合作空间，2013年4月，双方便签署了一系列合作协议。同时，法国还指出，中国在电信、通信、船舶、港口等基础设施建设领域的投资对法国也有好处——基础设施的完善可以给法国带来更多的商机。不过，法国同时还认为，法、中两国的合作主要囿于大公司，而法国的中小企业缺乏竞争力，在非洲不是中国的对手，需得到法国政府的大力扶持。

综上，奥朗德和萨科齐一样，也宣称要和前任特别是萨科齐的非洲政策决裂，进行机构和决策程序透明化、正常化改革，使旧的"法非特殊关系"网逐步失去活动余地，推动法非关系正常化。但整体而言，在左翼社会党治下，随着萨赫勒地区恐怖主义的猖獗和法国在非洲市场份额的缩小，安全问题和经济扩张成为法国对非政策的主要关切。在奥朗德任内，法国的非洲政策依然是矛盾的：一方面，奥朗德想"净化"法非关系，剔除其中的杂质，和萨科齐的干预主义决裂，另一方面，他又担心失去在非洲的利益和影响。一方面强调"民主""人权""良治"等价值观，另一方面一旦涉及具体利益，实用主义又占据上风。奥朗德在上台之初表现出的唯意识形态论没有一以贯之，而是在实践中按照国家利益做了灵活调整；积极践行经济外交，对非政策转向现实主义。法国的非洲政策似乎陷入了"路径依赖"，难以彻底割除历史传统的影响，就

---

① Aline Leboeur & Hélène Quénot – Suarez, op. cit., p. 42.
② Ibid..

此在"正常化"和"重返非洲"之间不停地摇摆。

六 马克龙时期：对非政策继承中有突破

2017年5月，年仅39岁的马克龙取代奥朗德上台执政。此时的法国内外环境均有新变化。其一，在经历欧洲主权债务危机和难民危机之后，欧洲一体化又受到民粹主义势力上升、英国脱欧等问题的困扰，民众中弥漫着严重的疑欧、反欧情绪，欧洲一体化的脚步进一步受阻。新一代领导者马克龙志向远大，立志成为欧盟的领袖，拟和德国联手，重启作为"欧洲一体化发动机"的"法德轴心"，以振兴欧洲。在德国遭遇组阁危机后，马克龙更是以"欧盟领袖"自居，欧洲责无旁贷地成为马克龙外交的首要关切。其二，马克龙怀有振兴法国的雄心壮志，他继承了戴高乐的独立外交传统和大国情结，希望恢复法兰西的光荣和伟大。而欧盟的振兴和法国的振兴互为前提——法国只有站在欧盟的"肩膀"上，才能发出更响亮的声音；唯有法国振兴了，才能更好地引领欧盟复兴。其三，非洲特别是萨赫勒地区的恐怖主义愈演愈烈，来自非洲的难民、非法移民等问题也日渐突出，两者均对法国和欧洲的安全构成严峻挑战。在上述背景下，非洲的重要性不言而喻，且日益和欧洲事务交织在一起，并且由于欧洲问题是马克龙的重要关切而倍加重要。

那么，马克龙将实行怎样的非洲政策？自密特朗以来，几乎历届法国总统都声称要与过去的非洲政策决裂，但几乎又全部回到之前的老路上。在第一个出生于非洲殖民地独立之后的年轻领袖马克龙治下，法国的非洲政策能否有实质性的变化？

（一）革新法非关系

2017年底，马克龙借在布基纳法索首都瓦加杜古大学发表演讲之际，首次阐述了他的非洲政策。尽管他的提法相当新奇——"没有非洲政策"，不过专家一致把他所谓的"政策"解读为"法非特殊关系"。"没有非洲政策"就是不再有"法非特殊关系"，意味着与传统法非关系决裂。此外，马克龙所说的"（我）和你们一样，是从来没有经历过作为殖民地的非洲的一代"也传达了同样的信号：作为尚不满40岁的新一代领袖，他不再背负殖民时期"法非特殊关系"的历史包袱，而是面向未来，开启法非关系的新篇章。这一点从他的机构设置上也可洞察一二。他宣称要和以福卡尔为代表的过去有害的法非关系划清界限，让法国的形象焕然一新。马克龙上任不久，便成立了一个非洲事务委员会（CPA），直接隶属总统，负责为总统制定非洲政策提供建议。该机构由十余名成员组成，年龄大多在三四十岁，最年长的不过55岁，最年轻的才30岁，全部来自民间，一半左右是生活在法国的非洲人。他们的背景各异，从前足球健将、企业家、导演、科学家到全球最大的水务公司苏伊士集团国际发展部负责人，可谓五花八门。每人掌管一个领域，包括文化、卫生、未来城市、教育、农业、气候变化等。该团队不隶属总统府，不属于公务员，不是总统朋友的俱乐部、不是智库，也不是泛非论坛，类似于志愿者，定期和总统会面，便于总统听取来自民间社会的意见，为他制定对非政策提供参考。这个"由新人组成的新机制"[1]体现着"法非关系的新变化"[2]。这样一个独特的机构所传达的信息很明确：要切断与老的"法非特殊关系"网的联系。马克龙的非洲顾问，即非洲事务处负责人弗兰克·帕里西（Franck Paris）也是一位不满40岁的青年人，他领导下的非洲事务处只有5人，和福卡尔时期多达60余人的规模形成鲜明对照，且没有专项预算，这使它至少无法像福卡尔时代那样向非洲首脑行贿。

（二）首要关切对非政策中的安全议题

反恐和安全问题是马克龙非洲政策的首要关切。实际上，在安全问题上，马克龙的非洲政策和前任是有连续性的：奥朗德在卸任之前把最后一届法非峰会（2017年1月）选在了马里，并推动组建了萨赫勒五国联合反恐部队。马克龙上任后仅12天就造访马里，视察加奥法军驻地，

---

[1] "Macron et l'Afrique (5/5): que Devient le Conseil Présidentiel Pour l'Afrique?", RFI, 2018/05/11, http://www.rfi.fr/afrique/20180511 - macron - afrique - conseil - presidentiel - cpa - diaspora, 2019 - 01 - 10.

[2] "Emmanuel Macron crée un Conseil Présidentiel Pour l'Afrique, des《vigies》du Continent", *Le Monde*, 2017/08/29, https://www.lemonde.fr/afrique/article/2017/08/29/emmanuel - macron - cree - un - conseil - presidentiel - pour - l - afrique - des - vigies - du - continent_5178008_3212.html, 2019 - 01 - 10.

这是因为在"新月形沙丘"行动框架下，法国有近 1600 名士兵驻扎在加奥，并着手为萨赫勒五国联合反恐部队筹措资金。他还任命前国防部长、萨赫勒地区军事行动总指挥勒德里昂（Jean - Yves Le Drian）为外交部长，且新外长在马克龙上任仅一个月左右的时间里便频繁往返于北非诸国，和北非国家元首共商反恐合作事宜。2017 年 8 月，马克龙在法国驻外使节年度会议上表示，在"安全第一"的政策框架下，反恐是法国外交的首要任务。11 月底，他再次频繁造访非洲——访问布基纳法索、科特迪瓦和加纳；圣诞前夕赴尼日利亚视察该国的法军基地，与参与打击萨赫勒伊斯兰极端势力的法、德士兵共度节日。12 月，他在巴黎举行的萨赫勒五国集团会议上表示，法国将推动简化提供资金援助的行政手续，促使启动资金尽快到位。

此外，马克龙还继承了在法国财力有限的情况下、逐步减少直接干预、以提供支持为主的做法。例如，他在总统大选第一轮投票后便指出，长期内在非洲的军事存在本身不是法国的目标，会逐步减少法国在非军事存在，着眼于中长期的安全行动。2017 年 12 月，马克龙的国防部长富罗伦萨·帕尔利也明确表示"非洲安全问题首先是非洲人的问题"[1]，法国会鼓励非洲人建设和加强自主反恐能力，一方面确保非洲在安全问题上的可持续，另一方面减轻法国的包袱。

在安全问题上，马克龙的另一大特点是，推动欧盟参与非洲反恐，把反恐问题"欧洲化"。在大选后和德国总理默克尔的首次会面中，马克龙便呼吁德国等其他欧洲国家参与支持在非反恐。他在访问马里期间，又重申了欧洲特别是法、德合作反恐的重要性，指出只有"和我们的伙伴合作"[2]，才能保障马里地区的永久和平。在他的推动下，德国总理默克尔也出席了 2017 年 7 月份的萨赫勒五国集团特别峰会，欧盟也承诺为五国联合反恐部队提供价值 5000 万欧元的支持。8 月，德、法两国的国防部长一起参观了德国为反恐和打击非法移民而在尼日尔建设的军事基

---

[1] 《法国欲推动非洲萨赫勒五国反恐"提速"》，搜狐新闻网，http：//www.sohu.com/a/217327616_611236，2019 - 02 - 13。

[2] Speech by President Emmanuel Macron, "Discours sur la base Barkhane", ELysé, 19 May 2017, Http：//www.elysee.fr/declarations/article/discours - sur - la - base - barkhane, 2019 - 01 - 05.

地。正如法国国际战略研究所的报告《马克龙外交：全新的法国对外政策》指出的：马克龙的外交战略更看重国家利益，有明显的欧洲取向。[1]

(三) 继续深化经济领域的务实外交

经济是马克龙对非政策的另一重点领域。马克龙曾在投资银行工作，又担任过奥朗德政府的经济部长。他重视经济议题，这一点也体现在他的对非政策上。上任后，他积极为法国企业在非扩大市场份额铺路架桥，希望借此提振始终不景气的法国经济。上届政府孜孜以求的经济外交在他这里得到了传承：在2017年8月的法国驻外使节年度会议讲话上，马克龙便重申"经济外交是优先事项"，号召驻外大使加倍努力，帮助法国中小企业扎根国外市场。在外交部的协调下，法国动员所有力量——金融机构、社会组织、双边或多边组织等，共同为法国的企业服务。在布隆迪，法国、德国、比利时三国联手遏制来自其他国家的竞争。在因断交而没有外交联系的卢旺达，法国借助欧洲和德国的力量迂回地维护自身利益。[2]

政府实行经济外交的另一个典型案例是：助力法国企业拿下了科特迪瓦经济首都阿比让的地铁一号线项目。该项目原由法国和两家韩国公司联手承包，但韩国企业遭遇融资困难，法国趁机由政府直接出面，承诺全额出资（14亿欧元），其前提是该项目全部交由法国企业承包。最终两家韩国企业出局，工程改由法国布依格工程公司、阿尔斯通与柯拉铁路公司三家公司包揽。2017年11月30日，马克龙在阿比让出席了该项目的开工仪式。尽管法国媒体指出，科特迪瓦的阿拉萨内·瓦塔拉政权虽难以达到良政标准，但马克龙选择了务实的道路，把经济利益放在了首位。遗憾的是，该项目尽管已经剪彩，但并未动工。这也从一个侧面证明了随着法国自身国力的下降，其对非政策确实是日益心有余而力

---

[1] 《法国外交政策趋向灵活的古典主义》，中国社会科学网，http://ex.cssn.cn/gj/gj_gjw-tyj/gj_oz/201805/t20180510_4243861.shtml，2019 – 01 – 10。

[2] "Diplomatie économique de Macron en Afrique：Françafrique ou France & Afrique ?", *La Tribune*, 2017/11/12, https：//afrique.latribune.fr/think – tank/tribunes/2017 – 12 – 11/diplomatie – economique – de – macron – en – afrique – francafrique – ou – france – afrique – 761231.html，2019 – 01 – 10.

不足。

针对马克龙的非洲政策，精通非洲问题的记者托万·格拉泽（Antoine Glaser）指出："我认为马克龙的非洲地图仍然是在有生意的地方，在有精英可以促进法国利益的地方"[①]；"和马克龙一起，我们进入了政治现实（realpolitik）。所谓政治现实，即你们革你们的命，我们不会替你们革命。所以，对在位领袖没有真正的有敌意的反应……只要这些领袖在位，法国就有利益去捍卫，这些领袖在法国有施加影响的网络，特别是在法国的大集团中"。[②] 他还指出，正是在该思想指导下，马克龙致力于拓展同非洲非法语地区国家关系。他的雄心是：拉近法国和上述地区大国之间的距离，为法国企业家提供新商机，安哥拉、尼日利亚的总统到访巴黎以及南非总统的可能到访，显然都是该战略的一部分。[③] 这段话充分表明，马克龙的非洲政策走的是实用主义的道路：只看现实的国家利益，不强调民主、人权、良治等价值观，这同奥朗德刚上任时对非洲国家提政治要求的做法大相径庭。

（四）以青年发展为切入点破解非洲移民和难民难题

近些年，在欧洲难民危机持续发酵的背景下，移民和难民问题成为事关法国和欧洲安全的另一大难题。蜂拥而入的难民和移民不仅带来了众多社会问题，还为极端分子乘虚而入带来了"便利"。移民和难民大量来自非洲，因此移民问题不可避免地成为马克龙对非政策的另一大关切。马克龙解决此问题的思路来自两个方面：一方面，收紧法国的移民难民政策，新出台的政策在避难资格的申请和审查、移民的数量等方面都做了更加严格的规定，以减少移民和难民的流入；另一方面，促进非洲当地的发展，杜绝移民和难民的产生，从源头上解决问题。从马克龙的诸多讲话中可以看出，他的发展观涵盖教育、健康、性别平等、环境、城市可持续发展、中小企业等各个方面，特别是面向青年、面向未来。这

---

① "Macron et l'Afrique（2/5）：la realpolitik d'abord ?"，RFI，2018/05/08，http：//www.rfi.fr/afrique/20180508-macron-afrique-25-realpolitik-abord-tchad-rdc，2019-01-22.

② "Macron et l'Afrique（2/5）：la realpolitik d'abord ?".

③ Ibid..

是因为，目前非洲"70%的人口是青年人"，① 只有从教育、从性别平等着手，促进青年和女性就业，才能让非洲人在当地安居乐业，才能改变"每名妇女生育七八个孩子"的状况，② 才有希望扭转非洲的贫穷落后和动荡不安。在瓦加杜古的讲话中，马克龙还承诺设立一项专项基金，由法国开发署和公共投资银行共同出资，支持非洲中小企业的发展，通过中小企业能够带来大量就业。法国负责合作的前国务秘书阿兰·茹昂戴（Alain Joyandet）也指出，"减少非洲贫困的唯一方式是在法国开发署的支持下，在我们企业交流的基础上建立法非合作"③。移民、减贫、发展等议题环环相扣、互为前提，可以形成良好互动。

同反恐问题一样，在移民、减贫、发展等议题上，马克龙也寻找欧盟层面的解决方式，努力把它们纳入欧非关系的大框架下。2017年底，在科特迪瓦召开的第五届非盟—欧盟峰会便以"为可持续未来投资青年"为主题，和马克龙的思路基本一致。

马克龙上台执政尚不足两年，他的非洲政策还有待观察。从过去的近两年时间看，他的非洲政策依然是有继承、有突破、有决裂。就继承而言，他继续走务实主义路线，把安全、经济和发展等直接事关法国利益的议题作为首要关切，几乎不谈论政治议题，且日益寻求"欧洲化"的解决方案。论及突破和决裂，则指他进一步进行机构和决策机制改革，同持续了近半个世纪的"法非特殊关系"网说再见。值得注意的是，马克龙自上台以来推出了多项经济社会改革，引起了法国民众的强烈反对，特别是2018年底推出的燃油税改革导致了持续至今的"黄马甲"运动。随着该运动的不断发酵，他的民意支持率跌至最低，民众还批评他喜欢在国际舞台作秀而不关心国计民生。在此背景下，在接下来的任期内，马克龙可能会将注意力更多地放在内政方面，今后他的对外政策包括对非洲政策可能会更多地受到内政因素的掣肘。

---

① 《法总统接受法广专访阐述其非洲政策理念》，https：//news.boxun.com/news/gb/intl/2017/11/201711302311.shtml，2018 - 12 - 24。

② 马克龙曾在二十国集团峰会上指出，每名育龄妇女生七八个孩子的生育率很难使非洲保持稳定，尽管该论调遭到非洲人的反感和批评。他还指出非洲人应该留在当地工作，在当地更有前途。

③ "Macron et l'Afrique (2/5)：la realpolitik d'abord ?".

七　结语

出于历史因素，对非政策在法国的外交战略中始终占有重要地位。从对逾半个世纪的非洲政策梳理可见，该政策呈现如下特点：始终以法国的国家利益为出发点和导向，在此基础上，历任政府均从时局出发，对非洲政策进行灵活调整，既有对前任的继承，也有突破，使该政策呈现连续性与决裂并存的特色。

第一，无论政权如何更迭，法国的非洲政策始终表现出一定的连续性，这一点主要体现在以下两个方面。其一，在非洲殖民地独立后，为维护在非传统利益，并在强大的传统势力作用下，法国仍在相当长的时间内维持着此前以隐蔽的私人关系网为基础的、充斥着利益交换的"法非特殊关系"，这种关系带有浓厚的新殖民主义色彩，在全球范围内几乎找不到第二例。尽管自密特朗起，几乎历任总统都宣称要与"法非特殊关系"决裂，但这句话在长达近半个世纪的时间里一直停留在口头上。其二，始终坚持从国家利益出发来制定对非政策，不受或者较少受意识形态束缚，或者即使受到束缚，最终也在国家利益的驱使下弱化意识形态色彩。所以，我们看到无论左翼还是右翼政党执政，对非政策始终表现出一定的一致性：密特朗左翼政府在第一个总统任期内，其非洲政策和前任右翼政府几乎没有实质性区别。屡屡声称不再充当"非洲宪兵""不再干预非洲内政"的右翼总统萨科齐和左翼总统奥朗德，在涉及法国利益的关键时刻，均毫不犹豫地选择了出兵。

第二，法国对非政策在保持连续性的同时，随着时间推移和政权更迭，也逐步出现了突破和决裂，主要表现在：其一，从奥朗德起，对非关系终于开始摒弃传统的私人关系网络，至少在机构和决策层面，被整合进正常的外交框架，走向正常化；其二，在服务于法国国家利益的指导原则下，法国对非政策日益灵活务实。例如，法国政府为减轻财政负担，逐步减少对非军援，从重视军事和政治议题转向重视经济领域；逐步突破传统势力范围（非洲法语区），发展与非洲英语国家的经贸联系；面对中国等近些年活跃在非洲大陆的其他国家，放弃只强调竞争的做法，发掘合作机会并努力促进合作。"务实"在新生代年轻领袖马克龙身上体现得最为典型,我们看到马克龙对非政策的首要关切日益放在和法国利益息息相关的安全、发展、青年等议题上,很少提及政治议题;其三,法国对非政策逐渐欧洲化,即面对难民、移民、安全、发展等非洲所面临的对包括法国在内的整个欧洲地区构成严重威胁的问题,逐步寻求欧洲层面的解决方案,借助集体合力来解决难题。

不过,法国对非政策的"变"与"不变"是相对的,难以作出泾渭分明的划分。"不变"的是"坚持以法国国家利益为导向","变"的是"在国家利益导向下具体的政策内容"。之所以法国对非政策在延续中有改变,在传承中有断裂,主要原因在于国际环境的发展演变(如冷战的结束和欧洲一体化的前进与挫折)、法国自身的发展演变(如综合国力的下降、经济实力的衰退),以及非洲的发展演变(非洲英语区的崛起和整个非洲地区在未来的市场和经济潜力)等,这些因素直接影响着非洲在法国对外战略中的权重,迫使法国对非洲政策作出适应性调整。此外,领导人或曰决策者的"更新换代"也发挥着至关重要的作用:法国的对非政策始终贯穿着"新""老"即"保守"和"改革"两大派别的对立。两者在对非问题上所持的截然相反的立场,在很大程度上决定着法国对非洲政策的走向:以福卡尔为代表的前者坚持维护法国和前殖民地国家的特殊关系;后者则建议进行"去特殊化"改革。新老之争持续了40余年,直到奥朗德时期,随着法非双方的老派政治领袖逐步退出历史舞台乃至离世,法国才得以摆脱传统法非关系网的束缚,在法非关系正常化的道路上迈出关键一步,概言之,当政者或领导人因素在法国对非政策中的重要作用亦不容忽视。

(本文原刊发于《西亚非洲》2019年第2期)

德国与非洲安全合作的
新动向及发展趋势

周瑾艳[*]

摘 要： 自 2014 年以来，随着德国外交政策的转型，德国对非安全政策正由被动应对向积极有所作为方向转变，但德国对自身作为文明力量、欧洲国家的定位，以及德国国内对军事手段根深蒂固的克制文化并没有发生改变。因此，德国主要通过政治、外交与发展等手段，综合运用贸易协定、发展援助、人道主义援助、机制建设、警察培训、政治对话等政策工具，实现与非洲的安全合作；强调优先采用非军事手段，但不排除必要时采取军事行动。由此，德国逐渐形成了以发展合作与和平安全相结合、危机预防为主、多边主义优先、审慎使用军事部署为特征的综合性对非安全政策取向。从《德国对非洲政策指南》到《非洲马歇尔计划》，其中涵盖的内容充分体现了这一点。导致德国对非安全政策发生上述变化的原因在于：德国在国际舞台上影响力渐升，传统的对外安全合作理念与行为不符合其新的国家身份定位；非洲安全情势发生变化，国际社会与公众舆论对德国更多地承担国际安全治理充满期待。未来，基于德国的"发展—安全"观，德非安全合作会进一步深化。

关键词： 德非关系 安全合作 《德国对非洲政策指南》

---

[*] 周瑾艳，中国社会科学院西亚非洲研究所助理研究员。

《非洲马歇尔计划》 "发展—安全"观

受殖民遗痕影响,与法国和英国相比,德国对非洲大陆的影响力相对较小。历史上,德国曾在非洲拥有德属东非(今坦桑尼亚的坦噶尼喀、卢旺达、布隆迪)、德属西非(今喀麦隆和多哥)、德属西南非洲(今纳米比亚)等殖民地,后因"一战"战败而从非洲殖民体系中退出。之后,德国基于两次世界大战历史罪责的自省,包括与非洲大陆在内的对外安全合作较为低调,甚至有时采取与北约在非军事行动相异的态度。[①] 但值得注意的是,自2014年以来,德国对外战略目标发生较大变化,"德国应该承担更多的国际责任"的呼声渐强,由此德国在全球治理中愈加活跃。2017年1月,德国经济合作与发展部高调发布《新的非洲—欧洲关系:发展、安全和更美好的未来——非洲马歇尔计划》(以下简称《非洲马歇尔计划》)[②],明确提出德国对非政策需要范式转变。这表明德国将以更为积极的方式参与非洲的发展和安全事务。此外,德国还利用2017年担任二十国集团轮值主席国的机会,提出"与非洲有约"(Compact with Africa)。新倡议"与非洲有约"伙伴计划规定,单个非洲国家和二十国集团中单个成员国通过协商"改善私人投资条件",实际上承认强大的工业国家有机会在选出的非洲国家优化投资条件。不符合工业国家经济利益的非洲国家,则被排除在"与非洲有约"伙伴计划外。迄今为止,共有7个非洲国家入选"与非洲有约"计划。根据目前的情况,德国政府将与突尼斯、加纳以及科特迪瓦合作[③],在议题设置上聚焦非洲发展问题。那么,德国对非洲安全政策发生了哪些变化?其内在机理及其影响有哪些?这是本文尝试回答的问题。

[①] 例如,在2011年利比亚战争中,德国没有参加由法国、美国和英国领衔的对利比亚空袭行动,并与俄罗斯、中国、印度和巴西等国对联合国安理会授权在利比亚建立禁飞区的决议投了弃权票。

[②] 德国的《非洲马歇尔计划》(Afrika und Europa – Neue Partnerschaft fuer Entwicklung, Frieden und Zukunft)全文请参见德国经济合作与发展部网站:https://www.bmz.de/de/mediathek/publikationen/reihen/infobroschueren_flyer/infobroschueren/Materialie310_Afrika_Marshallplan.pdf,2017-02-20。

[③] See:http://news.163.com/17/0711/11/CP2EO7S100018AOQ.html,2017-07-20。

一 德国对非安全政策的发展变化

冷战时期，联邦德国在国际关系舞台上保持低调，非洲在德国外交政策中始终处于边缘地位，[1] 德国并没有真正的对非安全政策。冷战结束之后，德国的对非事务在很大程度上受到美国、法国以及后来的欧盟的影响。[2] 总体看，在这个阶段，德国的对非安全政策是被动应对型的。直至 21 世纪初，由于德国对非安全战略的缺失、自身"文明力量"（Zivilmacht）的定位、战略上的克制文化，以及在非洲并无势力范围，德国对自己在非洲的安全责任和利益仍没有清晰的定义，德非安全合作主要跟随联合国、北约、欧盟或法国之行为。

1990 年，联邦德国和民主德国统一后，德国开始参与联合国维和行动，但在过去的 20 多年时间里，德国政府并不愿意参与美国领导的军事行动。2003 年，施罗德领导的德国红绿联盟政府就拒绝参加美国和英国领导的伊拉克战争。2006 年被视为德国对非洲安全合作突破禁忌的一年。[3] 这一年，德国决定领导欧盟在刚果（金）的军事行动（EUFOR RD Congo），监督刚果（金）选举。在 2006 年 7 月到 11 月近半年时间里，共有 780 名德国士兵参与其中，这是"二战"后德国联邦国防军第一次参与非洲的安全行动。[4] 2008 年美国金融危机发生后，主要欧洲大国也深陷欧债危机，德国经济形势却能保持相对较好态势，无论从外部国际环境还是德国自身愿望来看，德国参与全球治理包括安全领域的合作意愿

---

[1] Ulf Engel, "Germany between Value – based Solidarity and Bureaucratic Interests", in Ulf Engel & Gorn Rye Olsen eds, *Africa and the North*, London and NY: Routledge, 2005, p. 83.

[2] Ulf Engel, "Networked Security between 'Restraint' and 'Responsibility'? Germany's Security Policy towards Africa", *Journal of Military and Strategic Studies*, Volume 17, Issue 2, 2016, p. 51.

[3] Denis Tull, "Deutsche Afrikapolitik Ein Beitrag zu Einer Ueberfaelligen Debatte", *Friedrich – Ebert – Stiftung*, 2014, p. 1.

[4] 值得注意的是，欧盟在刚果（金）的军事行动并不标志着德国改变了克制使用军事力量的原则。德国并没有参加 2008 年 3 月至 2009 年 2 月的欧盟乍得—中非共和国军事行动（EUFOR Tschad/RCA），因为德国认为这次行动更多是为了法国的私利。当 2008 年底此次行动接近尾声之时，法国和比利时政府又试图在欧盟通过新的军事行动方案，向刚果（金）派兵，但遭到了德国和其他欧盟成员国的否决。

增强，尤其是《德国对非洲政策指南》①的发布，标志着德国对非安全合作由被动应对到主动作为的显著变化。

（一）德国对非安全合作政策取向

2014年，德国联邦政府发布《德国对非洲政策指南》，强调德国与非洲伙伴的平等关系（equal footing with African partners）。该文件指出，在非洲，突发性危机（Acute Crisis）和各类冲突虽时有发生，但并不是该地区安全形势的主流，非洲区域组织和国家有意愿自己进行危机干预与管理。尽管如此，非洲大陆仍面临自身资源不足的困扰，国际社会应支持非洲国家在减缓贫困和脆弱性方面的努力，提高非洲国家应对各类风险乃至危机的能力。据此，德国必须采用综合性的对非政策。

《德国对非洲政策指南》指出，德国联邦政府必须主动勾勒出德国对非政策的优先性、利益和目标，在欧盟和联合国多边组织涉非安全行动框架下，"在各类冲突发生的初期，采取快速、坚决和持续的行动"。基于此，德国联邦政府相关部门在开展对非安全行动时，进行协调和整合非常重要，非政府组织、企业、学术界和媒体都应在发展德非关系中发挥各自作用。由此，德国开始实行以发展合作与和平安全相结合、危机预防为主、审慎运用军事手段、奉行多边主义为特征的综合性政策。

第一，德国发展与安全政策的关系由各自独立走向逐步融合。从发展政策与安全政策之间的关系看，存在四种模式②：各自独立型，即发展政策与安全政策保持距离，二者均有独立的目标；互补型，即以共同目标为基础并进行相应分工，例如加拿大的一致性战略（Aligned Strategy）；合作型，即发展、安全和外交政策三者紧密合作，例如英国的非洲冲突预防机制和欧盟的"非洲和平基金"（African Peace Facility，APF）的运

---

① "Policy Guidelines for Africa of the German Federal Government"，http：//www. auswaertiges-amt. de/cae/servlet/contentblob/677752/publicationFile/202381/Afrika-Leitlinien_Englisch. pdf，2017-02-20.

② Stephan Klingebiel, Tina Marie Blohm, Rosa Eckle u. a. , "Donor Contributions to Strengthening the African Peace and Security Architecture"，Final Report of the DIE Country Working Group Ethiopia/ South Africa，Deutsches Institut fuer Entwicklungspolitik，2007，https：//www. die-gdi. de/uploads/media/Studies_38. 2008. pdf，p. 5，2017-02-20.

作；从属型，即发展政策在短期内从属于安全议程，且服务于援助国自身的国家利益。具体到德国，长期以来，德国的发展政策与安全政策之间的关系以第一种模式为主，即各自独立型。该国的外交政策部门主要包括外交部、国防部和发展合作部，其中外交部主要以外交斡旋为主，国防部负责传统安全合作，发展合作部主要承担德国的国际责任，呈三足分立之势。2014 年，德国进行外交大反思（后文将详细论述）后，政界形成的共识是：除了外交部、国防部、发展合作部，其他部门也应承担德国外交事务的功能，肩负德国在国际事务中新的责任；安全与可持续发展密切相关，发展对安全的重要性得到德国政府的高度认可。由此，德国对非洲安全新政策多次强调：要从"源头"（Root Cause）解决冲突问题。同时，德国学界也意识到安全政策对发展的重要性。德国发展研究所所长德克·梅斯纳（Dirk Messner）认为，发展合作与安全合作的协调必不可少，发展政策只有在"同时为该国的安全稳定做出贡献"的情况下，才可能有效。① 由此，德国对非洲安全新政策更注重不同的政策和部际之间的协调性。

第二，德非安全合作坚持审慎使用军事力量的原则，以危机预防为重点。2014 年德国外交大反思最为直接和显著的成果是外交部成立了一个新的部门，即"危机预防、和平建设和人道主义援助司"，旨在创立一个能够更加有效地及早应对危机的机构，协调外交和安全政策、发展合作、环境、教育培训、贸易和投资协定以及应对移民和难民等事宜，突出人力、资源和能力建设，汇合各方力量管理和应对危机。一般来说，西方国家的危机管理包括早期危机识别、预防危机、稳定局势、实施人道主义援助和提供冲突后援助等阶段。德非安全合作的重点方向是及时发现危机与识别暴力冲突情势，根据冲突的不同情况制订相适应的应对方案。

这里需要指出的是，德国对非洲政策向积极有所作为的转变并没有改变德国在军事部署上的克制文化和审慎原则。以马里为例，2014 年 2 月，德国决定将其参与马里军事培训的士兵数从 180 名增加到 250 名。

---

① Joerg Faust & Dirk Messner, *Entwicklungspolitik und Internationale Sicherheit. Die EU – Sicherheitsstrategie als Herausforderung für die Entwicklungspolitik*, Baden – Baden: Nomos, 2005, p. 141.

2015年2月，德国联邦议院再次通过决议，派驻马里的德国军事培训员增加到350名。但与在马里的1400名法国士兵和6000名非洲士兵相比，德国在军事方面的参与仍体现出克制和低调的特点。德国派驻欧盟马里军事训练团（EUTM Mali）、联合国马里多层面综合稳定特派团（Minusma），以及欧盟马里萨赫勒能力培训团（EUCAP Sahel Mali）的维和人员，以非武装士兵为主，主要参与军事培训、人道主义援助等民事行动，仅在联合国特派团驻有少量的德国武装人员。[①]

第三，德非安全合作强调多边主义，即重视参加欧盟、联合国及非洲区域组织主导下的多边对非安全合作。德国所谓"文明力量"的内涵之一是多边合作和机制建设，[②] 期望通过控制武力使用、加强法治、和平解决冲突和尊重人权达到国际关系的"文明化"。因此，德国多次强调解决非洲冲突应提高非洲自身的能力和机制建设，支持非盟以及非洲次区域组织（例如西非国家经济共同体、东非经济共同体、南部非洲发展共同体等）发挥作用，维护地区和平与安全，促进非洲国家自己解决非洲的问题。德国偏好采用多边主义路径发展德非合作的另一个例证是：2007年，德国作为欧盟和八国集团主席国、2017年作为二十国集团主席国，均推动聚焦非洲安全与发展、通过多边框架深化与非洲关系的讨论。

（二）德非安全合作的内容

德非安全合作的政策目标是通过非盟和地区经济体促进非洲地区的一体化，支持非洲和平与安全架构（African Peace and Security Architecture，APSA）。在此政策指导下，德非安全合作以非传统安全为重点，包括维和、警察培训、冲突预防等内容。

第一，参与非洲的维和行动。德国在非洲的维和行动均在欧盟或联合国的多边框架下进行，德国并没有以主权国家身份单边介入非洲安全事务，这与法国在非洲采取单边行动有很大的区别。从参与程度看，德

---

① 参见德国联邦外交部网站，http：//www. auswaertiges – amt. de/EN/Aussenpolitik/Laender/Aktuelle_Artikel/Mali/150226_EUTM. htm，2017 – 02 – 20。

② Adrian Hyde – Price, *Germany and European Order：Enlarging NATO and the EU*, Manchester：Manchester University Press, 2000, p. 121.

国一开始参与联合国和欧盟的维和行动力度并不大，主要是为了表示对多边组织的支持，但2014年后力度有所增大。

近年来，德国意识到海外军事参与的重要性，因此，德国联邦国防军改革的目标是保证有1万人规模的武装部队能够投入海外行动，这是其当前海外驻兵人数的3倍（目前联邦国防军的总人数为177000人，其中共有3251名联邦国防军士兵在海外执行维和任务[1]），解决冲突是德国联邦国防军的优先任务。[2] 而且，德国参与海外维和的部署亦根据情势变化有所调整，调整的重点是加大对非洲维和的参与力度。例如，随着德国对联合国马里特派团的投入增加，相关资源在地区的分配上开始向非洲倾斜。在德国联邦国防军参与的15项海外军事行动中，有7项在非洲（详见表1）。[3]

表1　　　　　　　　德国联邦国防军参与的非洲维和行动

行动名称	行动地点	当前参与人数/授权上限人数	开始时间	结束时间
联合国驻南苏丹特派团（UNMISS）	南苏丹	1/50	2011年7月8日	2017年12月31日
联合国达尔富尔混合行动（UNAMID）	苏丹	8/50	2017年11月15日	2017年12月31日
欧盟马里军事训练团（EUTM Mali）	马里	142/300	2013年2月28日	2017年5月31日
联合国马里多层面综合稳定特派团（MINUSMA）	塞内加尔、马里	857/1000	2013年2月28日	2018年1月31日
联合国西撒哈拉特派团（MINURSO）	西撒哈拉	3/20	2013年10月16日	无期限

[1] 参见德国联邦国防部网站，https：//www.bundeswehr.de/portal/a/bwde/start/einsaetze/ueberblick，2017-02-20。

[2] "Peacekeeping Contributor Profile：Germany"，http：//www.ng.org/2014/04/03/contributor-profile-germany，2017-02-20。

[3] 根据德国联邦国防部2017年2月17日发布的统计数据，see："Einsatzzahlen – die Staerke der Deutschen Kontingente"，https：//www.bundeswehr.de/portal/a/bwde/start/einsaetze/ueberblick/zahlen，2017-02-20。

续表

行动名称	行动地点	当前参与人数/授权上限人数	开始时间	结束时间
欧盟索马里军事训练行动（EUTM Somalia）	索马里	9/20	2014年4月3日	2017年3月31日
欧洲反索马里海盗海军计划——阿塔兰特行动（NAVFORAtalanta）	非洲之角	85/600	2008年12月19日	2017年5月31日

资料来源：笔者根据德国联邦国防部网站（https：//www.bundeswehr.de/portal/a/bwde/start/einsaetze/ueberblick，2017-04-07）提供的信息整理。

第二，帮助非洲提升自身安全能力建设。德国期望非洲能够依靠自身力量解决安全问题。但实际情况是，非盟和非洲次区域组织现有能力有限，尽管取得了一些进步，但在短期内仍无法有效保障自身的和平与安全。有鉴于此，德国致力于帮助非洲建立非洲和平与安全架构，与非盟及非洲次区域组织、非洲大国、非政府组织等多层次行为体共同展开安全领域的合作，主要包括：（1）和平斡旋：支持和平进程中的对话和斡旋，制定未来发展的路径；（2）推进法治：为法官和律师提供培训，为警察部门提供咨询服务；（3）民主建设：促进政治参与，例如监督选举和教育工作；（4）安全机构改革：帮助非洲建立稳定和负责任的安全部队。

在资金支持方面，德国通过欧盟等多边机构资助非盟和东非政府间发展组织（伊加特）等非洲区域组织。2004—2015年，欧盟共为非盟提供了17.03亿欧元的安全合作资助，其中15.96亿欧元是通过"非洲和平基金"途径发放的，而德国是欧盟在非洲落实安全行动计划所需资金的贡献大国。以非盟驻索马里特派团为例，欧盟自2007年至2012年通过"非洲和平基金"提供了2.58亿欧元的资助，其中1/5源自德国。[1] 德国

---

[1] Hans-Georg Ehrhart, Heinz Dieter Jopp, Roland Kaestner & Kerstin Petretto, "Deutschland und die Herausforderung 'Vernetzter Sicherheit' bei der Piratiebekämpfung：Governancestrukturen und -akteure"，p.10，http：//www.maritimesecurity.eu/fileadmin/content/news_events/workingpaper/PiraT_Arbeitspapier_Nr19_2012.pdf，2017-02-20.

还耗资约 2700 万欧元，用于援建位于埃塞俄比亚首都亚的斯亚贝巴的非盟总部和平与安全大楼。

第三，参与打击跨国犯罪、公共卫生、难民庇护等非传统安全治理。以索马里联合抗击海盗为例，德国自 2008 年开始支持非洲之角打击海盗动议，多次领导欧盟舰队的行动，这也是德国在克制使用军事力量方面鲜有的案例。近年来，国际社会联合打击海盗的行动取得了显著的成效，其中德国也为之付出了努力。

在公共卫生治理方面，德国在担任 2007 年八国集团主席国、2015 年七国集团主席国和 2017 年二十国集团主席国时，均将包括非洲大陆在内的全球卫生治理作为优先议程。特别是非洲埃博拉病毒暴发后，德国的全球卫生政策发生了巨大变化，成为全球卫生治理的积极倡议者，并将疾病控制作为该国对外安全政策之一。据经合组织发展援助委员会统计，2015 年，德国在为撒哈拉以南非洲提供的发展援助中，有近 20% 的援款流向教育、医疗等社会发展领域。[1]

在提供难民庇护方面，德国逐渐感到难民问题的严重性。长期以来，非洲一直是德国难民的重要来源地。1986—1996 年，非洲国家阿尔及利亚、加纳、尼日利亚、多哥和刚果（金）都曾经是德国境内难民庇护申请者十大来源国之一；到 2002 年，阿尔及利亚成为德国十大难民来源国之一；尼日利亚则在 2004 年、2007 年和 2009 年均居德国难民十大来源国之列；索马里则在 2013 年、2014 年成为德国难民主要来源国之一；自 2013 年以来，厄立特里亚成为德国境内最大的非洲难民来源国，该国在 2014 年和 2015 年涌入德国境内的难民数量分别达到 13198 人和 10876 人。[2] 对此，德国认为，实现难民来源国的可持续发展是应对难民问题和恐怖威胁的有效路径。2015 年，德国承诺向非盟提供 6500 万欧元，支持

---

[1] 参见经合组织发展援助委员会网站，http://www.oecd.org/dac/stats/aid-at-a-glance.htm，2017-02-20。

[2] Bundesamt fuer Migration und Fluechtlinge, "Das Bundesamt in Zahlen 2015: Asyl, Migration und Integration", p.19, https://www.bamf.de/SharedDocs/Anlagen/DE/Publikationen/Broschueren/bundesamt-in-zahlen-2015.pdf?__blob=publicationFile, 2017-02-20.

"非洲技能倡议"（Skills Initiative for Africa），① 德国与来自非洲的移民大国或中转国开展以下三方面合作：加强私人投资，实现经济可持续增长与创造就业机会；发展基础设施，尤其是交通、通信和能源等领域；提高当地劳动者的职业技术教育和培训水平，使其更好地满足就业市场需求。② 由此看，德非难民伙伴关系的合作旨在通过为难民输出国提供就业岗位、青年发展机会等方式，加强非洲主要难民来源国的经济可持续发展，从而"从源头"消除冲突根源、减少难民数量，包括涌往德国的难民。

此外，德国参与的非洲非传统安全合作还包括气候变化与生态安全。德非在气候安全领域的合作主要包括以下内容：减少碳排放，通过植树造林和可持续森林管理支持碳汇机制（REDD+）。例如，德国利用气候融资在突尼斯保护海岸线以应对气候变化，在马里实施气候适应的国家战略，在埃塞俄比亚帮助制定绿色增长的国家战略，在刚果盆地通过自然环境保护和森林的可持续使用保护气候，在莫桑比克预防和减缓灾害，在南非推进国家气候政策的制定与实施。③ 在 2016 年举行的摩洛哥气候会议（COP22）上，德国与非洲达成气候伙伴关系，德国支持非洲国家的生态发展目标。

综上，自 2014 年以来，德国与非洲安全领域的合作呈现逐渐增强的态势。由于历史的原因，德国过去难以承担领导地位，但随着德国年青一代的成长和外界对德国日益高涨的期望，德国必将逐渐承担起与其国力相适应的领导作用，但这将是一个逐渐变化的过程。在对外界期待、全球责任与自身能力有限的认知下，非传统安全成为德国在非洲安全治理发挥领导力的切入点和未来德非安全合作的重点。德国虽然介入非洲部分军事事务，但更倾向于参与非洲民事维和行动，如德国支

---

① "Germany Pledges 65 Mio EUR to the African Union", http://www.addis-abeba.diplo.de/contentblob/4679458/Daten/6128266/151210_PR_65_Mio_EUR.pdf, 2017-02-20.

② "Stepping up Engagement for the African Union", https://www.bundesregierung.de/Content/EN/Reiseberichte/2016/2016-10-11-merkel-in-aethiopien_en.html, 2017-02-20.

③ "Germany's International Approach to Climate Change", Federal Ministry for the Environment, Nature Conservation and Nuclear Safety & Federal Ministry for Economic Cooperation and Development, https://www.bmz.de/en/publications/archiv/topics/climate/Climate_Change.pdf, p.10, 2017-02-20.

持非洲军队和警察的能力建设以及提供相关专业和技术服务等。这也符合德国希望塑造的国际形象：不想成为硬实力的冠军，而是软实力的典范。

二 德国深化对非安全合作的原因

进入21世纪第二个10年以来，德国对非洲的安全政策经历了从被动应对到主动作为的转变。那么，为什么德非安全合作发生了上述显著的变化？

（一）外交困境：难以有力应对国际安全事务

从德国"二战"后对外战略发展进程来看，"二战"结束之时，德国拖着沉重的两次世界大战落败的包袱启动了新时期的国家建设与对外交往。长期以来，德国的外交政策主要考量三大优先因素：一是危机；二是秩序；三是欧洲。它反映了德国面临的挑战和外交政策的优先性，也符合德国在世界的定位，即贸易国家、文明国家和欧洲国家。作为世界第三大商品出口国的贸易大国、强国，德国外交的首要目标是维护国家和国民的福祉，预防和管理危机。外向型的贸易国家天然地偏好通过和平手段、合作以及多边国际机制进行冲突管理，因为只有和平的地区和全球环境，才最有利于国际贸易的发展。

德国外交政策的另一关键词是秩序。将自身定位为"文明力量"的德国，希望维护以规则为基础的世界秩序。联邦总统高克（Joachim Gauck）在2014年慕尼黑安全会议上的发言明确阐明了德国的世界秩序观：德国的全球化程度高于平均水平，因此，德国也更多地从开放的世界秩序中受益，现行的世界秩序使得德国能够结合自身的利益和价值观。[1]"世界秩序越以规则为基础，对我们越有利；为公正、和平的国际

---

[1] 参见德国前总统高克2014年1月31日在第50届慕尼黑安全会议上的开幕词，http://www.bundespraesident.de/SharedDocs/Reden/DE/Joachim－Gauck/Reden/2014/01/140131－Muenchner－Sicherheitskonferenz.html，2017－02－20。

秩序而努力,最为符合德国的国家利益。"① 因此,德国外交政策在21世纪最重要的利益是维护现行的世界秩序,使现行世界体系能够适应未来;反之,失序则会引发危机。对于如何维护秩序,"文明力量"的定位使德国在对待使用军事力量上非常审慎(militaerishen Zurueckhaltung)。由此,与军事干预相比,德国更倾向于使用民事手段解决危机,其主要原因是德国作为两次世界大战的战败国对自身罪行的深刻反省,"在'二战'中发展出以非军事为基础的战略文化,深刻影响了德国的安全思维"②。

因此,德国从冷战时期至21世纪初对国际安全事务的参与总体低调,且较为被动。但近年来,国际形势发生了重大变化,受国际金融危机、欧债危机的打击,欧美大国经济发展处于低谷,总体实力受到削弱,而德国受到的负面影响较小,其国际地位由此相对上升。由于德国安全战略的缺失,以及对美国领导的西方盟友的安全依赖,当德国的审慎使用军事干预的原则与盟友的军事干预决定发生冲突时,德国便会陷入两难的困境之中,其传统安全定位受到挑战。2011年,在联合国安理会关于在利比亚设立禁飞区的第1973号决议的表决中,德国与中国、俄罗斯、印度、巴西都投了弃权票。这是德国在"二战"后第一次在联合国安理会投票中不支持其欧盟和北约盟友。③

作为"欧洲国家",德国视欧洲为其外交关系发展的核心。这是因为:从地缘政治视角看,德国是重要的欧洲大国,与地区国家关系理应成为其发展对外关系的基轴,何况德国还参与且领导了地区政治、经济与军事一体化组织;从贸易的角度看,欧洲是德国最主要的出口市场,欧洲国家占德国商品出口总额的一半以上。德国虽在"二战"后依靠强大的工业制造和技术优势重返非洲,但德国在非洲的和平与安全事务上

---

① 参见德国前总统高克2014年1月31日在第50届慕尼黑安全会议上的开幕词,http://www.bundespraesident.de/SharedDocs/Reden/DE/Joachim - Gauck/Reden/2014/01/140131 - Muenchner - Sicherheitskonferenz.html,2017 - 02 - 20。

② Howorth and Menon, *The European Union and National Defence Policy*, Routledge, 1997, p. 53.

③ 郑春荣:《利比亚危机以来德国安全政策的新动向》,《德国研究》2013年第2期,第5页。

影响力甚微，双方以经济领域的合作为主。在安全领域，由于两次世界大战的历史罪责，德国一直克制使用武力。加之，法国视非洲为自己的后院，德国出于对德法关系的顾虑，对参与非洲的和平与安全事务一直保持低调，主要跟随美国、北约和欧盟的决定。1994 年，德国时任国防部长弗科尔·吕厄（Volker Ruehe）曾以"欧洲军队不是非洲军队"的言辞，明确反对法国前国防部长列奥塔德（Francois Leotard）提出的派遣欧洲军队赴卢旺达的建议。① 尽管德国也曾或多或少参与非洲安全事务，但非洲尤其是撒哈拉以南非洲长久以来在德国的安全政策考虑中处于边缘地位。在德国看来，非洲虽有暴力和冲突，但对欧洲包括德国来说，影响是间接的。直到 2014 年，为数不少的德国学者仍然持有这样的观点。②德国向非洲派兵曾经是禁忌话题，直至近年才有所突破。

2014 年法国出兵马里，该事件引发德国政府的内部意见分歧。德国联邦国防部前部长德迈齐埃（De Maiziere）批评法国，认为法国出兵马里主要是为了自身的利益。而德国时任外交部长施坦因迈尔（Frank-Walter Steinmeier）则表示，欧洲和德国"不应留下法国单独应付"发生危机的马里和中非共和国。③ 与此相呼应的是，在 2014 年 1 月的慕尼黑安全会议上，联邦总统高克呼吁德国应当承担更多国际责任："无论是在中东还是非洲，我们有没有尽我们所能去维护我们的周边稳定？"④ "不要再现利比亚（弃权票）事件"（Nie wieder Libyen）成为 2014 年发起的德国外交政策转型的非正式口号，且得到时任外交部长施坦因迈尔和国防部长冯德莱恩（Ursula von der Leyen）的支持。2014 年慕尼黑

---

① "Das Eurokorps ist（doch）Ein Afrikakorps. Fünf Gute Gruende fuer ein Deutsches Engagement in Afrika", https：//www. swp - berlin. org/kurz - gesagt/kurz - gesagt - das - eurokorps - ist - doch - ein - afrikakorps - fuenf - gute - gruende - fuer - ein - deutsches - engagement - in - afrika, 2017 - 02 - 20.

② Denis Tull, "Deutsche Afrikapolitik. Ein Beitrag zu Einer Ueberfaelligen Debatte", Friedrich - Ebert - Stiftung, 2014, p. 2.

③ "Steinmeier：Duerfen Frankreich Nicht Alleine Lassen", 18 January, 2014, http：//www. faz. net/aktuell/politik/bundeswehreinsaetze - in - afrika - steinmeier - duerfen - frankreich - nicht - alleine - lassen - 12758094. html, 2017 - 02 - 20。

④ 参见德国前总统高克 2014 年 1 月 31 日在第 50 届慕尼黑安全会议上的开幕词，http：//www. bundespraesident. de/SharedDocs/Reden/DE/Joachim - Gauck/Reden/2014/01/140131 - Muenchner - Sicherheitskonferenz. html, 2017 - 02 - 20。

安全会议结束后，德国联邦政府立刻发布了新的《德国对非洲政策指南》。[1]

此外，德国年青一代对德国更多参与国际事务、拥有更大国际话语权的渴求，也在一定程度上影响了德国外交政策向更为积极有作为的方向转变。因此，随着德国国力在国际舞台地位的上升，该国先前保守的对外事务参与方式已不符合国家的发展需要，这是德国加大对外安全合作包括德非安全合作的根本原因。

（二）非洲安全形势：非洲议题在德国的重要性上升

事实上，德国加大力度参与非洲安全合作，与非洲安全形势变化有关。非洲的众多动荡与冲突发生在国与国的边界并且有跨国的风险，而不再仅仅限于一国边界之内。这主要体现在：其一，政治动乱蔓延。2010年底以来，受北非变局及地区动荡溢出效应的影响，埃及、突尼斯、尼日利亚、马里等国均出现程度不同的政治动荡。[2] 另外，非洲大陆常会出现"逢选易乱"的情况，科特迪瓦、中非共和国、冈比亚就曾因大选而引发政治危机。近年，包括选举引发的暴力冲突、领导人第三任期的激烈辩论等事件[3]，是造成非洲大陆不稳定的重要因素。其二，暴恐事件频发。近年，受到地区动荡的影响，恐怖主义、极端主义组织层出不穷——伊斯兰组织（Ansar Dine）、耶路撒冷支持者（Ansar Bait Al‑Maqdis）、西非的团结圣战运动（MUJAO）、索马里"青年党"、尼日利亚"博科圣地"、马格里布基地组织（AQIM）等

---

[1] "Policy Guidelines for Africa of the German Federal Government", http://www.auswaertiges-amt.de/cae/servlet/contentblob/677752/publicationFile/202381/Afrika‑Leitlinien_Englisch.pdf, 2017‑02‑20.

[2] African Union, "Report of the Chairperson of the Commission on Current Challenges to Peace and Security on the Continent and the AU's Efforts: Enhancing Africa's Leadership, Promoting African Solutions", Extraordinary Session of the Assembly of the Union on the State of Peace and Security in Africa, Addis Ababa, 25‑26 May 2011, Ext/Assembly/AU/2.

[3] African Union, "Report of the Chairperson of the Commission on the Prevention of Unconstitutional Changes of Government and Strengthening the Capacities of the African Union to Manage Such Situations", 16th Ordinary Session of the Executive Council held in Addis Ababa, Ethiopia, on 25‑29 January 2010, EX. CL/566 (XVI).

的情况①十分活跃,给非洲和其他地区带来严重的安全威胁。当下,非洲的暴力冲突并未呈现明显减少态势,而且非洲的暴力冲突的性质发生了变化,出现了越来越多的跨国冲突组织,例如马里和索马里的"圣战"组织。以2015年为例,全世界1/4的政治冲突、近一半的高烈度暴力冲突发生在撒哈拉以南非洲地区。② 其三,公共卫生安全事件突发。2014年,发生在利比里亚和塞拉利昂等国家的以埃博拉病毒为代表的疾病,不但造成非洲当地人员伤亡,也使欧美国家安全受到威胁。上述事件不仅给非洲当事国造成重大安全影响,也会触及德非之间的贸易、旅游和经济发展。因此,在全球经济联系越来越密切的今天,非洲的不安全不符合包括德国在内的世界各国的利益。

尤其需要指出的是,难民问题更令德国感受到切身之痛。当前,非洲的安全已经影响到德国自身利益,大量涌入的非洲难民或移民对德国社会安全构成了具体的、直接的威胁。科隆圣诞节的性骚扰事件、德国系列枪击案、柏林圣诞市场恐袭案,造成多名德国人死伤。由此看,德国不再是一个相对平和与安全的孤岛。同美国、西班牙、英国、比利时和法国一样,德国成为受到恐怖主义袭击的国家之一。仅在2016年,德国就约有来自包括非洲在内的89万名难民涌入德国。③ 因大量难民的到来,德国人终于对发生在其他地区的冲突感同身受。

由此,非洲的安全问题与德国不再遥远,德国政界和学界对德国改革对非政策的呼吁渐增,希望德国对非安全政策向积极有为转变。例如,德国全球和区域研究中心(GIGA)学者罗伯特·卡派勒(Robert Kappel)撰文呼吁德国采取主动的非洲政策。④ 德国联邦议院军事委员会主席巴特尔斯(Hans–Peter–Bartels)在2014年刚上任时即表态"我们在非洲不

---

① 参见王涛、曹峰毓《伊斯兰马格里布基地组织产生的背景、特点及影响》,《西亚非洲》2016年第3期,第80—99页。

② Heidelberg Conflict Barometer 2015, p. 61, https://www.hiik.de/en/konfliktbarometer/pdf/ConflictBarometer_2015.pdf, 2017–02–22.

③ "German Chancellor Merkel Begins Three–day Africa Trip", http://www.dw.com/en/german–chancellor–merkel–begins–three–day–africa–trip/a–35999606, 2017–02–20.

④ For example, Robert Kappel, "Auf dem Nullpunkt, Deutschland Braucht Eine Aktive Afrikapolitik. Fuenf Vorschlaege für Eine Koordinierte Strategie", http://www.ipg–journal.de/rubriken/aussen–und–sicherheits politik/artikel/auf–dem–nullpunkt–1070, 2017–02–23.

能只做旁观者"①。2014年，为联邦议院和联邦政府的外交和安全政策提供建议的德国重要智库国际政治和安全事务研究所（SWP）的学者撰文指出，德国政府应加强与非洲的安全合作，主要基于以下几方面原因。其一，非洲的稳定关系到欧洲的切身利益。索马里、马里、中非共和国、苏丹等国的冲突会造成人道主义灾难，从而引发难民、贩卖毒品和人口等问题并蔓延到欧洲。其二，欧洲国家有义务支持非洲国家及地区组织建立非洲的安全架构。其三，德国的安全思维需要面对现实做出调整。德国偏好提供军事培训，但马里的情况表明，没有大规模的军事干预，培训无法进行。德国在非洲的安全政策不能仅仅依靠法国。其四，增强联合国对非安全合作的能力。德国一直强调联合国是世界和平的领导力量。联合国一半的维和行动都发生在非洲，但西方国家对联合国的物力和人力支持都不够。其五，有利于德国与非洲开展经济合作。这五点基本涵盖了德非安全合作由消极低调向积极作为转变的动因。②

（三）国际期待：德国承担更多的国际安全责任

在2014年以前，德国对自身在世界中的位置一直定位为中等强国、欧洲国家。欧元危机、英国脱欧改变了欧盟过去英、法、德三驾马车并驾齐驱的力量平衡关系。德国在政治和经济上都成为欧洲最强大的国家。鉴于德国在国际社会中的位势，外界观察人士批评德国的困境在于"德国在世界的角色是含混不清的"③。德国在经济上是仅次于美国、中国和日本的重要经济体，但在外交上缺乏清晰的战略，尤其涉及军事时。"德国与其他的球员相比过于强大，但作为'队长'又不够强大。"④ "模棱

---

① Von Thorsten Jungholt, "Wir Koennen in Afrika Nicht Nur Zuschauer Sein", 21 January 2014, https://www.welt.de/politik/deutschland/article124054944/Wir-koennen-in-Afrika-nicht-nur-Zuschauer-sein.html, 2017-02-21.

② Claudia Major & Christian Moelling, "Fuenf Gute Gruende fuer Ein Deutsches Engagement in Afrika", https://www.euractiv.de/section/entwicklungspolitik/news/funf-gute-grunde-fur-ein-deutsches-engagement-in-afrika, 2017-02-19.

③ "Warum Deutschland in der Welt Aktiver Werden Muss", 17 June 2015, http://www.wiwo.de/politik/deutschland/aussenpolitik-warum-deutschland-in-der-welt-aktiver-werden-muss/11927776.html, 2017-02-21.

④ Ibid..

两可是德国外交政策的主要特征,同时也是其主要问题。几乎在任何一个外交政策领域,德国都没有展现出完全可靠和可预测的形象。这与德国的自我认知——一个特别好的伙伴国——是恰恰相反的。"① 也就是说,外界认为德国的国际事务参与度与其大国地位不相符,期待德国可以发挥更大的作用。

对 2011 年德国在联合国安理会关于在利比亚设立禁飞区议案中投弃权票行为,国际危机组织主席让 - 玛丽·盖埃诺(Jean - Marie Guehenno)认为,德国外交具有"双面性",即在经济领域非常积极,但在安全领域却没有那么活跃,并批评德国"将成为一个只对自身经济利益感兴趣的搭便车者(Trittbrettfahrer)"。由此看,国际舆论与期待是德国安全政策向积极作为转变的助推器。

(四) 国内舆情:德国外交需要转型

基于以上情势,2014 年,施坦因迈尔再次履新联邦外交部长,他与时任国防部长冯德莱恩以及大联盟政府的安全专员们开始讨论德国应当承担更多国际责任这一议题,有关德国外交和安全政策的辩论也由此展开。有关政要通过发起"反思 2014——进一步思考外交政策②",对德国自身的外交战略进行根本反省,并在全国范围内展开了对德国在世界的定位以及德国外交政策转变的大讨论。动员德国全社会参与外交大反思,旨在为德国的外交向更主动积极的方向转型赢取公众支持,以更包容的形式探讨德国外交政策的定位和德国的责任,以达到对德国外交政策的自我理解,从而为德国外交创造更多的战略空间。德国民众对德国在世界的定位及责任的认知将影响德国参与非洲安全治理事宜。

德国外交大反思的核心议题是德国是否应从搭便车者成为领导力量(Vom Trittbrettfahrer zur Fuehrungsmacht)③,其主要目的是寻求德国外交政

---

① Von Jan Techau "Zu Europa und Westbindung bekennnen!", http://www.review2014.de/de/aussensicht/show/article/europa - und - westbindung - absolutsetzen.html,2017 - 02 - 18.

② 参见德国外交部网站, http://www.aussenpolitik - weiter - denken.de/de/themen.html,2017 - 02 - 21。

③ Rolf Muetzenich, "Deutschland - Vom Trittbrettfahrer zur Führungsmacht Wider Willen?", Zeitschrift fuer Außen - und Sicherheitspolitik, January 2015, Volume 8, Supplement 1, pp. 273 - 287.

策在克制与承诺之间的平衡（Balance zwischen Zurueckhaltung und Engagement）。此次外交大反思主要聚焦于两大问题：德国外交政策如果有错误，那么它错在何处？哪些外交政策必须改变？参与批评和讨论的人员，不仅包括德国成千上万的公民以及德国外交部等各部门内部的工作人员，还包括世界其他国家50多位著名的外交政策专家和学者。[1] 咨询的结果是，外界及德国部分公众期待德国能够成为欧洲的领导国，有意愿承担国际责任、维护和平与自由的国际秩序。德国虽然很清楚外界期待与政治现实之间的差距，感到"其他国家对德国的期待很高——有时过高了"的压力，但仍然决定更多地肩负对欧洲乃至世界的责任。

2014外交大反思的结果是德国重新定位了自己在世界的角色，决定利用德国在经济、民事和多边主义方面的优势，在国际事务上发挥更大作用，与伙伴国家一起构建全球治理体系。因此，2014年成为德国外交政策以及对非安全合作的重要转折点，德国开始重新定义自身在世界的角色和在非洲的责任，并调整对非安全政策取向。在此之前，德国外交部、国防部和发展合作部之间缺乏战略性的共识；德国很少提及自身在非洲的利益；德国对自身在非洲的利益和立场没有明确的定位，常常只是对欧盟、法国的动议做出反应，容易陷入被动式、反应式的安全合作模式；德国在与非洲的安全合作中尽量避免使用军事力量。

德国对非政策发生转变，以更为积极甚至瞩目的方式参与非洲的发展和安全事务，主要体现在以下几方面。其一，德国对非政策的外交辞令从纯粹利他到互利，不再讳谈自身国家利益。默克尔总理在2016年访问非洲前接受《时代周刊》（Die Zeit）采访时表示，德国应当"对非洲的命运表示更大的关注"，"如果我们想追求德国自身的利益，那么我们必须现实地说非洲的福祉关系到德国自身的利益"。[2] 这反映了德国对非洲的政策即使在外交辞令层面也在发生从人道主义到政治现实的根本转变。过去德国的对非援助更多是出于利他主义的考虑，而现在则是关系

---

[1] 有关公众的意见，see：http：//www.review2014.de, 2017-02-20。
[2] Marc Brost & Martin Klingst, "Afrikanische Lektionen", 27. Oktober 2016, http://www.zeit.de/2016/43/angela-merkel-fluechtlinge-afrika-fluechtlingspolitik-fakten-fluchtursachen, 2017-04-10.

到德国自身利益的基本政治策略。其二，从"为非洲"到"与非洲"（Loesungen "mit" statt "fuer" Afrika）的辞令转变，体现了非洲在德国外交战略中地位的提升，德国有意愿进一步加强与非洲的合作（包括安全领域的合作）并且将非洲视作平等的伙伴。其三，德国的外交政策超越纯粹的"文明力量"的定位，曾经缺失的对非安全政策开始形成，当然，这并不意味着在对待军事问题上的"克制文化"已经消逝。其四，德非安全合作更注重从根源上解决冲突，发展和安全相辅相成的重要性成为共识，因此德国的安全政策与发展、外交政策不再各自为政，而是得到更好的协调。总之，这次外交大反思最重要的结果是确定了德国外交政策由谨慎向积极转变的基调。

三 德非安全合作的发展趋势

随着德国对外战略的转型，"德国应该承担更多的国际责任"认知的趋同，在未来一段时间德国将根据其对非安全政策的新理念，加大对非安全合作。

（一）德国在非洲安全治理中将发挥更重要的作用

从德国的角度看，德国在非洲的经济和政治利益、历史责任以及法非关系的重塑都推动德国对非安全政策的转变。德国承认对非洲的安全事务有道义上的责任。默克尔明确表示："非洲今天的有些困难是我们当年的殖民主义行为造成的。看看非洲的国家边界，并不是根据民族划分，而是根据殖民统治资源划分的。"① 中国等新兴国家在非洲的经济合作令德国意识到非洲作为德国出口市场和投资目的地的巨大潜力。截至2013年，在德国的40万家企业中，已有800多家在非洲投资，营业额达到275亿欧元，② 但德国对非直接投资仅仅流向非洲54国中的13个国家，

---

① "Die Wurzel Aller Flüchtlingsprobleme", 9 October 2016, http://www.tagesschau.de/ausland/merkel - afrika - 103. html, 2017 - 02 - 20.

② Jahresbericht 2015 / 2016, Afrikaverein der deutschen Wirtschaft, p. 13.

德非贸易量也仅占德国对外贸易量的2%。[1] 因此，德国对非经济参与度虽呈逐年增长趋势，但未来仍有很大的拓展空间。维护非洲和平与安全除了保护德国现有的在非经济利益，也有助于改善非洲的营商环境，吸引更多德国私营企业到非洲投资，分享非洲增长的红利。

表2　　　　　　　　　德国企业对非洲的投资现状

	1993年	1998年	2003年	2008年	2013年
对非投资额（亿欧元）	20	28	44	62	89
企业数量（个）	562	613	469	666	809
营业额（亿欧元）	77	198	162	262	275
雇员人数（万人）	9.5	12.3	12.1	17.2	19.5

资料来源：Jahresbericht 2015 / 2016, Afrikaverein der deutschen Wirtschaft, p. 13。

因此，维护非洲的安全稳定成为当下和未来一段时间德国对非合作的重点。2016年，默克尔就任总理以来第四次访非，但与以往不同的是，这次访问以"移民伙伴关系"为焦点，优先关注安全合作。德国将移民问题视作"和平项目"（Peace Project）[2]，试图将危机转化为机遇。2016年10月，默克尔访问马里、尼日尔、埃塞俄比亚非洲三国，这是默克尔时隔五年后再次访问非洲，其中出访国别选择主要考虑非洲安全和移民问题因素。埃塞俄比亚与厄立特里亚、索马里、苏丹相邻，是维护东非安全与稳定的关键国家，其埃塞邻国厄立特里亚是德国境内难民庇护申请者十大来源国之一，仅2015年，来自厄立特里亚的难民申请人数就达到10876人，占总申请人数的24.4%。[3] 尼日尔则是从非洲通往欧洲的重要移民中转国，因此，默克尔承诺：向尼日尔提供7700万欧元的援助，

---

[1] "The Cornerstones of a Marshall Plan with Africa – A New Partnership for Development, Peace and a Better Future", Speech by German Federal Minister Müller at the German – African Business Summit, 9 February 2017 in Nairobi.

[2] 笔者于2016年10月访谈位于德国柏林的德国外交政策制定人员玛利亚·阿德巴尔女士（Maria Adebahr）。

[3] Bundesamt fuer Migration und Fluechtlinge, "Das Bundesamt in Zahlen 2015: Asyl, Migration und Integration", p. 19, https://www.bamf.de/SharedDocs/Anlagen/DE/Publikationen/Broschueren/bundesamt – in – zahlen – 2015. pdf? __blob = publicationFile, 2017 – 02 – 20.

以打击人口走私和管治中部阿加德兹地区的非法移民（其中 1700 万欧元于 2016 年提供，另外的 6000 万欧元则在以后数年提供）；为尼日尔军队提供 10 万欧元的车辆和通信设备，帮助其打击极端武装分子；在首都尼亚美建立德国军事及后勤基地，为联合国马里特派团中的 650 名德国士兵提供支持。[①] 这些都是通过维护非洲安全从而在短期内遏制非洲移民流出的举措。

此外，德国可借助自身优势，发挥在非洲安全问题上的独特作用。过去德国在非洲的安全举措主要依赖欧盟和北约，特别是法国，但德国已经意识到不应再亦步亦趋，而应清晰定义自身在非洲的利益。尽管德国在非洲的影响力不及法国，但通过德国驻非洲国家大使馆和德国在非各个政治基金会、德国国际合作机构（GIZ）等，德国已在非洲积累了一定的资源和网络，有能力对非洲安全治理发挥更加积极自主的作用。[②]

（二）"发展—安全"观将成为德非安全合作指导思想

在德国看来，只有可持续发展才能实现真正的可持续安全。"没有经济发展，非洲将难以实现稳定。"[③] 因此，德国对非政策的重点是和平与安全，主要途径则是以发展促和平。以难民问题为例，默克尔意识到，若要从根本上缓解欧洲大陆汹涌难民潮的压力，真正从根本上解决难民危机问题，需要从难民来源国方面入手；对非洲的难民，则须通过改善非洲民众的生存状况，使他们能够在非洲当地安居乐业，不再形成远赴德国或其他国家的难民潮。正是基于对发展与安全关系的深刻认知，德国在 2017 年初出台了《非洲马歇尔计划》，试图从根源上消除动乱，通过发展实现持久的和平与安全。

《非洲马歇尔计划》远远超越了德国传统的对非发展政策，是集经

[①] http://www.faz.net/aktuell/politik/kampf-gegen-schleuser-merkel-sagt-niger-millionenhilfe-zu-14474850.html, http://www.reuters.com/article/us-germany-merkel-africa-idUSKCN12A1OL, 2017-02-20.

[②] Denis Tull, "Deutsche Afrikapolitik. Ein Beitrag zu Einer Ueberfaelligen Debatte", Friedrich-Ebert-Stiftung, 2014, p. 4.

[③] Jahresbericht 2015/2016, Afrikaverein der deutschen Wirtschaft, p. 18.

济、金融、贸易、安全、法律、环境和卫生政策于一体的综合性倡议。①该计划包含3个相互联系的支柱：贸易与就业、和平与安全、民主与法治。在推进贸易与就业方面，德国将采取为私人投资者创造新的投资产品（例如基金和债券）、提升非洲私营部门出口潜力、扩大地中海联盟框架下的对非经济合作等措施。在推进非洲民主与法治方面，德国致力于推进非洲国家的反腐、人权与民主。除此以外，该计划还具体涉及了德非安全合作直接的、具体的内容，进一步增强对非危机预防介入的力度，分两个层面实施。其一，在德国国家层面，增强危机预防能力建设，即继续支持非洲完善安全架构，突出调解、预警系统等方面的作用；系统地实施德国政府即将出台的"非洲危机参与和建设和平指导方针"；制定安全伙伴关系的建议；发起倡议，加强非洲安全部队的技能。其二，在国际层面，在2017年欧非首脑会议上提出"欧盟—非洲和平与安全伙伴关系"倡议；将欧盟"非洲和平基金"延续到2020年，从"欧洲发展基金"以外的来源调动资金，系统地增加用于建设公共产品的份额；2020年后，建立一个专门的欧盟基金机制，以扩大军事能力和资助和平行动；在非洲领导的和平行动资金支持方面，在非洲联盟和联合国之间实现有效和可靠的负担分摊；发起以外交手段解决冲突的倡议；在冲突后的局势中采取更广泛和更务实的办法，包括经济和就业，以产生更快的和平红利；支持宗教社会团体发挥促进和平的作用；扩大宗教领域和可持续发展领域的国际伙伴关系；停止向危机地区出口武器，改进对小武器贸易的管制。②

德国认为，《非洲马歇尔计划》是欧盟与非洲伙伴关系的一部分，因此该计划应得到欧盟层面的支持。在"发展—安全观"理念方面，欧盟和德国具有很大一致性，都希望通过经济发展从根本上解决难民等安全问题。2017年初，欧盟宣布设立资金额为440亿欧元的"非洲经济发展基金"，以帮助非洲发展经济、消除风险、吸引更多外商投资，同时，帮

---

① "The Cornerstones of a Marshall Plan with Africa – A New Partnership for Development, Peace and a Better Future", Speech by German Federal Minister Müller at the German – African Business Summit, 9 February 2017 in Nairobi.

② 参见德国经济合作与发展部网站关于《非洲马歇尔计划》的介绍：http://www.bmz.de/en/countries_regions/marshall_plan_with_africa/chapter_03/01/index.html, 2017 – 02 – 23。

助非洲减少难民数量,避免更多难民涌入欧洲。①

总体来看,《非洲马歇尔计划》的出台表明德非合作未来将以冲突预防为重点,以非洲和平与安全架构为主导,以欧盟、联合国等多边组织为依托,以经济、就业、外交、能力建设等软手段为重点,促进非洲的持久和平与安全。

(三) 德非安全合作深化面临不少困难

从国际环境看,2017年,德国、荷兰和法国均举行关键的选举,欧盟是否会分崩离析令人担忧。移民和难民问题正在动摇欧洲一体化的基础。虽然法国"前进运动"候选人马克龙以66.1%:33.9%战胜极右翼"国民阵线"候选人勒庞赢得大选,欧盟的"德法轴心"将得到巩固,但也表明法国国内政治极右化现象加深,社会群体分裂严重,国内反对移民和欧洲一体化的声音不可小觑。马克龙将相当一部分执政资源与精力用于应对急迫的提振经济和刺激国内就业问题。美国新任总统特朗普不仅要求欧洲承担更多安全责任,而且公然表示反对自由贸易、全球化和国际法则,而这些都是德国对外交往的核心价值观。随着英国脱离欧盟、特朗普入主白宫,外界一方面担心德国是否会成为世界上唯一一个仍然秉持欧盟价值观的大国,另一方面又对德国寄予了更多期望。德国政府承受了巨大的压力。如何满足外界对德国日渐增多的期望,承担全球治理的领导角色,德国正面临前所未有的矛盾。这对德国是机遇,更是挑战。

从国内因素看,在德非安全合作上,德国在过去的两年多时间内由消极应对向积极有所作为转变,展示承担更多安全责任的意愿,但德国对非安全合作从意愿到行动也会受到一些现实因素制约。其一是德国承担"更多责任"与作为"欧洲国家"的困境。德国一直定位自己是欧洲国家,德国的对非安全政策也是立足欧盟对非安全政策。欧盟的共同外交和安全政策(Common Foreign and Security Policy, CFSP)、共同安全与防务政策(Common Security and Defence Policy, CSDP)的命运关系到德

---

① 《欧盟将启动440亿欧元基金用于非洲发展》,中国商务部网站,http://www.mofcom.gov.cn/article/i/jyjl/k/201702/20170202515035.shtml,2017-02-23。

非安全合作的未来成效。而德国日益积极的安全政策却受到欧盟内部某些成员国的反对和警惕，"德国不是问题的解决方案，而是问题的一部分"。[①] 如何将德国方案成功转化为欧洲方案，在承担更多安全责任的同时消除其他欧洲国家对德国"安全化"的疑虑，是德国需要解决的重要问题。

其二是责任与道义的矛盾。德国的政治文化具有很强的道义性。在第二次世界大战后，道德上完全破产的德国在一切政治问题上都产生了对道义的渴求。道义性深深渗透于所有政治议题，成为德国的政治文化。这种文化一直延续至今，尤其体现在政治领域，不自信的德国社会必须反复研判道义以确认自己走在正确的道路上。但在外交领域，道义正确性受到了挑战。在外交和安全政策领域，似乎总有一个道德灰色地带，让德国在做决策时难以取舍。德国希望避免这种抉择，结果给外界的印象常常是不愿意积极在国际问题上发挥作用。德国总统高克在2014年慕尼黑安全政策会议上的讲话就是针对这个问题。

其三是根深蒂固的克制文化的束缚。德国承诺对非洲安全事务承担更多责任，但在历史和公众意见的压力下仍受到克制战略文化的影响，在两者矛盾时德国将难免陷入被动应对。2014年初，德国柯尔伯（Koerber）基金会对1000名德国人进行问卷调查，了解他们对德国外交未来面对国际危机时应有的态度。仅有37%的受访者认为德国外交政策应加大投入，60%的德国受访者认为外交政策应继续保持克制。在进一步细化的问题中，对于德国是否应加强人道主义援助、外交斡旋、加强公民社会、促进军控、培训警察和安全力量、帮助国家机制建设等问题的回答，大部分德国受访者是赞同的，但反对德国使用军事力量。到2016年10月，受访者中认为德国未来仍应保持克制的比例已从60%降低到53%（参见图1）。可以预见，德国未来会更加重视参与和平与安全事务，但受政策惯性、克制文化和公众意见的掣肘，德国参与国际危机管理领导的步伐不会迈得很大，而是呈逐步推进的趋势。

其四是责任与实际能力的矛盾。2014年，德国防务部门同意结束德

---

① 笔者于2016年10月16日在德国柏林对德国外交协会（DGAP）女专家普格利林博士（Dr. Jane Puglierin）的访谈。

非洲与外部世界

图1　2014年4月—2016年10月德国公众对于应对国际危机所持态度调查

图中数据：
- 2014年4月：支持德国加强危机介入力度公众占比 37，支持德国面对危机继续保持克制公众占比 60
- 2015年1月：34，62
- 2015年10月：40，55
- 2016年10月：41，53

资料来源：德国2014年外交大反思官方网站：http://www.review2014.de，2017-04-07。

国多年来的国防削减，并计划在2024年将国防预算提高至国内生产总值的2%。① 但2017年，德国的实际国防支出仅为1.2%，且短期内无法大幅提高安全支出。正如德国外交协会（DGAP）女专家普格利林博士（Dr. Jane Puglierin）所说，"一个真实的德国希望发挥更多作用，但缺乏资源、工具和能力，就像没有武器的蜘蛛侠"②。以德国经济合作与发展部高调宣布的《非洲马歇尔计划》为例，其规划是雄心勃勃的，但是德国政府并没有为这一计划提供新的资金支持，如何在有限的资源条件下实现宏大的计划是德国的对非新政策面临的最大挑战。③

其五是如何协调外交政策、发展政策和安全政策之间的关系。这也是当下德国在非安全合作迫切需要解决的问题。以打击索马里海盗为例，参与的德国部委包括联邦内政部、国防部、联邦交通、建设与城市规划部、联邦经济与技术部、司法部、财政部和外交部等多个部门，唯有上

---

① "Bundeswehr Soll Mindestens 20 Milliarden Euro Mehr bekommen"，http://www.zeit.de/politik/deutschland/2016-10/angela-merkel-verteidigung-ausgaben-bundeswehr，2017-02-24。

② 笔者于2016年10月16日访谈位于德国柏林的德国外交协会（DGAP）女专家普格利林博士（Dr. Jane Puglierin）。

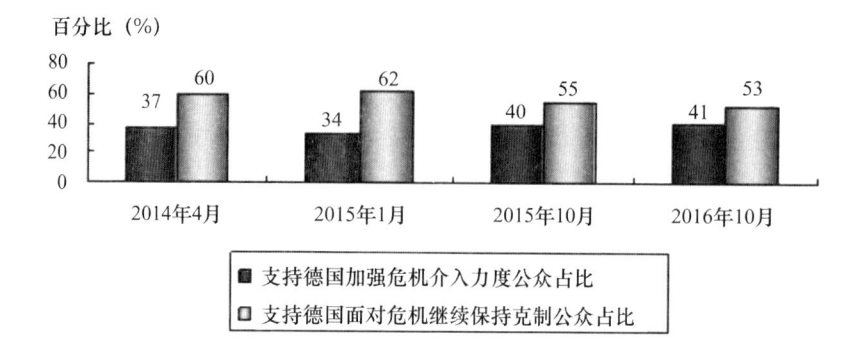

③ 笔者于2017年2月在南非约翰内斯堡二十国集团智库会议期间，访谈德国发展研究所专家克里斯提娜·哈克内什（Christina Hackenesch）。

述多部门有效协调，才能完成德非安全合作预期目标。[1] 此外，安全合作项目的实施，需以专项资金为保障。如果德非安全合作成为优先议程，那么德国对非发展援助资金是否会减少？默克尔在与马里总统易卜拉欣·凯塔（Ibrahim Boubacar Keita）会谈时表示：德国希望加大对马里的军事支持，但"不是以（减少）发展援助为代价"。[2] 在实际执行时，安全项目加大支出是否会损害发展政策的落实，这仍有待进一步观察。

综上，未来德非安全合作能否取得成效，主要基于以下因素。其一，德国的安全政策是否能够与非洲自身的安全战略与合作机制相对接。毕竟在德非安全合作中，非洲各国以及非洲区域组织是双方安全合作中的主体，有待于非方各行为体发挥主导作用。其二，德国作为欧盟的核心国家，该国对外安全合作仍然以多边主义优先，其对非安全合作势必在欧盟框架内进行，因此德国需要努力将德国方案合法化为欧洲方案，并与现有的欧非安全合作方案融合。其三，取决于德国各部委之间的政策协调性。德国对外安全合作机制是与德国的内政、外交、国防、经济、发展政策相互契合的，需要各部委互相配合，通力合作。

四 结语

德国对自身作为"文明力量"和"欧洲国家"的定位决定了德非安全合作的未来仍会保持如下特征：即通过政治、外交、发展、民事、军事等多种手段，综合运用贸易协定、发展援助、直接投资、人道主义援助、机制建设、警察培训、政治对话等政策工具实现，优先强调采用非军事手段。

在外界期待日益增强、德国有意愿承担全球责任而自身能力有限的

---

[1] Hans‐Georg Ehrhart, Heinz Dieter Jopp, Roland Kaestner & Kerstin Petretto, "Deutschland und die Herausforderung Vernetzter Sicherheitbei der Piratriebekämpfung: Governancestrukturen und ‐akteure", p. 13, http://www.maritimesecurity.eu/fileadmin/content/news_events/workingpaper/PiraT_Arbeitspapier_Nr19_2012.pdf, 2017‐02‐20.

[2] "Sicherheit und Entwicklung Gehören Zusammen", https://www.welt.de/newsticker/dpa_nt/infoline_nt/brennpunkte_nt/article158653517/Sicherheit‐und‐Entwicklung‐gehoeren‐zusammen.html, 2017‐04‐07.

困境下,非传统安全和冲突预防成为德非安全合作的首选。这也符合德国希望塑造的国际形象:德国从未将自身视作硬实力的领导者,更倾向于以软实力解决冲突。由于历史和克制的战略文化,德非安全合作在未来会更侧重非传统安全领域的合作,综合运用经济和政治援助、支持非洲国家治理结构改革等"软力量",促进非洲的和平与发展。在对非军事安全合作方面,德国仍将依靠北约和欧盟,在必要的情况下不排除采取军事行动的可能性。经过2014年德国外交大反思后,德国政府内部和德国公众都对德国将承担更多国际责任有了更多认可,也对德国在一定限度内参与海外军事行动产生更多理解。由于德国总体军事实力有限,派兵非洲意愿不高,且面临着国内要求裁军和削减国防预算的限制,冲突预防应对军事介入能力要求不高将成为德非安全合作的重点。

德国的对非安全政策并不是孤立的,安全政策须与本国的外交和发展政策密切协调,也须与欧盟、二十国集团等多边组织以及其他战略伙伴的对非安全合作计划或行动相互契合。以德国的《非洲马歇尔计划》为例,其和平与安全支柱的关键取决于三点:其一,德非安全合作的计划是否建立在与非洲平等协商的基础上,是否能够与非洲大陆自身制定的非盟《2063年议程》对接,是否能够得到广大非洲国家政府和民众的支持;其二,德非安全合作的各决策和执行机构,即发布计划的德国经济发展与合作部是否能够与联邦外交部、国防部保持政策协调性,将发展、外交和安全因素融为一体,通力合作,实现或巩固非洲和平态势;其三,德非安全合作能否与现有的欧盟与非洲安全合作进行对接,使德非合作更有合法性和包容性,在发挥领导力时减少来自欧盟内部的阻力。

与此同时,德非安全合作也面临诸多挑战。2016年9月,在德国梅克伦堡-前波莫瑞州(梅前州)地方议会选举中,默克尔领导的基民盟以19%的得票率惨败;[1]而高举反对默克尔难民政策旗帜的右翼政党德国另类选择党(Alternative fuer Deutschland,AfD),借助民众对难民涌入的

---

[1] "Wahl in Mecklenburg – Vorpommern SPD gewinnt – AfD vor CDU – Grüne, FDP und NPD draußen", http://www.spiegel.de/politik/deutschland/mecklenburg – vorpommern – spd – gewinnt – afd – vor – cdu – gruene – fdp – und – npd – draussen – a – 1110879.html, 2017 – 04 – 18.

恐慌情绪，在9月的柏林地方选举中获得了大约14%的选票。[①] 德国大选在2017年9月举行，大量难民涌入对德国传统价值观的冲击、德国选择党不断攀升的支持率、德国社会暗潮涌动的民粹主义思潮，以及风雨飘摇的欧洲前途，都为寻求连任的默克尔总理和德国带来了极大的不确定性。德非安全合作的动力除了追求德国自身国家利益，也是德国努力承担全球安全治理的责任体现。德国对非新安全政策能够顺利实施的前提是德国成功应对国内危机、继续领导欧盟一体化，并在不确定的时代成为欧盟全球治理价值观的中流砥柱。

(本文原刊发于《西亚非洲》2017年第5期)

[①] "Abgeordnetenhauswahl in Berlin Alle Ergebnisse", http：//www.spiegel.de/politik/deutschland/abgeordnetenhauswahl – in – berlin – 2016 – alle – ergebnisse – a – 1111445. html，2017 – 04 – 18.

美非关系中俄罗斯因素的历史嬗变

刘中伟[*]

摘　要：俄罗斯因素是美国对非关系研究的一个重要视点。冷战时期，出于对苏联威胁的担忧，美国在非洲同苏联展开了一场旷日持久的势力范围争夺战。冷战结束初期，由于俄罗斯国力衰弱并奉行退出非洲的政策，美非关系中的俄罗斯因素一度被淡化。但是，近年来随着俄罗斯重返非洲步伐的加快，美非关系中的俄罗斯因素再度凸显。为应对俄罗斯在非洲的存在，特朗普出台了美国的非洲新战略，以遏制俄罗斯等大国在非洲的"挑战"。从总体上看，美国把俄罗斯作为其制定非洲政策的重要外部因素的做法，虽基于不同历史时期的国际大环境，但从实际效果看，它既未能有助于达到美国的非洲战略目标，容易导致美、俄在非洲出现意图误判而致使对抗升级，也会危害非洲的稳定与繁荣。

关键词：美非关系　俄罗斯因素　争夺非洲　退出非洲　重返非洲　特朗普的非洲新战略

美国对非政策的制定受到多种因素的综合影响。其中，除了美国自身和非洲的因素，美国对非政策还会受到其他大国因素的强烈影响。2018年12月12日，美国总统特朗普正式批准了美国对非洲新战略。次日，美国国家安全事务助理博尔顿在美国著名智库——传统基金会发表

---

[*] 刘中伟，中国社会科学院西亚非洲研究所副研究员。

演讲，概述了美国对非洲新战略。在演讲中，中国和俄罗斯分别被提及14次和6次，他用大段篇幅强调遏制中、俄在非洲的影响力，防止中、俄在非洲获得竞争性优势。① 这说明，大国因素是美非关系研究中不能也无法绕开的一项重要内容。从国内学术界的研究现状看，对于美非关系中的中国因素，学界已有不少相关研究成果，但对于俄罗斯因素还缺乏深入研究。事实上，特朗普在推进美国对非洲新战略中强调俄罗斯因素，并不是一时起意，而是有很深的历史渊源。在冷战时期，俄罗斯因素表现为美、苏在非洲的势力争夺战。冷战结束以来，它表现为美国对俄罗斯在非洲的不信任与戒备。而根据特朗普上任以来的对非政策表现，美非关系中的俄罗斯因素非但没有消失，而且有进一步强化之势。不论是从历史还是现实来看，美国依据俄罗斯因素制定对非政策已经或者即将产生一系列的负面影响，也可能对非洲的发展与稳定起到消极作用，故应引起研究者和决策者的关注。

一 争夺非洲与苏联因素的持续存在

冷战时期，苏联因素对美国制定和执行对非洲政策产生了广泛而深远的影响。美国前国务院非洲问题顾问委员会研究主任、对外关系高级研究员米歇尔·克劳在《最终自由了？美国对非政策与冷战的结束》一书中认为，在美苏冷战的40多年间，美国的非洲政策一直"戴着枷锁"，因为对抗苏联的地缘政治考量决定着美国对非政策的议事日程；从历史视角看，第二次世界大战结束以来，美国在非洲的利益一直随着对苏联所构成的真实威胁或想象中建构的威胁而波动；相应地，华盛顿的决策者倾向于从地缘政治和全球战略的角度来对美国的非洲政策作出抉择。② 的确，基于价值理念分歧、经济利益差异和地缘政治战略之争，美国在

---

① "Remarks by National Security Advisor Ambassador John R. Bolton on the Trump Administration's New Africa Strategy", https：//www.whitehouse.gov/briefings – statements/remarks – national – security – advisor – ambassador – john – r – bolton – trump – administrations – new – africa – strategy，2018 – 12 – 14.

② Michael Clough, *Free at Last：U. S. Policy toward Africa and the End of the Cold War*, Council on Foreign Relations Press，1992，p. 1.

非洲同苏联展开了一场争夺势力范围的冷战，有时甚至直接表现为赤裸裸的热战。因此，美国对非政策尤其是冷战时期的对非政策研究离不开对苏联因素的系统考察。

（一）"杜鲁门主义"与苏联因素的萌发

美国在历史上奉行"孤立主义"，直到第二次世界大战之前，它对非洲事务很少涉足。第二次世界大战的震荡使欧洲主宰非洲逐渐让位于美、苏两个超级大国主宰非洲。① 但是，在杜鲁门时期（1945—1953年），美国忙于推行《马歇尔计划》以期大力振兴欧洲，欧洲才是此时美国对外战略的重点，非洲处于相对被忽视的地位。美国此时不甚重视非洲的原因，一方面在于从全球战略来看非洲战略地位的重要性远不如欧洲，另一方面也是因为此时苏联尚未将其触角大规模伸入非洲并真正挑战美国在非洲的利益。因此，在杜鲁门时期，苏联因素并未真正开始大规模地影响美国对非政策。

1947年3月，杜鲁门抛出所谓"杜鲁门主义"。它宣称，当今世界存在着两种生活方式之间的矛盾，而世界已经分化成两个敌对的阵营。作为"自由国家"，美国应当立即采取措施，支持自由人民抵抗外部极权势力的侵略。② 而在此前杜鲁门的白宫特别顾问克拉克·克利福德草拟的一份绝密报告中也明确地指出，"一切在目前尚不处于苏联势力范围之内的国家，在他们反抗苏联的斗争中都应得到美国慷慨的援助和政治上的支持"。③ "杜鲁门主义"为美国决策者在冷战框架内审视包括非洲在内的所有全球性冲突开了先河。两极格局不仅仅是一个国际关系的架构问题，它还代表着一种心态，人们在思考与行动时，惯于采用简单的二分法。④ 正是"杜鲁门主义"促使"苏联因素"在非洲萌发并在此后的冷战岁月

---

① 李安山：《中国非洲研究评论》，社会科学文献出版社2015年版，第43—44页。

② Report by the Subcommittee on Foreign Policy Information of the State – War – Navy Coordinating Committee 1947, FRUS 1947, Vol. V., U. S. Government Printing Office, 1971, p.76.

③ ［美］小阿瑟·施莱辛格：《世界强国的力量：美国外交政策历史文献（1945—1973）》，切尔西出版社1973年版，第268页，转引自刘绪贻《美国通史：战后美国史（1945—2000）》，人民出版社2008年版，第26页。

④ ［英］理查德·克罗卡特：《五十年战争：世界政治中的美国与苏联（1941—1991）》，王振西等译，社会科学文献出版社2015年版，第91页。

里系统性地塑造美国对非政策。因此，杜鲁门不仅是冷战的开启者，也是美、苏在非洲走向对抗的开启者。

为应对共产主义苏联在非洲的渗透，杜鲁门政府一方面改变了对欧洲国家在非洲殖民统治的态度，另一方面加紧在非洲的军事布局。"二战"结束初期，杜鲁门政府一度将削弱欧洲殖民统治视作美国介入非洲的重要手段。但随着冷战局势的发展，杜鲁门政府逐渐认识到，继续打压西方在非洲的殖民利益将不利于团结这些欧洲强国抵御苏联在非洲的渗透。1951年6月27日，美国负责非洲事务的助理国务卿麦吉在西北大学当代非洲研究所的演讲中明确表示，殖民地独立需要一定的条件；如果条件不成熟而仓促独立，则会弊大于利。西欧司副司长奈特也于1952年4月21日在题为《关于美国对殖民地和殖民国家的政策目标的基本考虑的备忘录》中强调，殖民地区过早的独立会滋生许多问题，从而很容易被共产党人利用，美国的政策应是尽可能地保持与欧洲盟友的团结，依靠而不是打击他们。① 在军事布局方面，杜鲁门政府在1950年4月制定的战后第一个全面阐述美国安全战略的文件即国家安全委员会第68号文件中提出，为保护美国、欧洲和非洲等地区免受苏联军事攻击，美国及其盟国必须进一步加强军事力量，同时保护使这些地区连接的交通线，使其免受苏联控制。②

为此，杜鲁门政府将利比亚和突尼斯等北非国家纳入美军欧洲司令部的管辖范围，改变了非洲长期以来无美军战区司令部统辖的历史。此外，美国还从军事上来拉拢非洲国家，杜鲁门政府于1951年同南非签订了《共同防御援助协定》。根据该协定，美国海军可以定期使用南非的开普敦和德班两个重要港口。美国还在南非的克鲁格斯多普附近建立了一个外层空间追踪站，用以追踪洲际弹道导弹和卫星。③

---

① Memorandum by the Acting Deputy Director of the Office of Western European Affairs, 1952, FRUS, 1952–1954, Vol. Ⅲ, U. S. Government Printing Office, 1979, pp. 1102–1108.

② "NSC 68: United States Objectives and Programs for National Security", https://www.trumanlibrary.org/whistlestop/study_collections/coldwar/documents/pdf/10-1.pdf, p. 55, 2018-12-12.

③ 梁根成：《美国与非洲——第二次世界大战结束至80年代后期美国对非洲的政策》，北京大学出版社1991年版，第18—21页。

(二) 非洲形势的变化与苏联因素的强化

在艾森豪威尔（1953—1961年）与肯尼迪（1961—1963年）时期，非洲形势发生了很大变化，民族独立浪潮风起云涌，美国对非政策中的苏联因素得到进一步强化。

1954年，阿尔及利亚展开摆脱法国的武装斗争；1956年，突尼斯、摩洛哥和苏丹独立；1957年，加纳独立；1958年，几内亚独立。1960年更是被称为"非洲年"，在这一年中有17个位于撒哈拉以南的非洲国家宣告成立。除了非洲局势的变化，促使美非关系中的苏联因素进一步凸显的原因还在于苏联在非洲采取的攻势。从1955年起，苏联领导人赫鲁晓夫开始改变斯大林基本上避开第三世界的审慎保守的战略，改行积极外向的、谋求确立和扩大苏联的广泛影响的新方针，其核心就是在外交和宣传方面大力支持和鼓励反西方殖民主义和帝国主义，并且按照苏联的利益需要和能力以及风险大小，给予某些发展中国家经济军事援助。[1] 1958年，苏联外交部建立了一个专门负责非洲事务的机构。在该机构的指导下，苏联加快了进入非洲的步伐，同非洲国家建交并加强双边关系：向其提供经济和军事援助，发展贸易和文化关系，建立执政党之间的党际关系。[2] 到20世纪50年代末，艾森豪威尔政府越来越把苏联共产主义势力在非洲的扩展看作必须优先考虑的重要问题。美国认为，苏联将国际政治视为零和博弈，西方国家所失必为东方所得。非洲国家从殖民统治下获得独立是资本主义的失去，因此是社会主义的前进。[3] 为应对非洲新形势，艾森豪威尔1957年亲自主持了第335次国安会会议，重点讨论美国对非政策问题。美国副总统尼克松在会议上指出，美国不能低估共产党在非洲威胁的严重性。[4] 而在肯尼迪看来，非洲走向共产主义阵营将严重损害美国的利益——"如果在不友好的人手中，非洲海岸将会威胁

---

[1] 时殷弘：《国际政治与国家方略》，北京大学出版社2006年版，第119页。

[2] 梁根成：前引书，第56页。

[3] Oye Ogunbadejo, "Soviet Policies in Africa", *Africa Affairs*, Vol. 79, No. 316, 1980, p. 297.

[4] 王延庆、姬庆红：《20世纪50年代美国非洲政策述论》，《史学集刊》2010年第5期，第104页。

自由世界的连接。"① 所以，尽管肯尼迪声称要把冷战拒于非洲之外，但是与苏联在非洲的争夺还是构成了这一时期美国对非政策的出发点和落脚点。②

为避免新独立的非洲国家落入苏联之手，艾森豪威尔于1958年首设美国国务院非洲局，他本人于1959年访问突尼斯和摩洛哥，成为冷战时期首位造访非洲的美国总统。在军事上，艾森豪威尔政府不仅先后同埃塞俄比亚、利比里亚和利比亚签订军事条约，扩大在非军事存在，还操纵所谓的"联合国军"武装干涉刚果，推翻了亲苏的卢蒙巴政权。肯尼迪在卢蒙巴政权被推翻后，致力于清除亲苏的基赞加势力，授意阿杜拉新政府于1963年11月宣布同苏联断交并驱逐全部苏联外交人员。此外，为增强在非洲应对共产主义威胁的能力，肯尼迪不仅整合援助机构成立了美国国际开发署，还推出了该届政府的新发明——和平队，成为同苏联在非洲进行战略争夺的重要手段。

（三）美苏关系缓和与苏联因素的相对退潮

苏联因素在约翰逊（1963—1969年）和尼克松（1969—1974年）当政时期经历了10年的相对退潮期。苏联因素退潮有三个方面的原因。一是"二战"后美国历届政府奉行的全球扩张政策耗费了大量的国力资源，导致美国实力和地位相对下降，特别是越南战争极大地削弱了美国的国力，使得美国无暇更多地顾及非洲。二是非洲的战略地位被调低。约翰逊政府认为，苏联试图主导新独立非洲国家事务的做法将被证明不会成功，因此美国在非洲的利益也应被相应地调低。在尼克松当局的首份对外政策年度报告中，称非洲已经成为新兴独立国家寻求共产主义模式失败的典型例子。换言之，苏联并不能在非洲构成对美国的根本性威胁，因而美国不必因苏联因素而过分重视非洲。第三个也是最重要的原因是美苏关系的缓和。肯尼迪执政时期，美国和苏联之间尖锐对立，发生了

---

① Peter Duignan and L. H. Gann, *The United States and Africa: A History*, Cambridge University Press, 1984, p. 288.
② 张现民：《肯尼迪政府时期美国对非政策研究》，博士学位论文，华东师范大学，2013年，第211页。

柏林危机（1961年）和古巴导弹危机（1962年），双方关系到了最危险的战争边缘。约翰逊上台后，美苏关系的军事对抗危机已经过去，尼克松则是从现实主义的原则出发对苏联采取缓和战略，放松了对非洲的争夺。

但是，即使在这十多年的相对退潮期，美国也并未放弃在非洲对苏联势力的打压。例如，在约翰逊时期，加纳领导人恩克鲁玛逐渐形成和发展了社会主义思想，领导这个国家走向以苏联为首的社会主义阵营。美国曾一度采取援助等措施来促使恩克鲁玛领导的国家改变发展方向并加入西方阵营，但拉拢手段并未奏效。在此情况下，为避免加纳进一步向苏联靠拢，1966年2月24日，美国中央情报局等部门趁恩克鲁玛出国访问之机，策划加纳军队发动政变，推翻了恩克鲁玛政府并建立了亲美政权。尼克松时期，为击退苏联在埃及的影响，美国利用1973年"十月战争"的契机，通过基辛格的"穿梭外交"与尼克松的埃及访问之行，促使这个北非大国迅速向美国靠拢。1976年3月15日，埃及宣布废除1971年同苏联签订的《苏联埃及友好条约》，同月26日又宣布取消苏联军舰使用埃及亚历山大港的权利。这样，在美国的一再努力下，苏联的影响与势力被逐步挤出埃及。[①]

（四）美苏全面争霸与苏联因素的固化

由于相对忽视非洲，苏联因素在约翰逊和尼克松时期对美国非洲政策的影响没有此前突出。但随着苏联在非洲开展新一轮的扩张与渗透，苏联因素对美非关系的影响迅速提升。在美、苏全面争霸达到高潮的情势下，苏联因素被美国政府当作制定非洲政策的不二参考并逐渐固化。

随着苏联国力的增强，勃列日涅夫奉行对外扩张的"勃列日涅夫主义"，抛出所谓"社会主义大家庭论"，自20世纪70年代中叶起，在亚、非两洲一些国家进行频繁的直接或间接军事干涉，以追求世界范围内同美国平起平坐的超级大国地缘政治霸权。[②] 在此形势下，美非关系中的苏联因素再度凸显，几任美国总统特别是里根在非洲都以击退苏联威胁为

---

① 葛佶：《简明非洲百科全书》，中国社会科学出版社2000年版，第276页。
② 时殷弘：《新趋势·新格局·新规范》，法律出版社2000年版，第215页。

己任。1975年,安哥拉爆发内战,苏联不仅给"安哥拉人民解放运动"提供大量武器装备和其他战争物资,还将大批古巴军队运抵安哥拉以协助作战。基辛格就此要求福特政府立即采取行动:"非洲局势出现新的严重局面。苏联和古巴将它们的大棒挥舞到了安哥拉。它们的军队在那里牢牢地确立了自己的位置,新的机会正在前方等待着他们。"① 卡特就任总统后,"安哥拉人民解放运动"的军事胜利对美、苏在非洲地缘政治力量对比的影响进一步发酵。苏联插手非洲事务的形势更加清楚,它对非洲的武器售卖增长尤为迅猛。在1967年至1976年的10年间,苏联向非洲的军火交易平均为每年22亿美元,但是1976年至1980年,这一数字猛增至77亿美元,是之前的3.5倍。② 美国决策者担心,在安哥拉的失败会同在越南的失败一样使苏联在第三世界的干预下像滚雪球一样越来越成功。③ 里根上台后,他明确抛弃20世纪70年代的美、苏缓和政策。在他看来,美、苏缓和助长了暴力和冲突,特别是在非洲。④ 里根批评说:"过往的美国外交政策可以用漫无目的的徘徊来形容,非洲的安哥拉就是一个典型的例子。我们对其中一方只给予刚刚够用的支持来鼓励他们战斗和牺牲,可这远远不足以让他们有机会取得胜利。与此同时,我们遭到胜利者的厌恶、失败者的怀疑,全世界都认为我们软弱和缺乏自信。如果缓和战略真的像人们所期望的那样是相互的,我们原本可以告诫苏联停止制造麻烦,让它把安哥拉还给安哥拉人,但事实并非如此。"⑤

为击退所谓苏联在非洲的扩张,福特政府在安哥拉多管齐下,从情报搜集、武器供给和雇佣军招募等多方面为"安哥拉人民解放阵线"与"争取安哥拉彻底独立全国联盟"提供支持,使其为美国展开同"安哥拉

---

① Robert M. Price, *U. S. Foreign Policy in Sub - Saharan Africa: National Interest and Global Strategy*, University of California, 1978, p. 2.

② Robert D. Grey, "The Soviet Presence in Africa: An Analysis of Goals", *The Journal of Modern African Studies*, No. 3, 1984, p. 18.

③ Michael Clough, *Free at Last: U. S. Policy toward Africa and the End of the Cold War*, Council on Foreign Relations Press, 1992, p. 10.

④ [美] 杰里米·苏瑞:《缓和政策及其批判——基辛格、他的批判者以及他们对21世纪的遗产》,《国际政治研究》2008年第6期,第156页。

⑤ [挪威] 文安立:《全球冷战:美苏对第三世界的干涉与当代世界的形成》,牛可等译,世界图书出版公司2014年版,第334页。

人民解放运动"的"代理人战争"。鉴于苏联和古巴势力的威胁,卡特政府在扎伊尔于1977年3月和1978年5月爆发的两次军事冲突中,坚定支持蒙博托政权,不仅向蒙博托提供军事装备,还命令美国空军加紧向扎伊尔运送法国和比利时的军队以提供支援。而里根政府为夺回20世纪70年代在非洲丢失的阵地、扭转美国在非洲同苏联竞争处于下风的局面,大力增加对非军事援助。例如,从1962年至1980年,美国对整个非洲的军援为25.851亿美元;而仅1981年至1985年,里根政府给非洲的军援就达到67.296亿美元,5年间的对非军援就比前19年增加了160%。[1]

综上所述,冷战时期,美国和苏联在非洲互有攻守,美国对非政策决策者对非洲地缘战略地位的评估也存在一定差别。因此,美非关系中苏联因素持续存在,但其强弱也并非一成不变。20世纪80年代末90年代初,随着美、苏矛盾的缓和特别是苏联的解体,美非关系中的苏联因素逐步走向终结。而俄罗斯作为苏联的继承国和新的国家政治实体,它的出现又将俄罗斯因素带入美非关系中。

二 退出非洲与俄罗斯因素的淡化

冷战的终结是20世纪末最重大的国际政治事件。这一国际关系的分水岭不仅带来大国战略关系的重新调整,也促使大国在非洲的关系发生深刻变化。其重要的表现之一,便是美非关系中俄罗斯因素的淡化。

从总体上说,美非关系中的俄罗斯因素之所以淡化,主要有三个方面的原因。第一,苏联因素在非洲消失,俄罗斯无论从国力上还是从地缘政治上一时都难以像冷战时期的苏联那样在非洲对美国构成全面挑战,这极大地"解放了美国的手脚",使白宫从美国自身的真正需要而非地缘政治的角度来界定在非利益,并据此对非洲采取了疏远和漠视的政策。

就非洲而言,冷战的终结使非洲面临政治、经济边缘化的双重危机。[2] 与此同时,美国对非政策决策层倾向于认为美国在非洲并无太多具

---

[1] 梁根成:前引书,第310页。
[2] 张宏明:《多维视野中的非洲政治发展》,社会科学文献出版社1999年版,第220页。

体与实质性的利益,因此对美国是否需要加强在非存在持怀疑态度。不管是老布什总统还是他的高级外交政策顾问都认为,美国在非洲并无真实的重大利益。老布什高级决策层经常将非洲事务交由一帮并无多少政治远见与国内政治基础的中层官员去打理。他们经常依据三个信条来做出对非决策:"不要投入太多资金""不要采取任何可能引起国内争议的对非政策立场"和"不要让非洲问题影响对美国而言更为重要的对其他地区的政策"。① 基于对非洲战略地位下降的上述评估,老布什采取了一种事实上的对非"脱离接触"的政策,它包括三项基本原则:其一,除非国会提出要求,否则不要在非洲慷慨解囊;其二,不要因为非洲问题而使美国在世界其他更重要地区的政策变得复杂化;其三,在可能引起美国政界争议的问题上不要表态。②

第二,冷战结束初期,俄罗斯国力迅速衰退,在外交上总体实行向西方一边倒的策略,在非洲则实行战略收缩政策,因而难以在非洲对美国构成强"刺激"。一方面,苏联解体后,俄罗斯叶利钦政府奉行对美友好的政策,幻想能够得到西方国家更多的援助,以帮助俄罗斯渡过转型期的危机。在非洲,叶利钦政府既无力也尽量避免去挑战美国的利益。另一方面,由于俄罗斯与非洲之间保持的各种联系大部分是苏联时期的产物,苏联解体后,俄罗斯的综合国力迅速下降,不得不撤出众多驻非洲机构以及军事和科技人员,终止大部分在非洲的基础设施以及其他合作项目的建设工作。与此同时,俄罗斯还宣布终止对非洲国家的援助,要求非洲国家偿还之前所欠苏联的债务。从总体上看,由于苏联与非洲国家签署的数目众多的经济、科技、文化、军事合作协议或条约陷入停顿状态,促使非洲国家感觉到被俄罗斯抛弃,俄罗斯与非洲关系因此陷入低潮。其体现之一为俄非贸易总额的急剧下降。例如,1984 年苏联与非洲国家之间的贸易额为近 35 亿外汇卢布(按官方汇率近 58 亿美元),而 1992 年俄罗斯与非洲大陆的贸易额仅为 13 亿美元,1994 年则只有 7.4

---

① Michael Clough, *Free at last: U. S. Policy toward Africa and the End of the Cold War*, Council on Foreign Relations Press, 1992, p.5.
② [美]彼得·施雷德:《摆脱枷锁——冷战结束后的美国对非政策》,《西亚非洲》1997 年第 5 期,第 31 页。

亿美元。① 此外，俄罗斯政府内部那些主张继续在非洲保持大国地位的决策者们还面临另一个舆论难题：由于经济滑坡，人们对非洲的兴趣越来越少，在公众中甚至蕴藏着对俄非关系的强烈不满。在许多俄罗斯人看来，苏联为了与美国竞争在非洲大陆建立各自的势力范围而形成的这种对非关系，代价高昂且不公正。②

第三，冷战结束后，英、法等西方国家与美国在非洲的利益矛盾开始更多地显现，致使美国无法将更多的注意力放在俄非关系上。冷战时期，出于意识形态的相似性，虽然英国、法国和葡萄牙等其他西方国家同美国在非洲存在各种利益冲突和矛盾，但大多时候能够配合美国的战略，以满足对抗苏联的需要。随着苏联的解体，西方殖民国家共同遏制苏联的战略需要消失，非但不再对美国亦步亦趋，甚至开始直接挑战美国在非洲的利益。这其中最突出的就是法国。众所周知，在主要西方大国中，法国的非洲政策最为完整且最具连续性。在政治层面，法国与非洲有着举办最早、连续性最强的"法非峰会"；在经济层面，法国有"非洲法郎区"货币合作机制；在军事层面，法国与许多非洲国家有双边"防务条约"及"军事技术合作协定"。利用殖民母国的优势和其他国家很难企及的对非洲的重视，20世纪90年代，法国不断完善对非政策布局，在非洲确立了针对美国的优势，特别是在经济领域美国在同法国的竞争中始终处于不利地位。以至于美国企业强烈呼吁政府，"在最近的十年里，欧洲公司特别是法国公司在非洲占有极大的优势，他们对非洲的投资是我们的3倍，政府应该采取措施帮助美国公司打破法国在非洲的优势"③。

综上，从历史发展看，在整个冷战时期，地缘政治考量在很大程度上决定了美国对非政策，美国在非洲的利益被"嵌入"美国全球利益的

---

① 袁新华：《试析转型以来的俄罗斯与非洲关系》，《俄罗斯中亚东欧研究》2004年第4期，第58页。

② ［美］杰弗里·里夫布维尔：《冷战时期及冷战后的莫斯科对非洲政策》，《西亚非洲》1998年第3期，第61页。

③ 宋微：《被搅动的战略底端：冷战后美国对撒哈拉以南非洲政策及效果评估（1990—2016）》，中国商务出版社2018年版，第106页。

战略棋盘之中。① 美国在政治、经济、援助和军事等方面的政策举措紧紧围绕着抵制苏联对非渗透和共产主义在非影响力的扩展这条主线。冷战结束后，美国将苏联势力全面推出非洲的战略目标已经达成，苏联因素随之消失。苏联解体后，俄罗斯联邦成为苏联的唯一主权继承国。虽然俄罗斯继承了苏联在非洲的一切外交机构和财产并在此基础上继续发展对非关系，但俄罗斯因素在此后很长一段时间内很难再登上白宫的战略"清单"，并成为美国对非决策的核心考量因素。

三 重返非洲与俄罗斯因素的再度发酵

进入21世纪，美非关系中的俄罗斯因素较20世纪90年代有所增强。21世纪前十年，在普京与梅德韦杰夫政府的领导下，俄罗斯走出"休克疗法"造成的经济困境，国力有所复苏，开始逐步修复受损的俄非关系，加强对非政治、经济和军事合作，特别是俄罗斯利用自己的军事科技优势及原有的苏联与非洲的密切军事合作，积极开辟非洲军火市场。例如，2003年至2006年期间，俄罗斯向非洲出口了价值达6亿美元的武器装备，约占非洲武器进口额的18.4%，为非洲第二大武器供应国。② 值得注意的是，在俄罗斯向非洲提供的武器中，不乏"米格-29"战机等先进装备，这引起美国的警觉。美国国防部认为，俄罗斯的先进武器装备到一些对美国不甚友好的非洲国家带来的后果很严重，使这些国家有足够的能力来改变美国的军事计划，从而直接对美国在非洲打击恐怖主义的军事行动构成威胁。众所周知，自"9·11"事件以来，美国在非洲确立了"反恐至上"的外交政策。显然，任何不利于美国推行其国家意志的行为，都会被美国决策层视为对其反恐政策的重要干扰。

进入21世纪第二个十年，俄罗斯"重返非洲"的步伐更是明显加快，特别是进入2018年以来，俄罗斯在非洲动作频频，促使美非关系中

---

① Michael Clough, *Free At Last: US Policy Towards Africa and The End of the Cold War*, Council on Foreign Relations Press, New York, 1992, p. 5.

② M. Muslim Khan, "Russia – Africa Relations in the Era of Globalisation", *Ijreiss*, Vol. 2, No. 1, 2016, p. 164.

的俄罗斯因素进一步凸显与发酵。

第一，在政治上，俄罗斯近年来不断扩大与非洲国家的高层互访，被美国视为俄罗斯力图重返非洲所发出的强烈政治信号。2017年11月，苏丹总统巴希尔访问俄罗斯，先后与普京总统、梅德韦杰夫总理以及国防部长谢尔盖·绍伊古等会晤，达成全面加强两国合作的共识。2018年3月，俄罗斯外长拉夫罗夫先后访问了安哥拉、纳米比亚、莫桑比克、埃塞俄比亚等众多非洲国家，签署了加强双边关系、扩大政治经济等多领域合作的协议。仅仅时隔3个月后，拉夫罗夫再度访问非洲，其目的地则是非盟轮值主席国卢旺达。2018年7月，普京赴南非参加金砖国家领导人第十次会晤，俄罗斯借机与南部非洲共同体签署了一系列合作协议。此外，鉴于法非峰会、中非峰会良好的政治效应，俄罗斯外交部还有意在2019年召集50多位非洲国家领导人，召开俄罗斯—非洲联盟论坛。值得注意的是，俄罗斯加强对非高层互访是在近年来它与西方关系持续紧张的背景下进行的。自2014年克里米亚并入俄罗斯以来，美国联合其他西方国家高调宣布制裁俄罗斯，挤压其外交空间。在此国际环境下，俄罗斯选择走向非洲很容易被美国解读为是其力图重返非洲、扩大外交回旋余地的重要表现。

第二，在经济上，俄罗斯与非洲近年来的经贸合作总体规模不大，原本并未引起美国的重视，但是进入2018年以来，俄罗斯在非洲经贸领域动作加快。这与不断加深的其他领域的对非合作相互叠加影响，致使美国对俄罗斯力图重返非洲、重现苏联时期的辉煌产生了很大的戒心。为加强与非洲国家制造业领域的合作，2018年3月，俄罗斯与津巴布韦签订了创建经济特区的协议。4月，俄罗斯出口中心与非洲进出口银行签署合作协议，设立200亿美元的基金，为俄罗斯向非洲国家航空公司制造商用飞机提供资助。5月，俄罗斯与埃及签署了一项在苏伊士运河地区建立俄罗斯工业区的协议，俄罗斯计划投资约1.9亿美元，利用其工业组装及生产方案，向埃及和第三方市场提供高品质产品。[①] 美国担心，像冷战时期发生的那样，伴随着一系列经济条约的签订，俄非其他方面的联系也会相应加强。2018年4月，在拉夫罗夫访问埃塞俄比亚一个月后，两

[①] 徐国庆：《普京凝视非洲》，《环球》2018年第17期，第28页。

国签署了核能、农业和交通运输项目合作的大单。俄罗斯公司还与苏丹签订了矿产开发协定,计划在津巴布韦开采钻石和铀矿。此外,在2018年圣彼得堡国际经济论坛期间,俄罗斯展现了自己对加强对非经济合作的渴望。另外,据俄罗斯外交部长拉夫罗夫介绍,在2019年即将举办的俄罗斯—非洲联盟论坛上,除了政治安全议题,还将勾勒一幅俄非经济合作的综合性、战略性路线图,开拓俄罗斯对非投资的空间。① 事实上,在过去的十多年里,俄罗斯与撒哈拉以南非洲国家的经贸合作尽管总额不高,但增长十分迅速:从2010年到2017年,俄非贸易总额从16亿美元增长到42亿美元,贸易规模翻了几倍之多。②

第三,在军事上,俄罗斯不断加强在非军事存在的做法引起了美国的高度警觉。2013年,俄罗斯同意向安哥拉提供价值10亿美元的军火,为安哥拉的苏制武器提供配件,包括轻武器、弹药、坦克等。2014年,阿尔及利亚同俄罗斯又签署价值高达10亿美元的武器交易合同,这被俄罗斯媒体认为是世界上最大的主战坦克出口合同。③ 而从2014年以来,莫斯科已经与19个非洲国家签订了军事合作条约,通过各种形式扩大在非军事存在,其中包括埃及、苏丹、埃塞俄比亚、尼日利亚、津巴布韦和中非共和国等重点国家。刚果民主共和国也已决定重新启用其1999年与俄罗斯签订的军事协定。2018年4月,莫桑比克答应向俄罗斯海军开放其港口,尼日尔则表达了购买俄罗斯直升机和榴弹发射器的意向。俄罗斯正与几内亚共同商定一项军事合作的草案,内容包括俄罗斯军舰可以自由出入几内亚的港口、进行军事训练以及其他与安全相关的问题。此外,俄罗斯还向安哥拉、马里、尼日利亚、乌干达和卢旺达等国出口"米-8/17"以及"米-24/35"军用直升机。在美国看来,俄罗斯的系列动作是其试图将军事触角伸向整个非洲大陆、扩大地区军事影响力的

---

① Tyler Durden, "Russia, Central Africa Sign New Military Cooperation Agreement", https://www.zerohedge.com/news/2018-08-22/russia-central-africa-sign-new-military-cooperation-agreement, 2018-08-23.

② "How Russia Moved into Central Africa", http://africanchronicler.com/how-russia-moved-into-central-africa, 2018-08-06.

③ Anna Borshchev Skaya, "From Moscow to Marrakech: Russia Is Turning Its Eyes to Africa", http://thehill.com/opinion/international/35684-from-moscow-to-marrakech-russia-is-turning-to-africa, 2017-10-06.

明证。①

美方认为,目前俄罗斯在非洲加强军事存在的态势在北非、东非和中部非洲表现得尤为明显。在北非,俄罗斯大力加强与苏丹双边军事合作关系。苏丹近年来与美国关系近乎敌对,因而美国高度关注俄罗斯在苏丹持续扩大的军事存在,视其相关动作背后的动机在于抗衡美国。美国认为,俄罗斯向苏丹等非洲国家出售的"米-29"战机,是对美制"F-15""F-18"等战机的直接威胁。②2017 年,苏丹总统巴希尔甚至一度请求俄罗斯政府"保护其国家免受美国的侵略行为"③。在向苏丹出售先进武器的同时,俄罗斯还寻求在苏丹建立军事基地,而双方已就此达成共识。除了苏丹,俄罗斯还试图在北非的另一地区大国埃及建立军事基地。2013 年 11 月,埃及与俄罗斯在开罗举行首次外长和防长"2+2"会谈,两国军事交流日益频繁。2017 年 12 月,俄罗斯国防部长绍伊古访问开罗,两国签订互相使用对方空军基地和军用飞机的协议,包括俄罗斯使用埃及在红海沿岸的军事基地。俄罗斯此举意在保持自身在红海北部地区的军事优势,与西方大国在红海南部地区如吉布提的军事基地形成战略平衡。④值得注意的是,埃及历来是美国在非洲保持军事存在的重中之重,美国十分看重其战略地位。冷战时期,为排挤苏联势力,美国对非军事援助中的很大一部分被提供给了埃及。

在东非,俄罗斯试图在该地区进一步扩大军事影响。鉴于吉布提战略位置的重要性,俄罗斯提出在该国筹建军事基地,但是吉布提政府担心,如果接受俄罗斯的建议,吉布提可能像冷战时期那样成为俄罗斯代理人战争的场所。吉布提政府拒绝接纳俄罗斯军事基地后,俄罗斯转而

---

① Tyler Durden, "Russia, Central Africa Sign New Military Cooperation Agreement", https://www.zerohedge.com/news/2018-08-22/russia-central-africa-sign-new-military-cooperation-agreement, 2018-08-24.

② Charles R. Smith, "Russia Sells Advanced MiG-29 Fulcrums To Sudan And Yemen", http://rense.com/general18/russiasells.htm, 2016-04-05.

③ Tyler Durden, Russia, "Central Africa Sign New Military Cooperation Agreement", https://www.zerohedge.com/news/2018-08-22/russia-central-africa-sign-new-military-cooperation-agreement, 2018-08-26.

④ 孙德刚、邹志强:《域外国家对东非加强军事介入:态势及影响》,《现代国际关系》2018 年第 12 期,第 46 页。

寻求在吉布提邻国厄立特里亚的港口建立后勤中心。① 美国对俄罗斯在东非地区军事影响力的上升保持高度警惕，针对俄罗斯的地缘政治指向明显。2018 年，美国非洲司令部评估报告曾言及："随着东非的战略环境日益拥堵且具有竞争性，我们对域外国家俄罗斯将采取接触政策，并将与之讨论我们彼此的利益和分歧。美国非洲司令部视美军能够安全和有效进入吉布提为重中之重。因此，我们将继续监视各种形势的发展，确保美国在该地区的利益不会受到威胁。"②

不过，在美国眼里，俄罗斯目前加强军事存在最让人担忧的地区既不是北非，也不是东非，而是此前被法国视为"后院"的中部非洲。其原因在于，俄罗斯在中非共和国的军事存在不断增强，并于 2018 年达到了高峰。2018 年 8 月 21 日，俄罗斯与中非共和国签订一项军事协议。该协议由俄罗斯国防部长谢尔盖·绍伊古与中非共和国国防部长玛丽·科亚拉在莫斯科举办的 2018 年度军事防务展览会期间共同商定，包括军售和人员培训两大内容。根据该协定，中非共和国的人员可以在俄罗斯军事院校接受培训。而在军事条约签订前，俄罗斯已经向中非共和国提供了轻型武器、榴弹发射器以及两个营的防空武器。为帮助中非共和国人员提高军事技能，俄罗斯还向该国派驻了 175 名军事与民事指导员。③ 此外，美国之所以对此忧心忡忡，其原因除了俄罗斯的密集军事动作，还与西方在中非共和国的影响力下降有关。在历史上，中非共和国曾是法国的殖民地，在其独立后法国还保有较强的影响。但是，自 2013 年中非共和国发生叛乱以来，法国的影响力明显下降。俄罗斯则巧妙地利用联合国安理会的武器禁运规定，在成功阻止法国将来自索马里的武器运进中非共和国的同时，将大量的武器运往中非共和国并受到该国总统福斯坦·图瓦德拉的欢迎。就美国自身而言，2018 年，美国不仅撤出了为追踪搜捕"乌干达圣灵抵抗军"军事头目约瑟夫·科尼

---

① "How Russia Moved into Central Africa", http://africanchronicler.com/how-russia-moved-into-central-africa, 2018-08-06.

② 孙德刚、邹志强：前引文，第 47 页。

③ Tyler Durden, "Russia, Central Africa Sign New Military Cooperation Agreement", https://www.zerohedge.com/news/2018-08-22/russia-central-africa-sign-new-military-cooperation-agreement, 2018-08-23.

而部署在中非共和国的军事力量,一些美国外交人员的岗位也处于空缺状态。①

在美国看来,尽管俄罗斯介入非洲事务的规模要小于苏联时期,但是俄罗斯近来重返非洲的力度为冷战结束以来二三十年间所最大,堪称"跃升"。由于这个原因,俄罗斯日益增加的对非存在迅速引起美国决策层的注意。正是在此背景下,2018年12月特朗普政府出台了非洲新战略,大肆批评俄非关系,剑指俄罗斯在非日益扩大的影响力。② 而根据特朗普政府国家安全顾问约翰·博尔顿在美国传统基金会的演讲,美国已经明确,俄罗斯在非洲的新进展已经触及了美国的深层利益,新时期美国在非洲战略的一个重点将是遏制俄罗斯。

在特朗普的非洲新战略中,博尔顿将非洲形容为美国遏制俄罗斯影响力的战略战场,并指出这将是未来一个时期美国对非政策最需要注意的优先事项之一。③ 美国认为,在政治上,俄罗斯奉行与美国不同的国家间关系原则,损害了美国的政治利益:俄罗斯在大力推进其在非政治影响力,但它对非洲的依法治国原则和透明负责任政府的建设却漠不关心;俄罗斯支持非洲政治强人继续掌权,目的在于可以从联合国得到这些非洲国家的投票支持,其行为破坏了非洲的和平与稳定,同非洲人民的最大利益背道而驰。博尔顿在演讲中进一步批评道,在经济上,俄罗斯继续从私利出发从非洲攫取自然资源,通过腐败经济交易来寻求增加该国在非洲的影响力,它这种对非洲的"掠夺行为"阻碍了非洲经济的增长,将非洲国家的金融独立置于险地,抑制了美国在非洲的投资机会。而鉴于俄罗斯近期不断扩大在非军事影响的做法,美国认为,俄罗斯通过军售、设立军事基地等介入非洲事务,已经对美国在非洲的军事

---

① "How Russia Moved into Central Africa", http://africanchronicler.com/how–russia–moved–into–central–africa, 2018–08–06.

② John Vandiver, "Russian Base in Central Africa on the Table While US Refocuses Its Strategy", https://www.stripes.com/russian–base–in–central–africa–on–the–table–while–us–refocuses–its–strategy–1.563808, 2019–01–10.

③ John Vandiver, "Russian Base in Central Africa on the Table While US Refocuses Its Strategy", https://www.stripes.com/russian–base–in–central–africa–on–the–table–while–us–refocuses–its–strategy–1.563808, 2019–01–10.

存在形成威胁。① 据此，特朗普政府的非洲新战略得出结论，俄罗斯正在全非洲范围内迅速扩展对非金融与政治影响力，故意且有侵略性地获得针对美国的优势，在非洲对美国国家利益已经构成了严重威胁，因此必须高度警惕俄罗斯在非洲的相关行为，防止其获得针对美国的竞争性优势。②

值得注意的是，特朗普对非洲较为漠视，他就任美国总统两年以来非但从未访问过非洲，甚至还曾污称一些非洲国家。③ 在很长一段时期内，美国包括负责非洲事务的助理国务卿等在内的一系列关键性职位一直空缺。从总体上看，特朗普政府尚未在对非关系方面出台重量级政策。如果说该届政府对非政策有何亮点，那就是力图在减轻对非负担的同时强调遏制大国在非洲的影响力。例如，2018年10月5日，特朗普签署了《有效利用投资引导发展法案》（BUILD），决定成立美国国际开发金融公司并注资600亿美元，以更有效地与俄罗斯等大国在包括非洲在内的发展中国家展开竞争。④ 新近出台的非洲战略及对俄罗斯的批评言论表明，在特朗普任内，美国将会在未来出台一些更具体的措施来打压俄非关系。据此判断，美非关系中的俄罗斯因素短期内有强化的趋势。

四 结语

苏联（或俄罗斯）是世界政治中的大国，它在非洲的很多政策和举

---

① "Remarks by National Security Advisor Ambassador John R. Bolton on the Trump Administration's New Africa Strategy", https://www.whitehouse.gov/briefings-statements/remarks-national-security-advisor-ambassador-john-r-bolton-trump-administrations-new-africa-strategy, 2018-12-14.

② Remarks by National Security Advisor Ambassador John R. Bolton on the Trump Administration's New Africa Strategy.

③ Ali Vitali, "Kasie Hunt and Frank Thorp V, Trump referred to Haiti and African nations as 'shithole' countries", https://www.nbcnews.com/politics/white-house/trump-referred-haiti-african-countries-shithole-nations-n836946, 2018-01-13.

④ "A New Era in U.S. Development Finance", https://www.opic.gov/build-act/overview, 2018-10-08.

动会或多或少地对美非关系造成影响，这也是美非关系中俄罗斯因素的由来。美国决策者处理对非关系中参考俄罗斯因素是其战略决策的需要，那么它究竟带来怎样的结果？

第一，从战略原理上说，美国在非洲根据苏联或俄罗斯威胁来界定自身利益的做法，经常导致美国的对非政策的结果是损害了而非维护了其在非洲的利益，这在冷战时期表现得尤为明显。战略的首要问题是战略根本目标的确定，而一个国家战略目标的确定是由多重因素共同决定的。一国欲合理地确定根本战略目标，就必须合理地界定五项相互联系的要素：基本的国际和国内形势；基本的国家利益；这些利益面对的威胁的性质和大小；可供使用的实在和潜在的国际能力及资源基础；追求拟确定的根本目标的可能综合后果和成本效益对比。① 美国在非洲政策的根本目标应是维护美国国家利益，应根据利益来界定威胁，而不是相反。美国著名冷战史专家、战略理论家约翰·加迪斯一再重申这条基本的战略原则。他批评说，冷战时期，美国历届行政当局一直习惯于按照看似存在的对美国的威胁来界定利益，而不是按照某种关于美国在世界上的安全必需的、独立推导出来的标准来这么做。② "遏制共产主义"本身已成为一种利益，而不管共产主义作为一股统一的力量究竟可能以什么方式在事实上挑战美国的安全。正确的做法应是"将安全等同于捍卫经久的利益，而非等同于击退短暂的威胁"，因为"按照威胁来定义利益是将利益变成了威胁的一个派生物——利益由此将尾随威胁的消长而消长"，这样做不但等于将利益的界定权交给威胁——苏联，也导致用扩充的手段追求扩展了的利益。其结果，必定损害美国的紧要利益。③ 此外，根据威胁来界定利益还经常会导致美国在非洲利益内涵的混乱，例如，面对苏联20世纪70年代对安哥拉和非洲之角的干涉，美国内部关于应当如何在非洲对苏联做出反应的讨论再度变得热烈。不管全球主义者还是地区主义者都提出相似的问题：美国在该地区的主要利益是什么？美国应该

---

① 时殷弘：《全球性挑战与中国》，湖南人民出版社2010年版，第131页。
② 刘中伟：《遏制战略的连贯、流变与衍生》，《国际政治科学》2006年第4期，第99页。
③ ［美］约翰·加迪斯：《遏制战略：战后美国国家安全政策评析》，时殷弘等译，世界知识出版社2005年版，第103—143页。

采取什么样的措施来推进其利益和应对苏联？①

第二，对大国在非洲关系而言，美国过分看重俄罗斯因素并据此制定对非政策，容易导致双方出现误判，进而致使双方在非洲对抗升级。美苏冷战时期在非洲的对抗是最好的说明。如前所述，冷战时期，苏联因素的考量被美国决策者摆上案头，与苏联在非洲的地缘政治之争持续深刻塑造着美国政府对非决策的思维方式：在长达近半个世纪的时间里，美国决策者和战略思想界的一个共识，在于必须阻止苏联势力控制更多的地缘政治区域，否则美国的世界地位乃至根本安全将受到致命威胁。②这种判断的结果导致美国的非洲政策从有限的反苏转向了更广泛的反共运动。所有社会主义国家无论大小、位置和地位，都被视为美国的敌人。美国的首要和次要利益的关键性差异已经消失在反共运动中。冷战中，所有的利益都至关重要，所有的国家非友即敌。③

俄罗斯对非合作在近年来特别是2018年以来的新进展也不宜被过分解读。由于继承了苏联的遗产，俄罗斯本来在非洲各领域就有广泛的存在。只是囿于转型期经济实力的原因，俄罗斯才在非洲一度出现了缺位。作为一个大国，俄罗斯加强对非合作、发挥大国作用本身无可厚非。从总体上看，除了军事合作，目前俄罗斯对非洲其他领域的影响相对较小，不但难以匹敌美国的影响力，就是同英国、法国等老牌殖民国家比起来，在一些方面也有所不及。在此情况下，特朗普政府不分青红皂白，将俄罗斯在非洲的诸多行为都拿出来过分解读，猜测其对美国的含义甚至直接视之为对自身的威胁。当下，特朗普更是点名批评俄罗斯，针锋相对地推出对非新战略，强调遏制俄罗斯。对俄罗斯而言，这很难被其视为友好信号。由此可以推断，俄罗斯在一些领域加强对非存在原本目的可能不是针对美国，但由于美国的批评和"刺激"，可能其中就会多一层对抗美国的含义。从这种意义上说，美国非洲政策这种"四面树敌"的做法很可能激化大国在非洲的争夺态势，导致非洲问题进一

---

① Henry Bienen, "Perspectives on Soviet Intervention in Africa", *Political Science Quarterly*, Vol. 95, No. 1, 1980, p. 29.

② 时殷弘：《国际政治与国家方略》，北京大学出版社2006年版，第114页。

③ [美]史蒂文·胡克、约翰·斯帕尼尔：《二战后的美国对外政策》，白云真等译，金城出版社2015年版，第83页。

步复杂化。

第三，对非洲而言，美国将非洲视为地缘战略竞技场的做法非但不利于非洲的和平、稳定与繁荣，还成为一些非洲国家陷入战争或动荡局势的根源。不论从历史角度看，还是从现实来看，美国将俄罗斯因素作为对非决策重要依据的结果，往往将非洲变成事实上的大国地缘战略竞技场。冷战时期，两个超级大国为服务于争夺非洲国家的战略需要，虽然使相关非洲国家获得了国际援助，但与此同时它们常常为自身利益而强力干预非洲国家内部事务，甚至加剧了国家间冲突。例如，美、苏对索马里同埃塞俄比亚边界争端的干预不仅使两国矛盾以极端方式爆发，而且旷日持久，造成了极其惨烈又深远的危害。[①] 当前，美国特朗普政府推出非洲新战略，不仅无视自己霸权主义在非洲的推行后果，反而肆意批评别国内政外交，是典型的霸权主义。这既不符合国际关系发展的主流，也会为非洲大陆带来更多苦难。值得注意的是，非洲人民已经觉醒，不少非洲国家已经认识到美国政策的危害，不会再一味屈从于美国的霸权，也不会再跟在美国背后成为其推行大国争夺政策的工具。例如，2018年初，面对时任美国国务卿蒂勒森访问非洲时对中非关系的攻击，非盟委员会主席法基公开回应说："非洲有许多的合作伙伴，非洲国家自己也足够成熟，我们有能力判断这些合作是否有利于非洲人民。"[②]

综上所述，我们虽然不能一概否定美国依据俄罗斯因素来制定并调整对非政策的做法，但鉴于苏联或俄罗斯的大国地位，美国对非决策者在对待这一因素时倾向于从大国对抗的角度出发，常常容易夸大其中的地缘政治成分。在失当的地缘政治考量的指引下，美国对苏联或俄罗斯在非洲的一举一动都极易从负面去解读，从是否针对美国、是否会损害美国在非洲的利益这一现实之问来进行权衡并据此做出政策反应。历史一再提醒人们，大国之间如果不客观地看待他国行为，就很容易陷入

[①] 关培凤：《外部干预与索马里埃塞俄比亚边界争端》，《西亚非洲》2018年第3期，第107页。

[②] "Press Availability With African Union Commission Chairperson Moussa Faki", https://www.state.gov/secretary/remarks/2018/03/279106.htm, 2018 – 04 – 03.

"修昔底德陷阱"。因为对抗可能并非因为切实存在的威胁，而是出于大国之间的戒心与恐慌。而无论从历史还是现实来看，美国这种屡次将大国因素拔高的做法所产生的诸多负面影响不容被忽视。它既未能有助于达到美国的非洲战略目标，容易导致美、俄在非洲出现意图误判而使大国在非洲的对抗升级，将动荡而不是稳定和繁荣带给这块大陆，非洲人民则不得不承受美国在这块大陆主导的地缘政治争夺战的后果。由此，引起我们思考的是：大国因素在一国对外政策制定中应位居何处？如何理性认知并应对自身与他国国际影响力消长的变化？

（本文原刊发于《西亚非洲》2019年第2期）

日本对非洲外交：从实用主义平衡到战略重视

张永蓬[*]

摘　要：纵观20世纪以来日本与非洲关系的历史发展进程，日本对非洲外交政策取向既有连续性特点，又有鲜明的时代特征。第二次世界大战之前，日本与部分非洲国家保持着不甚密切的经贸往来。冷战时期，日本对非外交受制于以美国为首的西方阵营及其意识形态等因素，一方面，日本发展与以南非为首的非洲白人传统伙伴的关系；另一方面，为了获取现实的资源等经济利益，日本积极与其他非洲国家或地区发展关系，从而成功助推了其经济起飞，彰显其"以经济为中心"的实用主义平衡战略特点。自1993年首届"东京非洲发展国际会议"起，日本对非外交转为战略重视，体现在对非合作平台、经贸关系、安全合作等方面。未来一段时间，"印太战略"和"亚非增长走廊"将成为维护日本在非洲利益的新路径；基于东京会议合作机制，在日本对非关系中"中国因素"增加的新的国际环境下，其对非外交将继续保持战略重视这一特征。

关键词：日本与非洲关系　实用主义平衡　东京非洲发展国际会议"印太战略""亚非增长走廊"

---

[*] 张永蓬，中国社会科学院西亚非洲研究所研究员。

自20世纪初叶至今百余年,日本对非洲关系的发展经历了从早期接触到实施"以经济为中心"的实用主义平衡战略,再到战略重视的发展演变过程。本文所指"实用主义"仅属对实用主义概念的通俗性借用,与经典实用主义哲学概念的内涵有所区别,[①] 指注重短期利益的、以获取实际效益为先的政策或观念,与另一个哲学概念"功利主义"内涵相近。具体讲,本文所谓"实用主义平衡"是指在缺少或忽略大的战略性原则的条件下,日本将实质性获得某一特定时期的政治经济利益作为其当时对非外交的优先原则。由于国力所限且受制于美国,从20世纪初的近代至20世纪80年代末90年代初,日本一直缺少自己独立的外交战略。日本常通过技术性变通,避开大国战略制约和非洲地区的意识形态对立,在"黑""白"非洲间搞平衡外交,追求并获得自己的经济利益。因此,冷战期间的日本对非外交在政策理念上具有短期利益优先的实用主义色彩,其策略手段则是搞平衡外交。冷战的结束使日本部分摆脱大国意识形态对抗的约束,开始追求自身的战略利益。以1993年"东京非洲发展国际会议"(TICAD,以下简称"东京会议")召开及日非合作机制建立为标志,日本开启对非外交战略重视新时期,并呈现新特点。

一 20世纪初日本与非洲关系的早期发展

近代日本与非洲的关系可追溯至19世纪末20世纪初。以19世纪下半叶明治维新为标志,日本在进行深刻的政治、经济、社会、军事等多领域全面变革的同时,精英阶层对海外领土和利益的追求空前强烈,日本进入对外侵略扩张的新时期,被西方殖民者竞相角逐瓜分的非洲开始进入日本政治精英的视野。其时,殖民瓜分之下的非洲大陆仅有利比里亚和埃塞俄比亚处于相对独立状态(分别于1847年和1896年独立)。

自1904—1905年日俄战争结束至第一次世界大战结束后的十余年内,

[①] 经典实用主义哲学概念主要指"有目的的行动观念"。中国学者认为,"日常用语中的'实用主义'的急功近利的含义,恰恰来自对实用主义哲学的误解和故意贬低"。参见朱志方《经典实用主义的要义》,载《哲学评论》2016年第2期,第18页;Nathan Houser and Christian J. W. Ktoesel eds., *Bloomington and Indianapolis, in The Essential Peirce*, Vol. Ⅰ, Indiana University Press, 1992, p.132。但本文仅为引申借用,并无"误解和故意贬低"之意。

日本主要与南非、埃及、埃塞俄比亚等国发展双边关系。第一次世界大战极大地推动了日本资本主义工业和经济的迅速发展,"因为此时欧洲商品退出亚洲市场,大批的军需订货以及生活用品需求使日本产品出口总额迅速增加"①,这也刺激了日本对海外战略资源的需求。其时,日本对非政策的主要动力和目标是获取其工业所需的矿产资源和海外市场,并为其在亚洲以外地区拓展外交和国际空间奠定基础。其中,资源富集的南非成为日本在非洲较早开拓贸易和市场的桥头堡。历史上,日本与南非并无多少交集,② 然而随着第一次世界大战的爆发,日本与南非之间直接与间接交往逐渐增多,其原因是:第一次世界大战的爆发使欧洲特别是德国对南非的商品出口减少,致使南非市场商品严重短缺,于是工业发展上升期的日本成为南非市场商品的重要来源国之一。

为开拓南非市场,日本政府在政策上明确拓展南非市场的重要性,并采取实质性措施:先是于1910年任命南非白人耶珀·朱利叶斯(Jeppe Julius)担任日本驻南非名誉领事,后于1916年正式向南非派遣贸易代表,当年日本还在开普敦开设了日本领事馆。1926年,日本大阪船运公司(OSK)开通神户经肯尼亚蒙巴萨港至南非德班的海上商业航线。至此,日本与南非基本确立了经济关系。1913年,日本与南非贸易额为52.1万日元,1941年上升为3846万日元,增长了70多倍。其中,1937年日本与南非贸易达到1.43亿日元的最高值,当年两国正式建立了外交关系。③

当然,除南非外,这一时期日本还直接或间接与其他为数不多的非洲国家产生政治经济联系。1919年,国际联盟将西南非洲(今纳米比亚)

---

① 韩铁英:《列国志·日本》,社会科学文献出版社2011年版,第130页。
② 直到20世纪初期日本与南非并无多少交往,其时只有少数日本人在南非开设商店,1910年曾有日本军舰(Ikoma)在前往英国途中经停开普敦。
③ Jun Morikawa, *Japan and Africa: Big Business and Diplomacy*, Africa World Press, Inc., 1997, p. 30. 本书作者森川(Jun Morikawa)时为日本札幌酪农学园大学教授、澳大利亚阿德莱德大学访问学者,作者查阅并利用的资料来自日本国内日本外贸组织图书馆、日本反种族隔离委员会档案、日本国际志愿者中心以及多所日本国内大学的图书馆,也有对日本相关政府部门人士的访谈资料。

交给南非进行委任统治,日本便是形成国际联盟相关协议的5个大国之一。① 从这个意义上讲,通过配合西方列强瓜分非洲,从而维护自己在亚洲和太平洋地区业已取得的利益,是日本对西南非洲政策的核心,也是近代日本对非外交的组成部分。此外,日本曾于20世纪20年代后期和30年代初期一度发展与埃塞俄比亚的关系,其政策基础是所谓"王室外交"。1927年和1930年,日本与埃塞先后签订了友好条约和商业协定等,于1936年在亚的斯亚贝巴设立公使馆。然而,随着第二次世界大战的爆发和日本同德国、意大利法西斯结盟,埃塞俄比亚对日本的态度也发生根本变化。从日本方面看,1935年意大利入侵埃塞俄比亚后的一段时间内,日本国内还有支持埃塞俄比亚的团体及活动。随着日本侵略中国步伐的加快,这些团体也逐渐销声匿迹,因为支持埃塞俄比亚就意味着支持中国,从而与日本政府的对外侵略政策相抵触。第二次世界大战期间,日本海军潜艇曾前往非洲东海岸进行军事侦察,先后通过肯尼亚的蒙巴萨港、坦桑尼亚的达累斯萨拉姆、吉布提和亚丁湾等地,日本的侦察机曾飞抵南非德班附近对英国军队舰船进行侦察。此时的日本属于法西斯阵营,本质上是站在非洲国家的对立面。然而,受时代局限,当20世纪40年代初日本与英国在缅甸爆发战争时(当时有非洲士兵在英军中与日军作战),非洲一些领导人和知识分子尚未认识到日本的帝国主义法西斯本质,反而天真地认为日本是抵抗英国殖民者的正义力量,希望在日本的帮助下结束白人在非洲的统治。②

总体看,由于近代非洲受到西方列强瓜分并沦为殖民地的现实,近代或截至第二次世界大战前日本与非洲的关系相对简单,"二战"期间日本与非洲的接触主要是针对与英国的战争,日本对非外交重点放在拓展经济贸易利益方面。尽管如此,作为日本在非洲较早开拓的贸易伙伴和海外市场,南非成为日本对非政策最初的实践地。由于第二次世界大战结束初期直至90年代初非洲仍有南非、津巴布韦、赞比亚、马拉维、纳

---

① 即英国、美国、法国、意大利和日本五国代表组成国际联盟最高委员会。签订国际联盟委任统治协议的其他国家还包括南非、澳大利亚、新西兰和加拿大。

② Jeremy Murray-Brown, *Kenyatta*, New York, George Allen & Unwin, 1973, pp. 250-251.

米比亚等地区是英国白人统治的国家或殖民地（独立时间先后不同）①，尤其南非是白人统治的堡垒②，其后富有自然资源的其他撒哈拉以南非洲国家又相继独立，"黑""白"非洲国家之间在意识形态和制度选择等方面出现差异，且前者是日本在非洲的传统合作伙伴和意识形态同盟者，后者则是资源丰富但存在意识形态差异或反对白人统治的国家或地区，这就使战后既需要自然资源发展经济，又处于大国战略制约下的日本面临两难选择。于是，利益优先的实用主义外交便成为日本对非洲政策的主要选项。而达到这一目的的最好途径，便是在"黑""白"非洲国家之间搞外交平衡。

二 冷战时期日本对非洲的实用主义平衡外交

"二战"结束后，世界进入以美、苏对抗为主的冷战时代，国际战略格局发生重大变化。在此期间，与冷战的政治对抗相比，日本对非外交更看重经济利益，日本对非政策与日本经济优先或"经济中心"的国策相一致。

（一）实用主义平衡外交的形成（20 世纪 50 年代）

"二战"结束至 50 年代日本对非外交是现代日本对非外交的基础。战后日本加入西方阵营的进程始于 1945 年美国对日本的单独占领。考虑到战后苏联及社会主义运动可能的发展和影响，1947 年，麦克阿瑟提出早日结束对日占领主张，1951 年，美国一手策划旧金山和会，并不顾中国、苏联等国的反对，强行推动签署了《旧金山对日和约》，使日本获得名义上的独立。其后，美、日又签订《日美安全条约》和《日美行政协定》等，日本被完全纳入美国的控制之下。同时，随着东、西方两大阵营和冷战氛围的逐步形成，日本在外交上自然成为以美国为首的西方阵

---

① 19 世纪 90 年代初，英国侵入南部非洲，南罗德西亚（今津巴布韦，1980 年独立）、北罗德西亚（今赞比亚，1964 年独立）、尼亚萨兰（今马拉维，1964 年独立）、西南非洲（今纳米比亚，1990 年独立）先后沦为英国殖民地。

② 1994 年 4 月，南非黑人政党"非洲人国民大会"（非国大）在南非首次不分种族的大选中获胜，黑人领袖纳尔逊·曼德拉担任总统，南非白人统治自此结束。

营的附庸。这一时期的国际环境决定了战后初期日本对非洲外交政策的基本原则。一是坚持反社会主义和反共立场。当时日本外交部非洲局官员曾表示：日本在帮助非洲国家时有两种选择，其一是最贫穷的国家；其二是取决于与日本发展关系的相关国家是否属于西方阵营。在与非洲国家建立和发展关系时，日本更看重整个西方资本主义阵营的利益。[①] 二是实现日本对外贸易和海外市场的扩张。根据1957年日本外务省首次发布的《外交蓝皮书》：改善和提高9000万日本人民生活水平、发展经济、增强国力的唯一途径，是通过和平的手段实现经济的海外扩张。[②]

1955年第一次亚非会议（万隆会议）是"二战"后日本首次在国际多边舞台正式接触非洲国家，因而也标志着战后日本对非外交的正式开启。按照万隆会议1954年12月拟定的正式邀请函，25个国家将参加会议（1955年4月实际有29国参会），其中非洲国家7个，分别是：埃及、埃塞俄比亚、黄金海岸（加纳）、利比亚、苏丹、利比里亚、中非联邦。为阻止所谓"红色"威胁及其在会上可能提出"攻击西方"的议题，美国建议其盟友特别是日本和菲律宾参加亚非会议。根据日本外务省档案，时任日本驻荷兰海牙大使冈本季正在给外相重光葵的信中乐观地谈道：中国和日本都受到会议主办方邀请，这是日本外交政策迈出的一大步，日本在亚非国家中的领导地位取决于日本在会上的表现。[③] 重光葵外相也乐观地认为："日本应该能够在会上变不利为有利。"然而，万隆会议的最终结果未能如日本所愿，没有如亚非国家那样遭受殖民统治经历的日本，显然难以理解亚非会议反帝反殖、支持非洲独立解放运动的主旨，结果是日本未能在会上与非洲国家有实质性互动。尽管如此，此次毕竟是战后日本与非洲的初步接触，为其后对非政策的制定积累了一定经验。

日本与南非的关系始终是战后日本与非洲关系的重要一环。日本与南非的传统关系在战后通过1951年旧金山和会及对日和约得以重新确立，

---

① Martin Roth, "Japan and Africa", *Africa Economic Digest*, No. 3, December 1982, p. 12.
② Ministry of Foreign Affairs (Japan), *Diplomatic Blue Book*, 1957, p. 9.
③ Letter from Ambassador Okamoto Suemasa (The Hague) to Foreign Minister Shigemitsu, 18 January 1955, Ministry of Foreign Affairs Archives, B6.1.0.24 – 1.B0049; KwekuAmpiah, *The Dynamics of Japan's Relations with Africa: South Africa, Tanzania and Nigeria*, Routledge: London and New York, 1997, p. 40.

当时参加此次会议的南非（另有埃塞俄比亚、利比里亚、埃及3个非洲国家参加）给予美国和日本支持。1952年，日本在南非比勒陀利亚开设总领事馆，接着又在罗德西亚（今津巴布韦）开设领事馆。1953年，日本恢复与葡萄牙的外交关系，1959年，重新开设日本驻葡萄牙大使馆。至此，日本与白人政府非洲国家及相关宗主国完全恢复了官方关系。此外，日本与南非的贸易关系早于1948年得以恢复，也正是在这一年，南非国民党政府上台执政，在南非开始推行长达40多年的种族隔离政策。1960年，日本与南非统治下的罗德西亚和尼亚萨兰（今马拉维）签署贸易协定，该协定为日本控制上述国家铜矿带矿产打下基础，也为日本加强与南非白人政权的关系提供了物质基础。该协定也成为战后日本与撒哈拉以南非洲国家签订的首个国际协定。

尽管50年代南非白人政权及其种族隔离政策尚未与撒哈拉以南非洲国家形成明显的意识形态矛盾与对立，但日本在与南非发展关系的同时，也积极实质性地发展了与撒哈拉以南非洲国家的政治、经济关系，是一种实用主义平衡外交。

在政治层面，日本对非洲的实用主义平衡外交体现在对待非洲非殖民化运动的态度及做法上，经历了从消极到相对支持的过程。日本对非洲非殖民化的政策在很大程度上受到美国政策的影响。"二战"后，美国对非洲独立运动的最初态度是：鼓励殖民宗主国在更加"开明"和"人道"的基础上继续在非洲的殖民统治。在50年代朝鲜战争爆发及西方国家认为其面临共产主义巨大威胁的情况下，美国更是将抗击共产主义放在其外交战略的首位。处于美国占领下的日本，其50年代对非洲非殖民化的政策和态度显然难以超脱美国而独立表现出来。其时日本对非洲非殖民化进程持反对态度，反对通过革命途径实现民族自决。50年代后期，随着美国对日本外交限制相对减少，日本得以在姿态上关注非洲非殖民化运动。1957年，日本外长在联合国大会上表达了日本对民族解放运动的立场："作为亚洲社会的一员，日本人民深深同情亚非人民（争取独立）的愿望。在处理民族自决有关原则争议时，人民的愿望应得到尊重。"[1] 然而，面

---

[1] UN Ministry of Foreign Affairs, *Statements Delivered by Delegates of Japan During the XIIth Regular Session of the General Assembly*, Tokyo, 1958, p. 4.

对非殖民化与殖民化两种选择，日本的政策始终是谨慎的。例如，当1960年非洲新独立国家在联合国发起签署《给予殖民地国家和人民独立宣言》、主张通过武装手段推翻殖民统治时，日本的立场始终是主张采用和平手段。1966年，当联合国安理会投票表决马里、尼日利亚和乌干达提交的有关运用一切手段结束白人少数政府对南罗德西亚的统治时，日本与美国和英国一道放弃了投票。①

在经济层面，由于20世纪50年代仅有少数撒哈拉以南非洲国家独立，日本遂逐步开始与"二战"前就建立联系的东部和西部非洲国家恢复经济联系，特别积极地与加纳和埃塞俄比亚进行外交接触，并于1959年在加纳设立大使馆。1957年，埃塞俄比亚皇帝海尔·塞拉西访问日本，成为战后日本政府接待的首位国宾。1958年，日本与埃塞俄比亚互设大使馆，次年签订《日本与埃塞俄比亚友好条约》。与加纳和埃塞俄比亚的关系成为战后日本与撒哈拉以南非洲关系的重要突破。在开展政治接触的同时，日本与撒哈拉以南非洲的经贸关系也有发展。到50年代后半期，一些撒哈拉以南非洲国家或地区已成为日本纺织品的重要出口市场。

可见，日本对非平衡外交的形成绝非偶然，而是有着深刻的意识形态背景和实用主义经济利益考虑。日本与撒哈拉以南非洲国家发展关系具有政治和经济双重目的：一方面，越来越多撒哈拉以南非洲国家在"二战"后逐渐形成一股新的国际政治力量，日益成为东、西方集团争夺的对象，日本自然会从意识形态和集团对抗的层面考虑同撒哈拉以南非洲国家的关系；另一方面，随着经济的起飞，日本对资源的需求不断增加，危机感也不断加深。出于对资源及市场的现实渴望，日本开始全面加强与非洲国家的政治、经济关系，包括当时的白人政府和黑人政府治下的国家。

（二）实用主义平衡外交的调整（60年代至70年代中期）

20世纪60年代至70年代中期，日本对非洲政策经历两次重要调整。第一次是60年代初从政治外交转向经济外交的调整。60年代初，随着日本国内经济的高速发展，日本首相池田勇人提出为期10年的"收入倍

---

① United Nations, *Yearbook of the United Nations*, 1966, pp. 99–100.

增"计划，为日本经济发展设定了新的目标。同时，日本外交也全面配合国内政策，外交政策逐步将重点转向与非洲国家的经济联系，形成所谓"经济主义"或"经济外交政策"，其支持理念是：与政治相比，经济的参与能减少日本卷入政治、军事争端的风险，能扩大贸易和市场机会，积极、建设性地影响国际关系。[1] 在经济外交的政策理念下，日本对非政策完全转向功利实用的经济目标。

这一时期，撒哈拉以南非洲国家普遍反对和谴责南非白人政权，由此日本对非政策面临着两难选择：一方面因南非白人政权在冷战中站在西方阵营，面对与苏联为首的东方阵营的战略争夺，日本必须与南非保持紧密关系；另一方面，日本经济的高速发展需要自然资源，而南非和其他非洲国家都是日本战略资源的来源地，日本不能得罪任何一方，只能在二者间寻找平衡。因此，这一时期日本对白人非洲的政策是扩大与白人政权的关系，加强对白人政权的经济支持，以避免其受到外交孤立。日本的支持也换来了南非的投桃报李。1961年4月，南非白人政权正式给予在南非的日本人以白人待遇，这为日本与南非间经济、文化教育等各方面的交流提供了条件。同年，日本在约翰内斯堡的企业团体成立南非日本俱乐部（Nippon Club of South Africa），其宗旨是为在约翰内斯堡数量不断增加的日本企业提供帮助，也负责在约翰内斯堡建立日语学校。尽管非洲统一组织和联合国不断呼吁对南非进行经济制裁，但日本与南非间的贸易关系还是快速发展。1967年，日本对南非的商品出口达到1.57亿美元，从南非进口2.67亿美元，分别是1957年出口额和进口额的3倍和8倍。[2]

与此同时，在经济外交推动下，日本于60年代初实行向撒哈拉以南非洲的出口推动政策，通过采取必要手段，重点解决了与非洲国家的贸易不平衡和关税问题。首先，日本向有关国家提供贷款，以弥补贸易不平衡问题。例如，由于贸易严重失衡，1965年，肯尼亚、坦桑尼亚、乌

---

[1] Aurelia George, "Japan and the United States: Dependent Ally or Equal Partner", in J. A. A. Stockwin et al., *Dynamic and Immobilist Politics in Japan*, Macmillan, London, 1988, p. 155.

[2] E. M. Rhoodie ed., *South Africa, 1976 (Official Yearbook)*, Johannesburg: Chris van Rensburg, 1976, p. 513.

干达和尼日利亚等国曾严格限制日本商品进入。为此,日本向四国分别提供100万英镑至1500万英镑不等的贷款,以弥补贸易失衡给对方带来的损失。1967年,日本派出由工商协会、雇员协会等团体组成的代表团访问上述国家,从技术角度进一步解决贸易失衡问题。其次,日本增加购买有关国家的矿产品,以平衡双边贸易。最后,日本通过提供官方发展援助、促进贸易结构多样化、鼓励和促进投资等方式,平衡与非洲国家的贸易。[①]

第二次调整发生在第一次石油危机前后的70年代上半期。70年代初、中期,三个因素促使日本进一步调整对非洲政策:一是尽管日本经济已进入高速增长末期,但增长率仍在7%以上的高位,日本对非洲资源的需求持续旺盛;二是1973年的石油危机使日本认识到自身自然资源来源的脆弱性,开始重新考虑能源等资源来源的多元途径;三是60年代后半期至70年代上半期非洲新近实行社会主义制度的国家越来越多(如几内亚比绍、莫桑比克、安哥拉、埃塞俄比亚等国),同时在罗德西亚、纳米比亚和南非的反殖民统治、反种族歧视运动也在蓬勃发展,日本感到了自身在非洲整体外交空间的困难。

基于上述考虑,日本在两个方面调整了对非政策。一是加强了与非洲国家的矿业合作。日方于1970年2月派出以三菱重工副总裁为团长的企业界代表前往埃塞俄比亚、肯尼亚、坦桑尼亚、赞比亚、扎伊尔(今刚果民主共和国)、尼日利亚、加纳、象牙海岸(今科特迪瓦)和塞拉利昂9个非洲国家进行访问,探讨进一步发展双边资源合作事宜。日本对扎伊尔的铜矿特别感兴趣,通过与扎伊尔企业成立合资公司,日本企业深度参与了铜矿的开采及将产品向日本的运输。二是增加对非发展援助。1969年,日本向撒哈拉以南非洲提供的官方发展援助(ODA)仅占其对外官方发展援助总额的1.1%(约3.4亿美元),1975年这一比例急速上升到6.9%(约8.5亿美元)。[②] 日本希望通过提供发展援助使非洲国家在政治、经济上增加对日本的好感和依赖度。

[①] Jun Morikawa, op. cit., pp. 65 – 66.

[②] Colin legume ed., "Japan's Year in Africa", in Colin Legum ed., *Africa Contemporary Record Annual Survey and Documents 1972 – 1973*, Vol. 5, 1973, pp. A86 – A87.

上述可见，日本两次政策调整的指导思想是淡化政治、突出经济。在国际环境仍处于冷战意识形态对立的大背景下，日本积极调整对撒哈拉以南非洲国家的政策具有以实效为先的实用主义特征。20世纪六七十年代日本经济的快速发展证明，日本对非向经济外交的调整为日本抓住机遇迅速发展经济提供了资源保障，达到了预期目的。正如日本学者所言：日本的对非外交政策是"双轨的"，即在支持南非白人政权的同时，设法平息其他非洲国家的不满，并同时与"黑""白"非洲发展关系。通过支持南非政府，日本得以获得经济发展所需的自然资源；通过平衡与撒哈拉以南非洲国家的关系，消除了后者对日本发展与南非关系的批评。[①]

（三）实用主义平衡外交的延续与终结（70年代后期至90年代初）

70年代后期至80年代末，美、苏两个超级大国在全球的争夺越发激烈。其间，苏联与非洲的埃塞俄比亚签订《友好合作条约》，积极插手安哥拉内战，并参与索马里和埃塞俄比亚的战争。苏联在霸权争夺中咄咄逼人，这使美国倍感压力。同时，进入70年代的日本已经发展成为工业化国家，美国遂有意利用日本在非洲协助其抵御苏联威胁。

为配合美国在非洲的战略，日本开始重新加强对持有反共意识形态的南部非洲白人政权的支持。为此，1984年经自民党领导人石原慎太郎提议，自民党成立"日本与南非议员友好联盟"（JSAPFL），该团体公开鼓吹加强与南非的双边关系。当年，该团成员访问南非并与因卡塔自由党领导人见面。同时，"日本经济组织联盟（Keidanren）对非洲合作委员会"（KCCA）也秘密成立了"在南非商人联盟"（SATA），其宗旨是推动与南非的贸易和商业关系。80年代中期，当南非面临严峻的国际制裁（包括美国实施的制裁）时，日本不顾国际社会批评，仍邀请并接待南非政府高官频繁访日。[②] 到80年代末，日本已是南非最大贸易伙伴，也是对抗国际对南非制裁的最主要的国家。

---

① Kweku Ampiah, *The Dynamics of Japan's Relations with Africa: South Africa, Tanzania and Nigeria*, Routledge: London and New York, 1997, p. 51.

② Kweku Ampiah, op. cit., p. 89.

在支持南非的同时，作为平衡外交的另一面，日本又不放弃实用主义的政治、经济利益，在以下五个方面对其他撒哈拉以南非洲国家进行安抚。其一，日本表现出同情和支持非洲国家解放运动的姿态。例如，1974年，日本在西方国家中率先承认几内亚比绍的独立，这在冷战时期美、苏争夺态势分明的环境中较为罕见，但也绝非偶然，这是日本根据形势变化而做出的深思熟虑的外交决策。其二，加强与非洲国家的高层交往。例如，1974年，日本外相木村先后访问加纳、尼日利亚、扎伊尔、坦桑尼亚和埃及，1979年，日本外相园田访问尼日利亚、象牙海岸（今科特迪瓦）、塞内加尔、坦桑尼亚和肯尼亚，1984年，日本外相安倍访问赞比亚、埃塞俄比亚和埃及三国。日本皇太子与公主于1983年代表裕仁天皇访问肯尼亚、坦桑尼亚和赞比亚三国。非洲方面，从1980年到1989年，先后有赞比亚、坦桑尼亚、肯尼亚、加蓬、尼日尔、塞内加尔、津巴布韦等国总统访问日本。[①] 其三，增加对非洲国家的发展援助。从1969年到1988年，日本对非洲的双边官方发展援助在其对外援助总额的占比从1.1%增加到13.76%，总额从1975年的0.59亿美元增加到1988年的8.84亿美元。其四，公开宣布对南非的制裁措施。由于非洲国家对日本的南非政策不断批评，更重要的是，70年代末日本寻求竞选联合国安理会相关席位时，非洲国家没有给予日本支持，致使日本的竞选计划最终流产或仅以微弱优势胜选，此事给予日本深刻警示和教训。在非洲国家及国际社会的巨大压力下，从60年代初期至80年代初，日本逐步公布了对南非的十多项制裁措施，包括仅与南非发展领事级外交关系、禁止或限制对南非的直接投资、限制与南非的教育文化交流、禁止对南非出口武器、禁止从南非进口武器、禁止向种族隔离强力机构提供计算机等可能用于加强其能力的设备等。不过，尽管公布了相关措施，但具体贯彻落实的效果多受质疑。[②] 20多年间，日本与南非政治和经贸关系的不断发展也证明了这种质疑的合理性。其五，开始与南非非洲人国民大会（非国大）进行对话。1986年，日本外务省第二非洲局派人赴南非与非国大

---

① Ministry of Foreign Affairs of Japan, *Diplomatic Bluebook*, 1981, 1983, 1984, 1986, 1989, 1990, http://www.mofa.go.jp/policy/other/bluebook/index.html, 2018-03-01.

② Jun Morikawa, op. cit., pp. 86-87.

接触，邀请非国大主席访日，并同意后者在日本设办公室（1988年）。尽管如此，日本对南非白人政权的支持并未受到削弱，对非国大的支持也仅仅停留在表面。当非国大领导人纳尔逊·曼德拉在访日期间提出希望日方给予非国大财政支持时，日方断然拒绝。实际上，在整个冷战期间及至新南非成立之前，与南非白人政权的特殊关系一直是日本对非实用主义平衡外交极其重要的一环。

进入90年代后，随着冷战结束和东西方对抗终结，非洲和世界都发生了巨大变化。从非洲情况看，1994年4月新南非诞生。至此，"白人非洲"与"黑人非洲"的地缘政治分野不复存在，日本亦失去了在"两个非洲"间寻找利益平衡的外交基础，日本对非洲的实用主义平衡外交也就此结束。

总体看，日本对非洲的实用主义平衡外交几乎持续了整个20世纪的后半期，为实现日本在非洲的资源利益、促成日本经济的快速发展起到了重要作用。同时，对非平衡外交也在客观上兼顾和综合了日本对非洲各地区的政策，为其后特别是进入21世纪以来日非关系全面发展奠定了基础。

三 "后冷战时代"日本对非洲的战略重视

进入20世纪90年代，经济全球化迅速发展，非洲经济进入长时段的经济中高速增长期。非洲国家争取经济发展的努力为世界提供了巨大的潜在市场，更重要的是，冷战后国际力量的重新布局给非洲国家在国际舞台发挥作用提供了新的空间，加之非洲拥有丰富的自然资源，这些因素使非洲逐步重新成为大国战略关注的对象。从日本情况看，冷战的结束也给日本外交提供了重新释放的空间，日本的国际政治野心重新开始膨胀，其战略目标主要有二：一是要"走向政治大国"，二是要成为联合国安理会常任理事国。正是着眼于开拓日本的外交战略，也看到非洲的活力及其对日本政治、经济发展的重要意义，日本于1993年首次召开了面向所有非洲国家的"东京非洲发展国际会议"，日本对非外交也开始步入机制化、全方位兼顾的阶段。

（一）建立与完善日本全方位对非战略合作机制

日本的非洲研究学者多否认日本有对非洲的外交战略，认为日本一直不重视非洲。[①] 其实，站在 21 世纪第二个十年后半期的今天看，东京会议规模和范围的不断拓展、合作议题的提升、日本 "亚非增长走廊"的提出及其对 "印太" 地缘战略理念的积极实践，都足以证明自东京会议以来日本一直在逐步强化对非洲的战略影响，而这一切都得益于第一届东京会议的召开及其机制的建立。1993 年东京会议的意义就在于开启了日非关系多领域全面发展的新时代，也给日本实施其对非外交战略提供了机制性常态化平台。

首届东京会议是日本对非外交从实用主义平衡转向战略重视的标志。从政策变化看，1993 年之前的日本《外交蓝皮书》（Diplomatic Blue Book）很少有针对非洲的专门表述，相关非洲及日非关系的内容多局限于形势描述。然而，随着东京会议机制的建立，从 1995 年开始，蓝皮书内容逐步从关注非洲政治、经济发展与和平稳定，扩大到更为广泛的领域。[②] 首届东京会议之于政策层面最大的意义就在于：其一，通过定期会议将日非关系统合到机制化、常态化运作的轨道，这使得日本对非合作具有了长远的战略性特点，成为进入 20 世纪 90 年代初日本对非外交最大的变化。其二，如前所述，日本提出召开东京会议的初衷是基于全球性战略背景考虑的，这也成为首届东京会议所提日本对非政策的基础。其三，在此次会议上，日本提出的对非政策涉及与联合国相关机构的合作、关注非洲政治、建立日非长期关系等表述，具有长期战略性特点。根据时任日本首相细川护熙在 1993 年东京会议上的讲话，未来日本对非政策有四点：一是继续支持非洲国家的政治、经济改革，日本将在与联合国等相关机构开展合作的基础上在非洲发挥更大的作用；二是增加对非洲的发展援助；三是积极支持非洲的人力资源开发与关注非洲的环境问题；

[①] 笔者曾于 2012 年赴日本国际协力机构所属研究机构访问交流，并与日本非洲研究协会多位学者交流，对方多否认日本有非洲战略。

[②] Ministry of Foreign Affairs of Japan, "Diplomatic Bluebook 1995", http：//www.mofa.go.jp/policy/other/bluebook，2015 – 10 – 17.

四是希望与非洲国家建立超越援助国与受援国关系的"长期可靠的友好关系"。① 上述可见，第一届东京会议是日本开启对非洲战略关注的重要起点。自1993年第一届东京会议至进入21世纪以来，东京会议已举办6届，日非合作形成特定机制。其特点如下：一是每三年召开一届（2006年第六届会议之前为每五年召开一届），且自2016年起轮流在非洲国家和日本召开。② 参会者包括非洲国家元首和政府首脑、相关合作伙伴国家领导人或高官、国际组织代表等。二是会后发表"宣言"。三是有后续行动计划及跟踪落实机制。东京会议后续机制开始形成于第三届东京会议，第四届东京会议趋于完善。③ 东京会议的框架机制首先是政治意义上的架构形式，在此形式下，经济、安全及文化等相关领域的合作得以纳入机制化轨道。

自第一届东京会议后，第二、三、四、五届会议日本对非合作领域不断深化拓展。然而，较之往届会议，2016年8月在肯尼亚首都内罗毕召开的第六届东京会议具有新特点。一是该会议为史上规模最大。据统计，参会人数超过11000人（包括企业界人士），除日方代表外，还包括来自54个非洲国家的元首或政府首脑、52个伙伴国家和包括联合国发展计划署、世界银行、非盟委员会等74个国际和地区组织的代表，④ 超过了第五届东京会议的51个非洲国家和35个伙伴国家的数量。二是日本对非合作领域和力度更广、更大。会议确定的合作领域非常广泛，综合为"推动非洲经济多样化和产业化、卫生健康、社会稳定与维持和平"三个领域，具体包括农业与海洋经济、人力资源开发、政府治理与财政、反对恐怖主义和极端主义、全球性问题与气候变化、食品安全等政治、经

---

① "Keynote Address by Prime Minister Morihiro Hosokawa of Japan at the Tokyo International Conference on African Development", 5 October 1993, Tokyo, http：//www.mofa.go.jp/region/africa/ticad/ticad1.html, 2016-01-12.

② "What is TICAD?", April 15, 2016, http：//www.mofa.go.jp/region/africa/ticad/what.html, 2018-03-01.

③ See "TICAD Follow-up Mechanism", 30 May, 2008, http：//www.mofa.go.jp/region/africa/ticad/ticad4, 2016-11-15.

④ "Nairobi Declaration：Advancing Africa's Sustainable Development Agenda – TICAD partnership for prosperity – 28 August", 2016, http：//www.mofa.go.jp/af/af1/page3e_000543.html, 2018-02-05.

济、文化、安全各领域；2016 年至 2018 年三年间日本将向非洲国家提供 300 亿美元资金支持。① 比较而言，第五届会议五年规划为 320 亿美元（由于第六届会议提前召开而未能全部落实），② 而第六届会议三年规划 300 亿美元，实际上还是增加不少。三是日本在政治上对非洲寄托了很大的希望。如果说之前的东京会议只是有限提到联合国改革等重大议题，那么第六届东京会议期间日方则显著提升了这些政治议题。例如，安倍在 2013 年第五届东京会议开幕式的讲话中仅提到希望非洲支持日本主办 2020 年东京奥运会，但他在 2016 年第六届会议开幕式讲话开始便大谈联合国改革问题，称：日本支持非洲最迟于 2023 年获得安理会常任理事国席位，又强调联合国安理会改革是日本和非洲的共同目标，呼吁双方共同推动实现这一目标。③ 会后发布的行动计划又特别提到海洋安全、国际法和联合国安理会改革等相关内容。④ 这些表态和内容都是东京会议在政治议题上前所未有的突破。

（二）日本与非洲国家高层互动明显增加

与冷战时期相比，东京会议以来日非高层交流明显得到加强。首先，五年或三年一届的东京会议给日非领导人见面提供了重要平台，大大增加了相互交流的机会。其次，双边高层正式访问也有明显增加。进入 21 世纪以来，日本领导人对非访问主要有：2001 年 1 月，时任首相森喜朗访问南非、肯尼亚、尼日利亚三国，这也是历史上首位日本首相访问撒哈拉以南非洲；2006 年 5 月，时任日本首相小泉纯一郎访问埃塞俄比亚、加纳两国；2013 年 8 月，日本首相安倍访问吉布提，并参观了战后日本

---

① Japan's Measures for Africa at TICAD Ⅵ "Quality and Empowerment", http://www.mofa.go.jp/files/000183835.pdf, 2018 – 02 – 05.
② "The Africa that Joins in Partnership with Japan is Brighter Still", Address by H. E. Mr. Shinzo Abe, Prime Minister of Japan, at the Opening Session of the Fifth Tokyo International Conference on African Development (TICAD Ⅴ) Saturday, June 1, 2013, Yokohama, Japan.
③ "Address by Prime Minister Shinzo Abe at the Opening Session of the Sixth Tokyo International Conference on African Development", 27August, 2016, http://www.mofa.go.jp/afr/af2/page4e_000496.html, 2018 – 02 – 05.
④ "TICAD Ⅵ Nairobi Implementation Plan", August 28, 2016, http://www.mofa.go.jp/af/af1/page3e_000549.html, 2016 – 11 – 09.

第一个海外军事基地——日本海上自卫队驻吉布提军事基地;2014年1月,日本首相安倍访问科特迪瓦、莫桑比克、埃塞俄比亚三国;2016年8月,日本首相安倍赴肯尼亚出席第六届东京会议,并分别与南非、马达加斯加、肯尼亚、吉布提、埃塞俄比亚、乌干达等国领导人举行双边会谈。近十年来,非洲方面对日本的高层访问主要有:2010年8月,时任非盟委员会主席让·平访问日本;2014年2月,贝宁总统博伊访问日本;2016年3月,安哥拉总统多斯桑多斯和津巴布韦总统穆加贝分别访问日本。[1] 当然,自1993年首届东京会议召开以来,40多个非洲国家的元首或政府首脑都曾访问过日本,但多是前往参加东京会议,真正称得上正式访问的并不多。日本与非洲国家的高层互访虽总体有限,但维持了日非政治关系的基本发展,是日非整体合作的重要支撑部分。

(三) 推进日本对非经济合作

日本与非洲的经济合作主要包括贸易、投资和援助三个方面,彼此间相辅相成,共同构成日本对非合作的经济基础。"后冷战"时代,在东京会议的推动下,双方在贸易、投资、基础设施建设等方面的合作都有较好进展。

从日本对非贸易情况看,大体呈起伏前行趋势。1995年,日非双边贸易额为120亿美元,[2] 2002年降至104.98亿美元,2011—2013年基本保持在300亿美元以上;2014—2016年,日本对非贸易总额呈明显下降趋势,其中2016年日非贸易总额仅为150亿美元。日本对非贸易起伏前行的背后有国际金融危机及非洲资源产品价格下降等客观因素,但从总体阶段规模看,日非贸易额仍呈总体增长趋势。基于地缘因素,日本对非贸易在其对外贸易中占比较少。据统计,2012—2016年,非洲仅占日本对外贸易总额的1.8%。日本虽与绝大部分非洲国家都有贸易往来,但对南非贸易在日本对非贸易中占有绝对优势。2007—2016年,日本与南

---

[1] "Reinforcement of the Cooperative Relationship Between Japan and the African Union, Visit to Japan by H. E. Mr. Jean Ping, Chairperson of the African Union Commission (AUC)", http://www.mofa.go.jp/region/africa/au/visit_1008_doc.html, 2016 – 05 – 15.

[2] Chris Alden and Katsumi Hirano, ed., *Japan and South Africa in a Globalising World: A Distant Mirror*, Ashgate, 2003, p.65.

非贸易占对非洲贸易的 30% 以上，多数年份接近或超过 50%。2016 年，日本对南非贸易额为 64.4 亿美元，占对非贸易总额的 42.9%，这主要基于日本与南非贸易的一定互补性。①

从日本与非洲投资合作情况看，非洲在日本对外投资中占比很小，有很大的发展潜力。从日本对外投资各地区比例看，2007—2016 年，日本对外直接投资年均值为 1146.39 亿美元，对非投资年均值为 4.44 亿美元，非洲仅占日本对外直接投资的 0.04%，从投资存量动态发展看，日本对非投资总体呈增长趋势，从 2007 年的 38.95 亿美元增加到 2016 年的 99.92 亿美元，增幅为 15.7%。与日本在非洲的贸易伙伴地理分布相似，南非是日本主要投资对象国。2000 年，日本对南非的直接投资额为 1300 万美元（约占全非的 1/4），在 2008 年和 2016 年分别为 15.2 亿美元和 4.31 亿美元。2007—2016 年，日本对南非投资存量从 2007 年的 8.52 亿美元增加到 2016 年的 82.08 亿美元，年均增幅达到 86.3%。而非洲向日本投资少，并呈起伏走势。2007—2016 年，非洲向日本投资波动较大，其中 2007 年为 3300 万美元，2009 年增至 6100 万美元，但 2011 年、2012 年和 2013 年都呈负增长，2016 年非洲对日投资仅有 3500 万美元。②

日本是对外援助大国，对非援助是日本对非政治、经济合作的基础，是日本扩大在非影响力的基本平台。近 20 多年来，日本对非援助具有以下几个显著特征。其一，援助规模不断扩大且涉及领域广泛。日本对非援助始于 1954 年。进入 20 世纪 90 年代特别是进入 21 世纪以来，随着非洲战略地位的提升和日本谋求政治大国地位、开拓新兴市场和资源的需要，经济援助越来越成为日本在非洲谋求政治、经济利益的重要工具，对非援助力度较之前有大幅增长。2003—2007 年，日本对非援助总量年均仅为 9000 万美元，2008 年迅速增加到 17.5 亿美元，2016 年，日本国际协力机构（JICA）在 48 个非洲国家实施援助项目，项目总额为

---

① 贸易部分数据均来自日本对外贸易组织网站的相关统计，https://www.jetro.go.jp/en/reports/statistics，2017-05-12。
② 投资部分数据均来自日本对外贸易组织网站的相关统计，https://www.jetro.go.jp/en/reports/statistics，2017-05-12。

1156.96 亿日元（约 11.54 亿美元）。① 其二，就援助方式而言，日本长期以无偿援助为主，其次是技术援助，再次是优惠贷款，最后是向非洲发展银行（AfDB）拨款。作为对非援助的重要组成部分，日本对非技术援助特色突出，包括对非洲国家提供农业和产业技术培训。2015 年，日本国际协力机构通过"非洲青年商业教育计划"（African Business Education Initiative for Youth）建立了 10 个产业人才培训中心，为非洲提供 3 万人次培训，邀请 1000 名非洲青年到日本公司有关学校进行技术培训。② 2016 年东京会议《内罗毕行动计划》提出支持非洲科学技术和工业人力资源发展，具体途径包括提供职业和技术培训，提高非洲小学、中学和高等教育的质量等。③ 其三，就援助重点领域看，日本对非援助领域逐渐拓展，包括经济与社会发展的方方面面。值得注意的是，日本在支持非洲跨地区基础设施建设方面取得重要进展，已经参与诸多非洲国家跨地区基础设施建设。截至 2013 年 3 月，日本已建设旨在简化出入境程序的边境服务站（One Stop Border Post, OSBP）13 处；参与建设十多处跨国交通走廊，包括跨马格里布地区的地中海沿岸公路，以及开罗—达喀尔、阿尔及尔—拉各斯、拉各斯—蒙巴萨、的黎波里—温得和克—开普敦、恩贾梅纳—吉布提等 9 条跨非洲高速公路。到 2016 年 3 月，日本共向连接 24 个非洲国家的 5 个国际走廊（道路交通网）提供物资和贸易设施援助。④ 日本是除中国和欧盟国家以外支持非洲基础设施建设最多的国家。⑤ 其四，对非援助对象国有较为明显的选择性。日本援助非洲的主体战略是支持公共和私营伙伴关系，通过促进非洲包容性发展推动实现"人的安全"（Human Security）。在此理念指导下，2016 年日本在非洲实施援助项目前十位的国家（按项目资金额度排名）及占对非援助总额的比重分

---

① "JICA Annual Report 2017", https://www.jica.go.jp/english/publications/reports/annual/2017/c8h0vm0000bws721 - att/2017_all.pdf, p.47, 2018 - 02 - 09.

② "JICA Annual Report 2015", http://www.jica.go.jp/english/publications/reports/annual/2015, 2016 - 05 - 15.

③ "TICAD Ⅵ Nairobi Implementation Plan", August 28, 2016.

④ "JICA Annual Report 2016", https://www.jica.go.jp/english/publications/reports/annual/2016/c8h0vm0000aj21oz - att/2016_all.pdf, 2017 - 06 - 20.

⑤ See TICAD Annual Progress Report 2008, 2009, 2010, 2011, 2016; JICA Annual Report 2012, 2013, 2014, 2015, 2017.

别是：坦桑尼亚14.9%、肯尼亚13.7%、加纳11.5%、莫桑比克7.0%、乌干达6.4%、塞内加尔6.0%、刚果（金）4.1%、科特迪瓦3.2%、马拉维3.2%、埃塞俄比亚2.7%，这些国家是日本对非援助资金的主要流入地。[1] 此外，日本对非发展援助在涉及一些非洲大国的同时，在一些非洲小国也有少数项目。近年来，为谋求联合国常任理事国席位，日本加强了对非洲小国和最不发达国家的援助力度，开始接触厄立特里亚等国，探讨提供发展援助与经济合作的可能性。[2]

（四）加强对非洲安全事务的参与

日本对非洲安全事务的参与分为参与联合国维和行动、双边合作项目和战略性规划等三个层面。在联合国维和层面，日本早于1991年便参与联合国西撒哈拉公投观察团（MINURSO）。进入21世纪以来，日本自卫队先后参与联合国利比亚维和行动（UNMIL，2003年）、联合国科特迪瓦维和行动（UNOCI，2004年）、非盟与联合国达尔富尔混合行动（UNAMID，2007年）、联合国刚果民主共和国稳定团（MONUSCO，2010年）、联合国马里多层面综合稳定团（MINUSMA，2013年）等维和行动，一般是派出工程或协调人员参与其中。从2011年至2015年底，日本共派出3177人次参与联合国在南苏丹等地的维和行动；2013年至2015年共向联合国和平建设基金提供1350万美元，用于支持联合国在非洲的和平建设行动。[3] 2016年6月，日本派出17名自卫队员参加肯尼亚国际和平支持中心，作为联合国非洲快速部署工程能力项目培训的组成部分。[4] 2017年3月，日本内阁决定将自卫队工程人员在南苏丹的任务

---

[1] "JICA Annual Report 2017"，https：//www.jica.go.jp/english/publications/reports/annual/2017/c8h0vm0000bws721-att/2017_all.pdf，p.47，2018-02-09.

[2] 此为笔者于2014年至2016年在厄立特里亚工作期间所做调研访谈记录。

[3] "TICAD V，Progress Report 2013-2015"，Digest Version，http：//www.mofa.go.jp/files/000170784.pdf，2018-01-12.

[4] "Support for the UN Project for African Rapid Deployment of Engineering Capabilities（ARDEC）"，http：//www.mofa.go.jp/press/release/press4e_001159.html，May 24，2016，2018-01-12.

延长一年。①

在双边层面,日本对非安全合作主要在东京会议框架下进行。"人的安全"是在冷战后日本提出的对外新安全观。2003年8月,日本修改官方发展援助大纲,把"人的安全"作为官方发展援助的一项基本政策,也作为其对非援助的框架内容。根据第五届东京会议《横滨行动计划》,日本及相关合作方将向非洲和平安全架构、提高人员和机构能力、为反恐和打击有组织犯罪提供人员培训、增加就业等影响非洲安全稳定的领域和项目提供支持。为此,2013年1月至2016年3月,日本通过联合国发展计划署提供了1628万美元,支持12个国家建立了维和行动培训中心,涉及埃及、埃塞俄比亚、坦桑尼亚、肯尼亚、卢旺达、南非、马里、加纳、多哥、贝宁、尼日利亚和喀麦隆等非洲国家。同期,日本15次派出专家参与相关地区旨在从根源上消除影响稳定的和平与稳定行动,涉及萨赫勒地区、大湖地区、苏丹和南苏丹、非洲之角、北非等地。此外,日本还向"非盟和平基金"提供870万美元,用于非盟和非洲地区组织的和平建设项目,如支持政府间发展组织(IGAD)的"监督与查证机制"(Monitoring and Verification Mechanism)。② 2016年第六届东京会议发表的《内罗毕宣言》再次确认并强调"人的安全"对于非洲可持续发展的重要性,列举了非洲面临的武装冲突与社会稳定、恐怖主义、全球性问题等非洲国家面临的重大挑战,同时应日本的要求特别增加了海上安全以及按照联合国《海洋法公约》开展合作的必要性。③

在战略性规划层面,日本与吉布提开展的军事安全合作是其重要标志。从2009年2月起,日本持续派出驱逐舰和反潜巡逻机参与在亚丁湾的国际反海盗行动,并在海洋安全合作的框架下,向非洲提供100万美元

---

① "Revision of the Implementation Plans for the International Peace Cooperation Assignment for United Nations Mission in the Republic of South Sudan", http://www.mofa.go.jp/fp/ipc/page3e_000662.html, 2018-02-09.

② "TICAD V, Progress Report 2013-2015", http://www.mofa.go.jp/files/000170784.pdf, 2018-01-12.

③ Nairobi Declaration, Advancing Africa's sustainable development agenda – TICAD partnership for prosperity, 28 August, 2016.

援助，以及向吉布提海岸警卫队提供技术和巡逻舰船援助。① 截至 2016 年底，日本已部署两艘海上自卫队驱逐舰、两架"P-3C"海上巡逻机、460 人在亚丁湾进行反海盗巡逻。② 事实上，日本在亚丁湾的"反海盗"行动是其保卫从马六甲海峡到印度洋海上战略通道的组成部分。借反海盗之名，从 1999 年至 2013 年，日本历届政府推出一系列海洋战略。2010 年 12 月，日本政府发布的《2011 年度以后的防卫计划大纲》明确将日本海上安全合作范围界定为"切实保障从非洲、中东到东亚的海上交通安全等共同利益"。③ 2011 年 7 月，占地 12 公顷、驻有 180 名自卫队军人的"二战"后日本第一个海外军事基地在吉布提建立。④ 2016 年 8 月，正在吉布提访问的日本防卫大臣稻田朋美表示，日方考虑扩展在吉布提军事基地的"功能"。10 月，日本外务省发言人证实，日本拟向基地现址以东地区进一步扩大吉布提日本军事基地占地面积，并考虑在基地部署"C-130"运输机以及更多的军事人员。⑤

上述情况表明，日本对非洲安全的影响涵盖军事部署、维和、培训、资金支持和地区合作等战略层面，涉及非洲多数国家和地区，由此体现了日本在非洲的安全战略目标：保护日本在非日益增长的经济利益；应对中国在非洲的存在和发展；为日本作为"积极和平主义者"加分；将非洲纳入日本战略框架内。所谓日本的安全战略框架，主要指日本于 2009 年开始在亚丁湾反海盗巡逻、2011 年在吉布提建立军事基地、2016

---

① "TICAD Ⅴ, Progress Report 2013-2015", http：//www.mofa.go.jp/files/000170784.pdf, 2018-01-12.

② Céline Pajon, "Japan's Security Policy in Africa: The Dawn of a Strategic Approach?", Asie. Visions, No.93, Ifri, May 2017, https：//www.ifri.org/sites/default/files/atoms/files/pajon_japan_security_policy_africa_2017.pdf, 2018-03-01.

③ 李秀石：《试析日本在太平洋和印度洋的战略扩张——从"反海盗"到"保卫"两洋海上通道》，中国社会科学网，http：//www.cssn.cn/zzx/gjzzx_zzx/201505/t20150528_2014167.shtml, 2018-03-01.

④ Alex Martin, "First Overseas Military Base Since WWII to Open in Djibouti", Japantimes, https：//www.japantimes.co.jp/news/2011/07/02/national/first-overseas-military-base-since-wwii-to-open-in-djibouti/#.Wn7jGUbCTyo, 2018-02-10.

⑤ Nobuhiro Kubo, "Japan to Expand Djibouti Military Base To Counter Chinese Influence", Reuters, October 13, 2016, https：//www.yahoo.com/news/japan-expand-djibouti-military-counter-chinese-influence-043500968.html, 2018-02-10.

年安倍公开提出"自由开放的印太战略"。①

四 余论:从"印太战略"和"亚非增长走廊"看日本对非外交演化趋势

总体看,日本对非洲外交经历了从冷战时期的利益平衡到20世纪90年代后半期以来战略重视的发展过程。冷战时期日本对非外交,一方面必须坚持站队于以美国为首的西方阵营及其意识形态,在此原则下发展与以南非为首的非洲白人传统伙伴的关系;另一方面,为了获取现实的资源和经济利益,日本积极与其他非洲国家或地区发展关系,从而成功助推了经济起飞。由于受制于美国及西方战略,冷战时期日本对非外交注重短期实效性,理论上具有特定的实用主义功利性色彩。因此,纵观近现代日本对非外交百余年发展史,顺应国际环境的发展变化、维护日本在非洲的利益构成日本对非政策取向的核心因素。

从当下日非关系发展所处的国际环境新变化来看,一个重要的特点是大国对非关系越来越具有多边性。在非洲,该地区不仅有英、法、美等西方大国进行博弈,而且中、印等新兴大国与非洲国家关系愈加密切,尤其是中国业已成为大国在非洲关系的焦点。与此同时,非洲也是大国国际竞争的重要舞台。由此,日非关系中的"中国因素"较为突出。在非洲与中国进行战略竞争是日本在东亚及东海和南海应对中国崛起的战略延伸,是中日关系和中日战略竞争在更广泛地缘层面的反映。

事实上,日本在对非外交领域与中国的竞争是逐渐拓展的。从第三届至第六届东京国际会议看,日本对非政策逐步呈现与中国竞争的一面,这是进入21世纪以来日本对非外交的一个重要特点。其一,日本的对非政策涵盖的领域越来越广,与中国对非政策在客观上形成竞争。例如,中非合作论坛会议涉及的对非合作领域逐渐扩大且具有全方位特点,

---

① Céline Pajon, "Japan's Security Policy in Africa: The Dawn of a Strategic Approach?", Asie. Visions, No. 93, Ifri, May 2017, https://www.ifri.org/sites/default/files/atoms/files/pajon_japan_security_policy_africa_2017.pdf, 2018 - 02 - 09.

2006年以来中非合作论坛提出的对非合作领域覆盖了产业发展、环境保护、基础设施建设、投资、贸易、减债、领域科技、医疗、教育、人文交流等各方面。比较而言，第四届东京会议《横滨行动计划》也覆盖非洲经济增长、实现人的安全、良政、应对环境和气候变化、基础设施建设、安全、贸易、投资、旅游、农业和实现联合国千年目标等多方面内容；第五、六届东京会议更加突出强调非洲的需求与基础设施和贸易投资合作。其二，东京会议机制的安排上体现了与中国的竞争。例如，原本一直在日本召开且每五年一届的东京会议，自第六届东京会议起改为每三年一届，第六届会议举办地也由日本转至非洲肯尼亚（以后将轮流在日本和非洲国家举办），这与中非合作论坛每三年一届部长级会议，以及部长级会议轮流在中国和非洲国家举办相一致。日本将第六届东京会议的高官会、部长级会议和峰会分别放在吉布提、冈比亚和肯尼亚3个非洲国家举行，[①] 旨在扩大日非合作的影响面，自然也有抗衡中非合作论坛影响力的考虑。其三，值得关注的是，第六届东京会议行动计划中特别提到海洋安全、国际法和联合国安理会改革三项内容，这在往届会议行动计划中是少有或没有的，这些内容无疑是日本针对中国在南海问题上的立场的对应之举，与会前在冈比亚举行的东京会议高官会和部长级会议上日方一再要求在《内罗毕声明》中塞入有关南海问题表述的做法相一致。不过，由于非洲国家的普遍反对，有关表述基本限于非倾向性的原则性表态，并不能对中国及南海问题构成实质性影响，只是在联合国安理会的改革问题上表达了迫切性和必要性。

其实，围绕联合国改革，特别是增加安理会常任理事国席位等问题，中日在非洲的斗争一直是暗流涌动。为了争取非洲国家支持日本参与的"四国方案"、支持日本获得安理会常任理事国席位，除了通过东京会议扩大影响及一般性对非援助外，每到讨论联合国改革及相关问题的时间节点，日本都会通过其驻非洲国家使馆提前做工作，努力争取对方政府

---

① 日本于2016年8月27日至28日在肯尼亚举行第六届东京会议，高官会于2016年3月14日至15日在吉布提举行，6月1日至2日在冈比亚举行部长级会议预备会。See "The TICAD Ⅵ Preparatory Senior Officials' Meeting (SOM)", http://www.mofa.go.jp/press/release/press4e_001076.html, 2018-02-23。

支持。围绕安理会改革问题的斗争是21世纪初中、日在非洲战略竞争的热点之一。

不仅如此,为了在非洲与中国竞争政治、经济利益和国家形象,日本千方百计试图削弱中国在非洲的影响,日本领导人和媒体为此不断刻意贬低中国产品质量和国家形象。例如,2014年1月6日中国外长王毅刚刚开始访问非洲,安倍便于9日开始访问科特迪瓦、莫桑比克和埃塞俄比亚三国,令人不得不联想其在行期安排上有针对或抵消中国影响的意味。同时,日本媒体也刻意营造中日对抗的气氛,日本东京电视台称"要与已经先行投资非洲的中国对抗",日本富士电视台邀请的专家则在节目点评中声称:"要让非洲懂得日本的支援和中国支援的不同,让非洲人认为中国最终是为了他们沉睡的资源,而日本是为了非洲未来的发展。"[1] 在2016年第六届东京会议上,日本首相安倍在开幕式讲话中刻意强调日本产品的品质,宣传日本公司追求质量的精神、日本高素质的工人以及日本产品质量对非洲经济社会发展的重要性。[2] 毋庸讳言,安倍这是在隐射中国产品质量、工人的素质不及日本。而第六届东京会议文件也多处明确提到帮助非洲建设"高质量基础设施",其针对中国在非基础设施意味明显。针对日本刻意营造中日在非洲对抗的言论和行动,中国外交部发言人曾警告说:"如果有什么国家试图在非洲搞对抗,那就是打错了算盘,而且也不会得逞。"[3]

目前,日本在非洲对中国进行的战略围堵则集中体现在"印太战略"与"亚非增长走廊"上。2012年安倍担任首相后,正值美国实施"亚太再平衡"战略的重要布局阶段,美国一再鼓励日本增强自身防卫能力,以充当美国遏制中国的马前卒。美国的战略正好与安倍否认日本"二战"侵略历史、对抗中国崛起、真正实现成为政治大国的战略意图相一致,于是安倍提出一系列战略,包括"俯瞰地球仪外交",与美国、澳大利亚

---

[1] 李珍:《日首相八年首访非洲被认为剑指中国》,《环球时报》2014年1月10日。

[2] Address by Prime Minister Shinzo Abe at the Opening Session of the Sixth Tokyo International Conference on African Development, August 27, 2016, http://www.mofa.go.jp/afr/af2/page4e_000496.html, 2018-02-05.

[3] 《王毅访非针对日本?在非洲搞对抗打错算盘》,人民网,http://world.people.com.cn/n/2014/0109/c157278-24065163.html, 2018-02-05。

和印度联手推出所谓扩大版的"新亚洲",在外交实践中积极融入将印度洋和太平洋作为整体战略考虑的所谓"自由开放的印太战略"。[1] 所谓"印太战略",源于"印太"概念,原本指从印度洋到西太平洋和中太平洋的地理区域,但自2011年以来多被用于指称地缘政治区域,即从东部非洲沿海经西亚、穿过印度洋、南亚及至西太平洋东亚地区的地缘战略区域概念。[2] 出于扩大联盟制衡中国的目的,日本对推动与落实"印太战略"尤为积极。2007年8月,日本首相安倍在印度议会演讲时提及"印度洋和太平洋的影响"是"扩大的亚洲"的"自由与繁荣之海的连接"。[3] 在所谓"中国威胁论"的鼓噪下,自2011年起,印度、澳大利亚、日本和美国一些政府官员、学界和媒体频繁谈论"印太"概念。继2016年安倍在第六届东京会议讲话中正式推出日本"自由开放的印太战略",2017年6月印度总理莫迪访问美国后,印、美双方发表的联合声明中也正式提及双方要共同"推动'印太地区'的稳定"。[4] 如此,日、美所谓"印太地区"或"印太战略"就包括了日本、印度、美国等推动主体,其战略指向是将包括美国、澳大利亚、东亚及东南亚、南亚及至非洲在内的广大地带纳入同一个战略框架内,从而形成某种战略

---

[1] 安倍首相曾在多种场合提出加强太平洋和印度洋国家合作的重要性。2016年8月安倍在第六届非洲发展东京国际会议开幕式讲话中首次正式提出"自由开放的印太战略",2017年日本《外交蓝皮书》正式确认。See Ministry of Foreign Affairs of Japan, "Diplomatic Bluebook 2017", http://www.mofa.go.jp/files/000290287.pdf, 2018 - 02 - 05; Shinzo Abe, "Asia's Democratic Security Diamond", Project Syndicate, December 27, 2012, http://www.project-syndicate.org/Commentary/a-strategic-alliance-for-japan-and-india-by-shinzo-abe, 2018 - 02 - 03; 開かれた、海の恵み——日本外交の新たな5原則——【平成25 (2013) 年1月18日、ジャカルタにて、安倍晋三総理大臣】, http://www.mofa.go.jp/mofaj/press/enzetsu/25/abe_0118j.html, 2016 - 02 - 03; Takashi Shiraishi, "Japan's Indo-Pacific Policy (March 1, 2016)", http://carnegieendowment.org/2016/03/01/japan-s-indo-pacific-policy/iupu, 2018 - 02 - 18。

[2] Khurana, Gurpreet S., "Security of Sea Lines: Prospects for India-Japan Cooperation", Strategic Analysis, Volume 31, No. 1, 2007, pp. 139 - 153.

[3] Ministry of Foreign Affairs (MOFA) of Japan, "Confluence of the Two Seas", Speech by H. E. Mr. Shinzō Abe, Prime Minister of Japan at the Parliament of the Republic of India, August 22, 2007, http://www.mofa.go.jp/region/asia-paci/pmv0708/speech-2.html, 2018 - 02 - 02.

[4] Government of India, "Joint Statement - United States and India: Prosperity Through Partnership", http://mea.gov.in/bilateral-documents.htm?dtl/28560/United_States_and_India_Prosperity_Through_Partnership, 2018 - 02 - 10.

合作力量和态势。鉴于"印太战略"的推动者各方与中国的战略竞争关系，以及这一战略涵盖区域与中国"一带一路"之"21世纪海上丝绸之路"的高度重合性，可以说，日本所谓"自由开放的印太战略"之核心就是围堵中国。

此外，日本强拉非洲入其战略框架的另一个设想就是所谓"亚非增长走廊"（Asia – Africa Growth Corridor，AAGC）。早在2016年印度总理莫迪访日期间，日、印在双方发表的联合声明中便提到"亚非增长走廊"。在2017年5月于印度召开的非洲开发银行第52届年会上，印度宣布"亚非增长走廊"启动。印度官员称：亚非增长走廊将为非洲发展提供资金支持，并将致力于连接非洲和亚洲，帮助增进两大洲人民之间的联系。同时，日、印双方共同讨论与非洲合作事宜。[1] 根据印度、日本和印度尼西亚智库共同发布的"亚非增长走廊"愿景文件，建立"亚非增长走廊"的背景是印度和日本都有充分的对非合作实力，日本有东京会议，印度则有印非论坛峰会，而印度与日本间又建立有"特殊战略与全球伙伴关系"，这就更加凸显了"亚非增长走廊"的价值。根据文件规划，"亚非走廊框架"主要涵盖日、印与非洲在四个方面的合作，即增强能力与技术、高质量基础设施与制度联通、发展与合作项目、人民间的伙伴关系。"亚非增长走廊"将着眼于四个具体方面：一是利用现有亚非合作机制（指上述日、印与非洲现有合作平台）；二是通过多领域广泛合作，实现亚非共同增长，从而实现可持续创新发展；三是建立亚非次区域之间最佳的合作关系；四是建立产业走廊和产业网络。[2] 作为金融跟进支持，日本国际合作银行（Japan Bank of International Cooperation，JBIC）决定支持日、印企业在非洲的项目。[3]

---

[1] "Asia – Africa Growth Corridor Launched", The Times of India, May 25, 2017, https：//timeso findia. indiatimes. com/city/ahmedabad/asia – africa – growth – corridor – launched/articleshow/58830900. cms，2018 – 02 – 10.

[2] "Asia Africa Growth Corridor Partnership for Sustainable and Innovative Development", http：//www. eria. org/Asia – Africa – Growth – Corridor – Document. pdf，2018 – 02 – 10.

[3] "Asia – Africa Growth Corridor Launched", The Times of India, May 25, 2017, https：//timeso findia. indiatimes. com/city/ahmedabad/asia – africa – growth – corridor – launched/articleshow/58830900. cms，2018 – 02 – 10.

"亚非增长走廊"是日本与印度利用各自现有对非合作机制所提出的新的对非合作框架,其实质是将非洲纳入更大范围的战略框架,与日、美、印三方的印太战略形成呼应匹配,最终形成以"印太战略"为政治框架、以"亚非增长走廊"为经济合作框架的完整的地缘战略合作区域带。作为"印太战略"的经济框架,尽管"亚非增长走廊"尚缺真正的行动和项目,但已在探索合作方式和构想,并与中国的"一带一路"倡议有一定类似;印度和日本都未参与"一带一路"倡议,更视后者为威胁。共同的竞争对象(或敌手)促使日、印走到一起,并致力于推出自己的对非合作战略。"印太战略"和"亚非增长走廊"与中国"一带一路"倡议的对抗与竞争性不言而喻。

未来一段时期,基于东京会议合作机制,在日本对非关系中"中国因素"增加的新的国际环境下,日本对非外交将继续战略重视这一特征,这在于日本对非洲重要性的切实认知。2012年日本《外交蓝皮书》明确表述了撒哈拉以南非洲对日本的重要性:一是帮助解决非洲面临的问题有利于日本赢得国际社会的信任;二是非洲的市场潜力、丰富的自然资源、积极的经济增长趋势和人口的增加,有利于日本经济的发展;三是与非洲国家合作是实现有利于日本的联合国安理会改革的重要一环。[1] 2017年日本《外交蓝皮书》则大大增加了有关撒哈拉以南非洲内容篇幅,达到空前的13页,并特别提及通过安倍的"自由开放的印太战略"将亚洲和非洲连接在一起的战略设想,这意味着"自由开放的印太战略"已正式成为日本的外交政策表述。[2] 其实,归根结底,日本对非洲战略重视的最终目标只有一个:使日本成为与其经济实力相匹配的政治大国或真正的世界强国。其现有基本手段或途径有五:一是尽可能消除或减少中国崛起对日形成的被动影响;二是响应美国遏制中国的战略,借以壮大日本的实力和影响力;三是通过建立更大范围的地缘战略合作框架,提高日本的国际地位,扩大日本影响力;四是争取非洲国家支持日本获得

---

[1] Ministry of Foreign Affairs of Japan, "Diplomatic Bluebook 2012", http://www.mofa.go.jp/policy/other/bluebook, 2018-01-17.

[2] Ministry of Foreign Affairs of Japan, "Diplomatic Bluebook 2017", http://www.mofa.go.jp/files/000290287.pdf, 2018-02-05.

联合国安理会常任理事国席位；五是稳定获取非洲的自然资源和市场潜力，以保持日本经济的持续增长。

（本文原刊发于《西亚非洲》2018 年第 5 期）

"萨加尔"战略下印非印度洋地区的海上安全合作探究

刘立涛[*] 张振克[**]

摘　要：近年来，非洲印度洋地区非传统安全形势相当严峻，本地区国家又无力应对这一挑战，需要域外国家的积极参与。印度莫迪政府上台后，积极调整海洋战略，提出印度要做印度洋地区的"净安全提供者"的"萨加尔"战略。为获得政治、能源、交通、贸易与投资等方面的利益，以及出于与中国竞争的需要，印度从多方面积极推动与印度洋地区相关国家的海洋安全合作，为非洲印度洋地区的海洋安全做出了一定贡献，提升了印度的影响力，也获得了相应的政治、经济与安全利益。然而，由于印度本身的实力、政策特点以及域外大国和区域内国家的抵制，印度无法实现通过提供海洋安全公共产品而成为本地区主导国家的意图。

关键词：印非关系　海洋安全合作　"萨加尔"战略

印度洋独特而重要的地缘位置决定了印度洋战略是世界关注的热点，也是大国角力和潜在冲突海域。[①] 在印度洋国际战略问题研究方面，学术

---

[*] 刘立涛，南京大学非洲研究所副所长，副教授。
[**] 张振克，南京大学非洲研究所所长，教授。
[①] Samaranayake N., "The Indian Ocean: A Great – Power Danger Zone?", https://nationalinterest.org/feature/the – indian – ocean – great – power – danger – zone – 10568，2018 – 01 – 10.

界十分重视印度海洋战略的发展与走向,"一带一路"倡议下中国与印度在印度洋海域的竞争和潜在冲突也是近年来学术研究的焦点。[1] 由北到红海、南到南非的非洲东部沿海国家及邻近的海洋岛国构成的非洲印度洋地区作为一个新兴的地缘政治板块正受到越来越多的关注,原因在于:该区域不但是重要的国际海洋运输通道、蕴藏着丰富的能矿资源与生物资源,而且经济发展势头良好。由肯尼亚、坦桑尼亚和莫桑比克三国构成的"KTM 增长带"引人注目,同时,这几个国家在区域与国际政治舞台上也都具有一定的影响力。基于此,2015 年 3 月,印度总理莫迪在出访毛里求斯时,提出了名为"萨加尔"("SAGAR",印地语意为"海洋",莫迪将其解释为英文"Security and Growth for All in the Region",意为"为本地区所有人的安全与增长")的印度洋战略,同年 10 月,印度军方发布新的海洋战略文件《确保安全的海洋:印度海洋安全战略》,进一步贯彻了莫迪政府的战略意图,明确界定印度在印度洋各地区的利益,力图将自身打造成印度洋地区"净安全提供者",主导印度洋地区的大国雄心昭然若揭。在这份战略报告中,印度首次将作为非洲印度洋板块中最重要的一部分即西南印度洋地区增列为其核心利益区,莫桑比克海峡也被列为核心利益区的咽喉要道,并将相邻的西非大西洋沿岸列为次要利益区。为了谋求在本地区的战略利益,印度选择从该地区最紧缺的公共产品即海洋安全入手,加大投入力度,积极发展区域海洋安全合作,巩固和扩大在本地区的影响力,力求为其实现大国地位打下牢固的基础。值得注意的是,非洲印度洋地区是中、印两国在非洲大陆与印度洋地区激烈竞争的交叠区域,印度一直以遏制中国在本地区影响作为其区域政策的重要内容,因此,我们有必要对印度与非洲印度洋地区的海洋安全合作进行深入的分析研究。

---

[1] Brewster D., "An Indian Ocean Dilemma: Sino – Indian Rivalry and China's Strategic Vulnerability in the Indian Ocean", *Journal of the Indian Ocean Region*, Vol. 11, No. 1, 2015, pp. 48 – 59; Naidu GV, "India, Africa and the Indian Ocean", *Journal of the Indian Ocean Region*, Vol. 9, No. 2, 2013, pp. 189 – 207.

一 印度与非洲印度洋国家开展海洋安全合作的动因

国家利益是决定国家外交政策和对外行为的根本因素。非洲印度洋地区对印度的发展具有重要的政治、经济与安全意义,是印度大国战略的区域支撑基础之一。从国家利益的角度来看,印度与非洲印度洋地区的海洋安全合作主要是基于安全、经济、大国战略三个方面的利益。

(一) 安全利益

印度试图通过海洋安全合作,寻求海上通道安全和能源供给安全两个方面的利益。从海上通道安全方面来看,非洲印度洋地区海洋运输线是印度的能源及其他资源和商品的重要运输通道,确保这种经济通道的安全对印度经济的发展至关重要。以能源运输为例,由于印度是一个海外石油依存度超过80%的国家,需要大量进口石油。印度从非洲的石油进口仅次于从中东的进口量。据《BP 世界能源统计年鉴》(2017 版)统计,2016 年印度从非洲进口石油 3150 万吨,[1] 占当年印度石油总进口量的17%。为了保障能源安全和促进能源进口多元化,以及满足印度高速工业化进程对能源不断增加的需求,印度正积极努力加大从非洲的能源进口。这些石油都要经过西印度洋区域,特别是印度从西非石油进口量逐年攀升的情况下,从西非经好望角、沿非洲东海岸出莫桑比克海峡向东北方向的印度港口的航线是印度石油运输的重要通道。同时,印度还是非洲仅次于中国的第二大贸易伙伴国。2015 年双方贸易额高达 750 亿美元,且大多是商品贸易,需要海上运输来完成。此外,为了与中国的"一带一路"倡议进行竞争,2017 年 5 月,印度与日本宣布建设"亚非增长走廊",其主要内容就是建设数条"低成本"的、"低碳足迹"的海上走廊,将肯尼亚的蒙巴萨、坦桑尼亚的桑给巴尔与印度南部的马杜赖港,将亚丁湾的吉布提与印度的贾姆纳加尔、加尔各答以及缅甸的实兑

---

[1] 《BP 世界能源统计年鉴》(2017 版), https://www.bp.com/content/dam/bp-country/zh_cn/Publications/StatsReview2017/2017 版《BP 世界能源统计年鉴》报告中文版.pdf, 2018-01-10。

港连接起来。① 如果没有海上安全，这个走廊将没有任何意义。

从能源供给安全的角度看，非洲印度洋地区是确保印度能源安全供给的新的来源地。进入21世纪以来，该地区海、陆都发现了储量可观的新的油气资源。英国图洛（Tullow）公司在2006年和2012年先后在乌干达（预估储量达65亿桶②）和肯尼亚境内（预估总储量可能达百亿桶③）发现了数量可观的石油资源。而在莫桑比克的鲁伍马盆地周围，已有储量约5.5万亿立方米的世界级天然气田被发现④。鉴于此，印度已经在坦桑尼亚和莫桑比克的海洋天然气开发中投入了数十亿美元，印度石油天然气公司维迪什公司、印度石油有限公司和印度（婆罗多）石化资源有限公司共出资50多亿美元，拥有美国阿纳达科公司运营的鲁伍马盆地1号区块的最大股份（30%）。此外，在油气基础设施建设方面，拥有原苏丹石油储量70%以上的南苏丹与肯尼亚、乌干达及坦桑尼亚等国都在积极筹划建设通往印度洋的石油管道。2017年5月，乌干达最终决定同坦桑尼亚签署修建通往坦噶港的输油管道的协议。南苏丹积极推动拉穆港—南苏丹—埃塞俄比亚交通走廊的建设，通过肯尼亚拉穆港出口石油。无论是肯尼亚的拉穆港，还是坦桑尼亚的达累斯萨拉姆港，抑或预定出口液化气的莫桑比克帕尔马港，都是非洲印度洋沿岸港口。这对印度日益增长的石油天然气进口需求是极大的利好因素。2016年，莫迪政府提出总投资达1800亿美元的推动港口经济发展的"萨加尔马拉"（Sagarmala，印地语意即"海洋的项链"）计划，以期为开发海洋经济提供坚实基础。⑤ 在"亚非增长走廊"倡议下，印度亦在推动包括毛里求斯、塞舌

---

① Piyush Ghasiya, "Asia – Africa Growth Corridor: Challenges And Opportunities For India", http://capsindia.org/files/documents/CAPS_Infocus_PG_00.pdf, 2018 – 02 – 08.

② 《乌干达石油储量达到65亿桶》，http://www.sinopecnews.com.cn/news/content/2014 – 09/01/content_1438382.shtml，2018 – 01 – 10。

③ 《肯尼亚打造地区能源枢纽》，http://www.qstheory.cn/gj/gjgc/201312/t20131202_298069.htm，2018 – 01 – 10。

④ 张梅：《莫桑比克期待中国企业前往投资兴业》，《中国投资（非洲版）》2016年第12期，第36—39页。

⑤ "India to Pour \$180 Billion into Infrastructure via Sagar Mala", https://www.joc.com/port – news/asian – ports/port – jawaharlal – nehru/india – pour – 180 – billion – infrastructure – sagar – mala_20161111.html, 2018 – 01 – 10.

尔、肯尼亚、坦桑尼亚和莫桑比克等国在内的非洲印度洋国家的高质量基础设施建设，其中主要就是港口建设。印度与非洲印度洋沿岸国家进行的海洋安全基础设施合作，对于开辟新的能源来源与保障稳定的能源供给具有重要意义。

（二）经济利益

从直接的海洋经济合作利益来看，通过合作开发本地区海洋经济的巨大潜力，印度可获得丰厚的经济收益。海洋经济包括矿业能源资源开发、渔业与海洋生物、旅游、海洋运输与贸易等诸多方面。非洲印度洋国家所在海域资源丰富，除了前文提到的天然气资源外，金枪鱼、石斑鱼、龙虾、鲍鱼等名贵经济海产品资源也十分丰富。而印度是发展中国家中较早进行海洋开发的国家，20世纪80年代该国就开始实施"蓝色革命"，因此迅速跻身世界十大渔业国。[①] 在该国一定的海洋资源开发技术积累基础上，莫迪政府上台后进一步推动海洋产业，2014年，他在出席卡内基国际和平基金会《让印度回到正轨：一项改革行动议程》（Getting India Back on Track: An Action Agenda for Reform）一书发布会的即席发言中，也提到将"蓝色革命"作为其施政目标之一。[②] 2016年1月，印度政府正式推出名为"蓝色革命"的渔业发展与管理项目，以期在印度洋地区海洋产业开发中获得经济回报。

从间接的经济收益来看，非洲印度洋地区许多国家都是印度重要的贸易与投资对象，增进与非洲印度洋国家的海洋合作，可进一步密切双边之间的经贸投资关系。事实上，非洲印度洋地区与印度次大陆交往历史悠久，在殖民时代，双方人员往来与物资流动相当频繁，大量印裔居民随之流入。印度独立后，双方经济往来还相对有限。但自20世纪90年代初印度进行经济自由化改革后，双方经济关系得到迅猛发展。在与"KTM增长带"三国的贸易与投资关系上，印度是仅次于中国的肯尼亚的

[①] 《中国农业考察团：印度农业科技体制的组织框架、运行机制及其启示》，http://www.chinareform.org.cn/Economy/Agriculture/Experience/201106/t20110620_113559.htm，2018-01-10。

[②] Suhasini Haidar, "PM calls for a 'Tricolour Evolution'", http://www.thehindu.com/news/national/pm-calls-for-a-tricolour-revolution/article6095423.ece, 2018-01-10.

最大贸易伙伴,2014/2015年度双方贸易额为43亿美元,同时印度也是肯尼亚第二大投资者。[1] 印度是坦桑尼亚最大贸易伙伴,2014/2015年度双边贸易额约为40亿美元,印度在坦桑尼亚的投资也超过30亿美元。[2] 虽然莫桑比克与印度之间的贸易额不大,2014/2015年度双边贸易额约为24亿美元,但是由于莫桑比克有丰富的煤炭和天然气资源,印度对莫桑比克的总投资高达约80亿美元,占印度对非洲总投资额的1/4。[3] 莫桑比克还是2004—2013年印度对非洲优惠贷款额度第三大接受者,总额达6.3944亿美元。[4] 印度与非洲相对发达经济体南非之间的经贸关系更加密切。南非印裔居民是仅次于黑人、白人的该国第三大族群。2014/2015年度两国贸易额为117.99亿美元,仅次于印度与尼日利亚的贸易额。大量印度企业在此从事经营活动。2014/2015年度,印度对南非的投资累计达70亿美元,[5] 约占印度对非投资总额的1/4。[6] 总体而言,印度对非洲印度洋国家的贸易关系中,印度获益丰厚,仅南非拥有贸易顺差,其他国家均为逆差。印度向非洲印度洋国家出口的主要是工业制成品,而进口的主要是大宗原材料和矿产品。随着印度工业化的发展,印度需要更大的市场和更多原材料,拥有丰富的资源和大量人口、经济增长较为迅速

---

[1] "India, Kenya Sign 7 Pacts, to Deepen Cooperation in Security", https://timesofindia.indiatimes.com/india/India-Kenya-sign-7-pacts-to-deepen-cooperation-insecurity/articleshow/53154434.cms, 2018-01-10.

[2] "India, Tanzania to Cooperate in Counter-Terrorism, Maritime Security and Natural Gas: PM Modi", http://zeenews.india.com/news/india/india-tanzania-to-cooperate-in-counter-terrorism-maritime-security-and-natural-gas-pm-modi_1616164.html, 2018-01-10.

[3] "Dal Diplomacy: India to Boost Food Security Cooperation with Mozambique", https://www.oneindia.com/international/dal-diplomacy-india-boost-food-security-cooperation-with-mozambique-2147317.html, 2018-01-10.

[4] "Visit of Minister of Foreign Affairs and International Cooperation of Mozambique to India", November 23-29, 2014, http://www.mea.gov.in/press-releases.htm?dtl/24310/visit+of+minister+of+foreign+affairs+and+international+cooperation+of+mozambique+to+india++november+2329+2014, 2018-01-10.

[5] T. E. Narasimhan, "India Inc Investment in South Africa to Touch $7 bn", http://www.business-standard.com/article/companies/india-inc-investment-in-south-africa-to-touch-7-bn-114022500188_1.html, 2018-02-06.

[6] "India Seeks Deeper Partnership with South Africa in Defence Sector", http://indianexpress.com/article/india/india-news-india/india-seeks-deeper-partnership-with-south-africa-in-defence-sector-2902090/, 2018-01-10。

并且积极推进一体化建设的非洲印度洋地区对印度的经济贡献亦会随之增大。

(三) 大国战略利益

近年来,随着中国在非洲大陆影响力渐增,印度将中国看作其在非洲的能矿资源与非洲市场的重要竞争者,并理所当然地将印度洋视作自己的战略后院。非洲印度洋地区是中、印两国在非洲大陆与印度洋竞争的重叠区,无论在贸易还是直接投资方面,中国对非洲印度洋国家的经济合作关系均超印度。印度是仅次于中国的非洲第二大贸易伙伴,中国、印度同非洲的贸易结构非常相似,技术水平相差不大,因此中、印在非洲的竞争性大于互补性。印度对中国与非洲关系的迅猛发展极具危机意识,并自2008年起效仿中国举办了印非论坛,大幅增加对非援助。与此同时,印度总统、副总统和莫迪总理等印度领导人也频繁地踏上非洲大陆,以抗衡中国在非洲的影响力。而印度洋对于印度的重要性,印度现代海权理论的奠基人潘尼迦在其《印度与印度洋——略论海权对印度历史的影响》一书中早有透彻的论述:"谁控制了印度洋,印度的自由就只能听命于谁。因此,印度的前途如何是同它会逐渐发展成为强大到何等程度的海权国,有密切联系的。"[1] 在战略实践中,印度一直将印度洋视为"命运之洋"和"未来之洋",并努力将其变为"印度之洋"。莫迪政府的外交政策中更充斥着"印度洋是印度之洋"的思维。[2] 印度主流战略学者将中国推进"一带一路"倡议,在蒙巴萨、拉穆港、巴加莫约、贝拉等港口建设看作中国围堵印度的"珍珠链"战略的一部分。[3] 面对中国海军为维护自身合法利益在印度洋的不断增强的存在,印度抱持强烈的排斥心理,并费尽心思地采取了多种反制措施。

---

[1] [印度]潘尼迦:《印度和印度洋——略论海权对印度历史的影响》,德隆等译,世界知识出版社1965年版,第89页。

[2] Antony Clement, "Indian Ocean or India's Ocean?", http://moderndiplomacy.eu/2015/09/08/indian-ocean-or-india-s-ocean, 2018-02-06.

[3] Brahma Chellaney, "China Reinvents 'String of Pearls' as Maritime Silk Road", https://asia.nikkei.com/Viewpoints-archive/Perspectives/China-reinvents-string-of-pearls-as-Maritime-Silk-Road, 2018-02-08.

就印度政治大国的追求而言，拥有54个国家的非洲大陆在国际舞台上是一支重要力量，特别是2002年非洲联盟成立后，积极推动非洲国家在重大国际与地区问题上以一个声音说话，进一步增强了非洲国家对重大国际事务的影响力。自首任总理尼赫鲁起，印度就立志要做一个"有声有色"的大国，宣称"印度以它所处的地位是不能在世界上扮演二等角色的"[1]。印度认为国家众多的非洲大陆是其实现大国雄心的重要基础。冷战后，印度一直希望对联合国进行改革并成为改革后的安理会常任理事国。在非盟明确表示不支持由印度、日本、巴西、德国组成的"四国联盟"提出的联合国改革方案后，印度转而改变对非策略，进一步亲近非洲，其中包括明确支持增加非洲在联合国安理会的代表权并支持南非成为改革后的联合国安理会常任理事国。[2] 与非洲印度洋国家海洋安全合作，承担起负责任大国提供国际公共产品的职能，从而提升自身的国际形象，一方面可以赢得非洲印度洋国家的政治支持，另一方面也可以以此来影响非洲其他国家。相比于印度洋其他地区特别是中东海湾地区而言，非洲印度洋地区特别是印度指称的索马里以南的西南印度洋地区，域外大国介入相对有限，印度可以通过较少的投入获得较大的政治回报。

总之，以海洋运输通道为核心的海洋安全、石油天然气供给的能源安全、非洲印度洋区域的经济利益、赢得对中国竞争的优势和全球政治大国地位，是印度推动与本地区进行合作的主要利益追求。

二 非洲印度洋国家海洋安全面临的困境与合作期待

尽管非洲印度洋地区国家的对外贸易绝大部分是经由海洋进行的，海洋经济对于它们的未来发展也具有重要意义，但由于本地区国家除南非经济较为发达、国力较强外，其他国家经济都较为落后，维护海洋权

---

[1] ［印度］贾瓦哈拉尔·尼赫鲁：《印度的发现》，齐文译，世界知识出版社1956年版，第57页。
[2] 《印度支持南非争取成为联国安理会常任理事国》，http://news.dwnews.com/global/big5/news/2006-10-03/2410361.html，2018-01-10。

益的能力也较弱,而域外大国所能提供的支持相对有限,且不具有可持续性。总体而言,非洲印度洋国家都希望能得到外部援助与支持,对海洋合作有着极高的期待,这也为印度推动同本地区的海洋安全合作提供了良好的机遇。

(一) 非洲印度洋国家面临的安全问题

第一,海盗与海上武装抢劫事件频发。自 2006 年以来,海盗一直是非洲印度洋国家面临的重大非传统安全挑战,索马里海盗活动的地理范围从最初的索马里海岸逐步蔓延到印度洋西部大片区域,向南沿着肯尼亚、坦桑尼亚直到莫桑比克海峡和塞舌尔,向东直到印度喀拉拉邦的拉克沙群岛,影响面积达 250 万平方公里。[1] 海盗利用先进的武器装备,通过劫持船只、扣押船员索取高额赎金,或者袭击海上油气设施,严重影响地区及国际经济的正常运行。据统计,2010—2016 年,索马里海盗带来的累计经济成本高达 276 亿美元。[2] 而海盗活动对经济体量较小的非洲印度洋国家造成的损害更为严重。在肯尼亚,该国旅游业因此受到的损失在 1.29 亿—7.95 亿美元之间。在坦桑尼亚,2011 年 3 月到 2012 年 2 月,由于该国海域发生 57 起海盗事件,导致同一时期因担心安全问题进入达累斯萨拉姆港口的船只下降了 30%。对海洋国家塞舌尔而言,据保守估计,2009 年海盗活动导致该国国内生产总值减少约 4%、保险费用上升 50%、港口渔业收入减少 30%,并且每年还要拿出 230 多万欧元来进行反海盗巡逻与监视活动。[3] 海盗活动同样导致本地区国家的海洋运输成本上升、当地物价上涨以及财政收入减少等不良后果。海盗活动更影响非洲印度洋国家的海洋经济的发展,特别是海洋能源开发大受影响。众所周知,海洋油气开发成本极高,每口井的成本往往高达上亿美元,一个钻井平台的价值则动辄以 10 亿美元计。一旦钻井设备被海盗或恐怖分

---

[1] Gerelene Jagganath, "Maritime Security Challenges For South Africa in the Indian Ocean Region (IOR): The Southern and East Coast of Africa", Man In India, Vol. 94, No. 3, 2014, pp. 399–412.

[2] "The State of Maritime Piracy 2016", http://oceansbeyondpiracy.org/reports/sop/summary, 2018-02-02.

[3] "President Michel's Speech at the Opening of the International Symposium on Piracy", 13 July 2010, http://www.statehouse.gov.sc/speeches.php?news_id=2229, 2018-01-10.

子控制，则会对该地区国家造成严重的负面影响。

第二，非法的、不报告、无监管（IUU）的海洋渔业活动极为猖獗。非洲印度洋沿海地区渔业资源丰富，是世界著名渔场，全球25%的金枪鱼集中于西印度洋海域。由于海洋管理能力较弱，大量外国渔船在此非法捕捞。2009年联合国环境项目地区海洋报告曾指出，在西印度洋地区52%的渔获源于非法捕捞。① 另据一些学者估计，肯尼亚水域非法渔获量约占总量的20%，在坦桑尼亚和莫桑比克水域，这个数字估计为15%。② 非法捕鱼使肯尼亚每年损失100亿先令（约合9800万美元）③。非法捕鱼带来的其他后果也非常严重，它不仅导致非洲东部海岸的一些物种包括金枪鱼、虾和鲨鱼资源衰退，一些渔船进行的底层拖网作业更严重破坏了当地的海洋生态系统，而且大量机械化捕鱼还导致从事手工捕鱼的本地渔民渔获量大减，生计严重受损。更有甚者，很多索马里当地人往往声称正是因为外国渔船在索马里海域大量非法捕鱼，才导致索马里渔民铤而走险当上海盗的。④

第三，武器、毒品麻醉品走私及人口贩运也是非洲印度洋地区面临的一个重要安全问题。非洲印度洋沿海地区港湾、岛屿众多。政府管理不力导致大量毒品麻醉品、轻小武器以及人口贩运盛行。在轻小武器走私方面，走私者除了利用陆地边界管控不严的漏洞外，还利用渔船从海上走私进入肯尼亚和坦桑尼亚境内。联合国"莫桑比克行动"（UNOMOZ）也未能在控制武器方面起多大作用，大量上缴的武器甚至被偷窃走私到南非。在毒品麻醉品走私方面，肯尼亚与坦桑尼亚已成为如大麻、可卡因、海洛因等全球毒品交易的重要中心。特别是坦桑尼亚，基于地

---

① David J. Agnew, John Pearce, Ganapathiraju Pramod, Tom Peatman, Reg Watson, John R. Beddington, and Tony J. Pitcher, "Estimating the Worldwide Extent of Illegal Fishing", Plos One, No. 2, February 2009, http://www.plosone.org/article/info：doi/10.1371/journal.pone.0004570, 2018 – 01 – 10.
② "Maritime Security Issues on the East Coast of Africa", https://www.files.ethz.ch/isn/128725/2007_11_26.pdf, 2018 – 01 – 10.
③ 《肯媒撰文表示应大力发展海洋经济》，中国驻肯尼亚大使馆经济商务参赞处网站：http://ke.mofcom.gov.cn/article/jmxw/201612/20161202121912.shtml, 2018 – 01 – 10.
④ Christian Bueger, "Practice, Pirates and Coast Guards: the Grand Narrative of Somali Piracy", Third World Quarterly, Vol. 34, 2013, pp. 1811 – 1812.

理位置因素而成为一个重要的毒品集散地，北部沿海的坦噶镇更被联合国相关机构描绘为来自东非、伊朗和巴基斯坦的毒犯们的毒品交易中心。① 近期的缉获情况也表明，大批阿富汗海洛因穿过印度洋而走私进入东非和南部非洲。② 此外，印度与南非之间也存在毒品交易往来。大量海洛因和甲喹酮等被从印度走私到南非，除少量在当地消费以外，大部分毒品从这里再转运到欧洲。印度麻醉品控制局曾在孟买周围多次截获运往南非的甲喹酮，其中最大的一次数量达 2.8 吨左右。③ 同样，人口贩运也是本地区一个严重的问题，根据关于移民的政府间组织研究，每年从索马里和埃塞俄比亚偷渡到南非的非法移民人数多达 2 万人。坦桑尼亚亦因地缘因素成了非法移民的一个重要集散地。大量非法移民被从海上偷运进坦桑尼亚大陆或沿海的奔巴、马菲岛及桑给巴尔岛上，然后经陆路前往南非。

第四，非洲印度洋地区国家不断受到宗教极端组织的恐怖主义侵扰与袭击。早已效忠"基地"组织的索马里"青年党"不仅在索马里猖獗一时，在肯尼亚首都内罗毕及沿海城镇进行恐怖活动，而且已经延伸到坦桑尼亚沿海地区，并发动过针对无辜平民与警察的严重暴力事件。莫桑比克东北沿海也活跃着与索马里"青年党"同名的极端组织④。南非国内也有很多恐怖组织，"伊斯兰国"就曾将南非作为其后勤中转站，其下属的"白寡妇"莎莉·琼斯（Sally Jones）曾一度在南非活动。被联合国列入支持恐怖主义组织名单的哈拉曼（伊斯兰）基金会及其设在肯尼亚和坦桑尼亚的办事处，为伊斯兰团结组织和"基地"组织等提供资金支持。伊斯兰宗教极端组织与肯尼亚蒙巴萨共和委员会以及桑给巴尔的极

---

① Polycarp Machira, "Fake Goods Continue to Hurt Dar's Economy", Guardian on Sunday Online, August 23, 2009, quoted from Ghassan Schbley and William Rosenau, "Piracy, Illegal Fishing, and Maritime Insecurity in Somalia, Kenya, and Tanzania", https://www.cna.org/CNA_files/PDF/IIM-2013-U-005731-Final.pdf, 2018-01-10.

② 联合国毒品与犯罪问题办公室：《2015 年世界毒品问题报告》，https://www.unodc.org/documents/wdr2015/World_Drug_Report_2015_chinese.pdf, 2018-01-10。

③ Ruchita Beri, "Indo-South Africa Defence Cooperation: Potential and Prospects", https://www.idsa-india.org/an-jan00-4.html, 2018-01-10.

④ "More Islamic Terrorist Attacks in Mozambique", https://mozambique.co.mz/News/Archive.php?ref=NE96449, 2018-01-10.

端分离主义组织都有一定联系。2013年，时任坦桑尼亚总统基奎特在接受中国记者采访时明确表示，坦桑尼亚3个主要港口都面临恐怖组织和索马里海盗的威胁，希望能与中国在打击恐怖主义和索马里海盗方面开展合作。[1]

（二）非洲印度洋国家安全治理的现状

在严重的海洋安全挑战面前，非洲印度洋国家缺乏有效应对的能力。由于本地区各国国力有限，海洋管理能力严重欠缺，海岸警备力量与海军力量极为有限。在本地区国家中，只有南非有一支较为完整的海军力量，但是南非海军也面临资源严重不足的问题。[2]南非政府的国防开支在国内生产总值中所占比重一直不到2%。尽管南非海军在2007年获得了4艘巡洋舰和3艘常规动力潜艇，但是南非海军提出的增建海上巡逻舰的"圆珠笔项目"（Project Biro）几经波折，一直拖延到2015年3月才开始实施。由于海军军费严重不足，南非军舰每年能够在海上作业的总时间不超过1万小时。而南非本身就有155.3万平方公里的领海与专属经济区需要进行管理。在没有获得新潜艇前，由于缺乏先进的技术，南非军官坦承针对爱德华王子岛周围46.6万平方公里的反非法捕鱼行动并不成功。[3]本地区其他国家的海军或海岸警卫队的能力更弱，如肯尼亚号称拥有从开普到开罗的非洲东部沿海国家中规模最大的海军，然而它仅有一艘千吨级巡逻舰，即排水量为1400吨的贾斯里号，这还是由海洋调查船改装而来并且在2012年才入役的，另外仅有8艘排水量不到500吨的巡逻艇以及12艘各型支援船。非盟虽在2014年通过了《2050年非洲海洋总体战略》，并于2016年10月在洛美召开的非盟海事安全特别峰会上通过了《非盟关于海事安全、防卫与发展的宪章》，但它既没有人力也没有

---

[1]《习近平访问坦桑尼亚：坦总统——坦是中国的全天候朋友》，http://news.cntv.cn/2013/03/24/VIDE1364121123371621.shtml，2018-01-10。

[2] Van Rooyen, F. C., "A Southern Perspective on the Indian Ocean", Research Paper, South African Institute of International Affairs, Johannesburg, 2012, p. 13, in Denis Venter, *India and Africa: Maritime Security and India's Strategic Interests in the Western Indian Ocean*, https://repositorio.iscte-iul.pt/bitstream/10071/13796/4/07Venter_FINAL12.07.17.pdf，2018-01-10。

[3] Calvin Manganyi, "South African Naval Diplomacy Since 1994", 2014, http://citeseerx.ist.psu.edu/viewdoc/download? doi=10.1.1.917.877&rep=rep1&type=pdf，2018-01-10。

物力来履行海洋安全保护责任。①

相对薄弱的海军力量也使非洲印度洋国家的区域海洋安全合作成效十分有限。2010年12月莫桑比克海峡发生海盗袭击事件后，莫桑比克、南非和坦桑尼亚才开始重视海盗问题。从2011年起，南非与莫桑比克实施了打击海盗维护海洋安全的"铜"行动（Operation Copper）。2012年2月，在南部非洲发展共同体的支持下，南非、莫桑比克和坦桑尼亚三方又签署了海洋合作备忘录，"铜"行动合作机制走入正规化轨道。但在整个"铜"行动中，只有南非派出一艘巡逻舰轮流出海，其余两国仅能提供有限人员与后勤支持。2013年，坦桑尼亚退出了"铜"行动。在海盗活动受到抑制后，南非先是停止军舰巡逻，后又由于飞机老旧不堪不得不停止空中巡逻，"铜"行动彻底蜕变成纯粹的电子情报监视行动。一旦出现海盗袭击事件，南非海军根本无力在莫桑比克海峡协助搜救。②

在本地区缺乏应对海洋安全问题能力的情势下，域外国家和国际组织提供的海洋安全合作相对片面且较为有限。根据2008年12月联合国安理会第1851号决议，北约及其伙伴国的"海洋盾牌行动"（Operation Ocean Shield, OOS）、欧盟及其伙伴国的"亚特兰大行动"（Operation Atalanta）、美国及其盟国的"第151联合特遣队"（Combined Task Force 151），以及中国、印度、日本、马来西亚、俄罗斯等国的单独行动等主要集中在亚丁湾和索马里盆地部分海域。与此同时，国际海洋组织、欧盟和美国也都向非洲印度洋国家提供了一定的技术与能力建设援助。例如，国际海事组织赞助非洲16国与阿拉伯国家于2009年通过了在西印度洋和亚丁湾遏制海盗和针对船只的武装抢劫的行为准则即"吉布提行动准则"（Djibouti Code of Conduct），并推动国际各方力量援助非洲国家建立了5个地区搜救中心和26个次级中心。欧盟在2012年也拿出200万欧元支持2010年在毛里求斯通过的东部与南部非洲印度洋地区战略与行动

---

① Denis Venter, "India and Africa: Maritime Security and India's Strategic Interests in the Western Indian Ocean", https: //repositorio. iscte – iul. pt/handle/10071/13788, 2018 – 01 – 10.

② "Piracy Threat in the Mozambique Channel increases as Operation Copper is Reduced to an Electronic Listening Operation", https: //www. mast – security. com/i/Downloads/Op_Copper_Intrep. pdf, 2018 – 01 – 10.

计划，后者的目标是通过加强本地区的能力建设打击海盗与推进海洋安全。①

"9·11"事件后，美国出于反恐的需要于2007年10月建立了美国非洲司令部，通过实施"非洲伙伴合作站"（Africa Partnership Station，APS）项目②和非洲海洋法律伙伴项目（Africa Marine Law Enforcement Partnership，AMLEP）③，努力提升非洲国家海洋安全能力。美国还组织东部非洲国家进行一年一度的"弯刀快递"演习（Cutlass Express），美国军舰访问非洲印度洋国家的港口，使用对外军事援助预算购买一些装备，如巡逻艇、自动识别系统等赠送给当地政府。此外，美国海岸警备队也在非洲印度洋国家实施国际港口安全项目援助。除美国外，英国、法国、德国和意大利也向非洲印度洋国家提供了一定的海洋安全援助，这些援助大多表现为海军巡逻和军舰的短期存在。如由于埃尼公司在莫桑比克海洋天然气开发上有大量投资，2014年意大利曾将一个航母编队派驻莫桑比克海峡两个月，并与莫桑比克签订了帮助其训练海军的协定。法国则通过印度洋委员会向马达加斯加、塞舌尔、毛里求斯等提供海洋安全合作。

不可否认，以上这些援助对改进非洲印度洋地区的海洋安全状况发挥了一定的作用，但是也存在很多不足。国际社会提供的援助更多的是针对海洋运输安全与海盗活动的短期行动，在近年来本地区海盗活动大为减少的情况下，却几乎没有转移部分资金投入地区海洋安全能力建设上。④ 由此，非洲印度洋国家在中短期内迫切需要国际组织和域外国家参

---

① "The EU Supports the Implementation of The Regional Strategy and Action Plan on Maritime Security in the Eastern and Southern Africa – Indian Ocean Region", http: //oceansbeyondpiracy. org/matrix/eu – programme – promote – regional – maritime – security – eastern – and – southern – africa – indian – ocean，2018 – 01 – 10.

② "非洲伙伴合作站"项目始于2007年，是美国开展的非洲海上安全合作的旗舰项目，聚焦于海洋意识、反应能力和基础设施上的提升，它主要进行四个方面的工作：发展海域感知能力，培养海洋专业人员，建立海洋基础设施，以及构建地区安全合作的一体化。

③ 非洲海洋法律伙伴项目旨在通过开展海上联合执法行动，以期帮助非洲伙伴国家建立海洋安全能力、增进海洋环境管理。

④ "Ocean Beyond Piracy, The State of Maritime Piracy"，2016，Executive Summary，http: //oceansbeyondpiracy. org/reports/sop/summary，2018 – 02 – 07.

与海洋安全治理。

（三）非洲印度洋国家对海洋安全问题的关注

尽管非洲国家90%以上的贸易都是通过海洋进行的，但是直到最近几年它们才高度重视海洋经济发展问题。例如，非洲国家在2014年提出的《2050年非洲海洋总体战略》和2015年非盟出台的非盟《2063年议程》中，均提到大力发展海洋经济。《2063年议程》宣称："非洲的蓝色经济，将为这个大陆经济转型与增长提供主要贡献。"[1]

此外，非洲印度洋地区各国也相继提出要发展海洋经济，如2014年南非政府启动名为"费吉萨"（Phakisa，南非塞索托语意为"赶快"）的行动计划，希望到2030年海洋经济能为该国提供1770亿兰特的经济贡献，创造100万个直接工作岗位和数百万个间接就业岗位。陆地面积仅450多平方公里、海洋专属经济区却有140万平方公里的塞舌尔，2015年3月在联合国非洲经济委员会举行的一次会议上，该国副总统丹尼·富尔称"蓝色经济是非洲的未来"。[2] 2016年初，塞舌尔专门成立了蓝色经济部，宣布蓝色经济为其"首要发展战略"。[3] 而肯尼亚政府则于2016年发布了"一号"行政令，其内容就是在农业家畜与渔业部下专门成立了渔业与蓝色经济部。2017年1月初，莫桑比克海洋、内河及渔业部长阿戈什蒂纽·蒙德拉内也表示，会尽快出台本国的海洋战略政策。

总之，在严峻的海洋安全挑战面前，非洲印度洋国家因能力有限而无力应对，且绝大多数外部援助又都投向眼前迫切需要应对的问题上，没有能在非洲印度洋国家安全治理能力建设上提供更多的支持。随着域外大国安全投入的减少，本地区的海洋安全问题有可能出现反复，地区内国家需要来自域外国家的进一步支持。因此，在印度洋地区国家将发展海洋经济提上国家经济发展战略重要议程的情况下，与本地区有着长

---

[1] "Agenda 2063: The Africa We Want", http://archive.au.int/assets/images/agenda2063.pdf, 2018 - 01 - 10.

[2] The Blue Economy is Africa's Future, https://www.uneca.org/stories/blue - economy - africa%E2%80%99s - future, 2018 - 01 - 10.

[3] 《驻塞舌尔使馆经商处负责人拜会塞蓝色经济部首秘》，中华人民共和国商务部网站，http://www.mofcom.gov.cn/article/i/jyjl/k/201611/20161101888361.shtml, 2018 - 01 - 10。

久交往历史的印度主动提出成为"净安全提供者",努力推动区域海洋合作,提供安全公共产品,自然会受到区域国家的欢迎。

三 印非印度洋地区海洋安全合作的路径

莫迪政府自2014年成立后,更加重视扩大海军力量,提升对印度洋地区的影响力。基于"邻居优先"的外交战略,莫迪政府将非洲印度洋地区纳入"延伸的邻居"范畴。如前所述,印度于2015年3月和10月相继提出了"萨加尔"海洋战略和海洋战略文件,明确将非洲印度洋地区列为印度首要利益区。[1] 据此,印度进一步加大了同非洲印度洋国家的海洋安全合作的力度,主要合作方式有如下几点。

(一)通过密集双边高层互访达成海洋安全合作的共识

2015年3月,莫迪访问了与印度海上安全关系最密切的毛里求斯及塞舌尔。同年10月,在第三届印非峰会之际,莫迪与前来新德里参会的非洲印度洋国家领导人举行高层会晤,以进一步推进海洋安全合作。在与索马里总统的会谈中,印度承诺同索马里展开安全治理合作,尤其是海洋安全与反海盗行动。[2] 印度还推动将海洋安全合作写入大会最后文件《进步伙伴:迈向富有活力的变革的发展议程》之中。[3] 2016年7月,莫迪又先后访问了莫桑比克、南非、坦桑尼亚和肯尼亚四国。[4] 在坦桑尼亚,莫迪称两国"在印度洋海洋安全与一个和平繁荣的非洲上有着共同

---

[1] Ministry of Defence (Navy), "Ensuring Secure Seas: Indian Maritime Security Strategy", https://www.indiannavy.nic.in/sites/default/files/Indian_Maritime_Security_Strategy_Document_25Jan16.pdf, 2018-01-10.

[2] "India, Somalia to Enhance Cooperation in Anti-piracy Operations", https://somaliagenda.com/india-somalia-to-enhance-cooperation-in-anti-piracy-operations, 2018-01-10.

[3] "Partners in Progress: Towards a Dynamic and Transformative Development Agenda", http://www.mea.gov.in/Uploads/PublicationDocs/25981_framework.pdf, 2018-01-10.

[4] "Modi's Africa Visit: Toward Greater Cooperation in Maritime Security", http://thediplomat.com/2016/07/modis-africa-visit-toward-greater-cooperation-in-maritime-security, 2018-01-10.

利益"。① 在肯尼亚,莫迪称"海洋安全领域的紧密合作在我们的防务与安全交往中占有重要地位"②。由此看,莫迪的非洲四国之行的重点"无疑是与东非国家在印度洋的海洋安全的更大的合作上达成一致"。在非洲印度洋地区国家领导人对印度的回访中,海洋安全同样也是重要的合作内容。如2016年7月南非总统祖马访问印度期间,在莫迪与祖马的会谈中,两国决定加强包括造船与港口领域在内的海洋安全合作。2017年1月,肯尼亚总统乌胡鲁·肯雅塔访问印度期间,两国外交部在发表的联合声明中宣布双方同意加强海洋监视与海洋安全合作,分享运输信息并进行联合水文调查。③ 2017年5月,毛里求斯总统贾格纳特访问印度期间,莫迪在记者会上表示"作为印度洋前线国家,贾格纳特总理与我一致同意,确保我们的海岸周围及专属经济区的集体海洋安全是我们的责任"④。两国领导人一致同意务实合作对有效管理常规及非常规安全威胁非常重要。2017年10月,印度总统戈文德访问了吉布提和埃塞俄比亚。在2015年访问毛里求斯期间,莫迪宣布了"萨加尔"海洋战略,宣称"毛里求斯是印度洋安全的可持续的未来的一位关键领导者,我们的伙伴关系是这个世界上最强的伙伴关系之一,我们也将一起为维系这片海域共同努力"⑤。

值得注意的是,莫迪连续对非洲印度洋地区国家进行国事访问在当代印度史上是前所未有的,如莫迪对塞舌尔和莫桑比克的访问距上次印

---

① "India, Tanzania to Cooperate in Counter – terrorism, Maritime Security and Natural Gas: PM Modi", http://zeenews.india.com/news/india/india – tanzania – to – cooperate – in – counter – terrorism – maritime – security – andnatural – gas – pm – modi_1616164.html, 2018 – 01 – 10.

② "India, Kenya Sign 7 Pacts to Deepen Cooperation in Security", https://timesofindia.indiatimes.com/india/India – Kenya – sign – 7 – pacts – to – deepen – cooperation – insecurity/articleshow/5315 4434.cms, 2018 – 01 – 10.

③ "Kenya and India in Deal to Boost Maritime Security", https://www.businessdailyafrica.com/Kenya – and – India – in – deal – to – boost – maritime – security/1248928 – 3521004 – dbjl19/index.html, 2018 – 01 – 10.

④ G. Padmaja, "India and Mauritius: Cooperating to Ensure Collective Maritime Security", http://www.maritimeindia.org/View%20Profile/636388737609732076.pdf, 2018 – 01 – 10.

⑤ "Prime Minister Shri Narendra Modi's Remarks on the Commissioning of Coast Ship Barracuda", March 12, 2015, https://idsa.in/resources/speech/narendra – modi – commissioning – of – coast – ship – barracuda – march – 12 – 2015, 2018 – 01 – 10.

度总理对它们的访问都间隔了 30 多年,凸显了莫迪政府对印度洋国家合作的重视程度。

(二) 同非洲印度洋国家达成海洋安全合作协定

2015 年 3 月,莫迪在访问毛里求斯和塞舌尔期间,与毛里求斯签订了关于海洋安全、海洋基础设施、海洋经济等方面的双边协定,其中包括在阿加莱加岛进行海洋与航空运输设施的开发;与塞舌尔签订了一个海洋水文调查协定以及开发塞舌尔阿桑普申岛协定,并启动一个沿海雷达监视项目。2016 年 7 月,莫迪访问肯尼亚、坦桑尼亚、莫桑比克和南非四国时,与肯尼亚签订了一个防务合作谅解备忘录,提出两国在人员交流,专业知识分享、培训,水文和装备方面进行合作。在莫桑比克访问期间,双方一致同意在海洋领域挑战日益增长的情况下,加强双边防务和安全合作。尽管双方没有签订任何协定,但实际上 2012 年两国已有过印度在包括莫桑比克水域在内的莫桑比克海峡进行反海盗巡逻的协定。而印度与南非两国安全领域的机制性合作开展得较早,1999 年南非海军就与印度海军签订过防务合作备忘录,2005 年南非海军军官还在印度海军潜艇学校接受德制"209"型潜艇的培训,使南非海军具备操作从德国进口的同型号潜艇的能力。2017 年 5 月,毛里求斯总理贾格纳特访问印度时,两国也签署了一份海洋安全协定,同意为确保安全与和平的海洋进一步加强水文方面的合作。

(三) 加大印度与非洲印度洋国家之间海军外交力度

自联合国呼吁各国采取行动共同打击索马里海盗后,印度自称是第一个进行反海盗巡逻的国家。印度海军除了在从索马里海域到印度西海岸的广大区域进行护航活动外,还协助在塞舌尔、毛里求斯专属经济区和莫桑比克海峡进行巡逻。在此期间,印度海军积极进行海军外交活动。印度海军西部舰队不时对塞舌尔、毛里求斯、肯尼亚、坦桑尼亚、莫桑比克和南非等国的港口进行访问。在"萨加尔"战略提出后,印度加大了对非洲印度洋国家的海洋安全外交的力度。2016 年 2 月,印度在孟加拉湾举行的有 50 国海军参加的大型国际阅舰式中,非洲的吉布提、埃及、苏丹、肯尼亚、坦桑尼亚等国海军都参加了这一国际军事活动。[①] 2016年9—10月，印度海军西部舰队抵达莫桑比克、肯尼亚、坦桑尼亚、马达加斯加、毛里求斯、塞舌尔和南非，进行了全程访问。在访问期间，印度海军多次强调印度在非洲的和平存在、致力于加强双边关系和海洋领域的合作，以及印度对印度洋海域安全的承诺，并与当地海军举行了联合演练或演习、举行小型讨论会等活动，以期加强双边关系。另外，印度洋地区相关国家的海军也参加印度自1995年起举行的、基本上两年一次的海军演习项目即"米兰"（"MILAN"，印地语为联合之意）演习，如2014年非洲的肯尼亚、毛里求斯、塞舌尔、坦桑尼亚都名列其中。

（四）为非洲印度洋国家持续提供经济和军事援助

为密切与友邦的关系，印度政府专门设立了海洋外交基金，旨在为海洋力量较弱的国家提供小型舰艇，并帮助友军进行军事训练与人员培训。在这方面，毛里求斯与塞舌尔获益较多。如2005年印度曾向塞舌尔捐赠一艘二手巡逻艇"塔莫格里"号。2010年塞舌尔总统米歇尔访问印度时，印度同意向塞舌尔提供用于防务项目的500万美元援助，并赠送塞舌尔一架"多尼尔-228"型海上巡逻机和两架猎豹直升机。2014年莫迪执政后，印度又向塞舌尔捐赠一艘二手巡逻艇"塔拉萨"号。2015年8月塞舌尔总统米歇尔访问印度期间，两国签订备忘录，印度再向塞舌尔捐赠一架"多尼尔-228"型海上巡逻机和一艘拦截艇。[②] 对毛里求斯这个战略地位极为重要的印度洋岛国，印度施援更多。毛里求斯独立后第一艘舰艇就是印度捐赠的二手舰艇"阿马尔"号。印度于2001年向毛里求斯捐赠一艘拦截巡逻艇"观察家"号，2004年捐赠了一架"多尼尔-228"型海上巡逻机，2009年捐赠了一架先进的轻型直升机。2011年，毛里求斯获得印度电子公司生产的一部海岸侦察雷达，由印度向毛里求斯提供了一次性赠款2465726欧元。此外，印度还向毛里求斯提供买方贷

---

① "International Fleet Review – 2016"，https：//www.indiannavy.nic.in/content/international – fleet – review – 2016 – 1，2018 – 01 – 10.

② "Indian to donate Dornier aircraft, interceptor boat to Seychelles"，http：//www.defenceweb.co.za/index.php？option=com_content&view=article&id=40493：indian – to – donate – dornier – aircraft – interceptor – boat – to – seychelles&catid=35：Aerospace&Itemid=107，2018 – 01 – 10.

款5850万美元,用于购买印度为其建造的一艘排水量达1300吨的梭鱼级海上巡逻舰。2016年3月,根据毛里求斯政府与印度进出口银行达成的信贷协定,印度向毛里求斯交付了10艘拦截艇。① 此外,印度政府还向毛里求斯海岸警备队综合发展项目即"三叉戟项目"(Project Trident)提供资金援助。尽管印度在这方面对整个非洲印度洋国家提供的援助较为有限,但因为援助主要集中在毛里求斯和塞舌尔,对提升这两国的海洋安全能力还是很有帮助的。

(五)巩固三边及多边海洋安全合作机制

三边海洋安全合作机制主要指印度、巴西与南非的三国海军演练。该机制始于2008年。三国海军演习每两年举行一次,由三国轮流举办和担任指挥,最近一次三边演习是在2016年印度国际阅舰式(International Fleet Review)后在印度果阿外海进行的。

多边海洋安全合作机制包括:一是2008年成立的印度洋海军论坛(Indian Ocean Naval Symposium,IONS),这是印度洋沿岸最大的地区性海军磋商组织。该论坛成立的宗旨是推动成员国家海洋合作,共同应对非传统海洋安全威胁及挑战,如海盗、恐怖主义、毒品与枪支走私等。在此过程中,论坛相关国家努力推动海军专业人士之间的信息交流。在这个论坛中,非洲印度洋国家被划分在东非沿海次区域小组中。"印度海军在建立印度洋论坛中发挥了领导作用"②,并为这个论坛的活动提供赞助。二是环印度洋联盟(IORA)。该组织前身为1997年成立后便一直处于停滞状态的环印度洋地区合作联盟(IOR-ARC)。2011年,印度担任该组织主席后与澳大利亚及南非等国重新激活了该组织,并更名为环印度洋联盟。2011年11月,环印度洋联盟部长会议在班加罗尔召开。在印度的积极推动下,确定了该组织未来合作的六个优先领域,首要的就是海洋

---

① "India Mauritius Relationship in Indian Ocean Region", http://diplomacybeyond.com/articles/india-mauritius-relationship-indian-ocean-region, 2018-01-10.

② Manoj Kumar, "India and South Africa: Security and Military Cooperation", https://ssrn.com/sol3/papers.cfm?abstract_id=2915013, 2018-01-10.

安全与保障。① 基于该组织提出的举行印度洋对话会的倡议，2015年9月，印度在喀拉拉邦的科钦举行了首次"一轨半"（Track One and a Half）印度洋对话会，会上讨论了印度洋地区的地缘政治框架、海洋安全挑战、地区机制建设等多个问题。② 2017年3月，首届环印度洋联盟首脑峰会在雅加达举行并通过了《雅加达协定》，内容包括"致力于本地区的海洋安全"的表述。③ 此外，印度还力推印度洋五国机制即"IO－5"（Indian Ocean－5），推动毛里求斯与塞舌尔加入由印度、斯里兰卡及马尔代夫三国于2013年7月达成的《确保印度洋地区海上通道安全的三边海洋合作协定》，这也被一位澳大利亚学者称为"印度自己的珍珠链"④，毛里求斯与塞舌尔对此都做出了积极回应，只是由于近两年印度与马尔代夫、毛里求斯与斯里兰卡这两对双边关系出现问题才未能迅速达成。

总之，印度与非洲印度洋国家的合作呈现全方位的、多主体、多层次的特征，并明显地表现出印度在区域海洋安全合作中的强势地位，这种实力对比上极不对等的合作客观有利于印度实现自己的利益和目标。

四 印非印度洋地区海洋安全合作的成效

总体而言，印度与非洲印度洋国家的海洋安全合作中，与肯尼亚和坦桑尼亚等国的海洋安全合作进展有限，与毛里求斯和塞舌尔以及莫桑比克的合作较为深入，印度投入也较多，特别是对毛里求斯与塞舌尔的投入更引人注目。而印度与南非的合作则较为广泛，南非有一支非洲地区较强的海军力量，在海洋安全方面尚可基本自给，海洋安全则是他们

---

① "Indian Ocean Rim Association for Regional Cooperation（IORARC）", https://www.mea.gov.in/Portal/ForeignRelation/IORARC.pdf, 2018-01-10.
② "Indian Ocean Dialogue 2015", http://www.futuredirections.org.au/publication/indian-ocean-dialogue-2015, 2018-01-10.
③ "Indian Ocean Rim Association and India's Role", http://www.mea.gov.in/Portal/ForeignRelation/IORA_new.pdf, 2018-01-10.
④ David Brewster, "India's own string of pearls: Sri Lanka, Mauritius, Seychelles and Maldives", https://www.lowyinstitute.org/the-interpreter/indias-own-string-pearls-sri-lanka-mauritius-seychelles-and-maldives, 2018-01-10.

全面合作的一部分。

　　通过与非洲印度洋地区国家的海洋安全合作，印度为本地区的海洋安全做出了一定的贡献。截至目前，印度海军已经累计为经过亚丁湾到印度西海岸的3000多艘船只提供了护航行动，为联合国打击海盗提出了一些好的建议，为相关国家提供了大量的海军人员培训以及一些硬件支持，通过海军访问与演习及通过各种协定和机制，印度密切了与本地区国家之间的关系，在本地区获得了一定的影响力，并被一些国家看成有兴趣推动地区安全的"良性大国"。由此，在政治上，印度同非洲印度洋地区的合作得到了一定深化，非洲国家积极参与印度举办的印非合作活动，如绝大多数非洲国家元首或政府首脑出席了2015年在新德里举行的第三届印非合作论坛峰会，其空前规模完全可以与中非合作论坛峰会相媲美。非洲开发银行2017年年会也首次在印度召开，非洲54个国家和27个域外成员国约3000名代表出席，这是继2015年印非峰会后规模最大、层级最高的印度对非主场外交。

　　莫迪政府追求大国地位的努力获得了非洲印度洋国家一定程度的支持。例如，在印度争取成为改革后的联合国安理会常任理事国问题上，印度得到了绝大多数非洲印度洋国家的支持。2015年6月，时任坦桑尼亚总统基奎特出访印度时，就重申支持印度成为改革后的联合国安理会常任理事国，并承诺"坦桑尼亚将继续与非洲朋友一道为此而努力"。[1]当年8月，莫桑比克总统纽西在访问印度期间，也表明支持印度成为扩大了的联合国安理会常任理事国候选国。[2] 毛里求斯和塞舌尔两国对此也持相同观点，"塞舌尔一直支持印度成为改革后的联合国安理会常任理事国"[3]。南非也明确表示了这一立场，而印度则支持南非而非尼日利亚成

---

[1] "India, Tanzania to Fight Terrorism, Boost Gas Exploration", https：//www.ndtv.com/india-news/india-tanzania-to-fight-terrorism-boost-gas-exploration-773510，2018-01-10.

[2] "Prime Minister Shri Narendra Modi's media-briefing on the State visit of President Filipe Nyusi to India", http：//www.hicomind-maputo.org/hc.php？id=Visit%20of%20President%20of%20Mozambique%20to%20India，2018-01-10.

[3] "Indian Ocean Diplomacy：Seychelles-India Connect", http：//www.mea.gov.in/in-focus-article.htm？24887/Indian+Ocean+Diplomacy+Seychelles++India+Connect，2018-01-10.

为扩大后的联合国安理会常任理事国。① 在印度寻求加入核供应国集团（NSG）问题上，在2016年莫迪访问南非期间，时任南非总统祖马一改以往南非政府的立场，明确表示支持印度加入这一集团。在经济上，非洲印度洋国家也积极推进与印度的合作，将印度视作他们发展的重要机遇。然而，印度欲通过海洋安全合作，以非洲印度洋地区"净安全提供者"身份进而获得在印度洋的主导地位则较为困难，主要有以下四个方面的原因。

第一，印度难以解决长期存在的拥有美好意愿但自身实际能力不足的矛盾。"印度有着长期的战略野心超越其能力的历史。"② 一些印度学者也认为，"基于印度有限的资源和过时的造船工业，它本身无法成为印度洋的一个'净安全提供者'"③。当然，另一些学者怀疑印度变成海军强国的能力，印度著名学者瓦伦·萨哈尼就曾说过，苏联在20世纪七八十年代未能成为一个海权国家的历史应作为"印度海军的马汉主义的一个警示，以及对一个大陆国家拥有过度宏大的海洋野心的一个严重警告"。④ 印度政府数年前还宣布了将其海军规模扩大到拥有200艘舰只的宏大计划，由此也让印度成了世界上有着最具雄心的造舰项目的国家之一。⑤ 实际上，目前印度海军有27艘水面战舰、14艘潜艇、近100艘巡洋舰与近海战斗舰，以及海洋巡逻机中队等。印度海军装备表面看实力不俗，但舰艇老化问题严重，约60%的舰只已不同程度地老化过时。潜艇部队中仅有13艘老旧的常规潜艇，其中只有一半可随时投入使用。2017年12

---

① "Modi tour: Seven Things about Africa and India", http://www.bbc.com/news/world-africa-36745704, 2018-01-10.

② Denis Venter, "India and Africa: Maritime Security and India's Strategic Interests in the Western Indian Ocean", http://cei.iscte-iul.pt/publicacao/fluid-networks-and-hegemonic-powers-in-the-western-indian-ocean-2, 2018-01-10.

③ "Pravin Sawhney, Maritime Diplomacy, Not Bluff", http://www.dailypioneer.com/columnists/oped/maritime-diplomacy-not-bluff.html, 2018-01-10.

④ Sahni, V., "India's Security Challenges out to 2020", Paper presented at the Australia India Security Roundtable, Canberra, https://repositorio.iscte-iul.pt/handle/10071/13788, 2018-01-16.

⑤ Rahul Roy-Chaudhury and Arushi Kumar, "Between China, Terror and the Deep Blue Sea, India's New Naval Doctrine Takes Shape", https://thewire.in/16665/between-china-terror-and-the-deep-blue-sea-indias-new-naval-doctrine-takes-shape, 2018-01-10.

月，首艘"鲉鱼"级柴电潜艇入役，这是印度海军17年来获得的第一艘新型常规潜艇。[①] 印度正在建造的舰只也受严重超支和超期的影响，无法及时入役，如印度在俄罗斯帮助下制造的第一艘"歼敌者"号核潜艇，2009年下水后经过7年海试，到2016年8月才全部测试完毕，正式入役。[②] 此外，印度海军也缺乏持续军事部署所需的能力如后勤船只、扫雷舰以及供海军使用的直升机。不仅如此，印度海军人才也严重短缺，拥有委任衔的军官缺员16％，无委任衔的军官缺员11％。[③] 由于缺乏足够的军事训练，海军官兵素质低下，导致大小事故频发，严重的如"辛杜拉克沙克"号潜艇因操作不当而爆炸沉没、所租俄罗斯核潜艇"查克拉"号入役不足一个月声呐便被撞坏、"歼敌者"号核潜艇因艇员操作失误而发生推进舱进水而瘫痪的严重事件。

第二，政策连续性不足弱化了印度海洋战略的执行力。尽管印度自20世纪90年代起就雄心勃勃地想打造一支蓝水海军，然而，由于在北方边境地区因领土问题与中国及巴基斯坦存在长期严重的对立，甚至不时擦枪走火，导致新德里安全机构中一直存在"大陆主义思维定式"，[④] 在诸军种内部，印度海军的积极作为通常走在其他部门的前面，"虽然印度开出口头支票成为一个'净安全提供者'，但是国防部仍未准备好"[⑤]。在印度海军与印度外交部之间也存在对印度海军执行印度洋国际合作政策方面不协调的问题。早在2008年，在参加打击索马里海盗问题上，印

[①] "PM Modi to Commission INS Kalvari, India's First Scorpene Submarine, Today", http：//www.hindustantimes.com/india-news/pm-modi-to-commission-india-s-first-scorpene-class-submarine-kalvari-tomorrow/story-dqZ5q2yOYx7nsgdTGFA2BI.html, 2018-01-10.

[②] "First indigenous nuclear submarine INS Arihant Secretly Inducted into Service", http：//www.hindustantimes.com/india-news/first-indigenous-nuclear-submarine-ins-arihant-secretly-inducted-into-service/story-EYbZ2dWn3foOxWyfH5x5MP.html, 2018-01-10.

[③] Rahul Roy-Chaudhury, "Five Reasons the World Needs to Pay Heed to India's New Maritime Security Strategy", https：//thewire.in/17741/five-reasons-the-world-needs-to-pay-heed-to-indias-new-maritime-security-strategy, 2018-01-10.

[④] C. Raja Mohan, "Modi and the Indian Ocean: Restoring India's Sphere of Influence", https：//amti.csis.org/modi-and-the-indian-ocean-restoring-indias-sphere-of-influence, 2018-01-10.

[⑤] C. Raja Mohan, "Modi's Sagar Mala", http：//www.orfonline.org/research/modis-sagar-mala/, 2018-01-10.

度外交部曾反复搁置印度海军进行海上拦截的申请。此举无论是反映出印度官僚机构的谨慎,还是基于两者在战略上的根本分歧,都不利于相关政策的践行。因此,一些印度学者认为,要让印度成为本地区一个富有成效的安全伙伴,首先要整合国内各部门在落实印度洋地区安全计划方面的行动,使之保持一致性。

第三,印度洋在全球地缘政治与经济中具有重要性,其他国际力量不允许印度独霸印度洋,这自然也包括印度在非洲印度洋地区拥有主导地位。随着印度国力的增加,印度国内"印度洋是印度的洋"的声音越来越响亮。2015年3月莫迪访问印度洋国家时,曾在国内引发大量头条新闻和评论,其中一家新闻门户网站甚至宣称"莫迪确保了'印度洋是印度的洋'"。[①] 然而,无论过去、现在,还是不远的将来,这种可能性都不存在。在大英帝国结束其"印度洋内湖"的历史后,美国与苏联就一直在印度洋进行激烈角逐。印度与不结盟运动参与国推动联合国大会通过的"印度洋和平区"决议并未带来印度所期望的结果。冷战结束后,美国海军在印度洋更是一家独大。尽管美国出于平衡中国的考虑,早在2005年3月小布什政府就宣布美国将"帮助印度成为21世纪的世界主要大国",并称"(美国)理解这一声明包含军事影响在内的所有影响"。[②] 2012年,美国国防部发布的国家安全战略指南也称,美国致力于与印度结成一个长期战略伙伴关系,提升其能力,成为一个地区经济之锚和广大印度洋地区的"净安全提供者"。2015年,美、印双方又共同发表了《美印亚太和印度洋地区联合战略愿景》文件,印度接受美国希望其在印太区域内做"净安全提供者"的角色安排。2016年6月莫迪访美,两国宣称将彼此视为印度洋与太平洋的首要伙伴。但是,以美国对印度洋战略地位的认识和美国在迪戈加西亚、新加坡与巴林的海军基地和海军力量部署就可看出,美国只会继续保持其在印度洋的主导地位,美国"印太战略"的实施也只会继续强化其在印度洋的存在,所以印度搞"门罗

---

① "India and Its Island Neighbours", http://www.straitstimes.com/opinion/india-and-its-island-neighbours, 2018-01-10.

② US Department of State, "Background Briefing by Administration Officials on US-South Asia Relations", https://2001-2009.state.gov/r/pa/prs/ps/2005/43853.htm, 2018-01-10.

主义"根本行不通。事实上，美国也一直对印度独霸印度洋的野心保持警惕。美国2009年重返塞舌尔，将其"MQ-9"收割者无人机编队部署在当地，既出于反恐的需要，更有将塞舌尔作为控制印度洋着力点的深层考虑。当然，传统上在印度洋有着重大利害关系的欧洲大国也同样不会接受印度在印度洋的主导地位。

对中国而言，印度洋对中国的经济安全与能源安全都极具战略意义，同时也是中国"一带一路"倡议的重要沿线地区，因此，中国作为印度洋重要的利益攸关者，也不会任由一直视之为战略竞争对手的印度所控制。此外，中国已于2011年从联合国国际海底管理局获得马达加斯加以南的西南印度洋海域国际海底矿区面积为1万平方公里的资源勘探权和优先商业开采权。[①] 中国勘探船已在此发现了丰富的多金属硫化物资源，[②] 这种资源因为富含铅、锌、铜、金、银等多金属元素，有望成为21世纪人类重要的矿产来源。这个新增加的经济利益因素，也进一步加深了中国对印度洋地区的关切。早在20世纪90年代初，中国军方就明确表示"中国不接受印度洋是印度之洋"这一说法。[③] 近年来，中国海军在参与打击索马里海盗的同时，为了保护正当的国家利益，也加大了在印度洋的活动力度，其中包括与作为中国全天候伙伴的非洲印度洋地区国家的合作。随着中国国力的增强以及进一步扩大与巩固中国在非洲及印度洋地区利益的需要，中国在印度洋的建设性介入程度会加大。

第四，非洲印度洋国家也不会接受印度在本地区的主导地位。印度的对外政策具有强烈的两面性，对待周边邻国素来具有浓厚的地区霸权主义色彩。然而，非洲一些印度洋国家传统上与英、美、法等国有密切的安全合作关系，近来与中国的安全合作增多，希望在海洋安全领域与域外大国开展多元合作，以期从大国平衡中获得更多利益。例如，塞舌

[①] 《中国大洋协会与国际海底管理局签订勘探合同》，http://china-isa.jm.china-embassy.org/chn/hdxx/t897838.htm，2018-01-10。

[②] Nicole Arce, "Chinese Deep-Sea Sub Reports Large Mineral Deposits In Indian Ocean Seafloor", http://www.techtimes.com/articles/40774/20150319/chinese-deep-sea-sub-reports-large-mineral-deposits-in-indian-ocean-seafloor.htm, 2018-01-10.

[③] Prakash Nanda, "Strategic Significance of the Andamans", Bharat Rakshak Monitor, Vol. 5, No. 3, November-December 2002, http://indianstrategicknowledgeonline.com/web/Strategic%20Significance%20of%20the%20Andamans.html, 2018-01-10.

尔除了引入美国军事力量平衡印度外，还接受中国的军事援助并曾邀请中国在马埃岛建军事基地。① 2017 年初，塞舌尔总统提出，希望同中国军方合作来改善该国防务体系。号称"小印度"的毛里求斯，该国政治精英虽与印度有着极强的历史文化与政治关联，但也希望借助中国在当地建立的晋非经贸合作区进一步推动与中国的合作。毛里求斯还希望在转型为一个面向非洲大陆的离岸金融中心方面，中国能在其中扮演重要角色。② 在印度坚决抵制中国的"一带一路"倡议时，毛里求斯与塞舌尔都期待与中国在"一带一路"框架下深化合作。至于南非，它是非洲印度洋地区的大国和非洲位居前列的经济体，且是自然资源相当丰富的国家。印度希望通过推进与南非的海洋合作，为其谋求在非洲印度洋地区的领导角色获得该地区国家的一致认可。然而，在南非看来，两国存在一定的战略相似性，认为这些相似性并不能完全转变成共同利益。并且，南非与中国政治、经济关系的深化也排除了印度利用南非实现限制中国在非洲印度洋地区影响力的图谋。上述情况均表明，非洲印度洋国家不愿为印度所控制，希望与域外多国开展互利合作，其中也包括海洋安全领域。

因此，总的来看，印度虽然努力密切与非洲印度洋地区的海洋安全合作，获得了本地区国家与其深入合作的意愿，并在其寻求担任改革联合国后安理会常任理事国席位一事上赢得大量支持，然而，由于实力因素、政策特性、大国利益以及地区国家的利益考量，印度不可能因此获得在印度洋地区海洋安全合作的主导地位。

五　结语

在"萨加尔"战略下，印度莫迪政府积极发展与非洲印度洋地区多层次、多方位的海洋安全合作。从近期来看，基于强烈的大国雄心，随

---

① "China Invited to Set up Anti‑piracy Base in Seychelles"，http：//www.defenceweb.co.za/index.php? option=com_content&view=article&id=21843&catid=74&Itemid=30，2018‑01‑10.

② ［英］约瑟夫‑科特生尔：《在中印之间左右逢源的毛里求斯》，http：//www.ftchinese.com/story/001074621，2018‑01‑10。

着印度国力的持续增强、经济军事实力的进一步壮大，非洲印度洋地区的能源开发和经济发展与印度的利益关系进一步深化，双方之间的海洋合作将进一步走向深化并有走向机制化趋势。印度进行海洋安全合作的战略考量是多方面的，既有现实的海洋运输线安全利益和能源资源安全供给利益，又有海洋经济利益以及一般的经济贸易与投资利益，更有花小钱谋大利意图，以期获得非洲印度洋国家对其独霸印度洋、排挤中国并成为改革后联合国安理会常任理事国的大国政治战略利益。而非洲国家由于国力弱小，以非盟为首的区域组织集体力量很有限，区域外的大国支持也不足以维持本地区的海洋安全，因此对于印度提出的开展海洋合作、提供公共产品的动议及其行为，基本上都持积极态度。而印度则通过频繁的高层交往、打击海盗与护航行动、签订双边与三边合作协定，以及建立合作机制等方式，为非洲印度洋的安全做出了一定的贡献。通过努力树立印度洋地区"净安全提供者"形象，印度提升了其在本地区的影响力，密切了与非洲印度洋国家的安全合作关系，推动了印度与该地区国家的政治经济合作，一定程度上赢得了本地区国家对其谋求政治大国地位的支持。然而，印度想通过海洋合作，主导非洲印度洋地区的图谋则很难实现。非洲印度洋地区既是国际经济的重要运输通道，又具有丰富的能矿资源与经济资源，利益攸关者众多，印度虽然希望成为本地区的"净安全提供者"，但其自身能力并不足以为本地区带来和平与安全，更何况印度的地区政策经常会呈现连续性不足的特征。就大国立场而言，美国为了维护自身的霸权地位，自然不会容许印度将印度洋变成自己的后院，而由于印度洋对中国的经济、能源安全的战略攸关性，以及对于中国"一带一路"倡议的重要性，中国也不会听任其独霸行为。对非洲印度洋国家而言，无论与印度的亲疏关系如何，都同样不愿看到印度主导非洲印度洋地区的局面出现，更希望与所有国家发展友好关系，获得各方支持，共同维护本地区安宁，并在大国竞争中为自己赢得更多的经济利益与安全利益。

（本文原刊发于《西亚非洲》2018 年第 5 期）

南非与其他金砖国家合作的成效与前景

徐国庆[*]

摘　要：南非加入金砖国家合作机制，促进了南非与其他金砖国家的战略互动、经贸合作与人文交流。面对当前国际环境的不确定性与国内社会经济发展困境，南非祖马政府不但试图借助中国等金砖国家良好发展机遇，拓展领域合作，完善经济结构，增加就业；而且希望推动金砖国家互信，巩固合作基础，乘势扩大金砖国家在全球治理中的地位。未来南非可发挥其独特的地缘、经济等方面的优势，配合其他金砖国家积极合作倡议，增强政策协调，加强领域与涉非议程合作，以此稳定国内局势，减少国内反对派与西方势力的干扰。

关键词：南非　金砖国家　南南合作

自2011年南非正式成为金砖国家合作机制成员以来，南非与金砖国家关系取得一定的进展。在目前欧美保护主义抬头、金砖国家间贸易互动不足、南非国内经济增速下滑的背景下，南非对经济稳定发展的中国等金砖国家寄予厚望，希望通过深化与其他金砖国家的合作，实现国内经济转型，助推非洲工业化与一体化进程，同时深化金砖国家间的合作伙伴关系，推动全球政治经济秩序与全球治理的变革。

---

[*] 徐国庆，中国社会科学院西亚非洲研究所副研究员。

一 南非与金砖国家合作的成效

（一）战略合作深入

南非的战略地位越发得到金砖国家的认可。继 2006 年俄罗斯总统普京访问南非后，2013 年，俄罗斯与南非签署建立全面战略伙伴关系联合宣言。2015 年，南非应邀参加俄罗斯卫国战争胜利 70 周年庆典。2017 年，巴西新任外长努内斯（Aloysio Nunes）访问南非，表示尽管巴西政治姿态右转，但非洲仍将在巴西国际关系中占居优先地位。2014 年，南非总统祖马访问中国，双方签署确定未来 5—10 年两国关系的战略合作计划。次年，中国非洲合作论坛峰会在南非召开。2016 年，中国国家副主席李源潮表示中国—南非关系进入历史最佳时期。在同年的杭州二十国峰会期间，中国国家主席习近平表示中国从长远和战略的角度，看待与南非的关系，并致力于发展两国朋友和兄弟般的关系。[1]

（二）经贸合作加强

南非逐步完善与其他金砖国家经贸合作机制。2013 年，南非等金砖国家表示将成立金砖国家商业理事会。2015 年的中非合作论坛峰会鼓励和支持中企赴非投资兴业，为中南经贸合作迎来了新契机。2016 年，中国宣布将允许中国人民币元与南非兰特在银行间外汇市场方面进行直接贸易，兰特成为与人民币元能直接交易的第 13 种外国货币，这将利于减少交易成本，推动双边投资。[2] 同年，南非参加在中国召开的第二次投资非洲论坛。2013 年，俄罗斯召开乌拉尔—非洲经济论坛，来自南非等约 40 个非洲国家的代表参会，探讨非洲合作机遇。之后，南非与俄罗斯的第 14 次贸易与经济联合政府间委员会合作会议，深化了两国贸易和投资关系。此外，南非设想与印度成立联合贸易委员会。

---

[1] Forum on China – Africa Cooperation, "South Africa: China, South Africa to Further Strengthen Ties", September 5, 2016, http://allafrica.com/stories/201609060855.html, 2016 – 10 – 16.

[2] Forum on China – Africa Cooperation, "South Afria: China to Start Direct Trading Between Yuan, South Africa Rand", June 21, 2016, http://allafrica.com/stories/201606210747.html, 2016 – 06 – 26.

南非与金砖国家经贸合作取得一定成效。2015年，中南贸易额达460亿美元，中国成为南非最大的贸易伙伴。中国对南非产品出口结构进一步改善，如光学、照相及医疗设备增长26.5%，铁道机车设备出口额扩大2倍等。截至2015年，中国累计对南非投资约130亿美元，在南非的中资企业逾300家，其中大中型企业约140家。[1] 同样以2015年为例，该年南非是俄罗斯在非洲的第三大贸易伙伴，两国贸易占俄罗斯非洲贸易的7.3%。同年，印度与南非贸易达创纪录的53亿美元，为南非第六大贸易伙伴。2003年1月至2016年1月，印度在南非的投资达620亿兰特，涉及塔塔、西普拉等在内的60家印度企业。[2]

（三）人文交流更频繁

南非与金砖国家人文合作更加密切。自2016年1月开始，南非15所学校正式引进汉语教学，未来南非大学还将设置中文教育学士学位，甚至硕士学位。截至2016年，南非已经建立5所孔子学院，有2000多名学生正在学习中文，每年将派100人到中国接受中文培训。[3] 2017年，南非与中国发起科学园合作项目，以推动该国包容性增长和加速经济变革，这被南非认为是两国战略伙伴关系的重要里程碑。2013年，俄罗斯与南非签署文化合作计划，加强双方在博物馆、表演艺术等方面的合作。2016年，南非启动俄罗斯文化节。2016年，印度与南非签署三个谅解备忘录，涉及信息、旅游、技术创新和文化等领域合作。

南非与金砖国家人员互动增强。2015年10月，访问南非的中国游客增加85.6%，达7902人，而同期其主要游客来源地之一的荷兰则减少了14.2%。[4] 2016年，南非旅游业总体增长13%。而同年，中国人赴南非

---

[1] 蔡淳：《南非中国经贸协会认为，中企加快融入南非经济》，《经济日报》2017年1月3日。

[2] South African Government, "South Africa: Minister Rob Davies On Incoming State Visit By India's Prime Minister Narendra Modi", *Press Release*, July 4, 2016, http://allafrica.com/stories/201607041084.html, 2016-07-16.

[3] 《德媒：南非掀起中文热，津巴布韦拟将中文纳入必修课程》，《环球时报》2016年7月5日。

[4] Carin Smith, "South Africa: Chinese Tourists to SA Picking Up Again", *News24wire*, January 18, 2016, http://allafrica.com/stories/201601182432.html, 2016-02-23.

人数增长93%，访问南非的印度游客增长21%，参访南非的巴西人增加32.3%。①

二 南非对未来加强与金砖国家关系的期待

（一）南非当前面临的国内外局势

南非的贫穷、不平等和失业等老大难问题，呈日益恶化趋势。受政府面临贪腐丑闻及评级机构下调评级影响，南非2009年以来首次出现经济衰退。受疲弱的生产和贸易表现影响，2017年第一季度南非GDP下滑0.3%。由于2016年四季度南非经济已出现0.7%的萎缩，该国进入了传统意义上的经济衰退。南非《商业报道》发文表示，2017年南非GDP增速将仅为0.5%，2018年将升至1.1%，预计到2020年将稳定增加到2%。不过，这将低于对撒哈拉以南非洲和世界其他地区的发展预期，且面临进一步下调信用评级的风险。②2017年第一季度南非的失业率增加1.2%，高达27.7%，创下自2003年以来的最高纪录，甚至高于2008—2009年国际金融危机期间南非国内23%—24%的失业率。为提高就业率，南非国家发展计划（NDP）确定经济增长速度达5%的目标。③这对于制造业发展不足，经济增长结构不够完善的南非经济而言绝非易事。在南非庞大的失业队伍中，黑人失业率最高（31.4%），其次为有色人（22.9%）、白人（6.6%）。④

当前世界政治动荡，将不利于全球局势稳定与经济增长。英国脱欧、

---

① South African Government, "South Africa: Minister Maite Nkoana – Mashabane Hosts Her Brazilian Counterpart", May 12, 2017, http://allafrica.com/stories/201705150729.html, 2017 – 05 – 18.

② Siseko Njobeni, "Fall in GDP may translate into rate cut", *Business Report*, June 9, 2017, http://www.iol.co.za/business – report/fall – in – gdp – may – translate – into – rate – cut – 9665068, 2017 – 06 – 12.

③ Lameez Omarjee, "Low growth to weigh heavily on jobs – analysts", *Fin*24, June 2, 2017, http://www.fin24.com/Economy/Labour/low – growth – to – weigh – heavily – on – jobs – analysts – 20170602 – 2, 2017 – 06 – 19.

④ Lynsey Chutel, "Here's South Africa's desperately high unemployment in four charts", May 16, 2017, https://qz.com/997358/south – africas – unemployment – is – at – a – fourteen – year – high/, 2017 – 06 – 15.

特朗普有争议的执政、很多西方民主国家民粹主义的抬头和民族主义倾向,给政治决策带来巨大风险。2012 年以来,全球经济增速在 2%—3%徘徊,2016 年世界经济增长 3.16%,预计 2017 年、2018 年,世界经济的增速将分别达 3.54%、3.8%。值得关注的是,世界经济复苏主要源于中印等亚洲发展中经济体的拉动,这些经济体在 2015 年、2016 年增速分别为 3.98%、4.1%,目前中国持续增速达 6.5%,并正呈现更高发展速度。①

(二) 南非重视未来金砖国家在其国家发展中的地位

南非希望加强与金砖国家合作,推动工业化进程,扩大就业。2016 年,南非总统祖马表示其已启动第八个工业政策行动计划 (IPAP),以扭转传统经济结构,推动长期工业化和经济多样化。之后,南非贸易与工业部率领该国八个经济特区代表到中国举办投资展,强调扩展经济特区为工业计划的一部分,而中国发展科学技术工业方面的经验值得借鉴。值得一提的是,当前,在南非投资经营的中资企业积极履行社会责任,为当地提供数以万计的就业岗位。据不完全统计,截至 2015 年底,在南非的中资企业员工超过 2.6 万人,本地员工数量约 2.4 万人,员工本地化率超过九成。② 2003—2016 年,印度企业在南非投资的 82 个项目,为南非创造了 1.066 万个工作机会。③

南非希望加强与金砖国家在能源、海洋经济等领域的合作。作为 2015 年气候变化巴黎协议的签署国,南非希望借鉴他国经验,推动能源多元化。2018 年的金砖国家能源部长会议将在南非召开。南非国家电力公司 (Eskom) 与中国发展银行签署 5 亿美元的信贷协议,以稳定该公司的流动资金状况。金砖国家新开发银行最近向 Eskom 提供 1.8 亿美元信

---

① David McDonald, "When Will the Global Economy Fully Recover?", June 8, 2017, http://www.huffingtonpost.com/entry/when – will – the – global – economy – fully – recover_us_59362798e4b0cca4f42d9d05, 2017 – – 6 – 13.

② 蔡淳:《南非中国经贸协会认为,中企加快融入南非经济》,《经济日报》2017 年 1 月 3 日。

③ South African Government, "South Africa: Minister Rob Davies On Incoming State Visit By India's Prime Minister Narendra Modi", *PressRelease*, July 4, 2016, http://allafrica.com/stories/201607041084.html, 2016 – 07 – 20.

贷，支持其建立传输线，将独立电力生产者的 500 兆瓦可再生能源与国家电网相连接。① 2014 年，南非与俄罗斯签署核能合作政府间协议，利用俄核技术帮助南非新建核电站。南非视海洋经济为可持续增长和就业扩大的重要引擎，认为到 2019 年海洋对国家 GDP 的贡献预计将超过 200 亿兰特，到 2033 年超过 1770 亿兰特，创造超过 100 万个就业岗位。② 2015 年的中印对非峰会成果文件，都表示将深化与非洲在海洋开发等方面的合作。除此，南非将旅游业视为具备创造就业能力的工业，认为与金砖国家的旅游合作潜力巨大。2015 年，超过 1.28 亿中国游客进行海外旅游，是世界最大海外出游市场，③ 南非希望借助人文交流，吸引更多中国游客。为扩大印度等国家的旅游市场，推动"了解南非计划"，南非旅游部门对其驻印度 17 个城市的旅游机构加以培训，向印度年轻人推介南非旅游市场。2017 年 3 月 30 日，南非与俄罗斯签署实施相互取消国外旅行护照签证，规定进入或滞留和过境对方国家的 90 天里无须签证。

（三）南非致力于夯实金砖国家未来合作基础

为维持金砖国家机制可持续发展，南非认为合作领域不能仅限于经济范畴，还应包括智库、商界和人员联系等。2015 年，非盟首脑会议通过的《2063 年议程》，表示重视年轻人在推动非洲大陆社会经济变革方面所发挥的创造力角色。同年，南非祖马总统启动"总统青年工作组"，以增强年轻人的能力建设。④ 南非批准俄罗斯非洲禁毒对话会议（RAADD），加强在世界禁毒问题上的磋商，协调双方在联合国召开的以"实现 2019 目标，给明天年轻人一个更好的世界"为主题的特别会议上的观点。在第三次印度非洲论坛峰会上，印度承诺未来五年里将为 5 万

---

① Mills Soko, "Africa: Brics Needs to Mature Before It Can Challenge Current World Order", *The Conversation*, May 30, 2016, http://allafrica.com/stories/201606021172.html, 2016-06-20.

② South African Government, "South Africa: SA, India Cement Trade Relations", *SAnews.gov.za* (Tshwane), July 8, 2016, http://allafrica.com/stories/201607110493.html, 2016-08-22.

③ South African Government, "South Africa: Tourism On Mandarin Trainees", November 29, 2016, http://allafrica.com/stories/201611300514.html, 2016-12-10.

④ South African Government, Africa: Minister Edna Molewa - Conclusion of Second Africa - China Youth Festival, April 26, 2017, http://allafrica.com/stories/201704260503.html, 2017-05-02.

非洲人提供教育与培训。2017年4月，中国与南非启动高级别人员交流机制（PPEM），深化两国在文化、教育、通信与年轻人等方面的合作，成为世界第六个、非洲唯一一个与中国有此类人员交流机制的国家。[1]

（四）南非推动金砖国家增强在未来全球治理中的发言权

在南非看来，金砖国家应把握当前国际局势不稳的时机，乘势而上，深化互信与机制合作，扩大在全球事务中的权重。南非全球对话研究所执行理事费拉里·姆塞布（Philani Mthembu）认为，全球治理长期以来由欧美垄断，而国际政局不确定性某种程度上造成全球舞台的真空，金砖国家机制是唯一团结的论坛，为维护世界稳定的有益力量，强调金砖国家不应受北方舆论的干扰，增强金砖国家机制的影响力。南非总统祖马对中国在有效科技创新与重审全球议程等方面的领导角色表示欣赏。在中国2016年担任G20主席期间。祖马总统支持金砖国家设立新的信用评级机构倡议，批评标准普尔、穆迪和惠誉等评估机构对发展中国家的评估下调，认为其为迎合西方政治利益，是不公正的。鉴于金砖国家人口占世界的一半，金砖国家在世界经济中的比重从2002年的8.2%升至2015年的22.2%，且已成立金砖国家新开发银行，祖马总统认为金砖国家有能力建立有影响力的评级机构。[2]

（五）南非支持金砖国家在非洲发展中发挥更大角色

南非认为非洲大陆最大的问题是地区整合，特别是后勤与基础设施的发展相当脆弱。截至2016年，非洲内部贸易仅占非洲贸易总额的11%—12%，相比，东亚超过50%，欧洲则高达60%。[3] 非洲年均基础设施资金短缺高达1000亿美元，能源、运输和水设施等领域的发展严重

---

[1] South African Government, "South Africa: China – SA Exchange Programme Gets Off the Ground", April 24, 2017, http://allafrica.com/stories/201704240995.html, 2017-04-26.

[2] Misheck Mutize, "Why Brics India For Alternative Rating Agency May Not Work", The Conversation, February 8, 2017, http://ewn.co.za/2017/02/08/opinion-why-brics-idea-for-alternative-rating-agency-may-not-work, 2017-02-12.

[3] Atul Aneja, "South Africa to host BRICS office", The Hindu, July 27, 2016, http://www.thehindu.com/news/international/South-Africa-to-host-BRICS-office/article14511407.ece, 2016-08-02.

不足，成为非洲经济增长的掣肘。南非希望其可从中国支持非洲基础设施的 600 亿兰特的预算中受益。不仅如此，南非认为随着今后金砖国家新开发银行向新成员开放，发展中国家或中等收入国家将持有该银行股权份额的 25%，更多的非洲国家有望从中受益。①

三 影响未来南非与金砖国家关系的利弊因素

（一）有利因素

南非在未来深化与金砖国家关系上，可发挥一定的区域与领域优势。在地缘位置上，南非认为其濒临大西洋与印度洋，未来金砖国家新开发银行在南非设立地区办公室，将进一步利于南非发挥其作为地区经济枢纽的角色，推动金砖国家新开发银行与南部非洲发展银行、非洲发展银行等金融机构的联系，并在非洲大陆基础设施发展中扮演关键角色。在能源工业合作方面，作为核供应集团（NSG）的成员，南非是少数对印度成为 NSG 成员持保留态度的国家之一。南非工业在非洲首屈一指，利于其参与印度莫迪政府发起的"印度制造"倡议。

金砖国家在加强与南非关系上持积极态度。在领域合作方面，2017 年 3 月，中国外长王毅表示中国将根据 2015 年中非合作论坛峰会文件，深化中国—南非关系，在重大与核心利益上，相互理解与支持。金砖国家新开发银行副主席祝宪表示中国在基础设施项目技术创新方面积累先进技术，并愿与其他发展中国家分享此经验。② 在涉非议程方面，巴西外长努内斯表示巴西支持金砖国家新开发银行在南非设立非洲地区中心。2015 年，俄罗斯表示支持非洲和次区域组织维和行动，同意在最短时间里与南部非洲发展共同体制定深化政治、经贸、人道主义等领域务实合作的可行性方案。2017 年 4 月，约翰内斯堡大学孔子学院和联合国非洲经济委员会，就南部非洲发展共同体工业化地区整合与中国在其中的角

---

① Atul Aneja, "South Africa to host BRICS office", *The Hindu*, July 27, 2016, http://www.thehindu.com/news/international/South-Africa-to-host-BRICS-office/article14511407.ece, 2016-08-02.

② Forum on China-Africa Cooperation, Africa: BRICS Bank Loans Favor Technological Innovation Projects, March 1, 2017, http://allafrica.com/stories/201703010121.html, 2017-03-25.

色等议题，展开讨论与磋商。

金砖国家愿与南非加强协商，拓展合作空间。2016年10月，印度贸易与工业部表示金砖国家相互间贸易仅有约3000亿美元，仅为金砖国家对外贸易总额的5%。[1] 之后，金砖国家制定了今后五年里将相互贸易额增至5000亿美元的目标。对此，南非认为金砖国家间的经贸政策协调显得尤为重要。2011年至2016年，南非与中国、俄罗斯、印度、巴西四国的贸易从370.19亿美元降至299.85亿美元，减幅高达23.5%。[2] 2017年5月，巴西与南非就增加商业联系，加强能源、食品生产等行业合作召开研讨会，以扭转两国2015年以来相互间贸易下滑局面。为改变与印度贸易中的入超地位，2016年，南非祖马总统在会见印度总理莫迪时，强调南非期待对印度出口多样化，两国表示将加强在矿业、可再生能源、农业加工等领域的合作。

(二) 制约因素

南非国内对祖马政府发展与金砖国家关系的政策，表示一定的质疑。南非有反对派对在南非推广中文表示不满，认为政府首先应当解决的是教育危机，加强非洲语言和英语的教学。[3] 南非部分舆论指责南非将外交精力过多集中在金砖国家，而忽视发展与非洲的关系，认为尽管非洲不可能在全球经济发展中扮演重大角色，但潜力巨大，非洲人口近20亿，且人口增速超过其他地区，中国与欧洲等对非洲的投资将更加扩大非洲未来的权重，指出南部非洲预计在未来几年里将经历高速增长，南非必须通过地区发展与稳定，推动国内经济增长。[4]

南非与金砖国家的合作还引起西方势力的抵制。南非总统祖马表示

---

[1] Indian Ministry of Commerce & Industry, "Speech of Commerce & Industry Minister at the inauguration of BRICS Trade Fair", October 13, 2016, http://pib.nic.in/newsite/PrintRelease.aspx?relid=151635, 2017-01-15.

[2] UNCTAD Handbook of Statistics Online, June 25, 2017.

[3] 《德媒：南非掀起中文热，津巴布韦拟将中文纳入必修课程》，《环球时报》2016年7月5日。

[4] Fatima Moosa, "It's Time For SA To Look Beyond BRICS To Improve Its Foreign Policy", *The DailyVox*, July 12, 2017, https://www.thedailyvox.co.za/its-time-for-sa-to-look-beyond-brics-to-improve-its-foreign-policy-fatima-moosa/, 2017-07-20.

南非坚持独立政策,选择参与金砖国家组织的举措,招致一些西方国家的不满,认为西方势力试图破坏日益发展的金砖国家合作,因为金砖国家机制影响了全球力量结构的平衡,对西方传统的国际地位构成威胁。①

此外,金砖国家自身发展亦面临一定的难题。巴西、印度、俄罗斯等国家的经济发展存在下滑风险。根据巴西地理统计局2017年3月公布的数据,继2015年经济萎缩3.8%之后,2016年巴西GDP再次萎缩3.6%,且是已经连续第八个季度出现经济萎缩,为该国历史上持续时间最长的经济衰退。同时失业率同比上升75%,为12.6%,达1290万人。分析人士认为巴西经济困境与国内局势动荡与大宗商品价格下降有密切关系。尽管2017年第一季度巴西国内生产总值增加1%,暂时止住了衰退的脚步,但巴西经济增长仍显脆弱,其GDP仅恢复到2010年底的水平。另则,2017年第一季度,受服务业、制造业和农业等主要行业发展增速下滑的影响,印度GDP同比增长6.1%,创两年多以来的最低增速(2014年四季度为6%),远低于市场预期的7.0%。②

(本文原刊发于《海外投资与出口信贷》2017年第4期)

---

① South Africa: SA Became Disliked After It Joined Brics – Zuma, *News24Wire*, November 19, 2016, http://allafrica.com/stories/201611190206.html, 2017-03-16.
② 《又一个金砖国家倒下 南非步巴西后尘陷经济衰退》,新浪网,2017年6月7日,http://news.sina.com.cn/o/2017-06-07/doc-ifyfuvpm7704539.shtml。